KB037749

파친코와 정동의 미디어

파친코와 정동의 미디어

초판 1쇄 인쇄 2024년 8월 24일
초판 1쇄 발행 2024년 8월 30일

지은이 임종수 외
펴낸이 박세현
펴낸곳 팬덤북스

기획 편집 곽병완
디자인 김민주
마케팅 전창열
SNS 홍보 신현아

주소 (우)14557 경기도 부천시 조마루로 385번길 92 부천테크노밸리유1센터 1110호
전화 070-8821-4312 ┃ **팩스** 02-6008-4318
이메일 fandombooks@naver.com
블로그 http://blog.naver.com/fandombooks

출판등록 2009년 7월 9일(제386-251002009000081호)

ISBN 979-11-6169-316-3 93320

파친코와 정동의 미디어

OTT는 세상을 어떻게 그리는가?

이소현, 유승현, 정순영, 현무암, 이형민, 최진호, 임종수, 송요셉, 윤기웅

〈파친코〉로 들여다 본 OTT의 세계

임종수(세종대학교 미디어커뮤니케이션학과 교수)

OTT 드라마 비평의 중요성 : TV 드라마와의 차이

이 책《파친코와 정동의 미디어》는 21세기의 사반세기가 지나는 이 시대에 채널-미디어가 아닌 플랫폼-미디어로서 OTT란 무엇이고, 그런 미디어는 어떤 논리로 콘텐츠를 생산하는지, 더 나아가 플랫폼의 문법과 미디어 산업이 어떻게 서로를 구조화하는지를 애플TV+ 드라마〈파친코〉2022를 계기로 탐구한다. 물론, 흥행에서는〈파친코〉공개 한 해 전에 출시된〈오징어게임〉2021이 훨씬 더 강력했다.〈오징어게임〉은 미디어로서 OTT의 실체를 각인시킴과 동시에 이른바 K-드라마의 장르적 위치와 그 존재감을 전 세계에 알렸다. 그럼에도〈파친코〉를 선택한 것은 역사물이 글로벌 OTT 콘텐츠의 수용문화, 콘텐츠 공학, 정치경제 등 OTT 하위관심 분야를 탐구하는 데 보다 적합하다는 판단 때문이다. 〈파친코〉는 한편으로는 역사 드라마의 장르 지평 확장을, 다른 한편으로는 OTT 드라마의 양식성과 그런 콘텐츠를 실어나르는 OTT의 미디어적 속성을 이해할 수 있는 좋은 사례이다.

미디어 연구 분야는 이 점을 놓쳐서는 않된다. 하지만 대부분의 〈파친코〉 관련 학술 연구는 어문학 분야에서 나왔다. 능동적이고 실천적인 주체로서 재일 조선인의 모습을 제대로 그렸다는 평이 있는가 하면 김광식, 2023, 역사적 사실과 동떨어진 허구적 재현에 불과하다는 비판도 있다 박정이, 2024. 그런 한편으로, 민족 역사의 확장 이영호, 2023, 디아스포라와 경계인, 트랜스 내셔널리즘 손영희, 2020, 여자의 일생에 대한 현대적 변용 강유진, 2023, 포스트 영화 시대의 서사 조형래, 2023, 차별과 환대받지 못하는 자이니치의 존재 김영삼, 2023 등 〈파친코〉는 다양한 주제와 영역에 걸쳐 관심을 환기시키고 있다. 이들 연구는 지금의 〈파친코〉를 가능케 한 OTT라는 미디어 자체를 간과하고 있다. 또한 같은 학문 그룹 안에서만 논의되어 확장성이 떨어진다.

〈파친코〉처럼 주목받는 OTT 콘텐츠에 대한 미디어 관점의 서술이 필요하다. 대중적으로나 학술적으로 효능감을 생각하면 학술지보다 저술 형식이, 논문보다 비평이 유리하다. 그렇다고 비평이 논문보다 낮은 등급의 글쓰기냐 하면 그건 결코 아니다.

오히려 그 반대다. 잘 쓰여진 전문 비평서는 대중은 물론 관련 전문가들의 지적 통찰에도 깊은 울림을 줄 수 있다. 하지만 불행히도 우리에게는 그런 전통이 빈약하다. 한국 TV 드라마는 1960년대 후반부터 본격화했는데, 드라마를 연구주제로 삼은 것은 1980년대 후반에 이르러서이고, 관련 연구서는 1990년대에 와서야 발간되었다.

이 시기에 발간된 드라마 비평서는 손에 꼽을 정도이고, 그 중에서도 '특정 드라마'를 대상으로 한 것은 더없이 빈약하다. 특정 드라마 대상 전문 비평서가 발간된 것은 미디어 문화연구 Cultural Studies 가 본격 도입된 1990년대 후반기에 이르러서이다. 그 첫 시작은 TV 드라마〈애인〉1996 을 문화연구적 관점에서 살펴본《애인: TV 드라마, 문화 그리고 사회》황인성·원용진, 1997 이다. 이후 아시아에서의 한류 신드롬에 초점을 둔〈겨울연가, 콘텐츠와 콘텍스트 사이〉김호석 외, 2005 가 있었지만 기본적으로 긴 공백기였다. 그러던 중 최근 들어 22년 동안 장수한 드라마〈전원일기〉에 관한 자료를 정리한《전원일기 이야기》권이상, 2021 와 넷플릭스 오리지널〈오징어게임〉을 대상으로 한《오징어게임과 콘텐츠 혁명》정길화 외, 2022 이 발간되었다. 그러나 전체적으로 어떤 흐름을 찾기는 쉽지 않다. 생각해보면, 1970년대의 일일극, 1980년대 장편 드라마와 미니시리즈, 1990년대 트렌디 드라마, 2000년대 막장 드라마 등 비평적 진단이 필요했던 국면은 많았다. 그럼에도 양적 성과도 미미할 뿐더러 저술된 것도 서구 이론을 단순 적용하거나, 드라마의 결정적 순간이나 요소를 회고하는가 하면, 이른바 K-드라마의 성과에 지나치게 열광하는 한계를 보인다.

특정 드라마를 전문 비평서로 삼을 때는 적어도 그것이 주는 역사적·문화적·정치경제적 의의에 대한 통찰이 있어야 한다. 비평이라는 특별한 지적 작업이 요구하는 간주간적inter-subjective 분석과 해석, 쉽게 말해 해당 드라마가 함의하는 어떤 개념이나 관점, 프레임 등을 대중적으로적어도 전문가 집단에서라도 동의할 수 있는 수준에서 제시해야 한다. 이를 위한 첫 걸음은 비평할 가치가 있는 콘텐츠를 '선택'하는 일이다. 텔레비전 역사를 통틀어 그런 콘텐츠를 선택하는 일은 결코 쉬운 일이 아니었다. 국제적 성과가 있는 것에 대해서는 '칭송'이 끊이지 않고, 그렇지 않은 경우에는 '훈계조 비난'이 TV 비평계를 지배해 왔다. 대중적으로 체감되는 저널리즘에서는 지금도 여전하다. 화려한 수상에 빛나는 〈기생충〉2019 이나 〈오징어게임〉2021 에 대해서는 비판 한 줄 없이 칭송으로 일관하는 데 반해, 지난해 넷플릭스에서 공개해 충격과 함께 제도적 반향을 불러일으킨 다큐멘터리 〈나는 신이다〉2023 에 대해서는 선정성 논란 외에 그 어떤 것도 의제화하지 못했다.

역사적으로 미디어 연구 분야는 싸구려 드라마라는 선입견을 깬 '생각해볼거리'가 있는 드라마를 비평의 대상으로 삼아왔다. 대표적으로 공적 재원에 바탕하여 공공 윤리와 규제의 틀, 문학적 전통, 사실과 진실을 추구하는 정신 등을 표방한 영국의 '진지한 드라마serious drama'가 있다Caughie, 2000. '영국다움'을 말하고 싶어하는 코스튬 드라마costume drama 가 대표적이다. 이는 넷플릭스 오리지널 Bridgerton 2020 처럼 오늘에 이르고 있다. 미국에서는 1970년대 M*A*S*H 1972, Roots 1977 같은 반전주의 또는 휴머니즘 드라마, 1980년대 보수적 레이거니즘 속에서 Dallas 1978 류의 진지한다른 한편으로는 쓰레기라고도 했던 멜로 드라마 Feuer, 1995, 이후 사랑과 결혼, 범죄, 인생, 신비주의 등 삶에 대한 통찰이나 컬트적 취향을 완성도 높은 서사로 생산하던 1990년대 이른바 '양질의 TV' quality TV 경향이 있다.

좋은 비평서는 선택된 시대적 조건과 공명하는 콘텐츠의 본질을 예리하게 포착한다. 일찍이 이엔 앙 Ang, 1982 은 TV 드라마 Dallas 시청자 연구를 통해 '정서적 리얼리즘'또는 감정적 리얼리즘, emotional realism 이라는 개념을 도출한 바 있다. 정서적 리얼리즘이란 수용자의 사회경제적 상태와 무관하게 현실적인 사물과 사람, 관계가 TV 드라마 속의 그것과 닮아 있음으로 인해 생기는 '그럴듯함'을 말한다. 드라마 주인공이 겪는 사랑, 대립, 음모, 출세, 배신, 화해 등의 감정이 현실의 그것과 익숙하게 처리됨으로 인해 발생하는 즐거움 말이다. 이후 1990년대 다채널 경쟁에서 부각된 HBO와 유료 케이블TV의 성과는 '2차 텔레비전 황금기'라는 담론과 함께, 앞서 말한 '양질의 TV' 개념을 낳았다Leverette, Ott & Buckley, 2008; McCabe & Akass, 2007; Lavery, 2002.

양질의 TV는 생각해볼거리 적어도 '볼거리'라도 있는 가 있는 드라마, 사회성과 미학성을 성취한 드라마, 더 나아가 세계관을 창출하는 드라마를 말한다. 이는 훗날 넷플릭스 오리지널이 추구하는 콘텐츠 양식으로 이어진다.

지금 대중문화와 문화산업은 전세계가 호응하는 K-드라마에 대한 통찰있는 비평을 목 마르게 기다리고 있다. 콘텐츠 비평이 현안의 저널리즘 '의제'에 그치지 않고 대중적이면서도 지적인 탐구여야 하는 이유가 여기에 있다. OTT는 미디어-콘텐츠-수용(자) 면에서 기존의 TV와 완전히 '다르다'. 한 국가 내 수용자를 목표로 하는 TV 드라마와 글로벌 수용 시장을 겨냥한 OTT 드라마가 어떻게 같을 수 있겠는가? 그럼에도 우리는 아직 그 다름에 대해 잘 알지 못한다. K-컬처의 위대함을 칭송하는 이른바 '국뽕' 담론은 우리를 우물 안 개구리로 몰아넣고, 정반대로 상시적인 K-컬처 위기론은 그것이 지닌 잠재성과 경쟁력을 스스로 묻어버리는 우를 범한다.

이 책《파친코와 정동의 미디어》는 좁게는 OTT 드라마 〈파친코〉가, 넓게는 차별적인 OTT 드라마가 이 시대의 대중예술에 새로운 지평을 제시하고 있다는 문제의식에서 출발한다. 그것은 다름 아닌 OTT라는 플랫폼-미디어를 관통하는 보편적 감정구조로서 '정동'affect 의 대두이다. 정동은 우리의 언어생활에서 무척 생소할 뿐 아니라 인문학과 사회과학 분야에서 난해하기 짝이 없이 소개되어 잘 정착되지 못한 용어이다. 이 책의 '결어'에서 다루겠지만, 정동은 쉽게 말하면, 인간을 포함한 자연물이 스스로의 생명과 욕망을 추동하고 실현해 가려는 어떤 에너지를 뜻한다. 인간은 자신의 정동을 어떤 대상물에 투사하고 투사받는다정동하고 정동된다. 정동의 개체는 다른 정동의 개체와 상호작용하는 것이다. 그렇게 보면, 정동은 미디어와 미디어 간의 협력이 일반화되어 콘텐츠가 자유롭게 흘러 다니고, 수용자들이 그런 콘텐츠 중에서 자신이 원하는 것을 기꺼이 개인의 취향에 맞는 알고리즘 추천을 의심없이 수용하는 찾아 나서는 이 시대의 참여문화Jenkins, 2006의 핵심 기제이다. 정동은 OTT의 미디어 양식은 물론 OTT 콘텐츠와 수용이 TV의 그것과 다름을 이해할 수 있는 핵심 개념이다.

이에 이 책은 OTT 드라마 〈파친코〉를 '정동의 리얼리즘'affective realism 이라는 프리즘으로 들여다 본다. 이를 통해 OTT 자체와 OTT 드라마가 어떤 종류의 미디어이고 콘텐츠인지를 해명한다. 정동의 리얼리즘이라는 조어는 전략적이면서도 필연적인 선택이다. 정동의 리얼리즘은 전래의 TV가 수행해 온 정서적 리얼리즘의 대안적 개념이다. TV 드라마가 우리에게 제시해 온 '그럴듯함'이 동일한 역사적 맥락을 공유하는 사람들 사이에서 느껴지는 익숙한 감정의 교류에서 비롯된다면, OTT 드라마에서 그것은 국가마다 다른 수용자임에도 다루는 주제, 분위기, 세계관 등이 인간 개개인의 각기 다른 본능적인 '격동'의 요소로 작용한 결과이다. OTT 시청자 중 누군가는 복수극에서, 누군가는 거친 광야의 웨스턴, 그와 정반대로 달달한 로맨스 코미디에서, 또 누군가는 쇼러너 빈스 길기건 V. Gilligan 의 파괴적 세계관에서 또는 심리묘사에 탁월한 데이비드 핀처 D. Fincher 감독의 스타일리시한 영상미에서 그런 요소를 발견할 지도 모른다. 독자는《파친코와 정동의 미디어》아홉 개 장을 읽으면서 드라마〈파친코〉는 물론 글로벌 OTT 드라마 일반, 심지어 OTT라는 미디어 자체가 기존의 '지배적 감정구조'와 다른 '보편적 감정구조'로서 정동의 발산체임을 발견할 것이다.

〈파친코〉는 차별과 멸시 속 자기 존중의 삶의 불가피성이라는 보편적인 정동의 리얼리티를 표현한다. 특별히 대한민국 OTT 드라마는 '살아남기'의 정동이 강렬한데, 〈오징어게임〉은 신자유주의, 〈지옥〉은 감시사회, 〈지금 우리 학교는〉은 학교교육, 〈더 글로리〉는 학교폭력에서 살아남으려는 고군분투의 정동을 표출한다. 사회적 제도와 불화하는 주체들의 생존의 이야기이다 임종수, 2023 . 〈파친코〉역시 마찬가지로 그같은 전형성 위에서 자이니치라는 특별한 소재를 들고 나온 드라마이다. 이는 대상물과 사람, 상황, 관계 등에서 익숙함에 기반한 정서적 리얼리즘과 대조적이다. TV 드라마의 정서적 리얼리즘이 로컬 기반의 공통문화라면, OTT 드라마는 로컬은 물론 글로벌 수용자에게도 어필 가능한 보편문화이다. 이에 대한 면밀한 이론적 검토는 이 책 말미의 '결어'에서 자세히 다룬다.

이 책은 덜 여물었을지 몰라도 OTT 드라마가 기존의 TV 드라마와 어떻게 차별되는지 설명하려 한다. 이를 위해 편저자와 필자들은 〈파친코〉를 피상적으로 인상 비평하거나 관련 있을 듯한 이론을 견강부회하지 않고 기존의 TV 드라마와의 '차이'를 읽어내고자 했다. 〈파친코〉가 보여준 리얼리티가 어떤 고유한 차별성이 있고, 이것이 궁극적으로 2024년 당대의 대중문화에 어떤 함의를 제시하는지 말하고자 했다.

이 책의 구성 : OTT 드라마의 수용문화, 콘텐츠 공학, 정치경제

《파친코와 정동의 미디어》의 모든 장은 〈파친코〉로 들어가서 OTT로 나온다. 정동은 이 둘 사이를 연결하는 기본 골격이자 세포이며 신경망이다. 각 장이 정동의 미디어라는 용어에 다소 못 미칠 수도 있다. 그럼에도 모든 장은 〈파친코〉를 정동의 미디어로서 OTT의 세계를 고찰하는 계기로 삼고자 했다; 1부 〈파친코〉와 OTT 수용문화: 〈파친코〉 수용의 즐거움, 〈파친코〉에 대한 바이럴, 〈파친코〉를 읽어내는 재독 한인 여성, 2부 〈파친코〉와 OTT 콘텐츠 공학: 〈파친코〉와 글로컬 자이니치, 〈파친코〉에서의 장소성, 〈파친코〉와 어떤 사회적 진실, 3부 〈파친코〉와 OTT 정치경제: 〈파친코〉와 수용자 자원론, 〈파친코〉와 프리미엄 경제, 〈파친코〉와 콘텐츠 권리. 각 장은 〈파친코〉가 보여준 디아스포라 가족의 '시대와의 불화', 다시 말해 차별과 멸시 속 존엄의 삶, 피할 길 없는 파친코 비즈니스, 급기야 혼종 정체성의 이주민이라는 정동에 대한 수용문화, 콘텐츠 공학, 정치경제적 측면을 고찰한다.

<파친코>와 OTT 수용문화

제1부 〈파친코〉와 OTT 수용문화'는 상명대 이소현 교수, 한 양대 유승현 교수, 자유기고자이자 독립연구자 정순영 선생님 이 썼다. OTT 수용문화 측면에서 정동은 시청자가 감정이입 하거나 거리를 두면서 콘텐츠에 반응하게 하는 '코드' 같은 것 이다. 수용자는 자신의 코드에 맞는 콘텐츠를 찾아 소비하거나 타인의 소비를 참조한다. 〈파친코〉에서 정동의 코드는 미드 같 은 드라마, 자국사 관점의 해석, 이주민의 자기반영성을 산출하 거나 해석하는 열쇠로 작동한다.

1장 '〈파친코〉 수용의 즐거움'은 장르적으로 대한민국 시대극 처럼 보여 익숙하지만 실제로는 낯설게 느껴지는 시청 경험에 대해 말한다. '미드'로 보는 한국 역사는 어떤 느낌일까? 여성 서 사와 디아스포라 서사를 하나로 묶은 〈파친코〉는 이미 주제와 소재 자체부터 '낯설다'. 필자는 〈파친코〉를 시청한 한국의 시 청자 10명을 대상으로 FGI를 수행한다. 이런 자료는 매우 소중 하다. 〈파친코〉 서사 연구는 많지만 정작 수용자를 대상으로 하 는 것은 거의 없기 때문이다. 본문은 인터뷰 참가자들이 〈파친 코〉를 한국 역사드라마로 인식하기보다 글로벌 OTT 콘텐츠로 받아들이는 경향이 있다고 보고한다. 드라마의 세련된 표현 능력과 낯설면서도 보편적인 감정구조에 호소하는 '할리우드스러움'기존의 할리우드 문법보다 좀 더 현지화에 공을 들이기는 했지만 은 〈파친코〉가 한국 역사를 다룸에도 미드처럼 읽히게 한다. 때때로 일제 강점기에 대한 지배적 감정구조를 거스르는 장면도 있지만 대작 앞에서 잠시 '유보'하도록 한다. 자국의 고유한 역사가 배태한 삶의 서사를 거리를 두고 만나는 양질의 콘텐츠, 분명 익숙한데 낯선 느낌이 주는 즐거움에서 텔레비전 공통문화와 다른 OTT 보편문화의 한 단면을 보게 된다.

2장 '〈파친코〉와 SNS 바이럴'은 〈파친코〉가 SNS에서 어떻게 발화되는지 살펴본다. 누가 〈파친코〉를 말하고 어떤 말을 했는가? 이를 알아보기 위해서는 〈파친코〉 시청자를 찾아 일일이 인터뷰해야 하지만, 필자가 선택한 것은 유튜브 상의 유력자who 와 발화what 를 찾는 것이다. 유튜브가 2005년 시작했으니 온라인 담론이 교차하는 네트워크 사회가 시작된 지 얼추 20여 년이 되어간다. 필자는 드라마 〈파친코〉가 시작되던 2022년 3월부터 2024년 6월까지 유튜브 상에서 '파친코'로 검색되는 댓글 5만여 개를 수집하여 분석한다. 참여문화의 시대에 각 분야별 SNS 유력자는 대중의 인식제고는 물론 홍보와 마케팅 측면에서도 결코 소홀히 할 수 없다. 분석에 따르면, 콘텐츠 리뷰 채널이 OTT 콘텐츠에 가장 강력한 영향을 미치는 존재이다. 특별히 〈파친코〉에 대해서는 작품에 관한 담론작품성과 작품의 배경이 되는 국가 또는 자이니치에 대한 담론사회성이 주를 이룬다. 필자는 추가적으로 댓글 내용분석을 시도하는데, 여기에서는 자국사national history에 입각해, 정확히 말하면 언어가 가진 국적성에 따라 담론을 형성한다. 독자는 전 세계인을 대상으로 하는 〈파친코〉가 국가와 역사를 따라 계층적으로 공감되는 동학을 확인할 수 있을 것이다.

3장 '〈파친코〉와 한인 이주 여성들의 의식의 흐름'은 의식의 흐름 기법을 활용한 소설적 구성이 돋보인다. 독일에서 10여 년째 살아가는 필자는 7명의 재독 한인 여성들과의 인터뷰와 대화를 재료로 가상의 이민 1세대정희와 2세대은주, 3세대서연 인물을 설정하여 이민자로서의 삶과 〈파친코〉에 대한 해석을 풀어낸다. 즉, '제국주의' 일본으로의 이주가 아닌 '선진국' 독일로의 이주라는 삶의 특수성을 세대별로 살펴보고, 그것이 〈파친코〉 수용과 어떻게 결부되는지 보여준다. 우리에게 '파독' 간호사로 널리 알려진 독일 이주 1세대 여성들과 다음 세대들은 자신들을 애써 '재독' 이주민임을 자청한다. 필자는 〈파친코〉의 선자와 솔로몬, 이삭과 요셉, 경희, 피비가 선택하고 직면한 삶이 재독 이민자로서 자신들의 삶을 투영하는 사건으로 받아들여지고 있음을 면밀히 관찰한다. 그리고 글로벌 이주민을 격동시키는 정동을 대한민국의 위상에 따라 각기 다른 방식과 언어로 자신의 사회적 위치와 개인적 삶 안으로 투사했다. 놀랍게도, 그 투사는 그들의 삶을 내셔널리티로도 트랜스 내셔널리티로도 정의내리기 모호한 상태, 달리 말하면 선택했던 것과 외면했던 것, 바람직한 것과 기피했던 것 간의 경계선이 희미한 상태로 나타난다. 한민족이라 불리며 대한민국을 살아가는 대부분의 사람들이 가보지 못한 길을 가면서 주체적으로 생성한 자신과 가족, 공동체에 대한 의식을 좇아가 보자.

〈파친코〉와 OTT 콘텐츠 공학

제2부 '〈파친코〉와 OTT 콘텐츠 공학'은 일본 홋카이도대 현무암 교수, 성신여대 이형민 교수, 경상국립대 최진호 교수가 썼다. 콘텐츠 공학 측면에서 정동은 콘텐츠가 잠재적인 전세계 OTT 시청자에게 어필할 수 있도록 생산 공정에 투입되는 '원재료' 같은 것이다. 미국에서 만들든 멕시코, 스페인, 대한민국 어디에서 만들든, 이 시대의 정동은 OTT 드라마 제작에 반드시 포함되는 요소이다. 여기에서는 글로컬 자이니치, 특별한 장소성, 어떤 종류의 진실 등을 표상하는데 사용되는 원재료를 확인할 수 있다.

4장 〈파친코〉가 쏘아올린 '글로컬 자이니치'는 〈파친코〉의 자이니치 재현을 '번안'adaptation 에 의한 '문화회로'the circuit of culture 의 변화라는 측면에서 고찰한다. 소설 《파친코》가 글로벌 OTT 드라마 〈파친코〉로 번안되면서 포스트식민주의라는 보편적 의미가 강조되고, 이것이 자이니치에 대한 기존 일본 TV 드라마의 재현, 문화 콘텐츠 유통, 수용에 새로운 물꼬를 트고 있다고 본다. 이를 위해 필자는 〈파친코〉가 그리는 자이니치의 위치를 식민지 조선에서 일본으로의 삶의 '이주', 4세대의 혼종적 가족사 계보를 강조하는 시간의 '교차', 어느 쪽도 속하지 않는 자이니치의 현재성을 보여주는 듯한 선자와 한수 간의 모호한 관계 그리고 피할 길 없는 파친코 사업으로의 투신과 같은 '숙명'으로 설명한다. 이는 그간 당연한 것으로 받아들였던 기존의 '피해자 자이니치' 또는 '소수자 자이니치'가 아닌 글로벌 견지에서 발견되는 새로운 정동의 자이니치이다. 내몰린 생명이지만 존엄의 삶을 찾으려는, 작지만 또 하나의 '글로컬 주체로서 자이니치'이다. 본문에서 꼼꼼히 살펴보듯이, 이러한 재현은 제국과 식민주의자의 기억을 현재화할 뿐 아니라 그들과 다른 외부인에 배척적인 일본의 지배적인 감정구조에 강력한 도전이다. 상업적인 OTT가 국가를 떠난 '감정의 정치'를 어디로 끌고 갈지 눈여겨 볼 일이다.

5장 '〈파친코〉의 장소성과 장소 마케팅, 공공외교'는 〈파친코〉가 재현하는 대한민국과 일본의 주요 장소성과 그 영향을 드라마 정동dramatic affect 이라는 다소 낯선 개념을 가지고 분석한다. 장소성 placeness 은 자연 그대로 존재하는 어떤 장소에 부여된 특별한 성격을 일컫는다. 지구 상의 어느 한 곳에 존재하는 대한민국이 '극동 아시아'로 불리는 것은 그것이 진짜 지구상의 극동 far east 에 있어서가 아니라 서구 유럽에서 봤을 때 동쪽 끝이기 때문에 가진 장소성이다. 이처럼 TV와 OTT 드라마는 구체적인 서사와 등장인물, 그리고 이야기 전개의 배경이 되는 어떤 장소를 특정한 의미가 부여된 곳으로 명명한다. 그리고 그 명명은 드라마 서사가 세계를 바라보는 특정한 감정의 오리엔테이션, 즉 드라마의 서사 또는 등장인물, 그리고 여기에서 말하는 장소를 통해 해당 드라마가 조명하는 세계에 대한 인지적 정서적 정동을 생산한다. 본문에 따르면, 〈파친코〉의 부산과 오사카, 요코하마는 노스탤지어, 차별, 죽음의 장소성으로 명명되는데, 이는 드라마 시청자들에게 식민지배의 부당함, 비극적인 자이니치의 형성과 삶의 역정, 한일관계의 지속적인 왜곡 등에 관한 정동의 발산에 기여한다. 이에 필자는 여기에서 그치지 않고, 글로벌 OTT 드라마의 장소성이 좁게는 장소 마케팅으로, 넓게는 공공외교의 실천적 정동으로 연결됨을 강조한다.

6장 '〈파친코〉와 어떤 사회적 진실'은 OTT가 저널리즘 영역에서 어떤 가치를 실현할 수 있는지에 대해 검토한다. 〈파친코〉는 소설을 각색한 허구지만 시청자를 동아시아 역사의 한가운데로 소환한다. 그럼으로써 해외에서는 물론이고 대한민국에서조차 관심갖지 않던 자이니치의 문제를 순식간에 '의제화'한다. 그렇다면 OTT 콘텐츠가 재현하는 역사적 또는 사회적 진실이란 '어떤' 종류일까? 필자는 이같은 질문에 답하기 위해 지난해 크게 주목받았던 OTT 다큐멘터리 〈나는 신이다〉와 〈국가수사본부〉, 〈악인취재기〉를 분석한다. 거기에서 필자는 날것 그대로를 보여주는 과감한 표현, 개별적인 사건이 아닌 이야기로 풀어가는 서사성, 그리고 이를 가능케 하는 OTT의 자금력과 온라인

공간 편성의 특징에 대해 설명한다. 이는 드라마 〈파친코〉의 형식미와 동일하다. 그런 한편으로, OTT의 저널리즘적 가능성이 기성 저널리즘 규범과 부딪히는 점을 꼼꼼하게 살펴본다. 미디어 영역의 복잡성, 플랫폼 및 서버의 다국적성, 수용자 책임성 등 OTT 환경을 고려할 때 신중하게 규제의 틀을 마련해야 한다는 게 필자의 주장이다.

〈파친코〉와 OTT 정치경제

제3부 '〈파친코〉와 OTT 정치경제'는 세종대 임종수 교수, 한국콘텐츠진흥원 송요셉 책임연구원, 미국 네바다대 윤기웅 교수가 썼다. 정치경제적 측면에서 정동은 글로벌 OTT 기업이 인간의 마음을 대상으로 하는 비즈니스에서 이익을 남기는 데 기여하는 '현실감각'이다. 〈파친코〉에서 현실감각으로서 정동은 수용자 자원, 프리미엄성, 법적 권리의 실사구시 등을 작동시키는 도구적 합리성의 대상물이다.

7장 '〈파친코〉와 친절한 일본순사'는 〈파친코〉의 리얼리티를 수용자 자원론audience resource 이라는 새로운 개념적 가설로 설명한다. 이 작업은 2024년《한국언론학보》68권 1호 에 실린 '친절한 일본순사는 재현 가능한가?'라는 제목의 논문에 기반한다. 수용자 자원론은 대중매체 정치경제학의 골간인 수용자 상품론 audience commodity 의 대안적 개념이다. 아마도 필자에게는 냄새 나는 한국음식에 호기심을 보인 '친절한' 일본순사가 무척 의미심장했었던 듯 싶다. 그들은 피식민자들에게 단호할 지언정 기존 TV 드라마처럼 비열한 인물로 재현되지는 않는다. 이같은 재현은 욱일기가 가학의 이미지가 아닌 방식으로 사용되는 여타 OTT 드라마와 그 결을 같이 한다. 그 외에도 디아스포라와 여성서사, 차별과 멸시에도 불구하고 삶을 긍정하려는 식민 2~4세대의 삶의 족적 등이 기성의 TV 드라마와 차별적이다. 필자는 이같은 리얼리티가 전세계 OTT 구독자의 재원 심지어 일본인의 재원도 포함됨과 그들의 시청활동 데이터를 지대 rent 로 삼은 재현임을 주장한다. 대한민국 로컬의 역사에서 가져왔지만, 식민 후예들의 삶의 정동에 초점을 맞춘 〈파친코〉의 리얼리티와, 콘텐츠 제작과 편성을 위한 재원이자 데이터인 수용자 자원 간의 연결고리는 우리를 OTT 정치경제학의 지평으로 이끈다.

8장 '〈파친코〉의 양질의 서사와 프리미엄 OTT 전략'는 〈파친코〉와 애플TV+가 가지는 '프리미엄'의 의미에 주목한다. 필자는 스마트 미디어 생태계에서 애플이 쌓아온 프리미엄 이미지의 연장선 상에 애플TV+가 있고 드라마 〈파친코〉가 있다는 생각이다. 〈파친코〉는 넷플릭스의 〈오징어게임〉이나 디즈니+의 〈카지노〉와 어떻게 다른가? 깜짝 놀랄 정도의 제작비와 고화질이어서 프리미엄이라고 주장할 수는 없다. 최근 넷플릭스를 능가하는 애플TV+의 수상 실적이 그것 때문일 리는 없다. 도대체 애플TV+는 어떤 가능성을 보고 소설 《파친코》에 거액을 투자할 결정을 내렸고 어떤 종류의 프리미엄 콘텐츠로 제작하려 했는가? 필자는 드라마 〈파친코〉 역시 기존의 문화창작 공식처럼 익숙한 관습convention 과 생소한 발견invention 의 조화에서 '고품질'의 답을 찾는다. 필자의 분석에 따르면, 전형성과 변형성을 전략적으로 배치하고 문화적 배경으로서 성경을 차용한 '소설 〈파친코〉'는 첫째, 이야기 차원에서 에피소드와 캐릭터가 변주되고 시공간이 재구성되며 새로운 이야기가 추가된 '드라마 〈파친코〉'로, 둘째, 영상문법 차원에서 철저한 고증에 입각한 수준 높은 리얼리즘을 구현하고 꼼꼼한 메시지 구성과 다양한 해석의 가능성을 열어놓은 '드라마 〈파친코〉'로 바뀌었다. 이같은 고품질 전략은 기존의 양질의 TV quality TV 를 떠올리게 하지만, 넷플릭스나 디즈니+와는 또 다른 애플TV+의 프리미엄으로 느껴진다. OTT에도 문화적 집합성 cultural set 이 있다는 것이 확인되는 대목이다. 레드오션이 된 OTT 시장에서 프리미엄 OTT 전략이 콘텐츠 미학을 어디로 끌고 갈지 지켜보고 싶다.

9장 '〈파친코〉와 OTT 콘텐츠 권리의 경제'는 OTT의 글로벌 질서를 규율하는 지적 재산권IP 문제를 종합적으로 검토한다. 놀랍게도, 〈파친코〉는 글로벌 OTT가 현지의 제작 역량을 OEM 방식으로 취하는 대신 모든 권한을 가져가는 관행의 최전선을 보여주는 사례이다. 애플TV+와 할리우드 제작사는 대한민국의 배우와 일부 스텝, 장소 등을 '구매'하고, 무대가 되는 우리의 역사를 '차용'했을 뿐 경제적 이익과 문화적 자산의 대부분을 가져갔다. 필자는 글로벌 OTT 시장에 참여하는 플랫폼 사업자와 콘텐츠 창작자 간 힘의 불균형을 설명하고, 그럼에도 불구하고 후자가 어떻게 하면 IP에 대한 협상력을 키워나갈지 다각도로 고민한다. 그러면서 지금과 같이 글로벌 플랫폼의 요구와 기대에 부응해야 한다는 압박이 제작자의 창작의 자율성을 해쳐 리얼리티의 변형을 가져올 수 있다고 지적한다. OTT 산업을 이끌어가는 글로벌 기업의 IP 관행이 글로벌 소통에 미치는 영향을 통찰하는 대목이다. 여기에서 우리는 글로벌 문화의 헤게모니를 가진 집단이 인류에 대한 리얼리티와 정동을 통제하는 장치로 IP를 활용하고 있음을 확인한다. 2024년 지금 AI 국면에서의 IP 역시 마찬가지이다. 대한민국 OTT 정책연구의 단골 이슈를 어떻게 이해할지 궁금하다면 이 장을 정독하기 바란다.

요컨대, 정동은 OTT 미디어와 콘텐츠, 수용(자)를 연결하는 '코드'이자 '원재료'이며 '현실감각'이다. 독자들은 아홉 개의 장을 순서대로 읽으면서 그 의미를 곱씹어도 좋지만 관심가는대로 읽어도 좋다. 다만 최소한 두 개 이상의 장을 읽으면서 각 장의 핵심 내용이 어떻게 연결되는지 느껴보기를 제안한다. 흥미가 생기면 당연히 나머지 장을 보게 될 것이다. 그런 후 '결어'를 읽어보길 추천한다.

3. 이 책이 나오기까지

이 저술에 대한 아이디어가 처음 발아한 것은 2022년 8월 20일 한국언론학회 회장 김경희 한림대 교수 와 홋카이도대학교 간의 국제 세미나 '〈파친코〉, OTT와 역사적 리얼리티를 이야기하다'에서이다. 당시까지만 하더라도 코로나19로 인해 국가 간 교류가 원활하지 않을 때였지만, 두 기관은 그해 초 출시와 동시에 세계적 반향을 불러일으켰던 〈파친코〉에 대한 학술논의를 성사시키려는 의지가 남달랐다. 서사 내용의 특성상 한일 학술단체가 이에 동참하는 것은 지극히 자연스러운 일이었으리라.

세미나에서는 한국과 일본에서 각각 하나의 발제문이 발표됐는데, 한국 측에서는 'OTT와 플랫폼 리얼리즘: 역사 쓰기의 새로운 국면'이라는 제목의 발제문을 발표했다. 발제 내용은 역사의 당사자가 아닌 제3자이자 상업적 이익을 목적으로 하는 플랫폼-미디어 기업이 생산한 역사물의 사회문화적 의미에 관한 것이었다. 발제문에 대한 한국과 일본 쪽 모두의 반응이 꽤나 진지하고 흥미로웠다. 형식적인 국제 세미나가 아니라 실질적인 토론과 지적 교류가 있었던 자리였다. 이후 이 작업은 일본 쪽 학계에 원고 초청을 받게 되었고, 1년 반이 지난 2024년 2월《グローバルな物語の時代と歴史表象：「PACHINKOパチンコ」が紡ぐ植民地主義の記憶》玄武岩ほか編, 2024, 青弓社《글로벌 서사 시대의 역사표상: 〈PACHINKO파친코〉가 잇는 식민지주의의 기억》현무암

외 편, 2024, 세이큐샤 이라는 저술의 챕터로 실리게 된다.

《파친코와 징동의 미디어》는 그런 한일 학술 교류 중에 탄생했다. 2023년 연말 한국을 방문한 홋카이도대 현무암 교수와의 만남에서 현대 대중문화에서 〈파친코〉의 의의에 대해 인식을 같이 하고 한국어로 된 전문 비평서로 풀어갈 필요가 있다는 결론에 이르렀다. 이에 2024년 방송문화진흥회의 저술지원 사업에 신청하여 채택되었다. 각 장은 관련 분야에서 전문적인 성과를 내는 연구자의 글로 채워졌다. 어려운 환경에도 학술연구를 지원해준 방송문화진흥회에 감사드린다. 또한 〈파친코〉 시즌2의 조기 공개로 편저자의 원고 독촉과 글쓰기에 대한 의견에 인내심을 가지고 응해 준 참여 집필자들에게 감사드린다. 그리고 이 기획의 가능성을 높게 평가한 팬덤북스 박세현 대표님과 편집 작업을 함께해 준 박만수 박사님께도 감사드린다. 무엇보다 이 책을 읽는 독자들에게 감사드립니다. 부족한 글입니다만, 부디 읽는 재미와 통찰하는 즐거움이 있기를 기원합니다.

이 책의 원고를 출판사로 넘기는 지금 일본 고시엔 전국고교야구 선수권대회 우승으로 세상을 깜짝 놀래킨 한국계 교토국제고의 교가 "동해바다 건너서 … 거룩한 우리 조상"은 '파친코'가 여전히 현재 진행형임을 일깨운다. 그리고 때마침 〈파친코〉 시즌2가 시작했다.

2024년 8월

집필자를 대신하여

추천사

"⟨파친코⟩는 잃어버린 조국에서 튕겨져 나온 이주민 가족이 자본주
의적 현실에 부딪쳐 '살아내는' 삶을 그리고 있다. 피식민자와 그 후
세들이 처한 상황을 이해하고, 그들이 선택한 삶을 성찰하도록 한다
본서 434쪽." '독자는 이 책을 통해 OTT 드라마 ⟨파친코⟩가 구현하는
'정동의 리얼리즘'을 해독할 수 있다. 시즌2로 들어가는 유효한 티켓
이다.

　　　– 정길화 동국대학교 한류융합학술원 특임교수, 전 한국국제문화교류진흥원장

절실했다. 그래서 너무나 반가웠다!

20여 년 동안 지상파 방송국을 터전으로 살아온 작가에게 OTT 오
리지널 콘텐츠 ⟨국가수사본부⟩는 새로운 기회이면서 동시에 두려운
도전이었다. OTT 플랫폼이 전통적인 미디어와 어떻게 다른가? 그
차이가 대중들의 감정과 문화를 어떻게 재편하는가? 미지의 세계인

OTT에서 〈국가수사본부〉를 제작하면서 내내 고민했고 끝내 풀지 못했던 질문들. 그 답을 마침내 이 책에서 발견하고 안도했다!《파친코와 정동의 미디어》는 〈파친코〉라는 드라마를 통해 OTT 플랫폼과 새로운 미디어 시대를 탐구하는 흥미로운 여정이 담겨 있다. 단언컨대, 이 책은 드라마 〈파친코〉를 사랑했고 또 다른 〈파친코〉의 탄생을 기다리며 OTT의 바다를 유영하고 있는 나와 당신, 우리 모두를 위한 든든한 나침반이 되어 줄 것이다.

– 박진아 〈국가수사본부〉 메인작가, 2023 한국방송작가상 수상,
세종사이버대학교 문예창작학과 교수

글로벌 OTT 미디어 속성이 어떻게 드라마의 문법과 서사 미학을 만들어내는지를 수용, 콘텐츠 공학, 정치경제의 관점에 예리하게 분석한 《파친코와 정동의 미디어》. 이 책은 드라마 비평의 새로운 지평을 제시한다.

– 주창윤 서울여자대학교 언론영상학부 교수, 전 한국언론학회 문화젠더연구회장

《파친코와 정동의 미디어》는 애플TV+의 〈파친코〉를 통해 OTT 콘텐츠가 글로벌 수용자에게 어떤 방식으로 다가가고, 그 안에서 어떤 감정적 코드들이 작동하는지 탁월하게 분석합니다. 이 책은 OTT 플랫폼의 미디어적 특성과 새로운 예술적 흐름을 탐구하며, 우리가 미처 깨닫지 못한 OTT 드라마의 진정한 가치를 발견하게 합니다.

– **김경희** 한림대학교 미디어스쿨 교수, 전 한국언론학회장

차례

1부 〈파친코〉와 OTT 수용문화

2부 〈파친코〉와 OTT 콘텐츠 공학

3부 〈파친코〉와 OTT 정치경제

1부

〈파친코〉와
OTT 수용문화

1장

<파친코> 수용의 즐거움:
익숙한 이야기 낯설게 읽기

이소현 (상명대학교 계당교양교육원 초빙교수)

1장은 <파친코> 시청자들을 대상으로 한 포커스그룹인터뷰FGI를 통해 <파친코> 수용의 즐거움과 OTT 콘텐츠 소비문화를 탐색한다. 한국의 시청자들은 민족·국가 중심의 자국사national history 관점에서 기존의 역사 드라마를 보던 것과 달리, 어느 정도 거리를 두고 <파친코>를 수용하는 양상을 보였다. 그들은 텍스트에서 보이는 한국적 기호들에도 불구하고, 코리안 디아스포라 여성과 그 가족의 삶에 초점을 두는 보편 서사의 매력에 대해 말했다. 드라마 <파친코>의 세련된 표현 능력과 낯설지만 보편적인 감정구조에 호소하는 것이 '미드'를 연상시킨다는 것이다. 하지만 이같은 발견이 자국사 중심의 정서적 시청을 포기한 것으로 해석되지는 않는다. 시청자들은 로컬 시각을 유보 또는 은신시킨 채 '글로벌' 드라마 <파친코>를 바라보고 있었지만, 특정한 표현이나 인물 묘사에서 그러한 시각을 활성화하기도 했다. 익숙한 이야기를 낯설게 읽는 <파친코> 수용의 즐거움은 OTT 시대 디스포지티프가 배태한 미디어 문화의 정동이 발현되는 과정으로 풀이된다.

1. 들어가며 : '미드'로 보는 한국 역사

글로벌 OTT 공룡 애플TV+의 오리지널 시리즈〈파친코〉2022는 1,000억 원 규모의 제작비가 투여된 대작으로《뉴욕타임스》베스트셀러였던 동명 소설을 바탕으로 한다. 〈파친코〉는 1910년대 일제강점기를 시작으로 1980년대에 이르기까지 한국, 일본, 미국을 오가며 역사적 소용돌이를 헤쳐나가는 재일한국인 가족의 이야기를 담아내었다. 철저한 역사적 고증과 창의적인 시공간 구성 등으로 작품성을 담보한 〈파친코〉는 공개 전부터 해외 언론 및 평론가들의 극찬을 받았고, 콘텐츠의 참신함을 평가하는 로튼 토마토Rotten Tomatoes 지수 100%를 달성했다. 공개 3일 뒤 2022년 3월 28일에는 미국 트위터 조회 수 등을 기반으로 한 버라이어티 트렌딩 Variety trending TV 순위에서 10만 9천 600건으로 4위에 올랐다.

〈파친코〉의 인기는 해외뿐만 아니라 국내에서도 확인되었다. 애플TV+ 유튜브 한국 채널을 통해 무료 공개된 1회는 1주일 만에 566만 뷰, 공개 3주 차에는 1,450만 뷰에 육박하였다황서연, 2022. 또한 OTT 콘텐츠 통합 검색 플랫폼 키노라이츠에 따르면, 통합 콘텐츠 랭킹에서 2주 연속2022년 3월 5주차~4월 1주차 1위를 차지하였다. 드라마의 흥행은 원작 소설에까지 이어져 2018년 국내 출간된 소설《파친코》는 주요 서점가에서 종합 베스트셀러 1위에 오르며 '역주행'하였다 김미경, 2022. 이와 같은 인기에 힘입어 일제강점기 한국의 역사를 알리는 캠페인이 진행되기도 했다. 관련 뉴스에 따르면 강애란, 2022, 사이버 외교 사절단 반크는 드라마 〈파친코〉의 높은 인기를 지렛대 삼아 일제강점기 조선에 대한 일본의 탄압과 조선인들의 저항, 그리고 일본이 왜곡한 한국의 역사를 전 세계에 알려야 한다고 밝히며, 6개 언어로 제공되는 'Bring Korea to the World Classroom' 웹사이트를 구축하여 세계 각국의 교과서에서 다루어지지 않는 한국의 역사를 소개하였다.

한국에서의 열광적인 반응과 달리, 일본 시청자들의 반응은 그다지 호의적이지 않았다. 〈파친코〉가 공개되자 일본 네티즌들은 발끈했다. 각종 SNS에서 한국에 대한 일본의 식민 지배와 자이니치在日 를 향한 일본 사회의 탄압을 부정하거나 작품 내용이 '허구'라는 주장을 제기했다 이유나, 2022. 애플TV+도 이러한 분위기를 의식해서인지 일본 공식 계정에 〈파친코〉의 트레일러를 올리지 않는가 하면 애플TV+ 공식 홈페이지에 게재된 〈파친코〉 예고편 및 1회 영상에 댓글 기능을 차단하는 등 조심스러운 대응을 보였다. 〈파친코〉에 대한 일본 수용자들의 반응은 〈밀정〉, 〈암살〉, 〈미스터 션샤인〉 등 한국 제작진들이 만든 일제강점기 시대극에 대한 반응보다 훨씬 거셌다. 이는 애플이라는 제3자 국가의 기업이 〈파친코〉를 만들었다는 점과, 이 글로벌 OTT 콘텐츠가 전 세계에 공개되어 자신들이 불편해하는 역사를 조명하기 때문인 것으로 풀이된다류지윤, 2022.

〈파친코〉에 대한 국내 시청자들의 대표적인 반응은 "한국인들이 나오는 미드미국 드라마 같다"는 것이었는데 김가영, 2022, 이는 익숙한 역사에 대한 낯선 재현을 마주하는 경험이라 할 수 있다. 식민 지배의 상흔이 가득한 한국 근현대사의 재현을 글로벌 OTT 플랫폼을 통해 마주한다는 것은 한국의 수용자들에게 구체적으로 어떤 의미일까? 그동안 글로벌 OTT 플랫폼에서 '미드'를 소비했던 것과 비슷하게 〈파친코〉를 경험하는가? 아니면 제3자의 시선에서 담아낸 일본 제국주의 역사에 대해 일본의 수용자들이 민감하게 반응하는 것처럼, 한국의 수용자들도 새로운 관점을 불편하게 느낄 것인가?

이 장은 애플TV+ 오리지널 시리즈 〈파친코〉를 중심으로 글로벌 OTT 드라마의 수용과 이를 둘러싼 새로운 콘텐츠 소비문화를 탐색한다. 한국의 '아픈 역사'를 다룬 〈파친코〉가 일으킨 전 세계적인 반향은 OTT 플랫폼 환경에서 어떻게 특별한 역사성이 보편적인 상품성으로 전환될 수 있는지 보여준다. 〈파친코〉는 민족적·국가적 단위에서 생산되고 소비되었던 기존의 TV 드라마와 차별되는 글로벌 OTT 드라마의 속성을 드러낼 뿐 아니라, 기존의 민족주의적 혹은 주류적인 관점을 벗어난 역사 재현을 경험하고 해석하는 글로벌 수용자로서의 위치성을 드러내고 있다.

2절에서는 글로벌 OTT 플랫폼 환경이 배태한 새로운 콘텐츠 소비문화를 살펴볼 것이다. 디지털 미디어 플랫폼의 개인화·맞춤화된 조건에서 이루어지는 콘텐츠 소비가 어떻게 수용자들의 시청 관습과 문화적 실천을 조건짓는지를 살펴봄으로써 글로벌 OTT 수용자의 특수한 위치를 설정하고자 한다. 이어서 3절에서는 〈파친코〉의 서사 전략과 재현 양상을 중심으로 글로벌 OTT 드라마로서 〈파친코〉의 텍스트적 속성을 논의할 것이다. 특히 OTT 콘텐츠가 기본적으로 구독자를 확대하고 지속시키기 위한 것임을 감안할 때, 〈파친코〉가 전면화하는 여성 서사의 활용 방식과 의미 작용, 디아스포라 정체성, 혼종성 등이 이와 어떻게 연계되는지 설명할 것이다. 더 나아가 여성 서사와 이주민을 소재로 하는 〈파친코〉의 서사 전략이 어떻게 수용의 즐거움으로 절합되고 글로벌 대중문화 콘텐츠로서 상품성을 구체화하는지를 논의한다.

4절에서는 이같은 논의를 토대로 OTT 드라마 수용자들의 수용 방식과 해석적 실천 양상을 고찰한다. 〈파친코〉를 시청한 수용자들을 대상으로 하는 포커스그룹인터뷰FGI 결과를 토대로 기존의 TV 드라마 소비 방식과 차별화되는 OTT 드라마의 수용 및 해석 양상을 분석한다. 이를 통해 글로벌 미디어 문화에 스며든 OTT 수용자의 드라마 읽기 경험이 무엇을 말하는지 그 함의를 성찰한다.

2. OTT 수용의 여러 행태와 즐거움

코로나 팬데믹 시기 넷플릭스로 대표되는 구독자 기반의 온라인 스트리밍 서비스 이용이 급속도로 증가하면서 OTT 플랫폼은 현대 대중문화의 굳건한 토대가 되었다. 1997년에 DVD 대여 및 판매 사업으로 시작한 넷플릭스는 2007년에 온라인 스트리밍 서비스로 사업의 방향을 완전히 바꾸었다. 초기에는 시장에 나온 영화, 드라마 등을 제공하는 대여 서비스가 주된 비즈니스였으나, 스트리밍 서비스와 함께 정교한 추천 인터페이스, 오리지널 콘텐츠 제작 등으로 콘텐츠 생산, 유통, 제공을 포괄하는 수직적 통합을 이뤄내 명실상부 글로벌 미디어 산업의 주역으로 떠올랐다. 전 세계를 강타한 〈오징어게임〉2021의 인기는 글로벌 OTT 플랫폼의 영향력을 분명하게 입증하는 사례일 것이다.

넷플릭스는 글로벌 미디어 산업의 흐름을 재편했을 뿐 아니라 미디어 콘텐츠 소비의 패러다임도 바꾸었다. 넷플릭스는 모바일 네트워크 환경과 지능정보기술을 토대로 개인화·맞춤화된 사용자 인터페이스를 구축하고 소비자 친화적인 서비스 혁신을 이루었다임종수, 2023. 다양한 콘텐츠, N스크린, 추천 알고리즘 등 디지털 미디어 플랫폼 환경은 기존에 매체/생산자 중심으로 구동되었던 수동적인 콘텐츠 소비 개념을 수용자 중심의 능동적인 패러다임으로 전환시켰다.

　넷플릭스는 2013년 그동안 축적된 이용자의 정보를 토대로 몇몇 오리지널 시리즈를 제작했는데, 이때 모든 에피소드를 하루에 공개하여 몰아보기 binge-watching 시청의 대중화를 주도하였다. 2022년 4월 미국 스트리밍 서비스 이용자 조사에 따르면, MZ세대 1981~2014년생 의 40% 이상은 하루 3편 이상의 에피소드를 시청하고 있으며, 40% 정도의 X세대 1965~1980년생 이용자들도 하루 2~3편 가량의 에피소드를 시청하는 것으로 나타났다 Richter, 2022 . 국내 정보통신정책연구원의 'OTT 서비스 · 콘텐츠 이용 행태 및 트렌드 분석' 보고서에 따르면 김남두, 2023 , OTT 동영상의 1일 평균 시청 시간은 1~2시간이 32.1%로 가장 많았고, 2~3시간은 21.6%, 3~4시간 또는 이보다 많다는 응답은 18.8%를 차지하였다. 몰아보기 시청이 확산되면서, 영화나 드라마가 '나눠 공개'되는 것보다 '전체 공개'되는 것을 선호하는 비중도 94.1%로 높게 나타났다 황지예, 2023 .

　몰아보기는 일반적으로 한 번에 한 시리즈물의 여러 에피소드를 시청하는 것을 지칭하는 것으로, 체계적으로 그 정의가 정립되기보다 맥락에 따라 유연하게 적용되어왔다. 넷플릭스가 2013년에 실시한 정기구독자 대상 설문조사 결과를 토대로 정의한 것에 따르면, 보통 '하나의 프로그램을 한 번에 2편에서 6편 정도 보는 것'을 말한다. 몰아보기는 영어로 'binge-watching'으로 표기되는데, 여기서 'binge'는 폭식 binge-eating 이나 폭음

binge-drinking 등에 쓰이는 것처럼 다소 부정적인 의미를 내포한다.

이에 초기 연구들은 과도한 몰아보기에 주목하여 미디어 콘텐츠의 충동 소비, 중독 가능성, 상호작용 단절과 같은 우려스러운 관점을 드러내기도 하였다Trouleau et. al., 2016. 몰아보기의 발견과 병리학적 문제에 주목했던 초기의 관심은 점차 몰아보기의 유형, 이용자 경험과 효능감 쪽으로 옮겨갔다. 제너 Jenner, 2016에 따르면, 몰아보기는 주 단위 편성이 강제하는 정기적 시청에서 벗어난 적극적이고 능동적인 선택과 소비 방식이다. 이는 이리저리 채널을 옮겨다니는 것 channel hopping 또는 channel zapping 과 차원이 다른 능동적 시청을 의미한다. 몰아보기는 자신의 미학적 취향을 찾아나서는 것, 일상적 시공간 사용 방식의 하나가 된 것이다.

따라서 몰아보기는 필연적으로 한 번에 많이 시청하는 것만이 아니라 다양한 전술의 몰아보기 행동으로 설명되어야 한다. 몰아보기에는 이어보기, 따라잡기, 함께 보기 등 다양한 전술이 동원된다. 시청자 개개인의 삶의 리듬이 다르기 때문이다. 그러므로 OTT는 전통적인 가족 시청 외에 개인 시청, 나의 시청, 공동체 시청 등을 포함한다임종수·최세경, 2016. 여기서 몰아보기는 시청자들이 자신의 상황에 따라 계획된 시청을 하거나 계획된 시청을 수정하면서 시청을 이어가는 행동이다. 그런 점에서 '계획행동이론' TPB, Theory of Planned Behavior 은 몰아보기를 탐구하는 데 유용한 이론이다.

OTT 플랫폼 환경에서 미디어 산업은 몰아보기 시청 행동에 상응하는 서사구조에 대해 고민하지 않을 수 없다. 그렇기 때문에 몰아보기와 관련된 콘텐츠 연구는 몰아보기를 유발하는 텍스트적 속성, 그러니까 몰아보기 가능성 bingeability 에 대한 탐구와 상호 양립한다 Ferchaud, 2020 . 박찬효 2020 는 넷플릭스 오리지널 드라마 〈킹덤〉을 분석하여 사건의 교차적 구성, 플래시백의 정보 제공 기능 강화 등 몰아보기를 도모하는 OTT 드라마의 스토리텔링 전략을 탐구했다. 몰아보기를 추동하는 서사 전략에서 항상 전제되는 것은 시청자의 몰입으로, 몰입은 몰아보기 시청이 가져오는 긍정적이고 특수한 영향으로 평가된다.

무엇보다 몰아보기로 인한 텍스트에 대한 깊은 몰입은 독서 행위와 유사하게 자신의 속도에 따라 시청하고 앞뒤로 이동하는 등 자율적 참여의 속성을 지닌다 Jenner, 2017 . 몰입은 '몰아보기의 즐거움'과 연계되는데, 자신의 미학적 취향에 맞는 콘텐츠를 편리한 몰아보기 방식으로 시청하기 때문에 그래서 모든 OTT 시청자는 양질의 TV를 향유한다 , 해당 콘텐츠 서사 세계로 완전히 몰입하는 '플로' flow , 더 나아가 서사 세계 안으로 들어간 듯한 착각을 주는 '도취' transportation 를 가져온다 Appel & Richter, 2010 . 몰아보기 중에 분비되는 도파민은 즐거운 기분을 들게 하고 스트레스를 경감시키는 한편, 그만보기를 힘들게 하고 수면장애, 업무장애 등을 유발하는 것으로 알려져 있다 Gore, 2023 . OTT 플랫폼의 수용자 중심적 시청 행태는 시청자와 콘텐츠가 관계 맺는 방식에 변화를 가져왔을 뿐만 아니라 새로운 문화적 실천 양상으로 자리매김하고 있다.

다른 한편, 글로벌 흥행작 〈오징어게임〉의 사례에서 확인할 수 있듯이, OTT 몰아보기는 다국적 수용자들 사이에서 공통의 감성을 도출하는 새로운 문화적 전 지구화를 실현한다. 철저한 번역 작업 이후에 이루어지는 전 세계 콘텐츠 동시 공개, 구독자 빅데이터에 기반한 추천 알고리즘 등은 글로벌 트렌드 경향을 만들어낸다. 이와 관련하여 박미영 2022 은 디스포지티프 dispojitif[1] 라는 용어로 OTT 인터페이스와 글로벌 관객성을 설명한다. 디지털 인터페이스는 사용자가 이용하는 도구에 불과한 것이 아니라 자유롭게 무엇이든 할 수 있다는 감각을 제공하여 사용자에게 자유로운 주체성을 부여하는 '장치'이자 '조건'이라는 것이다. 그렇기 때문에 몰아보기는 시간 관리의 책임을 시청자에게 부여함으로써, 생산성 향상이라는 자기 계발의 윤리 및 신자유주의적 통치성과 공명하면서 OTT 플랫폼의 구독경제 속에서 참여적 관객성을 실현한다.

이는 국가 내 지배적 감정구조를 생산하는 TV와 달리 OTT가 보편적 감정구조 또는 세계 감성 worldly sensibility 을 생산하고 있음을 의미한다. 박미영 2022 은 또한 마크 핸슨M. Hansen 의 논의를 활용하여 글로벌 OTT 서비스 이용자들이 세계 감성을 공유한다고 설명한다. 핸슨Hansen, 2015 에 따르면, 21세기 컴퓨팅 네트워크 환경에서 감성은 데이터를 통해 세계를 드러내며 동시에 감각의 조건으로서 데이터가 곧 감성 그 자체로서 감성의 강도를 강화한다. OTT 플랫폼 환경의 트렌딩, 추천 알고리즘 등은 이용자들의 참여로 이루어지지만 산업적 이익을 위한 전술적 도구이기도 하다. 따라서 글로벌 OTT 콘텐츠를 소비한다는 것은 자신도 의식하지 못하는 사이에 상업 플랫폼이 안내하는 세계 감성에 노출되거나 일조하는 것이다.

3. 〈파친코〉의 텍스트적 속성

"역사는 우리를 저버렸지만, 그래도 상관없다History has failed us, but no matter". 이 문장은 재미교포 작가 이민진의 소설《파친코》한국어 번역판의 첫 문장이다. 이 작가는 스스로를 소설의 첫 문장을 주제문thesis sentence 로 삼는 작가라고 밝히면서, '〈파친코〉의 첫 문장은 역사에서 평범한 일반인들의 삶은 잘 드러나지 않지만 진정 역사를 만드는 것은 그들이라는 것을 강조하기 위해 쓴 문장'이라고 설명했다김미리, 2022 . 이 문장은 〈파친코〉의 주제 의식을 담아낼 뿐 아니라 〈파친코〉의 서사가 어떻게 글로벌 OTT 수용자를 사로잡을 수 있었는지를 설명하는 것이기도 하다. 〈파친코〉는 전 세계적인 트렌드로 부상하고 있는 여성 서사와 그 결을 같이하면서도 정치경제적 이유로 과거나 현재에도 지구촌 곳곳에서 관심 주제인 디아스포라 서사를 표방한다.

여성 서사로서 〈파친코〉

OTT를 포함한 미디어의 개인화 경향과 콘텐츠 다양화 움직임 속에 여성 서사 콘텐츠들이 인기를 끌고 있다. 엘프 여왕, 쉬헐크 등 기존 인기 시리즈들의 주역을 차지한 여성 주인공들이 가시화되고 있으며 이태훈, 2022, '여풍女風', '워맨스', '센 언니들' 등이 콘텐츠 트렌드로 떠오르고 있다 정주원, 2023. 여성 서사 콘텐츠의 부상은 여성의 사회경제적 지위 향상, 페미니즘 리부트 등의 사회문화적 요인과 더불어 OTT 중심으로 재편된 미디어 환경에서 다양하고 폭넓은 시청자층을 공략하려는 상업적 요인이 결합된 결과이다. 특히 페미니즘 리부트 이후 넷플릭스, 왓챠 등 OTT 플랫폼에서 여성 서사 콘텐츠의 수입, 배급, 제작이 활발해지고 있는데, 이는 OTT가 여성들의 요구를 레거시 미디어보다 빠르게 수용하고 트렌드를 증폭시키는 미디어임을 보여준다 손혜민, 2020.

OTT 이용자들의 성별 분포 및 여성 이용자들의 콘텐츠 이용 행태는 OTT 사업자들이 여성 서사를 전략적으로 고려해야 할 필요성을 시사한다. 넷플릭스 이용자의 성별 분포는 여성 51.7%

과 남성 49.3% 이 거의 차이가 없다. 하지만 OTT의 주력 콘텐츠인 드라마 장르에서는 여성 시청자의 선호도가 현저히 높다김청희·김남두, 2021. 2023년 'OTT 서비스·콘텐츠 이용 행태 및 트렌드 분석' 보고서에 따르면, 자주 시청하는 OTT 콘텐츠 장르에 대해 남성은 국내외 뉴스/시사, 국내외 영화, 스포츠 경기, 게임/E-스포츠를 답한 비율이 높은 반면, 여성은 국내 드라마, 국내 예능, 뮤직비디오/공연을 답한 비율이 상대적으로 높았다김남두, 2023. 여성 서사의 확대는 OTT 서비스 이용고객 중 가장 많은 비중을 차지하는 20~30대 여성의 취향을 주로 반영한 것과 무관하지 않다. OTT 플랫폼에서 여성 서사는 콘텐츠 분류 및 추천 시스템 상 '여성 취향'으로 번역되는 것으로서 '새롭게 등장한 취향'임과 동시에 그 자체로서 하나의 '시장'이다손혜민, 2020.

여성 서사가 대두된 데에는 사회문화적 요인에 대한 고려도 필요하다. 여성의 전반적인 사회경제적 지위가 올라가면서 기존의 가부장적 질서 및 젠더 담론에 균열이 일어나고 있다. 특히 '미투' Me Too 운동으로 촉발된 페미니즘 리부트의 확산 속에서 미디어 재현의 변화를 요구하는 여성 문화소비자들의 목소리가 강화되어 오고 있다. 넷플릭스의 〈Orange Is the New Black〉 2013, 티빙의 〈술꾼도시여자들〉 2021 처럼, 여성 주인공을 전면화하고 여성 연대를 구축한 작품들의 성공은 여성 서사의 대중적 흥행 가능성을 입증한다.

여성 서사의 대중적 확산에도 불구하고, 무엇이 여성 서사인지 명확하게 정의되지 못하고 있다. 여성 서사를 정의하기 어려운 이유는 여성 서사가 내적 원리에 의해 자생적으로 만들어진 것이 아니라 '보편/남성'classical/male 서사의 타자로서 성립될 수 있었기 때문이다 손혜민, 2020. 김강은 2020 은 여성 서사를 여성들이 직접 자신의 입으로 발화하는 서사로서, 여성이라면 겪을 수밖에 없는 규범이나 본분의 문제들을 직시함으로써 보편/거대 서사에 대항하는 양상을 띤다고 보았다. 이혜린과 조혜정 2022 에 따르면, 여성 서사의 요건은 여성 주체의 정체성에 대한 자의식과 여성의 자아실현을 분명하게 그려내는 것이다. 나아가 정영희와 한희정 2023 은 여성 서사를 전통적인 젠더 이분법과 가부장적 관념에 대해 비판적 시각을 견지하고 보편/남성 중심의 서사에서 타자화되어온 여성을 새롭게 재현한 서사라고 정의했다. 선행연구들을 종합하면 미디어 서사에서 여성 서사는 여성 주인공 female protagonist 과 여성 연대를 핵심 요소로 삼고 있다.

여성 서사로서 〈파친코〉는 '선자'라는 자의식 강한 '여성 주인공'을 전면화하고 있을 뿐 아니라 선자를 중심으로 한 다양한 '여성 연대'의 양상을 구축하고 있다. 한국에서는 선자의 어머니 양진 와 선자 간의 모녀 연대를, 일본에서는 선자와 선자의 형님 경희 의 연대를 그려낸다. 더불어 에이즈로 죽어가는 하나를 보살피는 선자의 모습은 보다 폭넓은 자매애 sisterhood 의 발현으로 이해할 수 있다. 무엇보다도 여성 서사로서의 〈파친코〉에 방점을 찍는 것은 시즌1의 마지막 회 에필로그를 장식하는 실제 여성 자이니치들의 인터뷰이다. 이 시퀀스를 통해 드라마 속 여성 인물들의 재현과 인터뷰 속 자이니치 여성들의 삶의 궤적이 서로 연결된다채희상, 2022. 할머니들의 육성 인터뷰는 극 중 선자와 그 후예들이 자이니치로 살아가는 삶의 역정에 역사적 실재성과 진정성을 부여한다.

글로벌 OTT 드라마 〈파친코〉는 여성 주인공을 내세워 자이니치의 역사성을 탈각시키고 대중성을 강화한다. 선자의 남편 이삭과 관련한 에피소드에서 드러나듯이, 〈파친코〉는 공식 역사의 주체인 남성을 주변화하고 여성을 전면에 등장시킴으로써 '굵직한' 역사를 여성 서사이자 디아스포라 서사로 포용한다채경훈, 2024. 더 나아가, 가난한 피식민지 여성이자 이주자인 선자의 타자성otherness 은 〈파친코〉의 서사를 생존과 삶이라는 개인적이고 일반적인 관심사로 묶어둔다. 남성들의 서사가 정체성 찾기와 사회와의 불화에 놓여있다면, 선자 같은 여성들의 서사는 생존 분투와 가정 지키기에 초점이 맞추어지는 것이다이미림, 2023. 여성 서사로서 〈파친코〉는 주류 역사의 주체로 자리매김 되지 못했던 여성 개인의 삶을 전면화함으로써 자칫 역사적 현실을 후경화하고 사사화하는 결과를 초래할 수도 있다.

다른 한편, 〈파친코〉는 여성 서사를 넘어 여성주의적feminist 서사로서의 가능성을 담지하고 있다. 주인공 선자는 시공간을 넘나드는 가족연대기의 중심축으로 기능하며 여성 캐릭터의 전형성을 벗어나는 젠더적 가능성을 시사한다. 부산 영도에서 시작해 일본의 오사카를 거쳐 요코하마에 이르는 선자의 여정은, 전통적 공간 구분의 기제인 공/사 이분법을 넘어 기존의 젠더 역학에 도전한다이경재, 2021. 여성이 경험하는 이동의 제약이 여성을 종속하는 결정적인 수단으로 기능해 왔음을 고려하면Massey, 2014/2015, 여성이자 디아스포라 주체인 선자는 고정된 장소성과 결부되었던 여성성을 떨쳐내고 자신의 선택에 따라 이동하고 움직이는 주체를 형상화한다. 선자는 축첩이라는 전근대적 관습으로 자신을 묶어두려는 한수를 거부하고 젠더 억압의 장소인 영도를 떠날 뿐 아니라 오사카에서는 가부장제 질서와 젠더화된 공/사 구분을 고수하는 요셉남편의 형과 대치하며 자신의 삶을 능동적으로 헤쳐나간다.

디아스포라 서사로서 <파친코>

'디아스포라'diaspora 라는 용어는 '씨앗들을 흩뿌리다'라는 뜻의 그리스어 'diaspeirein'으로부터 유래한다. 디아스포라는 자국을 떠나 여기저기 떠돌다가 세계 곳곳에 정착하게 된 유대인들의 이주 형태the Jewish diaspora 를 주로 지칭했다. 전 지구적으로 이주의 흐름이 증가하고 이주의 원인과 방식도 다양해짐에 따라, 디아스포라 개념은 이민자들, 난민들, 이주노동자들, 소수민족 공동체 등 모국 이외의 지역에 거주하는 민족 집단과 문화적·언어적·종교적 공동체를 설명하는 것으로 확대되고 있다. 초기 유대인 디아스포라의 역사가 시사하는 것처럼, 디아스포라는 이주 경험과 연루된 비극적인 상처를 강조하고, 이주민들이 정주 사회 host society 의 주류 문화에 완전히 수용되지 못하거나 소외되는 경험을 말한다. 이에 디아스포라 개념은 이주라는 초국적 횡단 과정과 결부된 일련의 경험들과 정체성 구성 과정들을 추적하는 데 유용하게 활용되어 왔다.

디지털 미디어 플랫폼 환경 속에서 사람들과 정보의 이동 및 상호작용은 가히 탈경계적이라 말할 수 있다. 여기서 정체성의 문제는 고정적인 정의와 안정적인 경계 속에 놓이기보다 다양한 담론의 영향과 유동적인 위치 속에서 다중적, 탈중심적, 파편화된 것으로 이해된다 Hall, 1996 . 디아스포라 개념은 정체성의 문제가 민족·국가라는 기존 경계를 뛰어넘는 것임을 강조함으로써 정체성이 어떤 본질주의에 종속된 것이 아님을 강조한다. 특히 디아스포라 정체성 diasporic identities 은 의미 작용에 관여하는 중요하지만 사소한 조건과 계기들, 거듭되는 변화와 혼란의 가능성, 그리고 여러 담론들의 충돌과 교섭 속에서 형성되는 것이다 Gilroy, 1997 . 다시 말해, 디아스포라 정체성은 정체성이 타고난 것으로 혹은 문화적으로 주어지거나 결정된다고 간주하기보다는 유동적인 삶 속에서 마주치게 되는 우연적이고 비결정적인 지점들과의 부딪힘에서 빚어진 것임을 말한다.

디아스포라 경험이 배태하는 지배적 양상은 혼종성 hybridity

이다. 혼종성은 원래 생물학에서 유래한 용어로서 여러 기원들이 마구 섞인 것을 의미한다. 따라서 혼종성은 탈식민주의, 전지구화, 그리고 디아스포라 문화에 관한 논의에 활용되어 개별적인 문화 요소들의 혼합 속에 만들어진, 새로운 의미를 설명하거나 다양한 문화적 기원이나 민족성에서 파생한 정체성을 지칭한다. 혼종성은 기존의 고정적인 문화적 경계를 희미하게 만들고 민족·국가 등 전통적인 정체성의 범주에 균열을 가져왔으며, 문화와 정체성 구성에 내재하는 복합성과 유동성을 강조한다. 작금의 글로벌 미디어 문화 환경에서 디아스포라 경험 및 혼종적 정체성에 대한 관심은 인종, 국가, 민족 등 기존 소속이나 경계의 영향력을 탈피하여 다중적·파편적·모순적으로 발현되는 재현 양상을 조명하는 데 기여할 수 있다.

〈파친코〉는 텍스트 내외적으로 디아스포라 혼종성을 겨냥한다. 〈파친코〉는 4대에 걸친 이민자 가족을 소재로 삼아 한국, 일본, 미국을 넘나드는 삶의 궤적을 그려낼 뿐 아니라, 원작자를 비롯하여 혼종적 정체성을 가진 이민자들을 중심으로 제작되었다. 다양한 국적의 출연진, 타이틀 시퀀스에서부터 가시화되는 한국어, 일어, 영어 등 다국어의 혼용과 발화, 철저한 고증 작업 속에 구축된 이질적인 지역성의 구현 등 〈파친코〉는 문화적 횡단과 교차 지점들을 다채롭게 담아내고 있다. 채경훈 2024 은 〈파친코〉가 소재에서부터 제작 주체와 환경, 산업적 바탕도 초국가적이기 때문에 자국 중심의 콘텐츠로부터 끊임없이 이탈을 시도하며 로컬의 역사를 글로벌 코드화시키는 동시에 디아스포라에 대한 새로운 시각을 제공한다고 보았다. 채희상2022은 〈파친코〉가 재일 조선인의 내밀한 내부자적 시선이나 한국, 일본의 역사적, 정치적 배경에 기반한 관점과 차별화되는 외부자의 시각으로 접근함으로써 재일 조선인의 삶의 기억을 전 세계 관객들이 이해할 수 있을 만큼의 '보편적인'universal 서사로 전달한다고 평가했다. 〈파친코〉의 제작진 또한 자신들의 작품이 세대와 성별, 지역을 넘어 여러 시선으로 볼 수 있는 보편적인 이야기라고 홍보했다강내리, 2022. 〈파친코〉는 공식 역사와 주류 담론에서 배제된 여성과 이주민을 전면화함으로써 보편 서사로 받아들여질 수 있었으며, 여기에는 문화 콘텐츠의 경계를 허무는 미국적 전략과 가치가 주요하게 기능하였다.

글로벌 OTT 드라마 〈파친코〉는 타자의 역사와 문화를 적극적으로 활용하는 할리우드의 글로벌 콘텐츠 전략의 연장선 위에 놓여있다. 할리우드로 대표되는 미국의 거대 콘텐츠 산업은 〈뮬란〉, 〈모아나〉 등의 사례에서 볼 수 있듯이 로컬의 문화와 역사를 흡수하고 글로벌 코드로 전환하여 세계 시장을 공략했으며, 이 과정에서 제기되는 타자들의 문화 및 역사에 대한 이국적 시선과 자본주의적 응시에 대한 비판조차 윤리적·상업적으로 활용해 왔다채경훈, 2024. 〈파친코〉 제작진이 강조했던 것처럼, 글로벌 시청자를 대상으로 하는 OTT 콘텐츠의 주요 가치는 성별, 지역, 국가 등 특수한 범주로 국한되지 않는 보편성의 실현일 것이다.

더 나아가, 역사의 소용돌이 속에서 평범한 개인들이 살아남는 과정에 주목하는 〈파친코〉의 서사는 역사를 후경화하고 먹고 사는데 집중하는, 현실적이고 자본주의적인 미국적 경제관념을 반영하고 있으며, 성가족 중심, 남성에 의한 타락한 여인의 구원 등 가부장제 기독교적 가치를 내재하고 있다이미림, 2023. 〈파친코〉는 디아스포라의 여정 속에 새로운 삶을 찾아 고군분투하는 이주민들의 가치관을 자본주의적 경제 관념과 기독교주의적인 세계관에 투영함으로써 특수하고 이질적인 역사성을 지우고 보다 보편적인 정서적 토대를 구축한 것으로 이해된다.

4. 〈파친코〉 시청하기 : 로컬 시청자의 글로벌 드라마 수용

한국에서 〈파친코〉는 출발에서부터 기존 글로벌 OTT 드라마와 차별화되는, 특별한 기대감을 주는 콘텐츠였다. 2021년 〈미나리〉로 아카데미 조연여우상을 받은 윤여정, 대표적인 한류 스타 이민호. 신예 박민하 등 대중의 주목을 끄는 한국 배우들이 출연하였을 뿐 아니라 한국의 역사 중에서도 가장 친숙하고도 논쟁적인 일제강점기 시기를 다룬 드라마였기 때문이다. 글로벌 OTT 드라마 〈파친코〉는 BTS, 〈기생충〉, 〈오징어 게임〉 등 K-컬처의 전 세계적인 입지를 다시 한번 입증하는 콘텐츠였으며, 원작 소설의 인지도와 더불어 공개 초기 일본 수용자들의 부정적인 반응 등과 맞물려 국제 사회에서 왜곡과 축소로 점철되었던 일제강점기 역사에 대한 새로운 재현을 기대하게 했다.

한국의 수용자들이 글로벌 OTT 플랫폼이 만든 '한국의 역사' 드라마 〈파친코〉를 어떻게 수용하는지 구체적으로 파악하기 위하여 인터뷰 참여자 10명을 모집하여 포커스그룹인터뷰FGI를 수행했다. 인터뷰 참여자들은 20대에서 40대에 이르는 OTT 서비스 이용자들로 모두 〈파친코〉를 시청한 경험이 있었다. 인터뷰 참여자들 가운데 20대는 남성 3명 2번/대학생, 6번/무직, 7번/대학생과 여성 2명 5번/대학생, 10번/대학생 이며, 30대는 남성 1명 9번/직장인, 여성 1명 3번/직장인, 40대는 남성 1명 8번/직장인, 여성 2명 1번/주부, 4번/주부 이다. 포커스그룹인터뷰 전에 사전 질문지를 통하여 OTT 서비스 이용 형태, 시청 습관 등을 확인하였으며, 인터뷰 과정에서는 〈파친코〉에서 흥미로웠거나 인상 깊었던 부분, 일제강점기 등 역사적 재현 양상, 기존 국내 역사 드라마와 차별화되는 부분, 특정 장면에 대한 의미 작용과 해석 등을 질문하였다.

포커스그룹인터뷰 결과, 인터뷰 참여자들은 〈파친코〉를 한국 역사 드라마로 인식하기보다는 글로벌 OTT 콘텐츠로서 받아들이는 경향을 보였다. 〈파친코〉의 서사를 한국인 혹은 일본인의 이야기로 읽어내기보다는 글로벌 수용자를 공략할 수 있는 보편적인 서사로 수용하고 있었으며 창의적인 서사 구조, 감각적인 화면 구성 등 OTT 오리지널 콘텐츠 특유의 텍스트적 속성을 즐기는 양상을 보였다.

<파친코> 만나기: 글로벌 콘텐츠로서 <파친코>

〈파친코〉라는 콘텐츠에 대한 한국 수용자들의 반응은 대부분 긍정적으로 나타났다. 인터뷰 참여자들이 〈파친코〉에 대하여 인상 깊었거나 좋았다고 이야기했던 점들은 〈파친코〉가 기존 국내 역사 드라마와 차별화되는 지점에 집중되어 있었는데, 가장 많이 언급되었던 부분은 평범한 개인의 삶을 중심으로 하는 여성 서사가 펼쳐진다는 점이다.

여자 주인공의 이야기가 쭉, 뭔가 한 여자의 인생을 제가 본 것 같아서 재미가 있었고 그리고 또 기억나는 건 그 여자 주인공이 처음 봤었던 배우였는데 그 뭔가 그 여자 주인공에 대한 기억이 너무 좋았었던 것 같아요. 3번

약간 한 사람의 그런, 그런 인생 삶을 보여주는 것 같아서 좋았고, 저는 좀 비슷한 영화를 되게 많이 보는 편이거든요. 그 한 사람 시점에서 그걸 보여주는 거 그래서 그 부분이 좋았던 것 같아요. 10번

그 시대에 한 여인의 강인한, 뭔가 강인함, 그거에 대해서 기억이
제일 크게 남아 있고요. 뭔가 시대적인 상황도 제가 몰랐던 거를
그 영상 보면서, 또 스토리 보면서 알 수 있었던 거 그런 게 좋았던
것 같아요. 1번

'선자'라는 재일한국인 여성을 중심으로 하는 〈파친코〉의 서
사는 할리우드식 대중 서사의 보편성을 보여주는 한편 글로벌
OTT 플랫폼을 중심으로 전개되는 여성 서사의 확산을 입증하
는 것이기도 하다. 〈파친코〉는 코리안 디아스포라 역사의 거대
한 흐름을 조명하거나 그 상세한 내막을 추적하기보다는 식민
지배와 이주의 역사 속에 고군분투하는 평범한 개인의 삶을 그
려냄으로써 한국의 수용자들에게 보편적인 서사의 즐거움을 제
공하고 기존 역사 드라마와 차별화되는 매력으로 어필하였다.

시대가 막 바뀌면서 진행되는 그런 장면들이 되게 인상이 많이 깊
었어요. 시간 순서가 왔다 갔다 하는 그런 부분에서 좀 모험적이라는
느낌도 많이 느꼈고, 이게 처음에는 약간 조선부터 시작하다가 나
중에는 미국 뉴욕 이렇게 왔다 갔다 하는 그런 부분이 저는 되게 신
기했고, 저렇게 드라마가 생성될 수도 있구나 라는 인상을 받았어
요. 2번

이게 막 엄청 거대 서사고 스케일도 크고 그렇다고, 그런 작품이라고 해서 제가 좀 부담스러워서 안 보고 있다가 지금 3회를 봤는데 생각보다 이게 관계에 치중한 것부터 시작이 되더라고요. 지금 초반부인데 사람과의 관계, 아빠와 딸 그 다음에 그 남자 이민호와 주인공, 그런 거 소소한 감정선이 좀 들어가 있는 것 같아서 좀 지금 흥미로워 가지고 이거 보려고 생각하고 있습니다. 4번

인터뷰 참여자들은 〈파친코〉의 스토리텔링 방식에 흥미를 보였다. 원작 소설이 연대기적 구성으로 선자와 선자 가족의 삶의 궤적을 따라갔던 반면, 글로벌 OTT 드라마 〈파친코〉는 인물들의 삶을 보다 역동적이면서도 섬세하게 재구성하였다고 볼 수 있다. 특히 과거와 현재를 넘나드는 시간성의 구축과 거대 서사의 무게를 지워내는 감정선의 활용 등은 〈파친코〉가 기존 역사 드라마의 프레임을 벗어나 감동적인 '휴먼스토리'로서 받아들여지게 만드는 주요한 요인으로 판단된다. 일부 인터뷰 참여자들은 글로벌 OTT 플랫폼에서 제공하는 양질의 콘텐츠로서 〈파친코〉가 갖는 특징이나 가치에 주목하기도 하였다.

저는 다른 분들과는 좀 다르게 그 배경이 이제 그 공간이 되게 지금보다 좀 옛날이긴 해도 많이 건물 양식이라거나 이런 게 좀 현대적인 느낌이어서 되게 신기하게 봤었어요. 이제 막 회사 건물이나 아니면 파친코 가게나 그런 공간들이 되게 너무 막 옛날 시골

같은 느낌이 아니고 되게 세련되게 나오고 세련되고 색감도 되게 좋게 나와서 그런 쪽이 되게 흥미로웠어요. 6번

보다 보니까 일본어도 들리고 영어도 들리고 되게 문화가 다양하게 이렇게 발화하는 시기에 등장인물 사이의 감정선 같은 것도 놓치지 않고 잘 잡아줘서 재밌다고 생각했어요. 10번

이게 〈미나리〉라는 영화가 개봉하고 난 다음에 개봉이 됐잖아요. 물론 상황은 다른 건데 당시 어머니, 약간 좀 이렇게 나이 든 어머니 되게 억척스럽게 그 시대를 강하게 살아온 어머니에 대한 이미지가 되게 강했어가지고, 저는 오히려 그 부분이 좀 더 포커스가 맞춰졌거든요. 물론 앞에 부분이 훨씬 화려하고 뒤에 부분은 상대적으로 좀 단단하거나 좀 약간 좀 다른 느낌이 좀 있긴 한데, 뭔가 기획은 진짜 잘했던 것 같긴 하다. 이 애플TV에서 기획을 잘하긴 했는데 과연 이게 한국에서는 좀 이거 말고 먹히는 게 있을까라는 저는 그 생각을 좀 했었거든요. […] 저는 윤여정 선생님에 대한 그런 이미지와 애플TV가 앞으로 이제 어떻게 할 거지라는 생각, 그런 생각으로 좀 봤던 것 같아요. 9번

인터뷰 참여자들에게 〈파친코〉가 기존 역사 드라마와 다르게 느껴졌거나, 더 나아가 매력적으로 느껴졌던 부분은 글로벌 OTT 콘텐츠가 갖는 텍스트적 속성에 기인한 것으로 볼 수

있다. 표면적으로 드러나는 일어, 영어, 한국어 등이 혼재된 언어적 표현에서부터, 철저한 고증과 전문적인 영상기술로 만들어낸 스타일리한 시각적 재현, K-컬처의 세계적 확산이라는 맥락 속에 기획된 텍스트의 시의성에 이르기까지, 응답자들은 〈파친코〉를 글로벌 OTT 콘텐츠로서 수용하고 있었다. 다시 말해서, 인터뷰 참여자들은 거대한 제작비를 투여하여 글로벌 수용자들에게 어필하려는 수준 높은 콘텐츠로서 〈파친코〉의 가치를 파악하고 있었으며, 이러한 가운데 〈파친코〉에서 나타나는 재현 양상에 대한 복합적인 의미 작용과 상충적인 해석을 들여다볼 수 있었다.

〈파친코〉 읽기 : K- 역사 드라마와 글로벌 휴먼드라마 사이

인터뷰 참여자들이 한국의 근현대사에 관한 재현을 〈파친코〉라는 글로벌 OTT 콘텐츠로 접한다는 것은 기존 국내 역사 드라마의 소비 경험을 벗어난다는 의미를 지닌다. 특히 한국의 수용자들은 K-역사 드라마와 글로벌 OTT 휴먼드라마의 차이를 일제강점기가 다루어지는 부분에서 극명하게 느끼고 있었다.

국내에서 만들어진 그런, 그냥 어렸을 때 봤던 그런 드라마는 우리가 되게 일제에 핍박받던 그런 상황들을 많이 묘사하고, 그런 상황에서도 절대 뭔가 굴하지 않고 독립하려고 온 민족이 다 함께 뭐 그 위기를 극복해내는 약간 그런 거에 이제 국한된 거였다면, 이거는 그러니까 세대를 걸쳐서 배경이 한국 일본 미국 막 이렇게 여러 가지 언어도 나오고 그다음에 배경도 달라지고 시대도 달라지고 그래서 엄청나게 긴 시간 동안에 대한 표현을 한 거잖아요. 그래서 그런 점이 좀 차이가 있었던 것 같아요. 아주 긴 시간 그다음에 세대를 이렇게 쭉 이어가면서까지 표현한 점들, 훨씬 장소도 그렇고 시대도 그렇고 넓어진 그런 느낌이 들어요. 4번

〈미스터선샤인〉 쪽을 보면 억압이 되게 셌던 것 같아요. 한국인, 조선인에 대한 억압이, 그때 이 정도는 억압이 됐을 것 같다라는 생각이 좀 와닿은 게 있었는데, 이 선자에 대한, 그게 〈파친코〉에는 좀 약하지 않았을까, 너무 약한 것 같다. 왜냐면 그때 일본에 넘어갔을 때도 일본인이 한국인을 생각할 때는 그러니까 조선인을 생각하는 거는 사람으로 보지 않았거든요. […] 하여튼 약하다, 일단은 약합니다. 일단은 억압적인 강도가 굉장히 약하고… 8번

인터뷰 참여자들은 〈파친코〉에 나타난 일제강점기 시대에 관한 재현이 기존 역사 드라마처럼 일본의 식민 지배 하에 겪었던 억압이나 민족주의적 항일 투쟁에 초점을 두고 있지 않다는 점에 주목하였으며, 이러한 차이는 서사의 특징이나 캐릭터들의 재현 양상과 연계되어 의미를 부여하고 있었다.

기존의 대하 드라마들은 대부분이 다 남자가 건국을 하고, 남자가 전쟁을 하고 이런 거다 보니까 남자가 중심일 수밖에 없었는데 이거는 한 개인의 역사잖아요. 이게 그 사람의 시대를 관통하고 있는 거지, 그 사람이 개국을 하거나 주요 인물이 아니라, 어쩔 수 없이 이거는 그 개인의 이야기인 것 같아요. 이거는 역사를 관통하는 거죠. 역사 이야기라고 보기에는 그 한 여자의 기구한 인생 억척스러운 인생을 살고 있는 거 그래서 다른 거지 약간 대하 드라마하고 비교하기에는 조금 차이가 있을 수밖에 없는 것 같아요. 9번

<여명의 눈동자>에서 채시라는 굉장히 좀 거기서 똑같이 임신하고 막 이제 여기저기 끌려다니고 이제 그런 게 나오는데, 약간 그건 제가 어릴 때 봤던 거지만, 굉장히 그냥 큰 역사의 흐름 안에서 얘가 그냥 수동적으로 이렇게 거기 그냥 이렇게 빨려 들어가고, 또 누구 어떤 남자를 만나느냐에 따라서 이 여자의 인생이 계속 이렇게 바뀌어 나가는 약간 그런, 지금 생각해 보면 그때는 뭐 생각 없이 봤지만 근데 저 비교를 하다 보니까 이거는 약간 등장 처음부터 이 선자라는 애가 얼마나 귀한 딸이고 옛날인데도 이렇게 딸이라고 뭐라고 한 게 아니라 굉장히 너는 누구 어떤 남자애 못지않은, 막 그렇게 이제 시작이 되면서 이민호를 만난 그런 과정들에서도 계속 애는 본인이 선택하더라고요. 그래서 이게 굉장히 약간 여성주의적 관점에서는 좀 이거 적극적이고 외모도…아주 스마트하고 전통적인 미인상이 아니라 좀 뭐랄까 약간 막 눈이 초

선자의 삶을 중심으로 하는 〈파친코〉의 여성 서사는 남성 중
심의 주류 역사를 조명해왔던 기존 대하 드라마와 차별화되는
여성 미시사로서의 의미를 갖는 동시에 K-역사 드라마 속 수동
적 희생자로 자리매김되었던 여성의 전형적 이미지를 벗어나는
것으로 의미화되었다. 기존 역사 드라마 속 전형성의 탈피 양상
은 당당하고 주체적인 여성 주인공 선자뿐만 아니라 친절한 일
본 순사 이미지에도 드러났는데, 일본 순사 캐릭터에 대한 반응
은 다소 엇갈리는 양상을 보였다.

– 일본 순사가 선자네 집에 가서, 아재 왜 신고 안 했냐 묻잖아요,
선자 아버지한테. 하숙집에서 나오면서 아줌마가 그렇게 음식을
잘한다면서 내가 한번 맛보러 올게 하고 가요. 그 장면 기억하세
요? 그 장면을 한번 떠올려봐주시고 그 장면에 대한 소감, 소회를
한번 좀 듣고 싶어요. 연구자

지금 생각해 보면 그런 장면들이 꽤 있었던 것 같아요. 그러니까
직접적 표현은 안 하는데 그런 식으로 말로 약간 미국식 조크 같
은 느낌처럼 이렇게 약간, 사실 그게 이렇게 돌아서 이렇게 이해
할 수 있잖아요. […] 저는 그때 그 생각을, 제가 마가 끼었나 봐요.
저는 그때 그런 생각을 했거든요. 얘가 굳이 이걸 한국 음식을 맛

보려나? 9번

- 약간 놀리는 뉘앙스? 연구자

네, 놀리는 뉘앙스, 그런데 그런 게 굉장히 많았거든요. 그런 식으로 돌려 말하는 게 아마 그 장면도 저는 지금 떠올리면 그런 거였던 것 같기도 하고. 그때 봤을 때 제가 느꼈던 게 그랬던 것 같아요. 9번

되게 악랄하고 뭔가 비열하고 막 뭔가 이렇게 탄압하는 모습이 아니고, 당신 음식 잘하니까 당신 음식 한번 먹으러 올게라는 거를 그 상황 자체로 왜 저렇게 다정다감한 순사가 다 있지 이렇게 받아들일 수도 있는데, 지금 여기 9번 선생님이 말씀하신 거는 그게 약간 성적인 거를 이렇게 둘러서 그렇게 이해하셨다는, 맞나요? 3번

- 네, 맞아요. 9번

그냥 내가 한번 음식 핑계로 한 번 더 여자를 좀 희롱하려고 이렇게, 저는 그 상황만 놓고 봤을 때는 마냥 그 사람이 착해 보이지 않는 거에요. 3번

〈파친코〉의 일본 순사는 친절한 태도로 한국인을 대하고 한국 음식에 대한 호기심을 표현하는 모습을 보인다는 점에서 악랄

하고 비열하게 그려졌던 기존의 전형적 이미지에서 탈피했다는 평가를 받기도 했다. 인터뷰 참여자들은 이러한 재현을 일본 순사 캐릭터 자체의 변화 혹은 새로운 이미지로 이해하기보다는 기존 콘텐츠 소비 경험과 연계하여 해석하는 경향을 보였다. 9번 응답자에게는 번역 과정에서 놓치기 쉬운 미국식 농담의 일종으로, 3번 응답자에게는 친절을 가장한 성희롱의 표현으로 이해되었는데, 두 가지 해석 모두 〈파친코〉에서 그려진 일제강점기의 지배자와 피지배자 사이의 권력관계에 천착하기보다는 미드 시청 경험 등 글로벌 콘텐츠의 소비라는 보다 큰 맥락이 중요하게 작동한 것으로 볼 수 있다. 한국의 수용자들은 〈파친코〉를 기존 국내 역사 드라마와 차별화되는, 글로벌 수용자를 겨냥한 콘텐츠로 바라보고, 이에 맞추어 〈파친코〉를 의미화하고 있었지만, 〈파친코〉를 '한국 콘텐츠'로 볼 수 있는지에 대해서는 이견을 보였다.

아마 한국은 일제강점기에 일본 막 이렇게 섞여 있으면 항상 쟤는 나쁜 놈이에요. 쳐죽일 놈처럼 묘사해야 해요. 한국인은 뭔가 너무 불쌍하네 너무 불쌍해 이런 상황이 있어야 되는데 그게 좀 덜하니까 한국 사람이 볼 때 좀 글로벌적인 것 같은데라는 느낌이 드는데 외국 사람이 보면 누가 봐도 한국 콘텐츠죠. 9번
저는 소재가 한국 역사라고 해서 한국 콘텐츠라고 보기는 조금 어려운 것 같아요. 왜냐면 사실 이게 한국인들이 주 소비자인 영

화나 드라마는 좀 아무래도 그들의 정서에 맞게 좀 솔직히 말하면 조금 자극적일 수도 있고 흔히 말하는 애국심을 채워주는 영화나 드라마가 될 수도 있는데 파친코는 그렇게까지는 묘사는 안 됐다고 생각을 하거든요. 그러니까 한 사람의 인생을 그렇게 한 사람의 한 여성의 인생을 그렇게 보여준 건 맞는데 저는 이게 막 한국인의 정서에 맞게 되게 자극적이고 양념도 막 소스도 치고 막 그렇게 묘사를 했다고 생각을 하지 않아서 좀 세계인들의 눈높이에 맞춰서 수위도 좀 낮추고 그렇게 한 거 아닌가 그래서 한국 콘텐츠라고 보기에는 조금 어렵지 않나 싶긴 해요. 5번

그게 지금 글로벌하게 얼마나 인기가 있고 순위도 얼마나 높은지 저는 아예 지금 지식이 없는 상태에서 그냥 제 느낌은 그래도 한국 사람들이기 때문에 훨씬 더 관심이 많고 한국 콘텐츠라는 생각이 좀 드는 게, 예를 들어서 저라면은 영국과 프랑스의 전쟁 사이 그 배경에서 어떤 프랑스인의 어떤 여정을 아무리 잘해도 별로 크게 관심이 있거나 와닿지 않을 거예요. 그렇게 막 디테일하게 거기 나오는 외국 음식 이런 것까지 이렇게 관심 있게 보지 않을 것 같아요. 그래서 모르겠어요. 인기 되게 많았다고는 알고 있는데 좀 신기해요. 그래서 이거 되게 한국 꽤 많이 이렇게 바이어스된 것 같은데 외국 사람들이 어떤 면을 저렇게 보나 그게 좀… 4번

인터뷰 참여자들은 일제강점기를 다루는 관점이나 일본 식민

권력의 억압에 대한 표현 수위 등의 차이를 토대로 〈파친코〉를 기존 K-역사 드라마와 구분하였지만, 〈파친코〉를 한국 콘텐츠로 받아들일 수 있을지 판단하는 과정에서는 K-역사 드라마의 기준이나 관습을 적용하기보다는 한국적인 소재나 정서, 표현 방식 등 K-콘텐츠의 고유한 속성을 토대로 평가하는 경향을 보였다. 다시 말해서, 〈파친코〉를 한국 콘텐츠로 볼 수 있을 것인가에 대한 판단은 국내 수용자에 초점을 둔 역사 드라마 담론 속에서 이루어지기보다는 글로벌 OTT 콘텐츠의 일부로 포섭된 K-콘텐츠 담론 속에 놓이게 되는 것이다.

한국은 시청자가 한정될 수밖에 없었고 이건 글로벌이니까 모두가 시청할 수 있는 데에서 공감을 얻으려면 한국이 제일 강점인 거는 뭐 〈오징어게임〉도 그렇고 뭔가 감성적인 걸 건드리는 게 강점이라 이게 되는 게 아닌가 맞아 그런 생각이 들어요. 9번

저도 그래서 흥미가 있었어요. 거대 서사, 일제강점기, 이래서 그냥 못 보겠다 이랬는데 막상 보니까 개인의 감정, 일상사가 이게 쭉 나오더라고요. 그래서 좀 재미있었어요. 4번

글로벌 미디어문화 환경에 놓인 인터뷰 참여자들에게 한국적인 것의 함의는 한국적인 특수성이나 차이를 드러내는 것이기보다는 글로벌 수용자들을 공략할 만한 보편성을 담보할 수 있

는 한국적인 것을 제공하는 것이며, 〈파친코〉는 그 사례 중 하나로 받아들여지고 있다고 이해할 수 있다. 더 나아가, 인터뷰 참여자들이 보여준 〈파친코〉에 대한 흥미와 긍정적인 반응은 대부분 K-역사 드라마들이 보유한 전형성을 탈피하는 요소들에 기인하는데, 이는 국내 대하 드라마 제작 감소, 판타지 사극의 확대 등 근래 K-역사 드라마의 현실과 공명하는 지점이기도 하다.

〈파친코〉와 관계 맺기: 원작 소설에서 해외 콘텐츠까지

인터뷰 참여자들은 〈파친코〉를 기존 K-역사 드라마와 관련짓기보다는 유사한 성격의 해외 영화나 드라마와 비교하는 등 글로벌 미디어문화 환경 속에 수용하는 양상을 보였다. 이는 〈파친코〉라는 텍스트를 다른 텍스트와 관련지어 이해하고 평가하는 해석적 실천을 노정할 뿐 아니라 이러한 관계들 속에서 글로벌 문화소비자로서의 위치성을 확인할 수 있게 한다.

이름이 기억이 안 나 가지고 내용은 기억이 나는데, 최근에 봤던 영화 중에 홍콩 영화 중에 홍콩이 일본에 점령당했던 시기에 한 남자의 시선에서 그걸 보여주는데 태어날 때부터 본인이 할아버지일 때까지의 삶을 보여주는 그 영화가 있는데 그게 가장 기억에 남고 비슷한 것 같아요. 5번 흥미를 느끼게끔 드라마를 잘 만들긴 했어요, 솔직히. 그리고 윤여정 선생님께서 중간중간 나오는데 그때 어떤 키 포인트를 보면 좋다라는 느낌이 그때그때 나오게 하더라고요. 그래서 그렇게 보면 굉장히 잘 만든 드라마인 것 같고 제 생각이 다른 외국의 드라마가 있나 생각하면 저는 옛날 거에 〈로마〉라고 있거든요. 〈로마〉 그거 같은 느낌이 좀 있어요. 그냥 그건 로마 시대 때 제국 일인데 그거 안에도 저희처럼 역사적인 충돌이라든지 차별적이라든지 그런 게 있거든요. 8번

한국의 수용자들은 〈파친코〉라는 텍스트를 이해하거나 평가하는데 해외 콘텐츠들 가운데 비슷한 주제를 다루었거나 접근이 유사한 영화나 드라마를 참조하는 경향을 보였다. 인터뷰 참여자들은 이러한 해외 콘텐츠 사례들을 활용하여 〈파친코〉가 일제강점기 시대를 다루는 방식, 특히 일본 식민권력의 억압과 고통을 어떻게 재현했는가에 대한 문제에 주목하였다.

넷플릭스 영화인지 기억이 안 나는데, 〈작은 집〉이 있는데 그게 일본이 세계대전을 일으킨 영화인데, 저는 그 미화한, 그러니까 약간 좀 약하게 묘사를 한 게, 어쨌든 그게 OTT 플랫폼이니까 그게 많은 세계인들이 보는 거니까 대중성을 높이려고 좀 그렇게 한 거 아닌가 라는 생각도 들거든요. 그 〈작은 집〉 그 영화도 자체 제작 프로그램이었고 넷플릭스인가 뭔지 기억은 안 나지만 일본이 어

쨌든 전쟁을 일으킨 거에 대해서 막 힐난하거나 비난하는 게 아니라 되게 미안해한다는 되게 작은 메시지만 결국 마지막에 남기고 끝나요. 근데 그 영화에서 일본이 한 일에 대해서 되게 막 약하게 묘사를 하고 이건 거의 역사 왜곡 수준이 아닌가 싶을 정도인데, 아마 제 생각에는 OTT 자체 제작 프로그램에서 그렇게 좀 약하게 묘사를 하는 게 전 세계인들이 다 보고 하다못해 일본도 볼 수 있으니까 그런 부분을 고려를 한 거 아닌가 싶기는 해요. 5번

저도 약간 그런 표현 수위에 대해서 한번 생각을 해보다가 떠오르는 영화가 있는데 중국에서 만든 〈난징 난징〉이라는 영화가 있잖아요. 거기서 보면 이제 난징 대학살 사건 때 있었던 일들을 이제 일본군들이 처음에 들어오고 나서 이제 그러고 나서 점점 학살이 심해지고 약간 그런 과정들을 진짜 가감없이, 진짜 제가 봤던 영화들 중에 진짜 손꼽을 정도로 좀 잔인하게 묘사가 되는데… 그리고 이제 마지막에 주인공인 일본군이 이제 본인들이 본 행동들에 대해서 약간 진짜 약간 회의감을 느끼고 마지막에 그 극단적인 선택을 할 때까지, 되게 다양한 관점에서 수위를 약간 줄이지 않고서 그렇게 표현을 했는데. […]그래서 그런 부분에 있어서는 약간 〈파친코〉가 약간 수위가 너무 좀 약하지 않았나 좀 많이 아쉬운 부분들이 있었고요. 어떻게 보면 그렇게 표현을 하는 것이 조금 보기에 잔인하고 조금 불편할 수도 있겠지만 역사적으로 정확한 부분을 짚는 것이 아닌가 하는 생각이 듭니다. 7번

흥미로운 점은 인터뷰 참여자들이 〈파친코〉의 서사 전략이나 주제 등과 관련하여 유사성을 발견하여 언급한 사례들은 모두 해외 드라마와 영화였다는 것이다. 〈미스터 선샤인〉, 〈여명의 눈동자〉 등 기존 국내 역사 드라마 사례들이 〈파친코〉와의 차이를 부각하기 위하여 제시되었던 반면, 일제강점기를 다룬 유사한 해외 콘텐츠들은 〈파친코〉의 재현 양상을 이해하고 평가하는 기준점을 제공하였다. 이와 더불어 원작 소설 《파친코》는 글로벌 OTT 드라마 〈파친코〉의 텍스트적 속성을 파악하거나 질적 수준을 판단하는 데 적극적으로 활용되었다.

솔직히 한국의 어머니상이라고 하면 우리 다 알잖아요. 그냥 이거보다 훨씬 억척스러울 것 같은 느낌 그래서 이 정도면 충분하다고 제가 책을 사실 안 봐서 책에서 어떻게까지 묘사됐는지 아마 책은 들어보니까 훨씬 억척스럽게 묘사가 된 것 같은데 영상에서는 이 정도면 더 처절하게 보이면 약간 좀 거부감이 들까봐라는 생각이 들긴 했어요. 9번

더 늘어나도 되지 않을까 싶은 포인트가 좀 있거든요. 왜냐하면 이민호 아버지 얘기도 있고 그리고 그 관동대지진 사건이 나오잖아요. 책에 근데 그것만으로도 한 편 더 만들 수 있거든요. 그거를 부각을 해가지고 그때 관동대지진으로 사람들이 많이 죽으니까 죽고 나서도 한국, 한국인을 학살을 시키잖아요. 근데 그것도 책

에 묘사가 돼 있거든요. 근데 그거를 좀 약하게 돼 있는데, 거기까지 딱 2가 끝나는 식으로 하고 나머지를 이렇게 아들이 갈등하는 거를 해방됐을 때 그거를 3로 넘어가면 어떨까 싶어요. 8번

〈파친코〉라는 드라마 텍스트를 원작 소설과 관련하여 읽는 경우, 캐릭터 특성의 수정 및 표현 수위의 조절 등 글로벌 수용자를 확보하기 위한 OTT 드라마의 전략을 한층 더 날카롭게 인식하는 경향을 보였다. 더 나아가, 원작 소설이나 다른 유사 콘텐츠들을 참조하면서 〈파친코〉를 읽어낸 수용자들은 역사 인식 측면에서 아쉬운 지점들을 지적하였다.

그냥 보면서 수위가 좀 약하다 싶으면 생각이 드는 것 같아요. […] 만약에 일본이 저희 한국한테 한 수위가 너무 낮게 묘사되는 영화가 있다든가 아니면 특정 전범국이 한 행동을 너무 수위를 낮게 표현을 하게 되면 그거 보면서 이거 되게 되게 몸 사렸네라는 생각이 드는 것 같아요. 5번

〈파친코〉는 거의 절정의 시기잖아요. 거의 그 일제가 망하는 시기에 중간에 딱 있는 그 드라마인데 그 시대적인 거를 딱 담아낼 수 있다면 너무 재밌지 않을까 좋지 않을까 생각합니다. 왜냐하면 지금 우리나라의 어린 친구들도 그 많이 모르잖아요. […] 그러니까 파칭코라는 드라마는 역사적인 게 있고 캐릭터적인 요소도 있고

강한 면도 있는데 기왕 하는 거 역사적인 거를 좀 더 이렇게 부각하지만 재밌게 하는, 저는 그렇게 했으면 좋겠어요. 8번

인터뷰 참여자들의 〈파친코〉에 대한 수용은 글로벌 미디어문화 환경의 토대 속에 이루어지고 있으며, 이는 개인의 삶에 초점을 둔 보편 서사의 즐거움에 집중하는 수용자들뿐만 아니라 역사적 현실의 재현에 아쉬움을 토로하는 수용자들에게도 확인할 수 있었다. 글로벌 OTT 수용자의 위치성은 기존 K-역사 드라마에 내재된 민족·국가의 프레임에서 벗어나 역사의 소용돌이를 헤쳐나가는 여성 주체의 삶의 궤적을 시공간적 교차성으로 식조하는 〈파친코〉의 서사적 즐거움을 탐닉할 수 있게 만들었을 뿐만 아니라, 내셔널 히스토리의 경계를 뛰어넘은 다른 콘텐츠들과의 관계 맺기를 통하여 〈파친코〉의 가치와 한계를 가늠하는 비판적 해석을 실천하도록 이끌어내었던 것이다.

5. 나가며 : 〈파친코〉 시청의 즐거움

세계유산위원회 WHC 는 2024년 7월 27일 인도 뉴델리에서 열린 제46차 유네스코 전체 회의에서 일본 사도광산의 세계유산

등재를 결정했다. 사도광산은 19세기 중반까지 전통적 수공예금 생산이 이어졌고 20세기에도 채광이 진행되어 일본이 "근대화를 떠받쳤다"고 선전하는 유적이며, 동시에 일제강점기 시절 1,500여 명의 조선인이 강제 동원돼 노역했던 곳이다 강구열·정지혜, 2024 . 일본의 사도광산 유네스코 등재 신청에 대한 반대 여론 속에 한국 정부는 사도광산에 관한 '전체 역사'를 다루어야 한다고 요구하였으며, 그 결과 조선인 노동자의 출신지, 생활, 노동 환경에 관한 내용을 전시에 포함하는 등 일본 정부의 '선조치'가 이루어졌다고 홍보하였다. 하지만 '강제 노역'이라는 표현은 명시되지 않았다. 야당 인사들은 이를 수용한 대통령과 외교라인을 '제2의 을사오적'이라고 칭하는 등 국회, 국민, 역사를 무시하는 행위라고 비판했으며 조영달, 2024 , 포털 네이버와 다음에서 '사도광산'과 '유네스코' 키워드 관련 기사들에 대한 온라인 감성 반응 중 '화나요'가 80.21%를 차지하는 등 대중들의 반응도 부정적이었다 김두윤, 2024 .

　한일관계에서 일제강점기 역사는 늘 '뜨거운 감자'였다. 강제징용 배상금 제3자 변제, 위안부 피해자 승소 판결 이행 거부, 독도 영유권 주장 등 한국 여론을 뜨겁게 만드는 일본 관련 이슈들은 현 정부의 외교 능력뿐만 아니라 역사 인식 및 민족의식 수준에 대한 평가와 직결되며, 정치적인 공방을 넘어 한국 정부로서의 대표성, 한국인으로서의 민족정체성에 대한 자격 논란으로 확대된다.

일제강점기의 잔흔이 이토록 빈번하게 되살아나고 항일 민족주의가 지배적으로 부상하는 담론적 지형 속에서 한국의 수용자들이 〈파친코〉를 어느 정도 거리를 두고 받아들이고 있다는 점은 주목할 만하다. 인터뷰 참여자들은 〈파친코〉에 전면화된 한국적 기호들, 즉 한국인 캐릭터들, 한국어, 한국의 장소와 음식 등에도 불구하고 〈파친코〉를 글로벌 OTT 드라마로 소비했으며, 역사적 사건을 중심으로 하는 K-역사 드라마의 서사와 차별화되는, 평범한 개인의 삶에 초점을 두는 보편 서사의 매력에 빠져들었다. 철저한 역사적 고증 속에 구축된 현실감 있는 공간성과 과거와 현재를 교차하는 매끄러운 시간성은 글로벌 OTT 특유의 양질의 콘텐츠를 감상하는 즐거움을 주었다. 그래서인지 몰라도 응답자들에게 있어 〈파친코〉는 항일 민족주의라는 지배적인 감정구조를 보여주는 K-역사 드라마 범주와 다른 일본 제국주의, 전쟁 등을 다룬 해외 콘텐츠의 카테고리로 인식되었다.

하지만 이같은 시청 경험이 자국사 중심의 정서적 시청을 완전히 벗어났다고 보기는 어렵다. 응답자들은 '글로벌' 시청자로서 코리안 디아스포라 여성과 그 가족의 이야기에 집중하는 동시에 〈파친코〉를 〈난징, 난징〉 등 일본 제국주의를 다룬 해외 콘텐츠들과 비교하면서 식민권력의 억압성에 대한 묘사 수준, 역사 인식의 제고 가능성 등을 민족·국가 중심의 '로컬' 시각에서 비판적으로 평가하였다. 그들은 기존 역사 드라마 시청에 내

재된 자국사 중심의 관점을 유보 또는 은신시킨 채 글로벌 OTT
의 보편 서사를 즐기면서도, 특수한 역사적 재현 국면에서는 기
존 항일 민족주의적 관점을 활성화하였던 것이다. 이렇듯 서사
의 보편성과 재현의 특수성 사이를 오가는 〈파친코〉의 수용 양
상은 글로벌과 로컬 사이를 유동하는 글로벌 OTT 수용자의 위
치성을 구체화하고 있다.

한국의 수용자들이 경험한 것처럼 〈파친코〉는 기존 시청 관
점과 해석적 실천을 벗어나 익숙한데 낯선 것을 보는 즐거움
의 콘텐츠라 할 수 있다. 그렇다면 익숙한데 낯선 이유는 무엇
일까? 익숙한 역사적 재현을 낯설게 바라보고, 특수한 재현 양
상에 신경을 쓰면서도 보편적인 삶의 서사에 집중하는 이유는
무엇일까? 그 이유는 〈파친코〉라는 텍스트 자체에서 기인하기
보다 OTT 시대 디스포지티프가 구축하는 글로벌 미디어 문화
의 정동affect에서 비롯되는 것으로 봐야 할 것이다. 디지털 플
랫폼 환경에서 디스포지티프는 제도, 기술, 담론 등 이질적인 요
소들의 네크워크로 구축된다. 개인화된 인터페이스에서 마주하
는 취향 데이터와 추천 알고리즘, 몰아보기, 빨리감기 등의 기능
들이 OTT 플랫폼 환경의 능동적이고 자율적인 이용자를 체현
embody 하는 것이다.것이다. 이는 개개인의 취향과 글로벌 감성
을 정교하게 추적하면서 이루어진다.

따라서 〈오징어게임〉2021, 〈더 키친〉2023, 〈화이트 타이거〉2021
등 서로 다른 환경에서 신자유주의 체제 자본주의 현실을 담아

내는 다국적 콘텐츠들을 경험하는 것은 글로벌과 로컬 사이를 유동하는 OTT 수용자의 글로컬glocal 위치를 스스로 인식하게 한다. 그런 점에서 〈파친코〉를 시청하는 것은 OTT 시대 디스포지티프로서 자이니치의 이야기에 귀를 기울인다는 것을 의미한다. 그것은 선자와 그 후예들을 식민지 한국의 여성 또는 가족이 아닌 '코리안 디아스포라'의 주체로 바라보는 것이다. 나아가, 선자의 서사에 공감한다는 것은 이주민/여성/소수자의 발화를 통한 다양성의 가치를 인정하고 정치적 올바름에 공명한다는 것이다. 이는 특정한 계기 혹은 의식적인 전환을 통해 구축되는 것이라기보다는 OTT 시대 디스포지티프가 배태한 글로벌 미디어문화의 징동이 발현되는 일상적인 과정이다.

2장

<파친코>와 SNS 바이럴:
글로벌 공감의 동학

유승현(한양대학교 언론정보대학원 겸임교수)

2장은 드라마 <파친코>에 대해 대중이 주목하고 반응하는 SNS 바이럴 현상을 설명하고, 유튜브 이용자 네트워크와 댓글 분석을 통해 <파친코>의 SNS 유력자와 이용자들의 감정을 분석한다. 그 결과를 토대로 <파친코>의 내재적 가치와 OTT 콘텐츠의 수용문화적 함의를 논의한다. 글로벌 정서를 담은 <파친코>를 소비하는 이용자들은 서사에 감동하고 인물의 행동에 공감하며 역사와 현실을 돌아보는 등 다양한 감정적 반응을 통해 <파친코>의 바이럴을 생성했다. <파친코>에 대한 SNS 바이럴은 크게 세 가지 측면에서 설명된다. 첫째, <파친코>에 대해 대중이 주목하고 반응하게 하는 데는 유튜브의 영화 · 드라마 리뷰 채널이 중요한 역할을 한다. 둘째, 수용자들은 <파친코>를 작품성과 사회성의 담론으로 이야기한다. 셋째, <파친코>의 차별성과 내재적 가치는 자국사의 지배적 감정구조에 따라 다르게 해석된다. 글로벌 OTT 드라마가 성공하기 위해서는 각기 다른 역사적 배경을 가진 수용자들의 공감의 동학을 전략적으로 고려한 콘텐츠 발굴과 바이럴 계획이 무엇보다 중요하다.

1. 들어가며 : 〈파친코〉의 성공과 바이럴

글로벌 OTT 애플TV+가 2022년 3월에 공개한 오리지널 드라마 〈파친코〉는 수많은 OTT 콘텐츠 중에서도 큰 반향을 불러 일으켰다. 미국 전 대통령의 추천으로 유명세를 탄 원작 소설의 힘이 작품성과 화제성으로 나타났을 수 있다. 하지만 그것만으로 〈파친코〉의 성공을 모두 설명할 수는 없다. 〈파친코〉는 여타의 OTT 콘텐츠들과 뚜렷이 구별되는 요소가 있다. 〈파친코〉의 감독 코고나다 Kogonada 는 인터뷰에서 "한국 역사를 다루지만 전 세계인 모두가 공감할 만한 이야기다"라고 말했다 김현수, 2022. 감독의 말을 빌리자면, 〈파친코〉는 한국 역사를 배경으로 하지만 디아스포라라는 삶의 단면을 조명하려는 주제의식이 매우 선명한 작품이다. 달리 말하면, 한국 로컬 고유의 역사를 소재로 글로벌 감성을 더한 현지분리창작의 전형적 사례이다 임종수, 2024. 글로벌 보편적 정서인 디아스포라를 선명하게 드러낸 전형적인 글로벌 OTT 드라마라는 점이 〈파친코〉의 전 세계적 흥행을 가능하게 한 것이다.

물론 애플TV+가 제작비 1,000억원을 들일 정도로 심혈을 기울였다는 것도 중요하게 고려되어야 한다. 글로벌 OTT 시장에서 애플TV+는 2019년에서야 서비스를 시작한 후발주자이다. 한국에서 애플TV+는 애플의 폐쇄적 전략, 영등위 등급제와 망

사용료 이슈 등으로 2021년 11월에서야 서비스를 개시했다. 애플 측에서 공개하지 않아 잘 모르지만 지금도 애플TV+의 한국 OTT 시장 점유율과 이용률, 나아가 아시아 전역에서 시장 점유율은 상대적으로 낮을 것으로 추정된다. 따라서 한국에서 〈파친코〉는 이용자 도달률이 낮을 수밖에 없는 콘텐츠, 즉 누가 봤는지는 모르는 콘텐츠라 할 수 있다. 하지만 애플TV+의 점유율이나 이용자 도달률과는 별도로 애플이 만들었다는 점은 대중들이 관심을 가질만한 요소이다. 잘 알려져 있듯이, 애플은 고사양 high-end 하드웨어와 양질quality의 소프트웨어를 소비자에게 제공하는 프리미엄 스마트 미디어 기업이다. 애플TV+ 역시 고품질의 서사와 기술의 콘텐츠를 제공한다는 이미지가 큰 듯 하다.

그러나 어떤 미디어 산업이든 궁극적으로는 그것을 향유하는 수용자들의 평가에서 성패가 갈린다. 미디어와 콘텐츠가 넘쳐나는 이 시대는 콘텐츠가 수용자들의 주목이 이끌어내야 한다. 다시 말해, 긍정적이든 부정적이든 온오프라인에서 해당 콘텐츠가 인구에 회자되어야 한다. 컨버전스 문화에서 콘텐츠는 미디어 내외를 넘나들고 수용자들은 콘텐츠의 직접적인 소비는 물론 대중과의 소통을 위해 적극적인 이주 행동을 마다하지 않는다 Jenkins, 2006 . 이들의 참여문화가 곧 대중성의 지표이다. 〈파친코〉 역시 평단의 호평을 받은 작품성, 디아스포라라는 글로벌 정서가 선명한 서사, 애플이라는 프리미엄 이미지 등 콘텐츠 차별성이 있었지만, 이후 OTT 콘텐츠를 소비하는 대중이 그 작품성과 주제의식 등에 주목하고 반응했기 때문에 성공적일 수 있었다.

그렇다면 이제 궁금한 것은 대중이 주목하고 반응하게 하는 핵심적인 기제가 무엇일까라는 것이다. 작품성, 서사, 영상, 제작비 등 콘텐츠 내적 요소만으로 대중성은 획득되지 않는다. 이는 모두 콘텐츠 생산자의 관점이자 해석일 뿐이다. 대중이 주목과 반응을 이끌어내는 외적 요소 혹은 기제는 다를 수 있다. 가장 대표적인 기제는 바이럴 viral, 입소문 현상이다. 바이럴은 과거 영화 흥행이나 상품 마케팅에서도 중요하게 다루어졌으나 레드오션이 된 OTT 시장에서는 더없이 중요해졌다. 최근 OTT 플랫폼들은 콘텐츠 공개와 동시에 유튜버나 인플루언서를 통해 SNS 바이럴 마케팅을 진행한다. 그럼에도 바이럴 효과를 가지는 OTT 콘텐츠는 극소수에 불과하다. 〈파친코〉는 콘텐츠에 대한 긍정적 평가와 함께 바이럴에서도 성공적인 드라마였던 것으로 평가된다.

이 장은 OTT 콘텐츠의 수용문화적 차원에서 〈파친코〉가 어떻게 대중의 주목과 반응을 이끌어냈는지 고찰한다. 구체적으로 OTT 콘텐츠에 대해 대중이 주목하고 반응하게 하는 SNS 바이럴 현상을 설명하고, 유튜브 이용자 네트워크와 댓글 분석을 통해 〈파친코〉의 SNS 바이럴 효과를 살펴본다. 마지막에는 그 결과를 토대로 〈파친코〉의 내재적 가치를 OTT 콘텐츠 수용문화적 측면에서 논의한다.

2. SNS로서 유튜브, 소통의 네트워크

SNS와 복잡계 네트워크

SNS는 이용자 계정프로필을 사용하여 개인 혹은 집단을 연결하는 소셜네트워크를 말한다Obar & Wildman, 2015. SNS의 소셜네트워크는 수평적이고 자율적 구조라는 점에서 현대 디지털 기술체계가 추동하는 네트워크 사회network society를 태동시킨 사회적 시스템이다. 네트워크 사회는 전통적 사회구조와 다른 수평적 연결과 자율성으로 움직이는 사회이다van Dijk, 1991. 〈네트워크 사회〉의 저자 마뉴엘 카스텔Castells, 2009은 네트워크 사회를 전자 정보와 커뮤니케이션 기술의 네트워크로 구성된 사회구조이며, 유연성, 확장성, 생존성 등을 특징으로 하는 자본, 정보, 지식이 그런 네트워크에 흘러 다니는 흐름의 사회flow society라고 설명한다.

과학 분야는 SNS가 형성하는 소셜네트워크를 복잡계 네트워크Network Complexity 개념으로 설명한다Barabasi & Albert, 1999; Newman, 2000; Watts & Strogatz, 1998. 복잡계는 '상호작용하는 개체들의 집합에서 창발이 일어나는 세계'Johnson, 2016, '행위자agent 간의 상호작용 때문에 구성인자element 하나에는 없는 성질창발 현상들이 나타나는 시스템'이다이재우, 2023. 쉽게 말해, 복잡계는 겉모습은 혼란스럽고 무질서해 보이지만 스스로 일정한 구조와 질서를 창발하는 시스템을 뜻한다.

  넷플릭스, 유튜브, 그리고 수많은 SNS 등 현대사회의 미디어는 미디어 수용자의 참여에 기반한 복잡계 네트워크로 구조화되어 있다임종수, 2023. 각기 다른 취향으로 OTT와 유튜브를 이용하면서도 공통의 관심사를 공유하는 것은 이 시대가 전자정보 네트워크 사회이기 때문에 가능한 일이다. 따라서 네트워크 분석은 미디어 참여의 경향을 이해하는 데 꼭 필요한 기법이다. 바라바시와 알버트Barabasi & Albert, 2002는 생물들의 군집 형태, 인간 사회구조, 산업계의 비즈니스 관계 등 네트워크는 인간 사회를 넘어 자연계 자체의 기본 특징이라고 설명한다. 복잡계 네트워크에 참여하는 이용자들은 자신의 필요와 욕구에 따라 콘텐츠를 찾아가고 그런 활동이 자신과 다른 이용자들의 미디어 활동에 영향을 미친다. 네트워크 분석은 무질서해 보이는 네트워크 안에서 창발하는 다양한 소통의 흔적들을 포착해낸다.

  네트워크 분석은 네트워크에 참여하는 구성원들의 연결관계connections를 밝혀낸다. 연결관계는 노드node와 링크link으로 표현된다. 노드는 네트워크에 참여하는 행위자agent로서 네트워크상에 점으로 표시되고, 링크는 그런 노드와 노드의 연결로서 말 그대로 선으로 표시된다. 데이터에 따라 다르지만, 노드에는 인간, 동물, 기관, 콘텐츠 등 네트워크에서 영향을 미칠 수 있는 존재이고, 링크는 그런 노드와 노드가 영향을 미칠 때마다 주어지는 임의의 연결선이다. 네트워크 분석은 노드의 연결관계에서 발현되는 특징, 대표적으로 누가 '유력자'이고 어떤 말이 오고 갔는지 등을 알려준다.

SNS 유력자와 담론: 바이럴과 밈

SNS는 중립적이라 할 수 없지만 이 시대가 소통을 위해 활용할 수밖에 없는 네트워크이다. 거기에는 오프라인 사회와 다른 관계성이 목도된다. 디지털 군중digital crowds 과 유력자influentials , 셀러브리티celebrity 등은 네트워크 상에서 의미 있는 행위자들이다. 디지털 군중은 디지털 기기와 실시간 통신을 활용하는 군중으로 지식과 정보를 생산해내고 소식이나 개인의 생각들을 실시간으로 주고받으며 집단지성을 발휘한다Levy, 1994 . 유력자는 정보 확산 과정에서 영향력을 발휘하는 사람 또는 조직을 일컫는다. SNS 유력자는 그들과 연결된 강력한 추종자 집단이 있어 그 영향력이 생산 유지된다. 셀러브리티는 기존의 대중 스타를 대신하는 온라인 유명인사를 말한다.

SNS에는 영향력 있는 이들 행위자들을 중심으로 수많은 담론과 여론이 떠돈다. 그런데 구어체화된 온라인 문자대화의 특성상 온라인 담론은 대체로 밈meme[1]의 형태로 퍼져나간다. 밈은 복제되어 퍼져나갈 수 있는 최소한의 문화 단위를 의미한다. 그렇게 복제 전송되는 밈은 누군가에 의해 변형되기도 하고 전유되기도 한다. 그 과정에서 담론으로서 밈은 대중의 의식에 영향력을 미칠 수 있다.

SNS 상에서 밈이 전파되는 것을 바이럴이라 한다. 바이럴은 사람들 간의 메시지 전달이 마치 사람과 사람 사이에 바이러스가 전파되는 것과 흡사하다는 의미로 붙여진 용어이다. 바이럴은 어떤 행위자에 의해 만들어진 단어, 이미지, 영상이 디지털 플랫폼을 통해 여러 행위자들에게 퍼져나가는 것을 의미한다Shifman, 2014. 앞서 말했지만 이 시대의 미디어는 네트워크화되어 있기 때문이다. 네트워크에서 메시지가 전달되는 단계적 확산과정을 의미하는 바이럴리티virality는 개인과 개인 간의 확산, 소셜미디어 플랫폼에 의해 향상되는 속도, 여러 네트워크를 연결해 형성되는 광범위한 도달거리 등으로 표현된다. SNS에서는 밈이 있어 바이럴되고, 바이럴됨으로써 밈이 된다.

통상적으로 밈과 바이럴을 관찰할 수 있는 곳은 플랫폼의 '댓글'이다. 대표적인 이용자 참여인 댓글은 행위자와 콘텐츠에 대한 가장 직접적인 반응이자 감정이다. 그것은 참여자의 생각과 태도를 알 수 있는 정보 단위이자 문화적 요소이며 데이터이다. 댓글을 분석하게 되면 수용자 담론 또는 여론을 알 수 있다. 댓글량 추이를 통해 하나의 콘텐츠가 생성하고 성장하며 소멸하는 과정도 이해할 수 있다. 통상적으로 SNS 밈과 바이럴은 자연어처리Natural Processing Language, NLP 방법을 통해 분석할 수 있다.

이 장에서도 드라마 〈파친코〉에 대해 말하는 유튜브 채널의 댓글을 자연어처리 기법으로 분석하였다.

유튜브에서의 〈파친코〉 바이럴

유튜브는 동영상 플랫폼이면서 동시에 SNS이기도 한다. 유튜브의 연결관계는 일방향 구조의 네트워크이다. 이는 페이스북과 인스타그램, X구 트위터의 양방향 네트워크 구조와 다르다. 이들 SNS는 이용자가 콘텐츠를 올리면 그와 관계를 맺은 이들이 쌍방향으로 소통하는 구조인 데 반해, 유튜브는 동영상을 올리면 사전에 연결관계를 맺었든 그렇지 않든 상관없이 유튜브 알고리즘이 노출하는대로 시청연결 할 수 있다. 유튜브에도 댓글창, 유료회원창, 후원 등 동영상 제작자와 직접 소통하는 창구가 있으나 본질적으로는 일방향 구조이다.

유튜브는 동영상 콘텐츠로 연결되기 때문에 다른 어떤 SNS보다 밈과 바이럴 현상이 활발하다. 유튜브에서는 평범한 사람도 바이럴을 타면 순식간에 인플루언서 또는 셀러브리티가 된다. 이에 따라 미디어 콘텐츠는 물론이고 일반 기업도 자사 상품을 바이럴하기 위해 유튜브를 적극 이용한다.

〈파친코〉에 대한 유튜브 바이럴 현상을 분석하기 위해 〈파친코〉에 대해 말하는 유튜브 채널과 동영상 데이터를 수집했다. 데이터는 NodeXL 프로그램을 사용하여 2022년 3월 1일부터

2024년 6월 15일까지 '파친코'를 검색어로 하여 수집했다. 분석 대상이 되는 유튜브 이용자 네트워크는 〈파친코〉에 대해 이용자들이 댓글 등의 반응을 남긴 동영상을 매개로 형성된 네트워크이다〈이하 〈파친코〉 네트워크〉. 따라서 〈파친코〉 네트워크의 주요 데이터는 유튜브 채널, 동영상, 댓글, 언급량, 좋아요 수 등이다. 수집된 이용자 댓글〈대댓글 포함〉은 총 52,409개였으며 중복된 댓글이 포함되어 있다.

위의 〈그림 2-1〉은 분석 기간 동안 '파친코' 검색어로 수집된 이용자 댓글량의 변동 추이를 보여준다. 2022년 3월 9일에 처음 댓글이 달렸으며, 〈파친코〉 1~3회가 공개되기 직전인 3월 21일 댓글량이 1,426건으로 급격히 늘어나다가, 4회가 공개된 이후

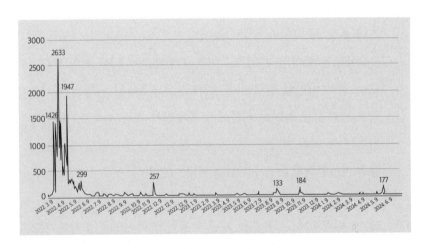

〈그림 2-1〉 〈파친코〉에 대한 유튜브 이용자 댓글량 추이〈시계열분석〉

인 4월 3일 댓글량이 2,633건으로 최대치를 보인다. 7회 공개일인 4월 22일 1,656건, 4월 23일 1,947건의 댓글량이 나타났다가 이후 빠르게 감소하면서 299건을 기록한 5월 25일을 기점으로 댓글이 잔여화된다. 2022년 11월 14일 257건, 2023년 9월 1일 133건, 2023년 11월 26일 184건, 2024년 5월 9일 171건 등 댓글량이 소폭 늘어나기도 하는데, 이때는 〈파친코〉 수상이나 시즌2 제작 등의 뉴스가 있을 때이다.

3. 누가 〈파친코〉를 말하는가?

〈파친코〉에 대한 유튜브 이용자 네트워크에는 어떤 일이 일어났을까? 유튜브에서 〈파친코〉에 대해 말한 행위자들의 네트워크. 즉 〈파친코〉 네트워크는 다음과 같다. 유튜브의 〈파친코〉 네트워크는 31,497개 노드와 54,160개 링크로 구성되어 있어 네트워크 크기는 그리 크지 않다. 네트워크 연결거리는 평균 4.41로서 4~5단계의 거리를 가진 네트워크라는 점이 확인된다. 네트워크 밀도는 4.45로 나타나 비교적 밀집되지 않는 네트워크이다.

아래 〈그림 2-2〉는 〈파친코〉 네트워크를 시각화한 것이다. 왼쪽의 네트워크 그래프는 〈파친코〉에 대한 유튜브 이용자 네트워크 전체를 시각화한 결과이다. 그래프에서 나타난 검게 뭉쳐진 부분은 유력한 행위자들을 중심으로 형성된 이용자 집단을 나타낸다. 다만 이 네트워크는 수많은 하위 이용자가 있다는 것만 알려줄 뿐 별다른 특징을 보여주지는 않는다. 가장 가운데 빨간색으로 가장 크게 표시된 노드는 '어퍼컷Tube'이다. 이 그림으로 보면 '어퍼컷Tube'가 〈파친코〉 네트워크에서 가장 강력한 유력자이다. 오른쪽 그래프는 전체 네트워크 중에서 가장 유력한 행위자를 중심으로 데이터를 필터링해서 다시 시각화한 것이다. 왼쪽 그래프에서 잘 보이지 않는 '어퍼컷Tube', '카랑Karang', '극적인', 'MBCNEWS' 등이 더욱 명료하게 표시되어

〈그림 2-2〉 〈파친코〉 네트워크의 시각화

드러난다.

〈파친코〉 네트워크에서 노드는 〈파친코〉 관련 영상이 게시된 유튜브 채널이며, 링크는 〈파친코〉 관련 영상에 이용자가 댓글 등을 남기는 행위이다. 따라서 연결선수하나의 노드가 직접적으로 연결관계를 맺는 노드 수 값이 높다는 것은 노드영상 에 직접적으로 연결된 링크댓글 의 수가 많다는 의미이다. 가장 높은 내향 연결선수 값을 보이는 채널명은 〈그림 2-2〉에서도 확인한 '어퍼컷 Tube'이다. 이 채널은 미드와 영화를 소개하며 126만 명 정도의 구독자를 보유하고 있다. 이외에 〈파친코〉 주인공인 배우 이민호의 공식채널leeminho film , 영화와 드라마 콘텐츠 소개 채널 카랑Karang , 한일 부부 채널ぱく家박가네 , 정보 채널 극적인, 퍼플튜브, 원더 WONDER 등 , 그리고 기존 방송사 채널MBCNEWS, JTBC News 등이 내향 연결선수 값이 높은 채널들이다. 이 채널들은 이용자 반응이 많은 〈파친코〉 네트워크 상의 주요 채널이다.[2]

그러나 연결선수 값만으로 〈파친코〉 네트워크 상의 유력자를 확정할 수는 없다. 네트워크에서의 이용자 상호작용을 보여주는 지표가 아니기 때문이다. 네트워크 유력자는 중심성centrality 분석으로 알 수 있다. 중심성 분석에는 통상 4가지 지표를 이용한다. 첫째는 네트워크에서 연결선수 순위를 나타내는 '연결선수 중심성'이다. 하나의 노드가 직접 연결관계를 맺는 다른 노드들이 얼마나 많은가에 따라 중심성 지수가 결정된다. 둘째는 하나의 노드가 다른 노드와 얼마나 가깝게 있는지를 나타내는 '근접 중심성'이다. 근접 중심성 값이 높다는 것은 해당 노드가 빠른 정보 확산자라는 의미이다. 셋째는 다른 노드들과의 네트워크에서 중재자 역할을 하는 정도를 나타내는 '매개 중심성'이다. 매개 중심성 값이 높다는 것은 해당 노드가 노드와 노드를 연결하는 다리 역할을 한다는 의미이다. 넷째는 영향력 있는 노드와 많이 연결될수록 높게 나타나는 '위세 중심성'이다. 직접적으로 연결된 수와 무관하게 얼마나 영향력 있는 노드와 연결되어 있는지에 따라 달라진다. 위세 중심성이 높다는 것은 다른 노드들보다 상대적인 영향력이 높아 네트워크에서 힘있는 행위자라는 것을 의미한다.

〈파친코〉 네트워크의 유력자를 규명하기 위해 매개 중심성, 근접 중심성, 위세 중심성 등 3개 지표를 활용하여 분석하였다. 3개 중심성 지표 값이 가장 높게 나타난 채널은 '어퍼컷Tube'이며, 다음으로 '카랑Karang', '극적인', 'MBCNEWS', '씨야무비 Seeya Movie'등이 중심성 값이 높게 나타났다.[3] 분석 결과를 고려하면, 유튜브 〈파친코〉 네트워크에서 가장 강력한 영향력을 행사하는 행위자이자 가장 주목할 만한 행위자는 '어퍼컷Tube'와 '카랑Karang'이다. 이 채널들은 영화와 드라마의 줄거리를 요약 소개하는 리뷰 채널이다. 이는 대중성 있는 리뷰 채널이 〈파친코〉 같은 영화나 드라마에 대한 온라인 여론 선도력이 있음을 의미한다. 그들이 OTT 콘텐츠에 대해서도 가장 강력한 바이럴 노드라 할 수 있다.

흥미로운 것은 가십성 정보를 다루는 '극적인^{한번 긁적여본 극적인} 스토리' 채널과 기존 방송사 채널인 'MBCNEWS'가 주요 행위자에 포함되었다는 점이다. 주로 연예계 정보를 편집해 올리거나 영화나 드라마 내용을 요약하더라도 자극적 섬네일을 사용하는 '극적인'채널은 이용자들에게 오정보를 제공하는 등 오히려 역기능을 가져올 수 있음에도 바이럴 효과에는 일정 부분 영향을 주는 것으로 보인다. 또한 기존 방송사 채널인 'MBCNEWS'가 주요 행위자라는 것은 레거시 미디어도 바이럴 효과에 영향을 준다는 결과로 해석될 수 있다.

4. 〈파친코〉에 대해 무엇을 말하는가?

지금까지 유튜브 〈파친코〉 네트워크에서 영향력이 큰 유력자를 살펴봤다. 그렇다면 그런 네트워크에 참여하는 사람들은 〈파친코〉에 대해 어떤 말을 했을까? 네트워크 유력자만큼이나 중요한 것이 개별 이용자들의 담론이다. 담론은 기존의 인식 체계에 영향을 주어 우리의 지식을 특정한 방향으로 이끌어 간다. 이에 〈파친코〉 네트워크에서 이용자 댓글을 자연어 처리 기법을 기반으로 보다 심층적으로 분석했다.

〈파친코〉 네트워크에서 수집된 댓글은 총 52,409개이다. 수집된 댓글 데이터는 전처리, 변환, 모델링 과정을 거친 후 댓글의 주요 단어를 추출하는 빈도 분석 및 워드클라우드word cloud 분석을 실시했다. 단어 빈도 분석은 특정 단어가 어떤 범위의 문서에서 얼마나 자주 등장하는지를 단어의 출현 빈도수로 나타난다. 빈도가 높은 단어일수록 의미 있는 주제일 가능성이 높다. 워드클라우드는 단어 출현 빈도가 높은 단어의 크기를 보여주기 때문에 데이터의 결과를 직관적으로 파악하는 데 용이하다. 따라서 우리는 단어의 출현 빈도를 통해 〈파친코〉에 대한 수용자 담론을 유추할 수 있다.

댓글에서 단어 출현 빈도를 분석한 결과, 가장 높은 빈도를 보인 단어는 '일본'이고 다음으로 높은 빈도를 보인 단어는 '한국'이다. 〈파친코〉가 일제 강점기 이래 재일 조선인 4대 가족을 그린 서사라는 점에서 일본과 한국이 가장 많이 추출된 것은 당연한 결과라 할 수 있다. 그 다음으로는 사람5,098번, 역사4,620번, 드라마4,119번, 생각3,816번, 한국인3,022번, 파친코2,925번, 미국2,660, 나라2,553번, 배우2,081번, 일본인2,069번, 영상1,732번, 중국1,717번, 외국인1,600번, 작가1,572번, 국민1,570번, 연기1,546번, 조선1,442번, 차별1,411번 순이다. 이 결과는 〈파친코〉 네트워크가 크게 두 가지의 담론으로 구성되어 있음을 보여준다. 첫번째는 드라마, 파친코, 배우, 영상, 작가, 연기 등은 〈파친코〉의 제작진과 출연진, 작품성에 대한 담론이다. 두번째는 역사, 한국인, 미국, 일

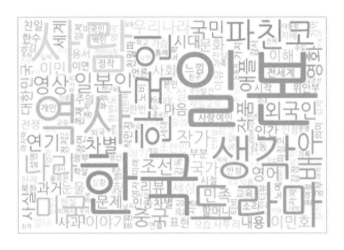

〈그림 2-3〉〈파친코〉네트워크 이용자 댓글에서의 단어 워드클라우드

본인, 외국인, 조선, 차별 등 작품의 배경이 되는 국가 간 관계와 자이니치에 가해진 차별에 관한 담론이다. 〈파친코〉네트워크 참여자들은 주로 〈파친코〉의 작품성과 사회성에 대해 말하고 있었다.

　추가적으로 〈파친코〉네트워크에서 이용자 댓글의 내용을 분석했다. 댓글 작성자의 국적을 확인할 수 없기 때문에 부득이 언어 형태에 따른 차이를 분석했다. 전체 댓글대댓글 포함 52,409건 중에서 한국어 댓글대댓글 포함 은 41,814건으로 79.8%, 일본어 댓글은 181건으로 0.3%, 영어 댓글은 7,208건으로 13.4%, 기타스페인어, 아랍어, 러시아어, 중국어 등 댓글은 3,386건으로 6.5%로 나타났다.

〈파친코〉 네트워크 데이터 수집에 사용된 검색어가 한국어 '파친코'라는 점을 감안하면, 영어와 기타 언어 댓글 등의 비중은 결코 적지 않다. 이는 〈파친코〉가 글로벌 OTT 애플TV+에서 제작된 콘텐츠로 다양한 국가 이용자들이 소비하기 때문이다. 일본어 댓글은 0.3%에 불과했는데, 〈파친코〉에 대한 일본의 부정적인 기류 때문으로 보인다.

그렇다면 한국 유튜브 이용자는 〈파친코〉에 대해 어떤 감정을 드러냈을까? 〈표 2-1〉은 〈파친코〉에 대한 한국 유튜브 이용자들의 댓글 사례들이다. "이 작품으로 중국의 김치 공정, 한복 공정은 한 방에 정리 될 듯 싶습니다. 제작비만 800억, 무료 공개된 1화만 보더라도 시대를 재현해내는 미장센이며 디테일이 대단하더라구요. 이렇게 한국적인 드라마를 미국 자본에 의해 만들어질 날이 올 줄은 몰랐습니다 / 마지막에 관동대지진 조선인학살에 대해서 자막으로 박제해놓은거 보고 진짜 민감하고 쉽지 않은 일인데 감독 대단하다 싶어 혼자 엄청 감탄했음. 우리는 어릴때부터 교과서로 교육을 받는 내용이지만 일본은 항상 부정하는 내용인데 동아시아권에서만 방영해도 난리날걸 글로벌스트리밍 서비스로 나오는 드라마에서 그걸 냅다 박아버렸단 말이지 / 관동대지진은 진짜 울나라사람들만 아는 분한 한의 역사인데 애플이 어제부로 전세계에 박제시켜버림 / 제작진이 우리나라 역사공부를 진~~~~~짜 많이하고 찍은티가 나서 만족스러움.벌써부터 일본애들 발작버튼 눌린거보면 정말 잘만든 증거 / 이게 미드라니… 너무 충격받아서 말문이 막히네요. 우리네 한을 그대로 녹인 작품이라 느낍니다. 대단하네요 / 한국도 일본도 아닌 국가에서 만들어서 더 신뢰할 수 있고 시대물의 진짜 작품 하나 나왔다고 생각함. 한국에서 만들었으면 일본이 깽판쳤을거고 일본이 역사대로 만들 일은 없고… 미국 자본이라 아쉬워하기보단 우리나라 역사, 문화에 전 세계인이 더 친숙해지도록 일조하는 것 같아서 참 대단한 작품인 듯" 등이다.

이 댓글들은 〈파친코〉가 한국의 역사를 전 세계에 알린 뛰어난 콘텐츠라는 것, 또한 한국 역사를 그대로 드러낸 작품이 미국 자본이었기 때문에 만들어졌다는 의견을 보여준다. 자국사 national history 의 시각을 보여주는 댓글들이다. 가장 주목되는 댓글은 "이번 화를 보면서 어찌나 눈물이 나던지. 18년전 미국으로 떠나올 때 공항에서 생전 처음 아버지가 목놓아 우시던 모습을 본 것이 떠오르고 한국쌀에 목이 메이던 것도 십분 공감가는게 한인마켓에서 한국쌀을 살 수 있지만 다 한국품종을 가져와 미국에서 기른 거고 한국 땅에서 기른 한국쌀은 마치 보석처럼 윤기가 자르르 흐르고 씹으면 씹을수록 꼬숩고 단맛이 올라오는 게 비교가 안 됩니다. 몸은 타국에 있지만 마음은 늘 고향에서 못 벗어나있고 죽을 땐 내고향 저 언덕에 묻히고 싶은 게 너무도 가슴이 아프도록 내 마음인 듯 공감이 가서 내내 울면서 봤네요. 한국 가고 싶네요. 보고 싶네요 내 고향 내 가족"이다. 〈파친코〉를 통해 한국 이민자 가족의 디아스포라 서사에 공감하는 감정이 그대로 드러난다.

〈표 2-1〉 〈파친코〉에 대한 한국 유튜브 이용자의 주요 댓글

작성일	댓글	좋아요 수
2022-03-26	이 작품으로 중국의 김치 공정, 한복 공정은 한 방에 정리 될 듯 싶습니다. 제작비만 800억, 무료 공개된 1화만 보더라도 시대를 재현해내는 미장센이며 디테일이 대단하더라구요. 이렇게 한국적인 드라마를 미국 자본에 의해 만들어질 날이 올 줄은 몰랐습니다.	11013
2022-03-27	이민호는 오로지 상업전문 배우라 생각했는데 오디션도 봤다해서 놀랐음.배우들이 일본눈치 중국눈치 보면서 작품을 보는게 아니라 오히려 본인 인기를 생각하며 기피를 하는 사례들이 많은 현실이 어이없었는데... 여기나온 모든 배우들 응원하고싶음 게다가 제작진이 우리나라 역사공부를 진~~~~~짜 많이하고 찍은티가 나서 만족스러움.벌써부터 일본애들 발작버튼 눌린거보면 정말 잘만든 증거임ㅋㅋㅋㅋㅋㅋ	5884
2022-04-23	원래 드라마나 영화 볼때 지루하면 10초씩 땡겨가면서 봤는데 이번화는 한번도 안땡기고 풀로 볼 정도로 몰입감이 엄청났음. 그리고 마지막에 관동대지진 조선인 학살에 대해서 자막으로 박제해놓은거 보고 진짜 민감하고 쉽지않은 일인데 감독 대단하다 싶어 혼자 엄청 감탄했음 ㅋㅋㅋ우리는 어릴때부터 교과서로 교육을 받는 내용이지만 일본은 항상 부정하는 내용인데 동아시아권에서만 방영해도 난리날걸 글로벌스트리밍 서비스로 나오는 드라마에서 그걸 냅다 박아버렸다 말이지 .... 진짜 이번화는 그 전의 어떤 화 보다도 정말 최고였음	3834
2022-04-03	이번 화를 보면서 어찌나 눈물이 나던지. 18년전 미국으로 떠나올때 공항에서 생전 처음 아버지가 목놓아 우시던 모습을 본 것이 떠오르고 한국쌀에 목이 메이던 것도 십분 공감가는 게 한인마켓에서 한국쌀을 살수 있지만 다 한국품종을 가져와 미국에서 기른거고 한국땅에서 기른 한국쌀은 마치 보석처럼 윤기가 자르르 흐르고 씹으면 씹을수록 꼬숩고 단맛이 올라오는 게 비교가 안됩니다. 몸은 타국에 있지만 마음은 늘 고향에서 못 벗어나있고 죽을땐 내고향 저 언덕에 묻히고 싶은 게 너무도 가슴이 아프도록 내 마음인듯 공감이 가서 내내 울면서 봤네요. 아 ~~~ 한국 가고 싶네요. 보고 싶네요 내 고향 내 가족.	3823
2022-03-26	선자 역할을 소화한 배우님...처음 보는데 뭔가 엄청난게 느껴지네요...대사 없이도 무언가의 감정이 저한테 충분히 전달되는 거 같습니다. 되게 복합적인 감정인데 울컥하네요...앞으로가 더 기대되는 배우인거 같습니다.	3499

2022-03-27	한국도 일본도 아닌 국가에서 만들어서 더 신뢰할 수 있고 시대물의 진짜 작품 하나 나왔다고 생각함. 한국에서 만들었으면 일본이 깽판쳤을거고 일본이 역사대로 만들 일은 없다… 미국 자본이라 아쉬워하기보단 우리나라 역사, 문화에 전 세계인이 더 친숙해지도록 일조하는 것 같아서 참 대단한 작품인듯 ㅠㅠ	3470
2022-04-23	관동대지진은 진짜 울나라사람들만 아는 분한 한의 역사인데 애플이 어제부로 전세계에 박제시켜버림….ㄷㄷㄷㄷㄷㄷㄷ	3217
2022-03-26	이게 미드라니… 너무 충격받아서 말문이 막히네요.. 우리네 한을 그대로 녹인 작품이라 느낍니다. 대단하네요…	2741
2022-04-10	여주인공 김민하 인가 연기력 미쳤음. 애플의 천문학적인 자금력이 아니었다면 절대 만들수 없는 완성도라 봅니다. 당시 시대 모습을 저렇게 생생하게 재현해 놓는것도 놀랍고	2630

영어권 유튜브 이용자들은 〈파친코〉의 작품성을 높게 평가하고 한국 근현대사 역사의 비극과 아시아 식민지 피해에 공감하는 감정을 드러낸다. "파친코는 올해 제가 본 것 중에서 최고 또는 두 번째로 좋은 드라마였어요. 그녀도 정말 대단해요… 스티븐이 일본 통치하의 한국과 그 당시 할머니의 경험에 대해 더 많이 물어봤으면 좋았을 텐데, 많은 사람들이 그 시기가 얼마나 끔찍하고 충격적인 시기였는지 알지 못하는 것 같아요. 일본인들이 그들을 어떻게 대했는지 들으니 제 조부모님께 들었던 홀로코스트에 대한 이야기가 떠올랐어요 / 아내와 함께 몰아보았습니다. 일본의 필리핀 점령 당시 포로들의 죽음의 행진에서 살아남은 할아버지를 둔 사람으로서 이 프로그램은 저에게 감동을 주었습니다. 꼭 보셔야 합니다 / 파친코는 훌륭하고 흥미진진합

니다. 아시아 2차 세계 대전 경험을 강조하는 더 많은 영화와 문학을 기대합니다. 유럽에서 일어난 일과 마찬가지로 비극적이고 잔인하기 때문입니다. 그리고 일반적인 서양인이 그것에 대해 거의 또는 전혀 모른다는 것은 부끄러운 일입니다 / 이 얼마나 가슴 아픈 시리즈…… 그리고 이 모든 일이 역사적으로 일어났다는 사실 / 파친코의 이야기는 아직도 우리 가족의 이야기 속에 살아 있습니다. 제 할아버지는 일제 강점기 일본 경찰의 폭력으로 제 어머니가 1살 때 돌아가셨고, 할아버지가 없으신 할머니는 두부를 만들어 네 명의 아이를 키우며 생계를 이어가셨습니다. 제가 어렸을 때 할머니를 통해 일본이 얼마나 심하게 한국인을 괴롭혔는지 들었고, 아버지 없이 자란 어머니의 감정적 슬픔은 지금도 우리 가족에게 영향을 미치고 있습니다. 이 영화를 통해 오늘날의 일본인을 비난하고 싶지는 않지만, 역사적 사실과 세대가 겪은 고난과 극복에 대한 이야기라고 생각합니다. 앞으로 같은 일이 다시 일어나지 않도록 더 많은 사람들이 이 시리즈를 봐야 한다고 생각합니다. 순자처럼 역사적으로 어려운 시기에 태어나셨지만 모든 의무를 다해 가족을 돌보셨던 할머니가 그리워요. 그녀의 희생과 사랑은 지금도 저와 함께합니다" 등이다.

〈표 2-2〉 〈파친코〉에 대한 영어권 유튜브 이용자의 주요 댓글

작성일	댓글	좋아요 수
2022-05-23	Pachinko is either the best or second best show Ive seen this year, and Ive seen a lot. She is incredible in it too… I wish Stephen asked her more about Korea under Japanese rule and her grandmother's experience during that time, I don't think many people realise what a truly awful and traumatising time it was for their people. How the Japanese treated them reminds me of stories I've heard from my grandparents about the Holocaust. (파친코는 올해 제가 본 것 중에서 최고 또는 두 번째로 좋은 드라마였어요. 그녀도 정말 대단해요… 스티븐이 일본 통치하의 한국과 그 당시 할머니의 경험에 대해 더 많이 물어봤으면 좋았을 텐데, 많은 사람들이 그 시기가 얼마나 끔찍하고 충격적인 시기였는지 알지 못하는 것 같아요. 일본인들이 그들을 어떻게 대했는지 들으니 제 조부모님께 들었던 홀로코스트에 대한 이야기가 떠올랐어요)	939
2022-07-19	Absolutely love Isak , he was an incredible Husband and Father to his two boys, absolutely tragic what happens to him and how their beautiful love story is cut short. (절대적으로 사랑합니다 이삭, 그는 두 아들의 놀라운 남편이자 아버지였으며, 그에게 일어난 일과 그들의 아름다운 사랑 이야기가 어떻게 단절되었는지는 비극적이었습니다)	938
2022-05-20	I binge-watched it with my wife. As someone whose grandfather survived the Bataan death march of POWs during Japans occupation of the Philippines, this show hit some emotional chords with me. Must watch! (아내와 함께 몰아보았습니다. 일본의 필리핀 점령 당시 포로들의 죽음의 행진에서 살아남은 할아버지를 둔 사람으로서 이 프로그램은 저에게 감동을 주었습니다. 꼭 보셔야 합니다)	830
2022-05-20	What a heart breaking series……and the fact it all happened historically. (이 얼마나 가슴 아픈 시리즈…… 그리고 이 모든 일이 역사적으로 일어났다는 사실)	570
2022-05-22	Pachinko is brilliant and gripping. Hoping for more films and literature highlighting the Asian WWII experience because it's just as tragic and brutal as what went on in Europe, and it's a shame that the average Westerner knows little to nothing about it. (파친코는 훌륭하고 흥미진진합니다. 아시아 2차 세계 대전 경험을 강조하는 더 많은 영화와 문학을 기대합니다. 유럽에서 일어난 일과 마찬가지로 비극적이고 잔인하기 때문입니다. 그리고 일반적인 서양인이 그것에 대해 거의 또는 전혀 모른다는 것은 부끄러운 일입니다)	536

2022-03-28	Pachinko's story still exists in my family's story. My grandfather died when my mother was 1 year old due to violence by Japanese police during the Japanese colonial period, and without my grandfather, my grandmother made tofu and made a living by raising four children. when I was young I heard through my grandmother how harshly the Japanese bullied Koreans , and the emotional sadness of my mother who grew up without her father still affects my family. Through this movie, I don't want to blame the Japanese today, but I think It's a story about the facts of history and the hardships and overcoming experienced by the generation. I think more people should watch this series so that the same thing doesn't happen again in the future. I miss my grandmother, who was born in a historically difficult time like as SUNJA, but took care of her family with all her duties. Her sacrifice and love are still with me today. (파친코의 이야기는 아직도 우리 가족의 이야기 속에 살아 있습니다. 제 할아버지는 일제 강점기 일본 경찰의 폭력으로 제 어머니가 1살 때 돌아가셨고, 할아버지가 없으신 할머니는 두부를 만들어 네 명의 아이를 키우며 생계를 이어가셨습니다. 제가 어렸을 때 할머니를 통해 일본이 얼마나 심하게 한국인을 괴롭혔는지 들었고, 아버지 없이 자란 어머니의 감정적 슬픔은 지금도 우리 가족에게 영향을 미치고 있습니다. 이 영화를 통해 오늘날의 일본인을 비난하고 싶지는 않지만, 역사적 사실과 세대가 겪은 고난과 극복에 대한 이야기라고 생각합니다. 앞으로 같은 일이 다시 일어나지 않도록 더 많은 사람들이 이 시리즈를 봐야 한다고 생각합니다. 순자처럼 역사적으로 어려운 시기에 태어나셨지만 모든 의무를 다해 가족을 돌보셨던 할머니가 그리워요. 그녀의 희생과 사랑은 지금도 저와 함께 합니다)	245

그렇다면 일본 유튜브 이용자들은 어떤 감정을 보여줄까? 일본어 댓글이 많지 않고 〈파친코〉와 관계없는 댓글들이 많아 구체적인 사례를 찾을 수 없지만, 〈파친코〉에 대한 일본인들의 감정을 추측할 수 있는 댓글들이 있다. "어떻게 하라는 것이지? 김치와 불고기는 같이 먹지 않아도 되니까 일본인으로 살아라"라는 댓글에서는 〈파친코〉를 바라보는 일본인들의 감정이 대단히 부정적임을 알 수 있다. 일제 강점기 역사와 자이니치 서사가 불편하게 느껴지는 것이다. 그러면서도 "분쟁은 원치 않지만 과거의 기억, 아픈 역사를 잊어서는 안 됩니다"라는 성찰적 태도, 한

류 스타 이민호에 대한 감정이입도 눈에 띤다. 부분적으로 글로벌 보편정서를 보이기는 하나 기본적으로 일본 역시 식민지배자라는 자국사의 지배적 감정구조에서 〈파친코〉를 해석하는 것을 알 수 있다.

〈표 2-3〉〈파친코〉에 대한 일본 유튜브 이용자의 주요 댓글

작성일	댓글	좋아요 수
2023-07-17	凄過ぎだろw (너무 대단하잖아)	96
2022-04-09	争いは望まないが、過去の記憶、痛ましい歴史は忘れては生けないです。 (분쟁은 원치 않지만 과거의 기억, 아픈 역사를 잊어서는 안 됩니다)	22
2022-05-03	こんにちは!ミンホさんのドラマは、どれを見ても素晴らしいです。私は、日本語でしか答えられませんがどれを見てもhontoに素晴らしいのです。私も71才で7月の5日になります。ミンホさんの歌、ドラマ、色々と何を見てもすごく感動しています。もっともっと見せて下さいね、応援しています。私の生きがいです。ずっと頑張ってくださいね! (민호씨의 드라마는 어느 것을 봐도 훌륭합니다. 71살에 7월 5일이 되는 민호씨의 노래, 드라마, 뭐든지 다 보고 정말 감동하고 있습니다. 더 많이 더 많이 보여주세요, 응원하고 있습니다. 제 삶의 보람입니다. 계속 힘내세요)	19
2022-04-03	@@user-sj9iw3vm5q どうしろって言う事?キムチと焼肉は一緒食べなくっていいから日本人として生きなさい (어떻게 하라는 것이지? 김치와 불고기는 같이 먹지 않아도 되니까 일본인으로 살아라)	16

OTT 드라마 〈파친코〉는 왜 이용자들에게 이토록 격한 다른 감정을 불러 일으키는가? 〈파친코〉는 수용자의 위치에 따라 다르게 해석된다. 가장 대척점은 가해자 일본이다. 일본은 제국주의를 운영했던 자국사에 비춰 〈파친코〉를 해석한다. 그들은 〈파친코〉에 대해 대항적이다. 〈파친코〉의 선호된 해석에 가장

가까이 있는 것은 영어권 사람이다. 한국어 수용자들은 영어권 사람들과 기본적으로 같은 해석을 하지만 그보다 좀 더 자국사 중심적이다.

〈파친코〉는 글로벌 OTT 애플TV+가 만들었지만 한국적 시각과 글로벌 시각을 동시에 담고 있다. 〈파친코〉는 디아스포라라는 보편적인 글로벌 서사와 함께 한국 근현대사 역사라는 맥락, 아시아 역사를 바라보는 서구권의 시각, 자이니치를 바라보는 한국과 일본의 입장 차이 등 다층적 맥락이 존재한다. 〈파친코〉를 시청한 글로벌 수용자들은 자신의 입장에서 다양한 맥락을 읽으면서, 글로벌 정서를 담은 〈파친코〉의 이야기에 감동하고 인물의 행동에 공감하며 역사와 현실을 돌아본다. 이것이 〈파친코〉가 여타 다른 OTT 드라마들과 차별화되는 지점이며 〈파친코〉가 내재한 진정한 가치라 할 수 있다.

5. 나가며 : OTT 시청과 글로벌 공감의 동학

OTT 콘텐츠가 성공하고 수용자들의 소비문화가 형성되기 위해서는 대중의 주목과 반응을 이끌어내는 요소가 필요하다. 현재와 같은 OTT 콘텐츠 시대에 SNS 바이럴 효과는 대중성을 확보하는 중요한 기제라 할 수 있다. 앞에서 살펴본 것처럼, 〈파친코〉에 대한 유튜브 이용자들의 댓글량은 시즌1이 공개된 2022년 3월 25일부터 4월 29일까지의 시기에 폭증하다가 시즌1이 종료된 이후에 급격히 감소하였다.

〈파친코〉의 유튜브 바이럴 효과는 크게 세 가지 측면에서 설명될 수 있다. 첫째는 〈파친코〉에 대해 대중이 주목하고 반응하게 하는데는 유튜브의 영화·드라마 소개 채널들어퍼컷Tube, 카랑Karang 등이 중요한 역할을 했다는 점이다. 주로 영화나 드라마를 리뷰하거나 소개하는 이들 채널들은 OTT 콘텐츠가 성공하는데 영향을 미칠 수 있다. 무한경쟁에 빠져든 OTT 시장에서 살아남기 위해 리뷰 채널을 활용한 바이럴의 중요성을 파악할 수 있다.

둘째는 유튜브의 〈파친코〉 네트워크 참여자들은 〈파친코〉의 작품성과 〈파친코〉의 사회성에 대해 말하고 있었다. 〈파친코〉의 작품성이란 원작자와 소설, 제작자, 스탭, 작품 구조 등 드라마 〈파친코〉를 구성하는 여러 요소에 대한 담론을 말한다. 〈파친코〉의 사회성이란 〈파친코〉가 재현하는 세계의 문제, 즉 식민의 시대와 디아스포라, 자이니치에게 부여되는 한국, 일본, 미국의 의미, 차별, 생존에 관한 담론을 말한다. 전자와 후자 모두 〈파친코〉가 프리미엄을 지향하는 애플 계열의 OTT에서 만들었다는 점에서 보면, OTT에서 양질의 콘텐츠란 무엇인지에 대한 힌트를 얻을 수 있다.

셋째는 〈파친코〉에 대한 유튜브 이용자들의 댓글 반응처럼, 〈파친코〉의 차별성과 내재적 가치는 한국적인 다층적 맥락이 존재한다는 점이며, 이것이 SNS 바이럴 효과를 극대화시켰다는 점이다. 맥락이 존재하는 서사는 현실적 서사로 기능하면서 대중의 관심과 공감을 이끌어낸다. 〈파친코〉역시 디아스포라 뿐만 아니라 한국 근현대사 역사, 아시아 역사를 바라보는 서구권, 자이니치를 바라보는 한국과 일본의 입장 등 다층적 맥락이 존재하고, 글로벌 대중은 다층적 맥락을 읽으며 공감하게 된다.

채경훈2024 은 〈파친코〉에 대한 한국과 일본의 입장 차이를 이렇게 설명한다. 일본은 〈파친코〉의 위안부 문제, 관동대지진 등의 에피소드를 두고 인터넷 상에서 역사 왜곡 반일 드라마라는 비난이 나온 반면, 한국은 〈파친코〉가 일본이 부정하는 한국 근현대사의 비극을 세계에 알렸다고 평가하였다. 또 일본은 자국사에서 배제하는 방식으로, 한국과 일본은 자국사 안으로 동화시키는 방식으로 〈파친코〉를 소비하였다는 것이다. 그럼에도 〈파친코〉는 글로벌 대중의 주목과 공감을 얻었다. 영어권 댓글에서 보여지듯 글로벌 대중들은 한국 근현대사와 한국 이민자 가족을 다루는 〈파친코〉에 공감하고 한국 콘텐츠의 다층적 맥락에 주목하였기 때문이다.

결국, OTT는 각기 다른 역사적 배경을 가진 전세계 수용자들의 공감의 동학dynamics 을 전략적으로 고려한 콘텐츠 발굴이 필요하다. 이를 위해서는 로컬과 글로벌 코드의 적절한 사용과 같은 콘텐츠 공학은 물론 대중적 바이럴 또한 중요하다. OTT 콘텐츠가 기하급수적으로 증가하면서 이용자들의 선택권이 높아지고 OTT 콘텐츠 소비방식도 변화하고 있다. 주지하듯이 OTT 콘텐츠는 기본적으로 흥행에 성공하여야 후속편이 제작된다. 후속 시리즈의 제작이 발표되면 콘텐츠와 관련된 세계관과 팬덤이 형성되고, 충성도 높은 수용자들이 콘텐츠를 확대하거나 재생산하는 과정을 거친다 김현정, 2022 . 〈파친코〉처럼 순차적으로 공개되는 콘텐츠는 대중 소비자가 온라인 공간에서 함께 영상물을 감상하고 동시에 서로 공감을 나누는 방송이 진행된다. 이같은 OTT 콘텐츠의 소비방식 변화는 SNS 바이럴 현상을 더욱 확대시키고 OTT 콘텐츠의 소비문화를 더욱 변화시킬 것이다. 〈파친코〉 시즌2는 어떤 내용이고 대중은 또 어떻게 말할지 사뭇 기대된다.

3장

<파친코>와 한인 이주 여성들의 '의식의 흐름':

'재독' 여성 이주민들과의 인터뷰 또는 대화

정순영(독립연구자)

이 장은 애플TV+ 드라마 <파친코>를 계기로 서구사회에 이주한 한인 여성들의 '의식의 흐름'을 따라간다. '선진국' 독일과 '제국주의' 일본이라는 매우 다른 배경 속에서도 '고국을 떠난 여성들의 서사'라는 공통점이 있기에 이 같은 접근은 그 자체로 의미있다. 의식의 흐름stream of consciousness은 인간의 정신 속에 끊임없이 이어지는 주관적인 생각 또는 감각을 일컫는 말로서, 문학에서 인물의 끊김없이 흐르는 생각으로 심리상태를 묘사하는 기법으로 활용된다. 이는 역사 인식이나 개인의 삶의 여정에 대한 서술에서도 유용하다. 따라서 의식의 흐름은 재독 여성들의 트랜스 내셔널 혼합 정체성 경험과 다세대성, 드라마 <파친코>의 해석을 살펴보는 데도 기여할 수 있다. 1960~70년대 독일로 '파견된' 이주 간호사를 비롯해 다양한 이유로 한국 사회를 떠나 독일에 정착한 이주 2, 3세대 여성들은 이주민으로서 자신의 삶과 <파친코>의 디아스포라를 어떻게 연결했을까? 우리에게 '파독' 간호사로 알려진 이주 1세대들은 하나같이 '재독'이라는 말로 자신의 정체성을 표현한다. 이후 세대 역시 그런 주체성의 언어로 자신을 포지셔닝하면서 <파친코>에 대해 말한다.

1. 들어가며 : '선자'와 '정희'의 데자뷰

1930년대 '선자'는 내쫓기는 심정으로 엄마가 살고 있는 조국을 떠나 '제국주의' 국가 일본으로 가는 배에 몸을 싣는다. 1970년 '정희'는 '선진국'에 대한 환상을 안고 보수적인 집안 분위기를 뒤로 하고 독일 행 비행기 트랩을 오른다. 2000년대에는 국제 커플이 된 '은주'가, 2020년대에는 공대생 '서연'이 다른 듯 비슷한 이유로 같은 경로를 밟는다. 선자는 소설을 기반으로 한 글로벌 OTT 드라마 주인공이고, 정희, 은주, 서연은 세대가 다른 재독 한인 여성들이다. 이들 이주민 여성의 삶은 어떤 공통점과 차이점이 있을까?

약 80여 년 4세대에 걸친 재일동포 가계의 디아스포라 이야기로 전세계적 관심을 모은 글로벌 OTT 드라마 〈파친코〉. 식민의 땅 조선에서 제국의 일본으로 쫓기듯 이주하여 맨땅의 삶을 일군 드라마 속 주인공 선자와 국민 1인당 GNP 253달러, 와우아파트가 지은 지 4개월 만에 무너지고 전태일이 분신하고 김민기가 〈아침이슬〉을 발표하던 1970년 독일로 이주한 재독동포 여성 정희, 한국 경제가 비약적인 성장을 기록하고 '한국적'이라는 의미의 'K'가 영화, 드라마, 음식, 대중음악을 비롯한 여러 분야에서 존재감을 드러낼 때 한국을 떠난 은주와 서연이 만나면 어떤 이야기를 할 수 있을까?

고국을 떠난 시기와 상황은 다르지만, 이국에서 현지인들과 교섭하며 주체적 의지로 난관을 돌파하는 삶을 살아왔다는 점에서 〈파친코〉의 선자와 재독 한인 여성들은 공통적이다. 나 역시 지난 10여년 가까이 독일에서 이민자 여성으로 살며 그런 감성이 무엇인지 많은 이주 여성들을 만나면서 체득했다. 이주 간호사와 초기 유학생 등 1세대 여성들, 부모를 따라 어린 나이에 독일에 와 성장한 1.5세대 여성들, 1세대 여성들이 현지인이나 한인들과 결혼해서 낳은 2세대, 그리고 최근 다양한 양태로 독일에서 살아가는 젊은 한국 여성들의 고군분투 속에서 드라마 〈파친코〉의 선자와 그 후예들의 모습이 보인다. 〈파친코〉에서는 선자 외에도 교양 있는 양가집 출신으로 생활력이 떨어지는 경희, 무시당하던 일본 사회에서 미국을 동경했던 선자의 둘째 아들 모자수의 아내 유미, 일본에서 한인 정체성으로 괴로워하며 자기 파괴적으로 소멸해간 하나, 그녀와 반대로 '모든 면에서' 주류의 성공을 꿈꿨지만 결국 파친코 사업을 이어받기로 결심한 선자의 손자 솔로몬 등 타국에서 뿌리내린 한인 구성원들의 다양한 스펙트럼을 볼 수 있다.

　"나는 파독派獨 여성이 아니라 재독在獨 여성이다"라는 독일 거주 한인 여성들의 주체성이 엿보이는 주장과 그들의 삶의 이야기. 이 장에서는 1세대 재독 여성들이 고국을 떠나온 동기와 현지에서의 삶은 어떠했는지, 이후 세대는 또 어땠는지, 특별히 〈파친코〉 등장인물들의 삶과 비교해 재독 한인 여성들의 삶에서 겹쳐지는 부분과 그렇지 않은 부분은 무엇인지 탐구한다. 이를 위해 이 장은 '의식의 흐름'stream of consciousness 기법을 따라간다. 의식의 흐름은 인간의 정신 속에 끊임없이 이어지는 주관적인 생각 또는 감각을 일컫는 말로서, 문학에서 인물의 끊김없이 흐르는 생각으로 심리상태를 묘사하려는 기법이다. 이는 역사 인식이나 개인의 삶의 여정에 대한 서술에도 유용하다. 따라서 의식의 흐름은 재독 여성들의 트랜스 내셔널 혼합 정체성 경험과 다세대성, 그리고 궁극적으로 이 장에서 살펴보려고 하는 드라마 〈파친코〉에 대한 해석을 이해하는 데도 기여할 수 있다.

3절과 4절, 5절에서 필자는 각 세대의 생각을 발언하는 가상 인물들의 삶을 빌려 떠나 온 장소와 시간, 그리고 지금 이 자리, 그리고 〈파친코〉에 대한 해석을 의식의 흐름을 좇는 '소설의 형식'을 빌어 구성한다. 각 세대의 재독 여성들과 드라마 〈파친코〉를 소재로 때로는 길고 때로는 짧은 대화를 나누었고, 이들과의 이야기를 가상의 인물 '정희', '은주', '서연' 3인으로 조합해서 재구성했다. 인터뷰했던 이들은 OTT 드라마 〈파친코〉에서 이민자 여성으로서 공감가는 신scene 하나씩을 갖고 있었다. 이민, 정체성, 다세대성, 디아스포라와 트랜스 내셔널에 이르기까지 다양한 관점에서 재독 한인 여성들의 이야기를 드라마 〈파친코〉와 비교해보고자 한다.

2. 재독 이주 여성들과의 인터뷰 또는 대화

가상의 3인은 상상이 아니라 실제 재독 한인 여성을 모델로 한 것이다. 재독 한인 여성은 1960년대와 1970년대에 이주 간호사를 비롯하여 다양한 목적으로 독일에 와서 정착한 1세대 여성들, 이들이 형성한 가정의 1.5세대 자녀들, 그리고 2000년대 이후 유학이나 결혼 등의 이유로 독일에 이주한 여성 등 다양하다. 필자는 그 중 7명의 재독 한인 여성을 만나 1) 이민 시기와 동기, 2)이주 전후의 가족 형태, 3) 현지에서의 생활, 그리고 4) 현재 느끼고 있는 점 등을 인터뷰 또는 대화를 진행했다. 7명은 모두 여성이며 간단한 프로필은 다음과 같다.

이희숙가명은 74세 여성이고 한국에서 대학을 졸업했다. 사회복지기관에서 일하다 1970년에 도독渡獨했으며 당시 미혼이었다. 독일에서 한국 남성과 결혼하여 2녀를 낳았다. 사회 기여 욕구가 강하며 은퇴 후 한인 커뮤니티에서 봉사활동을 하고 있다.

정희정가명은 80세 여성이다. 도독 당시 미혼이었으며, 독일 유학 시절 한국 남성과 결혼하여 2남을 낳았다. 졸업 후 대학 교직원으로 수십 년 근무 후 은퇴하였다.

나수인가명은 70세 여성이다. 이주 간호사였으며, 도독 후 한인 남성과 결혼하여 3남매를 낳았다. 간호사로 경력을 쌓은 후 자신의 새로운 적성을 발견하여 영업직으로 커리어를 전환했다. 이후에도 한인 커뮤니티에서 활발히 봉사 활동하고 있다.

이미선가명은 74세 여성이다. 이주 간호사였으며, 도독 후 독일 남성과 결혼하여 2남매를 낳았다. 은퇴 후에는 한국 전통무용을 취미로 즐기며 시간을 보내고 있다.

전주옥가명은 73세 여성이다. 이주 간호사였으며, 도독 후 독일 남성과 결혼하여 2남을 낳았다. 간호사로 일하다 뷰티 비즈니스를 창업하였다.

신혜진가명은 47세 여성이며 부모를 따라 5세에 도독하였다. 대학에서 교육과 음악을 전공하고 현재 공연예술가로 활동 중이다.

박효은가명은 24세 여성이다. 부모를 따라 유년기부터 대학까지 중국에서 유학하였으며, 한국에서 교환학생 생활을 했다. 이후 현재 독일에서 유학 중이다.

또한 이들 중 OTT 드라마 〈파친코〉를 시청한 경험이 있는 사람들에게 관련 사항을 인터뷰했다. 이를 토대로 세대별 대표성을 가진 가상의 인물 3명 정희, 은주, 서연 을 설정했다. 인터뷰한 7인의 인생 경험을 헤쳐 모아 가상의 인물 3인의 삶으로 구성했고, 여기에 필자 역시 10여 년의 재독 경험 속에서 만난 한인 여성들 에피소드도 추가했다. 결과적으로 이 장은 현실에 기반한 자료로 가상의 인물 3인이 대표하여 자신의 삶을 이야기하는 자전적 소설 형식이다. 세대별 대표성을 가진 가상 화자의 프로필을 다음과 같이 정리해본다.

① 정희

정희는 1950년생으로 한국에서도 보수적 정서가 지배적인 지역의 출신이다. 가부장적 가정에서 막내딸로 자라났다. 대학에서 사회봉사를 계기로 현실세계에 대해 더 많은 이해를 가지게 되었다. 1970년대 초 사회나 가정에서 여성의 희생을 당연시하는 한국사회로부터 '탈출'하여 이상적인 선진사회라고 여겨진 독일 행을 선택했다. 이후 독일에서 한국 남성과 가정을 꾸리고 2녀의 교육에 집중하는 삶을 보냈다. 자녀에게 풍족한 환경을 만들어주기 위해 노동 비자를 얻어 다양한 일을 했다. 노년에 한인사회에 대한 봉사를 통해 못다 한 고국에 대한 헌신을 함과 더불어 자아실현도 도모하고자 했다. 정희는 이민 1세대로서 개척자 역할을 하며, 드라마 〈파친코〉 선자와 솔로몬에게 깊은 감정이입을 보였다.

② 은주

은주는 1970년대생으로 고학력자로서 많은 국제경험과 사회적 커리어를 가진 여성이다. 2010년대 중반 국제결혼을 계기로 한국을 떠나 독일에 정착하였다. 2015년에 대규모 난민이 유입되던 시기, 자원봉사를 경험하며 독일 사회와 소통하고자 노력했다. 또한 이민자 여성으로서 미세차별microaggression, 소외 집단에

속한 사람들이 자신에 대해 부정적인 생각을 가지게끔 하는 일상 속의 질문이나 평가, 행동과 코로나19로 인해 부각된 인종차별에 대항하는 활동을 했으며, 동시에 고국의 사회적 이슈를 현지 사회와 연결시키며 활동가로서 정체성을 가지게 되었다. 드라마 〈파친코〉 등장인물들 전반에 골고루 공감하는 면이 있는데, 특히 이상주의자 이삭과 현실주의자 요셉의 정체성에 대한 고민과 이견, 〈파친코〉 소설에서 일본사회로의 적응을 거부하고 떠난 솔로몬의 여자친구 피비의 선택에 깊이 공감했다.

③ 서연

서연은 2000년대생이다. 열린 교육을 꿈꾼 부모의 영향으로 어린 나이에 가족과 중국에서 유학생활을 시작하였고 가족이 한국으로 귀국한 후에도 혼자 남아 생활했다. 이후 한국으로 돌아와 교환학생 생활을 하던 중 유럽 여행을 하면서 자신과 잘 맞는다는 느낌을 받아 인생의 또 다른 선택지로 독일을 선택하기에 이른다. 그녀는 진취적이지 못하고 꽉 막힌 듯한 한국에서 벗어나 글로벌 경쟁력을 가지려는 진보적 세계인이다. 이공계 전공이지만 역사물을 좋아해 〈파친코〉는 원작소설부터 탐독하였다. 자기가 처한 상황에서 최선을 다해 주류가 되고자 애를 썼으나 결국 주류에서 비켜서는 선택을 한 솔로몬에 가장 감정이 입한다고 말했다.

위 7명과의 인터뷰와 대화를 기반으로 한 가상의 3인의 이야기를 따라가다 보면 드라마 〈파친코〉와 연결되는 독일 이주 한인 여성들의 의식의 흐름이 보일 것이다. 제한된 시간과 환경에서도 흥미로운 주제에 함께하며 도움을 준 분들께 감사의 마음을 전한다.

3. 재독 여성 '정희'의 〈파친코〉: 이민 개척자의 양가적 인식

나를 들여다보게 하는 선자

2024년 독일 극우정당인 독일 대안당이하 AfD 의 스캔들로 전 독일에서 극우 반대집회가 일어난 지난 2월. 1970년대 초반 독일에 와서 한국 남성과 결혼해 가족을 이루고 수십 년을 살아온 정희는《베를리너 모겐포스트 Berliner Morgenpost》에 대문짝만 하게 난 집회 기사를 보고 착잡한 심정에 빠졌다. 극우 단체와 AfD 정치인들이 독일에 거주하는 이주 배경을 가진 이민자들을 추방하자는 계획을 논의한 사실이 드러나면서 독일 전역에 이를 반대하는 대규모 시위가 일어난 것이다.

"21세기 백주대낮에 극우정당이 포츠담에 모여 이민자 몰아낼 궁리를 하다니…젊은 날 내가 그토록 동경해 마지않았던 독일이라는 '선진국'에서 일어난 일 맞나?" 한국인들에겐 제2차 세계대전 종전의 '포츠담 선언'으로 유명하고, 감자로 독일인들을 기근에서 구해내어 '대제'라고 칭송받는 프리드리히 대왕의 상수시 궁전으로도 잘 알려져 있는 포츠담. 과거 동독이었던 지역에서 현지인들이 이민자들에게 싸늘한 시선을 보내는 경우가 종종 있기는 했지만 그래도 그 도시에서 이런 일이 일어나다니 믿을 수가 없었다. "그래도 독일에 시민정신이 살아 있으니 각 도시에서 10만명 넘는 사람들이 불시에 일어나 극우 반대집회를 하겠지" 싶어 그나마 다행이라고 해야 할까.

'너희 나라로 돌아가라!'는 반이민 정서는 '역이민'Remigration, 이민을 뜻하는 migration에 '다시'라는 의미의 접두사 re를 붙여 만든 극우 정당의 캐치프레이즈 이라는 불길한 신조어를 내걸고 경제불안과 난민 유입에 따른 민심 불안을 틈타 성장해 온 극우 정당의 존립 기반이라 할 수 있다. 1974년 파독 간호사와 광산 노동자들은 독일 정부의 Gast-Arbeiter 기간 노동자 계약 종료 후 본국으로 돌아가야 한다는 명령에 반발하여, '인간은 원하는 곳에 거주할 수 있는 권리가 있다'는 보편논리를 내세우며 독일에서의 체류 권리를 요구하는 시위를 벌였다. 한인이 주관이 된 이 '외국인 노동자 체류권 시위'로 결국 1978년 안정적인 거주비자 권리를 얻게 되었던 상황이 떠올려졌다.

정희는 한국에서도 보수성이 강한 지역 태생으로, '여자는 현모양처가 최고'라는 고루한 생각이 지배하던 가정의 분위기에서 벗어나고 싶어했다. 서울에서 대학을 졸업하고 복지 관련 일을 하다가 자유롭고 멋진 신세계를 꿈꾸며 고국을 떠났다. 수십 년 사이 대한민국은 상전벽해를 거듭하며 세계 경제대국의 반열에 올라섰고, K-푸드, K-드라마, K-팝 등에 힘입어 예전 같으면 상상할 수 없던 흥미진진한 일들이 벌어지고 있었다. 정희는 노래를 좋아해서 은퇴 후에 합창단 활동을 오랫동안 해왔는데, 처음에는 웬 아시아 여성인가 무심하게 쳐다보고 인사도 받지 않던 사람들이 실력 있는 그녀를 커뮤니티의 일원으로 인정하면서 아주 좋은 관계를 유지하고 있다. 최근에는 단원들이 김치 같은 한국 음식 이야기를 자주 하고, 언젠가는 길을 지나가는데 독일 소녀가 다가와 아는 K-팝 가수의 이름을 대며 그를 아느냐고 물어보기도 하는 등 격세지감이 느껴지는 순간이 여러 번 있었다. 그러면서 정희는 이런 질문을 스스로에게 던져보았다. "내가 그때 한국에 떠나지 않고 남아 있었더라면 지금쯤 어떤 삶을 살고 있을까?"라고.

정희가 이 질문을 생각하게 된 것은 최근 인상 깊게 본 〈파친코〉라는 글로벌 OTT 드라마의 한 장면 때문이었다. 주인공 선자는 자신을 유혹한 부유한 상인 한수가 들려주는 조선 밖 넓은 세계에 관한 이야기에 마음을 뺏겼다. 그러면서도 내 사랑하는 부모가 있고 사랑하는 친구들이 있는 이 땅을 떠날 수는 없다고 말한다. 여기에 뼈를 묻고 살겠다고 말하는 장면에서 정희는 약간 충격을 받은 상태로 자신을 돌아보게 되었다. 자신이 배워왔던 것과 정면으로 배치되었기 때문이었다. 정희가 공부했던 K여고 는 일제 시대 서양식 교육을 받고 교사가 된 엘리트들이 가르치 던 학교였다. 선생님들이 들려주던 '선진국' 이야기는 황홀했고, 〈사운드 오브 뮤직〉1969 같은 영화에서 보이는 유럽은 그야말 로 동경의 대상이었다. 그에 비하면, 우리의 전통문화는 무시해 야 할 과거의 유물이었다. 일제시대 교육의 잔재가 바로 그랬다. 내 것 심지어 이름까지도 을 무시하고 서양세계의 것을 숭상하는 것이 당연했다.

하지만 〈파친코〉의 선자는 부모가 낳아준 땅을 지키겠다는 근 원적인 자부심이 있었다. 선자의 엄마는 많이 배우지 못했으나, 일본으로 떠밀리듯 떠나는 딸에게 쌀밥으로 상징되는 '우리 음 식'을 먹이려 가난한 살림에도 애를 썼다. 부모로서 자녀에게 최 선을 다하는 모습이었다. 선자의 아버지는 "부모도 부모 될 자 격을 얻어야 한다"고 말했고 그런 부모에게서 자란 선자는 무식 했으나 자존감이 있었다. 그래서인지 작고 평범한 자신 앞에서 부와 권력을 과시하며 자기가 본 넓은 세상을 펼쳐 보이던 한수 에게 선자는 조금도 주눅들지 않고 당당하게 "나는 내가 태어난 땅에 있겠다"고 말했다.

그 장면에서 정희는 생각이 많아졌다. "배우지 못한 선자가 오 히려 우리 것에 대한 편견없이 고향땅에 자부심이 있었구나. 내

〈그림 3-1〉 선자는 고향을 떠나 더 큰 세계로 가자는 한수의 제안을 거부한다

(출처: 애플TV+)

가 '선진국'에 대한 환상을 갖지 않은 채 고국에서 공부하고 활동했다면 지금쯤 어떻게 살고 있을까? 사회에 어떤 형태로든 더 많은 쓰임이 있지 않았을까?" 하지만 정희는 이내 고개를 저었다. 이주에 대한 근본적인 후회는 없었다. 다만 고국의 발전에 더 기여할 수 있었을 텐데 하는 아쉬움은 있었다. 발전하는 조국에 동참하지 못했던 회한 같은 것 말이다.

내 것을 부인하고 선진국을 동경하는 교육을 받았기 때문에 한국을 떠나 독일로 오게 되었고, 선진국의 이상향이 뇌리에 깊게 박혀서 이국 땅에 대한 호기심이 여전했지만 정작 귀국을 완전히 포기한 이유는 따로 있었다. 어느 정도의 독일 생활 후 한국을 다시 방문했을 때 느꼈던 한계, 여전한 보수성과 남과 비교하는 답답한 사회 분위기가 견디기 어려웠다. 결정적으로 4명의 언니 중 가장 똑똑하고 야망찼던 언니가 여성 정치인의 길을 걸으며 받은 스트레스로 이른 나이에 세상을 떠났다. 암이었다. 그 사건이 준 충격과 그런 곳에서 내 자녀를 키우고 싶지 않다는 생각 때문에 좋은 일자리를 제안받았음에도 고국행을 포기했다. 타인과의 비교가 덜한 독일에서 자유롭고 주체적으로 살고 싶었다. 선자라면 어땠을까? 평생 억척같이 살며 고향을 돌아보지 않았던 그녀의 마음을 약간은 이해할 수 있었다. 하지만 말년에 고향땅인 부산 영도를 찾아 울부짖던 선자의 마음 또한 짐작이 가지 않는 바는 아니었다. 고향을 떠난 여성의 마음에는 모든 것이 다 들어 있을 수 있다는 생각이 들었다.

문득 보수적인 집안 분위기를 못 견디고 떠나올 때의 감정이 떠올랐다. 엘리트 여성들도 결국 남성의 성공을 위한 교육을 받던 시대였다. 보수적인 집안에서 양장점 옷을 입으며 조신하게 신부 수업 받는 여성이 될 뻔했던 정희는 평생을 학문에 집중하며 사회에 기여하는 독신으로 살고 싶었다. 정희는 대학에서 사회봉사 활동을 하며 소록도와 복지기관을 방문했을 때 자신이 살아온 세상 밖의 세상을 만나 큰 충격을 받았다. 편하게 살아온 자신의 환경에 대한 반성적 인식과 더불어 사회적 불평등을 각성하게 되었고, 그것이 여성으로서 꿈을 펼치기 어려웠던 한국을 떠난 이유가 되었다.

하지만 살아가면서 알게 모르게 부딪히는 차별적인 시선들과 함께 서구 국가들이 식민지에서 저지른 야만적인 행위를 알게 되면서 선진국에 대한 환상은 깨져나갔다. 아마도 그래서 더욱 더 드라마 속 선자와 한수의 산속 대화 장면이 가슴에 못이 박혔던 것 같다. 사회의 주류로 편입되려고 피나는 노력을 기울였으나 결국 포기한 솔로몬의 기분도 이해할 수 있었다.

다른 한편으로, 떠밀리듯 고향 땅을 떠날 수밖에 없었던 〈파친코〉의 선자를 생각하면 내가 살 곳을 내가 정할 수 있었다는 것이 큰 행운이었다는 생각이 든다. 하지만 이 생각은 무척 양가적이다. 정희가 언급한 선자의 '고향에 대한 자부심'은 더 큰 세상을 보지 못한 상태에서 자기 세상을 전부로 알았던 한계에서 나온 것일 수도 있지만, 내가 가지고 있는 것 부모, 고향땅에 대한 애정에서 나온 당당함이라 해석도 가능하기 때문이다. 적어도 후자는 선진국을 동경하던 정희에게 없던 것이다. 가난하고 작아서 지도 어디에 붙어있는지도 몰랐던 고국의 상전벽해. 최근 한국이 가지는 경제적·문화적 위상 뿐만 아니라 '한국적인 것이 가장 세계적인 것'이라는 카피로 대표되는 2000년대 이후의 인식들이 현재의 정희에게 지난날 선택에 대한 양가적 감정을 갖게 하는 요소 중 하나이다.

자신의 인정투쟁과 후예들을 위한 교육 투자
– 선자의 자식농사

독일 정착 초기에는 경제 상황이 나쁘지 않았음에도 불구하고, 공부를 마치고 3개월 만에 고국으로 돌아가라고 할 정도로 외국 유학생보다 자국에 부족한 노동자를 우선시하려는 경향이 강했다. 한국 사람들은 김치 냄새 때문에 구박당하기도 했다. 국제결혼을 한 비슷한 연령대의 한 여성에 따르면, 같이 살던 독일인 시어머니가 물, 전기 낭비한다며 식민지에서 데려온 사람 취급하며 잔소리가 심했다. 〈파친코〉에서 재일동포들이 당했던 설움에 비할 바는 아니겠지만 이민자의 삶은 녹록치 않았다.

정희는 대학교육과 직업교육이 무료인 독일에서 기회를 활용하여 의대로 진로를 변경하여 간호학을 배웠다. 이후 이주 간호사들과 함께 일했기 때문에 한인 간호사들의 뛰어난 역량과 성실성이 독일 사회에서 긍정적으로 평가받기까지 갖은 눈물과 고생과 한숨이 많았음을 잘 알고 있다. 소심하고 순했던 동료들은 직설적인 소통이 일상인 독일 사회에서 많은 상처를 받았지만, 나중에는 할 말을 다 하고 문제를 강하게 제기하여 원하는 것을 얻어내는 강한 여성으로 거듭나기도 했다. 웬만한 일은 마음에 묻고 참던 여성들이 자신이 원하는 바를 드러내고 당당하게 요구하는 주체적이고 능동적인 성격으로 변해가는 것을 보면서 함께 성장한다는 생각도 들었다.

〈파친코〉에서 어려서부터 다부지고 똑부러진 선자를 보면서 이민살이를 통해 선자처럼 야무지게 변한 동료들이 떠올랐다. 물론 늘 그렇지만은 않았다. 노래하기를 좋아했던 정희가 독일 합창단 활동을 시작할 때 처음 느꼈던 싸늘한 시선이 생각났다. 그럴 때면 항상 주변의 한 사람만이라도 대화를 하게 되면 내가 어떤 사람인지 알게 될거다라는 생각을 가지곤 했었다. 일단 대화를 시작하면 상대는 곧 정희에 대한 인식을 달리하곤 했으니까. 〈파친코〉에서 선자가 생계가 막막해 시장에서 김치를 팔기 시작했을 때, 처음에는 부정적이던 시장 사람들이 묵묵하고 성실한 선자를 인정하고 태도가 바뀌는 것을 보면서 결국 섞여 살며 교류하는 것이 차이와 다름을 극복하는 시작점이라는 생각도 들었다.

무엇보다 정희는 공부하던 남편과 함께 살림에 좀 무리가 되더라도 아이들을 기숙 사립학교에 보냈고 좋은 옷을 입히는 데 정성을 기울였다. 타국에서 외모가 다른 아이들이 함부로 무시당하거나 무시하지 않도록 각별히 신경을 썼던 것이다. 그러던 중에 겉과 속이 다른 독일인 선생도 만났다. 딸이 초등학교 때 담임이었던 한 나이든 독일 여성은 유난히 정희의 딸을 예뻐했다. 어떤 발언도 적극 지지해주어 늘 고마운 마음이 컸다. 하지만 나중에 "다른 외국인 학부모들은 자신들의 고국을 비행기로 구경시켜주더라"라는 말을 하며 뭔가를 기대하는 듯한 뉘앙스를 풍겼다. 평준화 교육체제인 독일 사회에서는 좀처럼 만나기 힘든 경우라 생각하면서도, 사람 사는 세상은 거기서 거기라는 생각도 들었다. 그러면서 정희는 〈파친코〉에서 선자의 모범생 아들 노아와, 일찌감치 공부가 아닌 길로 나섰던 모자수와 그의 아내 유미가 아들 솔로몬을 키우는 모습을 보며 외국에서 이민자 자식을 키우는 학부모의 감정에 묘한 동질감을 느꼈다. 정희는 독일 정착 초반 10년은 공부에 매진했고, 이후 10년은 자녀교육에 전념했다. 〈파친코〉의 선자도 그랬으리라.

아이들이 성장하던 2000년대에는 경제적 부담이 많이 커졌다. 학생 기숙사에서 살다가 자녀들을 생각해서 대출을 받아 집을 구입했다. 이때 한국의 친가에서도 도움을 주었다. 자녀들이 대학에 진학한 후 씀씀이가 커지고 다른 도시에 사는 자녀들 생활비도 대주느라 정희 부부는 일을 더 많이 해야 했다. 다행히 자녀들은 정희와 남편이 고생하며 뒷바라지해 준 것에 대해 매우 감사해 한다. 근래 들어서는 마음껏 여행도 다니시고 편하게 사시라고 말한다. 친구들은 '자식농사' 잘 지었다고 하는데 가끔은 희한하다는 생각이 든다. 독일에서 교육받고 자라난 자녀들이 그런 유교적인 생각을 한다는 것이 어디에서 어떻게 영향을 받은 것인지 궁금했다. 아무래도 자녀에게 헌신적인 부모를 보며 자연스럽게 한국적 가정의 모습을 내재화한 것이 아닌가 싶었다. 솔로몬이 할머니 선자에게 알게 모르게 영향을 받는 것과 마찬가지가 아니었을까? 〈파친코〉에서 가장 극적으로 솔로몬의 정체성이 변화하는 동기도 건물주인 재일동포 할머니와의 대화에서였다고 생각한다. 결국 '나의 근본이 어디에 있는가'라는 자각이 재외동포 2세들에게 다가오는 순간이 있다는 생각이 들었다. 자녀들과 같이 〈파친코〉를 보면서 대화를 나눈다면 아이들은 어떤 이야기를 할지 궁금해졌다.

사실 정희는 도독 초반에 언젠가 한국으로 돌아간다는 생각을 하며 살았다. 내가 나고 자란 사회에 배운 만큼 기여해야 한다는 생각을 늘 했다. 하지만 독일에서 가정을 이루고 살아가면서 사랑하는 사람을 만나 이룬 가족에 책임을 다하고 싶었다. 그래서 무리를 해서라도 아이들이 원하는 것이라면 특기 과외도 많이 해주었다. 본인이 받고 자란 교육의 혜택을 아이들도 부족함 없이 누리기를 바랐다.

정희는 유교사상이 철저했던 집안의 영향으로 자신에게 쓰는 것은 아끼고 자녀들에게 최선을 다한다는 생각으로 힘든 시절을 견뎠다. 정희가 독일 교육에서 놀랍게 생각한 부문이 있는데, 독일 사회는 '가족이 죄악이다'라고 하며 전통적인 대가족 제도를 부정하는 교육을 한다는 것이다. 자녀가 부모에게, 또 부모가 자녀에게 의존성을 가지면 개인만이 아니라 사회도 망친다는 논리다. 정희가 자라난 1950-60년대의 한국, 특히 보수적 색채가 강한 지역에서는 상상하기 힘든 생각이다. 정희는 내가 원해서 태어나게 했으면 내가 책임진다라는 생각에 최고의 교육환경을 만들어 주고 싶어했다. 정희는 교육열 높은 여느 한국 엄마처럼 자녀 교육에 열심이었지만, 그렇다고 아이들의 독립성이 저하된 것은 아니었다. 딸들은 전문직 종사자로 잘 자라주었다. 〈파친코〉에 등장하는 부모 자식 관계 모두가 마치 자신의 경험인 것처럼 느껴진 것은 척박한 외국 땅에서 여러 종류의 차별 속에 자녀를 양육하는 아슬아슬한 외줄을 탄 부모의 심정이 그대로 전이되었기 때문일 것이다.

봉사의 삶, 노년의 보람과 아픔
- 선자와 경희의 동행

세 아이들이 성장한 후 정희는 합창단 활동, 문인회, 한글학교 등 한인 커뮤니티에서 열렬히 봉사하는 사람이 되었다. 한국 남성을 만나 가정을 꾸리고 두 아이의 엄마로 수 십 년을 정신없이 살다가 문득 고개를 드니 은퇴자로 사회에 기여할 수 있는 방법을 찾고 있는 자신이 보였던 것이다. 비록 외국에 살지만 이곳에서라도 한인사회에 기여한다는 마음으로 봉사에 열심을 내게 되었다.

함께 봉사하는 영희와 비슷한 연령대의 재독 한인 여성들은 대부분 1960~70년대 이주 간호사로 와서 정착한 이들이다. 당시 독일에 간호사로 왔던 1만여 명 중 약 40%가 독일에 잔류했다고 알려져 있다. 현지인과 국제가정을 일군 사람들, 한인 가정을 꾸리고 사는 사람들, 한인회와 한인교회 등의 한인단체에서 지역사회를 위해 봉사하는 사람들, 한국 사회의 이슈에 관심을 갖고 적극적으로 현지 단체와 연대해서 활동하는 사람들 등 다종다양한 삶의 양태가 있었다.

정희는 한국의 대학에서 사회복지를 공부했고 사회민주주의 국가 체제로 유지되는 독일에서 노동 비자를 얻어 복지가 상대적으로 강한 환경에서 살아왔기 때문인지 사회 운동에도 점점 관심이 많아졌다. 독일로 오기 전 목격했던 경제적 불평등의 현실, 1980~90년대 치열했던 민주화 운동을 멀리서 접하며 느낀 안타까움 등 고국에 대해 한숨 쉴 일이 많았다. 특히 1980년 광주 민주화 항쟁은 큰 충격이었다. 다행이라 해야 할지 독일에서도 한인들을 중심으로 이를 기억하는 행사인 '오월 민중제'가 꾸려진다는 소식을 들었을 때 그나마 마음을 쓸어내렸다. 그래서인지 최근 들어서 소녀상을 통해 전시 여성의 피해를 증언하는 모임이나 고국의 민주화 운동을 기억하는 자리에 가능하면 자주 참여하였다. 독일에는 유럽 대륙에서 서로 전쟁을 치렀던 많은 국가의 사람들이 뒤섞여 살고 있는데, 평화라는 것이 은원의 문제가 있는 두 국가만의 문제가 아니라 인류 보편의 문제라는 생각이 들어서이다. 이렇게 사회문제에 관심이 높아서인지 〈파친코〉에서 정의로운 삶을 살았던 이상주의자 이삭과 현실에 타협했던 요셉 두 형제가 견해차를 보이는 부분은 정희에게 많은 생각거리를 안겨주었다.

그런 한편으로, 정희와 같은 1세대들이 자녀의 한글교육에 대해 생각하는 것은 국제사회에서 한국의 위상과도 연결되는 중요한 지점이 있었다. 1세대 여성들, 특히 국제결혼을 선택한 여성들의 가정에서는 독일어가 가정 표준어였다. 일과 살림, 육아를 병행하느라 시간적 여유가 없었을 뿐 아니라 한국인 가정이던 정희네 가족의 경우에도 당시 국가의 위상이 낮은 한국보다 독일에서의 적응이 급선무라는 판단 아래 한글 교육에 주의를 기울이기 어려웠다. 물론 그 중에도 어렵사리 자녀를 한글학교에 보내며 한글교육에 몰두한 사람들도 있었지만 여하한 노력 없이는 국제가정의 자녀에게 한글을 원활하게 익히게 한다는 것은 쉽지 않았다.

아이러니하게도 1세대의 자녀들이 이제는 중년이 되어서 한글을 새삼스럽게 배우려고 노력하고 있다. K-콘텐츠의 확산도 하나의 요인이겠지만, 그 이유 중 하나는 점차 연로해 가는 1세대들 중에 치매로 인해 젊은 시절 배웠던 제2외국어인 독일어를 망각하고 모국어인 한국어로만 소통할 수밖에 없는 서글픈 상황 때문이었다.

노년의 질병은 세계 어디서나 비슷한 양상이겠지만 특별히 이민자들의 건강에 대한 최근의 연구가 인상적이었다. 'Healthy-Migrant-Effect' 라는 것이 있는데, 이민을 오면 보통 20~60세는 이민 경험이 없는 사람들보다 건강하다가, 60살이 넘어서면 이민 경험이 없는 사람보다 건강이 급속히 악화되는 현상이 있다는 것이다. 그 원인으로는 오랜 기간 타국에 살며 누적된 스트레스와 불리한 노동조건 등이 꼽힌다. 〈파친코〉에서 요셉의 부인인 경희는 아름답고 교양 있는 여성이었으나 간난신고를 겪으며 노년에 병이 들어 선자의 보살핌을 받는다. 선자와 경희가 서로 믿고 의지하며 힘든 시절을 견뎌온 나날을 생각하면 서글픈 일이 아닐 수 없었다. 정희는 어쩌면 〈파친코〉의 미덕이 이민자 여성들의 평생에 걸친 연대와 인간다운 우정을 은은하게 그려낸 데 있는 게 아닌가 하는 생각도 든다.

선자 같은 인생을 산 친구 선희: B 스토리

정희에게는 유독 마음이 맞는 선희라는 친구가 있다. 선희는 간호사를 하다가 나중에 영업 쪽으로 진로를 바꿔 성공한, 정신 력과 생활력이 강한 친구다. 〈파친코〉에서 선자가 떠나온 고향 이 부산 영도인데, 선희도 그곳에서 태어나 자라서인지 〈파친코〉 를 마치 자신의 인생 이야기인 것처럼 몰입해서 보았다. 〈파친코〉에서 선자가 아버지를 존경하듯이 선희도 가난했지만 점잖고 멋진 아버지에 대해 많이 이야기했다. 그 옛날 학창시절, 12시에 영도다리가 열리는 걸 구경하곤 했다는 선희는 그 장면을 마치 어제의 일처럼 생생하게 기억하는 듯 했다. 가난한 집안을 돕기 위해 이주 간호사로 독일에 온 선희는 이미 어릴 적부터 당차고 똑부러지게 처신했다. "나는 누구보다 너를 믿는다"라며 독일 가는 딸의 등을 두드려주던 아버지의 말이 평생을 버티는 힘이었다고 선희는 자주 말했다. 고향의 정경과 아버지의 정, 그 것이 선희가 〈파친코〉에서 느낀 가장 인상적인 부분이었다.

선희는 독일에서 한국 남성과 만나 가정을 이루고 간호사 일 을 하며 2녀 1남을 키우다가 수입을 늘리려 1992년부터 사업을 시작했다. 1989년 통독 이후 동서독 출신 사람들이 함께 어울려 일하게 되었다. 선희의 기억 속에 서독 출신들은 '젠체'하는 경 향이 있었고, 그나마 동독 사람들이 선희의 능력을 좀 더 인정해 주었다. 사회의 비주류끼리 통하는 느낌이었다고나 할까. 〈파친코)에서 선자가 한수에 대한 감정을 접고 새로운 삶을 위해 이식을 선택했다고 생각하는 선희는 자신도 더 나은 삶을 위해 독일행을 선택했고 그 이후의 삶에서도 늘 조금씩 나은 자리로 가기 위해 끝없이 노력했다고 생각한다. 정희는 선희와 〈파친코〉에 대해 이야기할 때, 선희가 "어떨 때는 마치 선자의 엄마가 된 듯 하다가 어떨 때는 선자가 되었다가 하는 것 같다"고 말할 때 그 의미를 너무 잘 알 것 같다고 말했다. 새로운 세상을 향해 떠나와서 낯선 곳에서 자녀를 키우며 노심초사했던 삶이 어느 부분에서는 다 비슷한 것 같았기 때문이다.

4. 재독 여성 '은주'의 〈파친코〉 : 깨친 세대의 자기 투쟁

이민자의 현실 앞에서
- 선자인 듯 경희인 듯 소수자 그 자신인 듯

은주는 두 번째 재독 여성을 대표한다. 은주는 한국에서 커리어 우먼으로 일하다가 국제결혼을 하면서 독일에 거주하게 되었다. 잦은 해외 출장과 외향적 성격으로 자타공인 해외파인 은

주는 큰 어려움 없이 결혼 이민을 결정할 수 있었다. 마음만 먹으면 언제든지 국가 간 이동이 가능한 글로벌 세상에서 어디서든 살 수 있겠구나 싶었다.

하지만 외국에서 여성 이민자로 몇 년을 살고 난 후에는 삶의 터전을 옮긴다는 것이 얼마나 힘든 일인가를 절실히 느끼게 되었다. 영어가 아닌 새로운 언어로 할 일을 찾아야 한다는 한계와 직업 선택의 제한, 그로 인한 축소된 인적 네트워크, 인종차별과 유리벽 등 독일에서 다양한 문제와 부딪히면서 한국에서 오랜 기간 쌓았던 경력이 오히려 새로운 분야의 도전에 걸림돌이 될 수 있다는 생각이 들기도 했다. 한국에서 고학력 전문직에 종사한 여성일수록 '업의 전환'에 대한 필요성과 그 어려움은 더욱 크게 다가오는 경향이 있었다. 그래서 '자아실현'의 어려움으로 힘들어하는 여성들을 종종 만나게 되었다. 오히려 별 기대감 없이 맨땅에서 맨손으로 시작한다는 생각을 가진 여성들이 훨씬 강한 생활력을 갖고 적응을 잘 하는 모습을 볼 수 있었다.

은주는 이민자가 일을 통해 사회 구성원이 되도록 적극 유도하는 독일 시민교육 시스템을 이용해서 새로운 언어를 익히고 사회의 구성원리를 파악할 수 있었다. 다만 그 교육체계는 '선진국이 필요로 하는', '외국인이 접근하기에 용이한' 단순 직업군이나 돌봄 계통의 업무로 유도하는 시스템이었기에 은주가 원하는 일을 찾는 데는 큰 도움이 되지 않았다. 그것이 은주가 〈파친코〉에서 초반 무기력해 보이던 경희나 솔로몬을 따라 일본에 와서 적응에 어려움을 느꼈던 재미동포 여자친구 피비에게 유독 감정이입했던 이유이다.

내 의지로 선택한 이주의 삶에서 예기치 않은 직업 선택의 한계는 어찌 보면 한국 사회의 노동에 대한 고정관념을 답습한 은주가 그 틀을 깨지 못하는 데 원인이 있었다고도 볼 수도 있다. 그것은 은주가 쌓아온 일에 대한 고정관념 또한 월경하는 여성이 직면하는 현실이지만, 사실 조금만 넘어서면 또 다른 지형이 펼쳐지는 의미 있는 걸림돌이었다. 〈파친코〉에서 경희는 선하고 교양있지만 생활력이 없는 여성이었다. 하지만 선자를 도와 생활전선에 뛰어든다. 험난한 삶을 돌파하는 선자의 방식은 1세대 이주민의 표상이고 이제는 아름다운 과거형으로 칭송받는다. 그런 선자이지만 믿고 의지하던 경희가 없이는 삶이 더욱 어려웠을 것이다. 선자에게는 경희가, 경희에게는 선자가 필요했던 것 같다.

은주 또한 마음을 터놓고 정체성의 혼란과 고민을 함께 나눌 수 있는 존재를 찾으려고 애썼고 비록 드라마이지만 선자와 경희의 우정이 부러웠다. 희한하게도 독일에서 만난 다양한 국적의 여성들 중에서도 역사적으로 한국과 유사한 침략의 아픔을 가진 폴란드 사람들을 만날 때 서로를 금세 이해할 수 있었다. 같은 맥락으로 은주는 독일 이주 전에 우연한 기회로 탈북해서 남한에 정착한 다양한 세대의 여성들을 만나 인연을 이어왔는데, 독일에서 이민자 여성으로 살면서 이들의 심정에 더욱 큰 공감을 할 수 있었다. 그 스스로 소수자가 되면서 경계를 넘는 여성들에 대해 이전에 느낀 연대의 감정과는 또 다른 '당사자'로서의 수평적 연대감을 느낀 것이다. 이러한 소수자로서의 자각때문에 〈파친코〉에 전반적으로 스며 있는 비주류, 소수자 정서를 고스란히 자기의 것으로 느낄 수 있었다는 생각이 들었다.

은주는 어릴 적부터 교회를 다녔기에 성경, 교회 종소리, 예배 등 기독교 문화에 익숙했다. 그 때문에 기독교 국가인 독일에서 교회 커뮤니티를 통해 현지 사회와 독일의 남편 쪽 가족 문화에 원만하게 스며들 수 있었다. 〈파친코〉를 보면서 이삭, 요셉, 노아, 솔로몬 등 성경에서 따온 등장인물들의 이름에 담긴 의미와 맥락을 파악하고 작가의 세계관을 비교적 용이하게 이해할 수 있었던 것도 그 때문이었다. 은주는 새벽에 일어나 가족들을 위해 기도하는 연로한 시어머니와 새벽기도하는 자신의 엄마의 모습이 정한수를 떠 놓고 기도하는 〈파친코〉의 선자 엄마와 하숙집 여인들의 모습과 크게 다르지 않게 느껴졌다. 낯선 이국에서의 생활이지만 정서적으로 안정될 수 있었던 데는 이런 요인이 크게 작용했다.

한편, 은주는 〈파친코〉가 미국 자본으로 만들어진 작품이고, 미국 복음주의 신앙이 개화기 한국에서 토착 민간 신앙과 결합한 기복신앙 형태로 전개된 것이 등장인물들의 이름을 비롯해 작품의 면면에 녹아 있다고 생각했다. 작품에서 이삭이라는 청

교도적 정신을 가진 기독교 인물이 묘사되는데, 은주는 이민 사회에서 디아스포라가 그 사회에 가지는 '정화 작용', 즉 기독교인들이 이민 초기 그랬던 것처럼 생활이 안정된 이후에도 변함없이 자기 성찰을 통해 사회변화를 추구하고 있느냐는 부분에서 반성적으로 돌아볼 점이 많다는 생각이 들었다.

난민에 대한 경험과 하층민 투쟁 – 한수의 변신

2015년 독일 사회가 중동 난민 100만 명을 받아들였던 때, 은주는 남편과 자원봉사자들과 함께 몇 달 동안 난민 관련 일을 하게 되었다. 그러면서 이주와 정주, 그리고 또 새롭게 부딪힌 '난민'의 문제를 깊이 인식하게 되었다. 또한 생활 속에서 부딪히는 존재론적 고민에서 우러나는 '역지사지'라는 개념을 떠올리기도 했다.

독일은 1950년대부터 다른 유럽 국가로부터 노동력을 들여오면서 사회 구성원이 급격히 다양해지기 시작했다. 독일 거주 인구의 4명 중 1명이 이민 배경을 가질 정도였는데, 이 중에서 튀르키예계가 가장 높은 비율을 차지했다. 2000년대 초중반까지도 사회통합 정책은 동화주의 정책기조를 유지하였다. 하지만 이들 이민자 가정에서 자라난 2세들의 사회 적응에 혼란이 생기면서 문화다양성 정책으로 선회했다고 한다.

2016년 7월 독일에서 처음으로 IS 테러 소식을 접한 어느날 은주는 같은 처지의 한국 이민자들과 많은 이야기를 나누었다. 그 몇 달 전 선거에서 극우정당 AfD가 16개 독일 연방 중에 평균 소득이 낮은 주들주로 구동독지역에서 예상외로 선전했는데, 못 가진 사람들이 서로 증오하는 형국을 보는 것 같아 안타까웠다. 실업급여를 받고 사는 사람들이 난민을 너무 많이 받으면 본인들에게 돌아올 국가 혜택이 줄어들 수도 있다는 불안감에 더 극우 성향을 띠게 되는 것 같다는 이야기를 하며 난민에 대해 불안한 시선을 보내는 독일의 상황을 생각해보았다. 국제도시 베를린은 유럽인들, 이민자들, 난민들이 뒤섞여 약 195개국 사람들이 거주하고 있다. 외국인을 자주 접하고 그들과 다양한 인간관계를 맺고 살아가는 곳에서는 그나마 극단적인 사건사고가 덜하다는 생각이 들었다.

구동독 지역에는 외국인 유입이 상대적으로 적었기 때문인지 낯선 이민자에 대한 반감이 더욱 심한 것 같았다. 특히 1989년 서독 중심의 동독 흡수통일로 인해 수십 년 간 상대적으로 박탈감을 느끼던 동독 지역 주민들로서는 심리적으로 불평등에 대한 불만과 분노가 억눌러져 있던 상황에서 갑작스런 난민 유입으로 그 불만이 폭발하는 상황이었다. 최근들어 구동독 지역과 서독 경제 격차가 80% 이상 해소되어 최근 서독 주민들에게 걷던 통일세 징수가 끝난 상황이기는 하지만 코비드19와 유럽대륙 전쟁의 여파로 서민들 생활경제에 먹구름이 몰려온 상황에서 극우의 세력확장은 매우 우려스러울 정도가 되었다. 은주가 보기에 〈파친코〉에서 젊은 시절의 한수가 단 하나의 혈육인 아버지를 잃고 냉혈한으로 성장하게 된 데에는 일본 관동대지진의 영향이 컸던 듯 싶다. 자연재해가 발생하고 민심이 흉흉해지면서 사회적 약자인 재일동포들을 대상으로 린치가 가해지는 상황이 어찌 보면 혼란에 직면한 사회가 약자를 희생양 삼는 역사의 반복이 아닌가 싶었다.

인종차별과 연대 정신- 이삭과 요셉의 중간

난민 이슈와 더불어 은주의 독일 생활에 큰 영향을 끼친 것은 코비드19로 인해 더욱 가시화된 인종차별이었다. 사실 1세대 이주간호사 여성들은 '성실한 한국 간호사들', '아몬드 눈을 한 백의의 천사들'이라는 현지 미디어의 평을 들으며 독일 사회에 매우 순응적으로 동화되었다. 물론 한인 간호사들의 직업적 역량이 뛰어난 점도 있었지만, 동양 여성들은 유교적 가치관의 영향을 받아 순종적이라는 선입견이 독일 사회 전반에 깔려 있는 듯 보였다. 그럼에도 일터와 학계에는 이들에게 사회 주류의 자리를 잘 내어주지 않는 '유럽 중심주의'를 쉽사리 발견할 수 있었다. 언어적 한계를 넘었다고 생각되는 2세들에게도 이런 박탈감이 있었다. IT 분야와 같은 특정 직군 외에는 전문직이라 해도 '그들만의 리그'로 느껴지는 주류의 세계가 있었다.

그렇기 때문에 코비드19로 인한 동양인에 대한 차별과 폭행 등 사회적 문제가 불거졌을 때, 한국 젊은 여성들 모임을 중심으로 아시아 여성들이 연대해서 인종차별에 대항하는 온라인 데모를 벌이기도 했다. 이 모임은 2018년 한국의 미투운동에 영향받아 독일에서 결성되어 성폭력 피해를 입은 여성들을 돕는 활동을 해왔는데, 대한민국 정부의 지원을 받으며 인종차별 반대 활동을 이어가게 되었다. 이들이 특정 국가 구성원의 이해관계를 넘어 '인종차별 철폐'라는 보편적 이슈를 말할 때 아시아 여성들이 결집하고 현지인들이 함께 공감했다. 이 운동에서 은주는 현지사회에서의 자정작용(?)에 일조한 한인여성들 활동이 1세대 한인간호사들의 체류권 투쟁의 범위를 넘어선 사회운동이 아닐까라는 생각이 들었다. 항일독립운동이 펼쳐졌던 〈파친코〉의 일제시대와 비교할 수는 없지만, 각 시대마다 인류가 인간다움을 지키기 위해 투쟁하는 양태는 비슷한 것 같았다. 은주가 처한 삶의 현장에는 그것이 인종차별로 나타난 것으로, 시대에 따라 능력주의나 물질만능주의, 선진국들의 제3세계 수탈 등으로 나타나는 것이 아닐까 싶었다.

2024년 6월에 치러진 유럽연합 선거에서 이민자 반대를 내건 극우 정당들이 크게 득표함으로써 유럽연합의 다양성과 포용성의 기치가 위협받을 것이라는 우려의 목소리가 높아졌다. 1970년대 중반 "노동계약이 끝났으면 너희 나라로 돌아가라"는 독일 정부의 방침에 맞서 "나는 상품이 아니라 인간이다!"라는 보편주의에 입각한 주장으로 체류권 투쟁을 했던 1세대 한인 여성들. 은주에게는 그들이라면 "나는 중국인이 아니다"라고 코비드19로 인한 폭력에 노출된 타 아시아 국가 사람들과 선을 그을 것이 아니라 역지사지로 연대의 가능성을 열어놓음으로써 비단 아시아 여성 연대만이 아니라 인류 보편적 운동으로 전진할 수 있지 않을까라고 생각했다.

〈파친코〉를 보며 지고지순한 행동거지와 일제에 핍박당하고 결국 병사하는 이상주의자 이삭의 삶을 보면서 현실주의자 요셉과 이삭의 '중간' 정도에서 살아가는 것이 어떨까 하는 생각도 하게 되었다. 또 재독 한인들의 이야기를 소재로 OTT 드라마가 만들어진다면 어떤 시대정신과 보편성을 담게 될 것인가도 궁금해졌다. 어디서 만들어지고, 누가 자본을 제공하느냐가 관건이겠지만.

은주가 만난 여성들: B 스토리

독일 사회에서 다양한 경험을 하며 한독의 공통점과 차이점을 느껴온 은주는 애플TV+의 OTT 드라마 〈파친코〉를 보면서 독일에 정착한 여성들 중에서도 드라마에 등장하는 여러 여성 캐릭터를 발견할 수 있다는 생각이 들었다. 1세대 여성 영희를 비롯해 드라마 주인공 선자를 떠올리게 하는 많은 여걸 같은 지인들이 생각났다. 여러 남매 중 장녀로 태어나 집안의 경제를 떠맡다시피 했던 한 여성은 독일 간호사 모집 공고를 보고 직감적으로 이게 가족도 살리고 나도 발전할 수 있는 기회라는 생각이 들었다고 한다. 간호사로 와서 막상 육체적으로 너무 힘든 일을 하는 과정에서도 오기와 끈기로 끝내 동료들과 상사의 인정을 받았다. 처음에는 그들이 시키는 일을 묵묵히 해내야 한다는 생각에 모든 요구에 순순히 응했다. 예, 아니오가 분명한 독일 사회에서 고개를 숙이기만 하는 것이 어리석은 행동이라는 걸 깨닫고 나서는 잠재되었던 맺고 끊음이 분명한 칼같은 성정이 드러난 것 같다고 했다. 수완있고 책임감 있는 일처리로 점점 인정받게 되어 나중에는 은퇴 후에도 병원에서 도와달라는 요청을 받으며 오히려 경험이 부족한 의료진을 돕는 역할을 하고 있는, 현명하고 우직한 '선자'와 같은 간호사들의 수많은 에피소드를 어렵지 않게 접할 수 있었다.

또 간호사로서의 경력을 쌓은 후에 독일사회의 체계적인 무상 교육 시스템을 잘 활용해서 의사공부를 마치고 의사가 된 여성들도 꽤 있었고, 태생의 부조리함에 온몸으로 저항하다가 독일에 와 신학을 공부한 후 아시아인 호스피스 환자를 돌보는 단체를 최초로 만들었고 자기가 살고 싶은 동성과 살면서 드라마보다 더 생생하게 삶을 온몸으로 껴안고 살아가는 여성, 시스템이 제공하는 모든 교육의 기회를 다 수렴하여 인문학 학위를 취득한 후 교육계로 간 여성, 관료주의 강한 독일사회에서 공무원이 된 여성, 예술가로 활동하는 여성, 타고난 순발력으로 사업에 뛰어들어 외국계 화장품 회사 지사장으로 활동한 여성 등 1세대 이주 간호사들은 '파독'이 아니라 '재독'이라고 주장할 만큼 자신들의 정체성을 확고하게 인식하고 은퇴 후의 삶도 풍성하게 꾸려가고 있었다. 특히 한국의 민주화 과정과 맞물려 한국 여성 노동자들의 현실에 눈을 뜬 후부터는 적극적으로 목소리를 내고 사회단체 활동에 참여하여 한국사회와 유기적으로 연결되어 있는 그룹도 있었다. 이들의 이야기는 여러 경로를 통해 한국에 전달되었고, 최근 들어 많은 연구결과로도 그 존재를 확인할 수 있다.

1970~80년대에 독일에 유학생으로 와서 오랫동안 독일 사회의 일원으로 살며 관찰자적 입장을 갖게 된 여성들의 목소리는 상대적으로 묻혀 있었기에 최근 들어 은주의 관심은 이들에게 향하게 되었다. 개중에는 한인의 정체성을 깨닫게 해주는 한글학교 시스템을 만들고 이를 전국적인 네트워크로 조직한 이도 있다. 또한 광산 노동자들이 주를 이루던 지역에서 임산부 여성으로 한인회장에 선출되어 활약했던 이, 학업을 마치고 독일 대학에 취업해서 최초의 '아시아 여성'으로 일한 이, 엄격한 관료주의 분위기 속에서도 그 능력과 성실성을 인정받아 이후에 그 자리에 한국인을 지속적으로 채용하게끔 했던 '커리어 선구자'도 있었다. 개척자 선자 같은 사람들이다.

다른 한편, 〈파친코〉는 선자의 후예인 2세대 모자수와 유미, 3세대 솔로몬과 하나의 삶을 보여주며 세대 간의 차이와 더불어 세대를 관통하는 이민자들의 삶의 경향을 보여준다. 이와 같이 은주도 1세대부터 1.5세, 2세, 그리고 글로벌 이동이 활발해지면서 최근 십수 년 간 부쩍 늘어난 청년세대의 삶을 동시대인으로서 지켜보며 묘한 이질감과 동질성을 함께 느끼게 되었다.

〈파친코〉에서는 솔로몬이 자신의 사회적 성공의 열쇠를 쥔 집주인 할머니와 친할머니 선자의 만남을 주선하며 그들의 대화를 통해 자신이 살아보지 못한 이전 세대의 인생에서 삶에 대해 어떤 자각을 얻는 장면이 있다. 은주는 그 이후 솔로몬의 선택이 무엇이든간에 자신의 정체성에 관한 고민을 깊이 해본 이전과 이후의 삶은 달라질 수밖에 없다는 성찰을 얻었다.

'내가 선 자리'에 대한 인식이 선명해지면서 관계맺는 타자들과의 거리, 관계의 성격이 좀 더 가시적으로 보이게 되는 경우가 있다. 은주는 한인사회 내에서 중산층, 중년, 정치적 주제에 관심이 높은 존재로 여겨지며, 독일사회에서는 이민자 여성으로서 미세하게 경험되는 인종차별 이슈와 더불어 생활자로서의 약한 입지와 자기 증명의 인정욕구 때문에 늘상 고민하는 사람이었다. 따라서 드라마 1부에서는 자세히 묘사되지 않았지만, 원작 소설에서 상세하게 표현되는 솔로몬의 재미동포 여자친구 피비의 입장이 많이 이해가 되었다.

"내가 떠나온 곳에서 나는 나를 증명하지 않아도 되었는데, 사랑을 따라왔다고는 하지만 매일 나 자신을 설명하고 증명해야 하는 이 곳에서 나는 지금 뭘 하고 있는거지?" 은주는 생각보다 많은 한인여성들, 특히 젊은 세대일수록 이런 고민을 많이 하고 있음을 깨달았다. 피비는 자신에게 가장 좋은 선택을 했고, 은주는 자신에

〈그림 3-2〉 선자와 집주인 할머니와 대화하는 솔로몬(출처: 애플TV+)

게 무엇이 가장 좋은 선택일지 조금 더 생각해보기로 했다.

전통문화를 바탕으로 자기만의 예술세계를 꾸려가는 1.5세대 혜진을 만났을 때 은주는 한편으로 자기와 비슷한 연배에 한국의 기성문화를 이해한다는 점에서 정서적 동질감을 느꼈다. 더불어 독특한 삶의 궤적을 통해 그 어디에서도 존재 자체를 고스란히 이해받기 어려운 혜진의 외로움도 엿보게 되었다. 개인사가 모두 다르기 때문에 일반화하기는 어려웠다. 그러나 은주와는 분명 다른 정체성의 고군분투가 읽혔다. 혜진은 어릴 적 부모를 따라 독일에 와서 이과 전공을 하고 교육으로 학위를 취득했으면서도 청소년 시절 한국의 전통 리듬에 매료되어 예술가의 길을 선택했다. 자신의 예술과 정체성에 대해 끊임없이 고민하면서 이제 조금씩 스스로의 활동에 자리매김하고 있는 듯 했다. 그녀는 자신의 활동을 '트랜스 컬처'라 이름 붙였다. 마치 〈파친코〉에서 자신을 얽어매던 욕망을 확인하고 그 속박을 끊어낸 솔로몬을 보는 듯 했다. 혜진의 자매들은 국제결혼을 통해 가족 구성원의 국적이 매우 다양해진 '코스모폴리탄'적 가정을 이루었다. 세계에서 벌어지는 다양한 이슈가 이 가정 안으로 들어오면 '남의 일'이 아니라 '내 일'이 되고, 이러한 경험들이 쌓여서 세계시민으로서의 입장과 시각을 갖게 된 것이 혜진의 정체성이 되었고 그의 예술세계가 되었다. 언젠가 혜진의 〈파친코〉가 만들어질 수 있다면 어쩌면 가장 '세계화된' 드라마를 볼 수 있지 않을까라는 생각을 해보았다.

5. 재독 여성 '서연'의 〈파친코〉 : 진보적 신세대의 자기 반영

글로벌 한인으로서의 자각 – 시대와 불화하는 하나

2000년대생 유학생 서연은 아직 20대 초반이지만 이미 국경을 두 번이나 넘나들며 독일에 정착해 살고 있다. 진보적 교육관을 가진 부모의 영향으로 어린시절을 중국에서 보내고 한국에서 대학을 나온 뒤, 이번에는 온전히 자신만의 결정으로 독일로 월경했다. 서연은 수리와 물리, 생물에 관심이 있는 이과생이다. 기초과학 연구의 명성이 높은 독일을 선택하는 것이 최선의 선택이라고 생각했다.

한국에서는 중국어를 잘 한다는 게 큰 강점이라 느껴지지 않았다. 워낙 중국어 가능 인구가 많기도 했고 한중관계의 상황에 따라 사람들의 반응이 바뀌곤 했기 때문이었다. 반면, 독일에서는 '중국어를 하는 한국인'이 가진 특별한 느낌이 있는 것 같았다. 중국과 독일의 상호협력이 한중관계보다 크고 일관성이 있다는 생각이 들었다. 아무래도 두 개의 타국에 거주한 경험이 있기 때문에, 나고 자란 고국과 어린 시절을 보낸 중국, 다시 대학 시절을 보낸 한국, 그리고 현재 생활하고 있는 독일의 경험이 있어서리라. 그러면서 자연스럽게 '경계'라는 것에 대한 인식이 생겨났고, 시대극이나 역사물을 좋아하게 되었으며, '이방인' 류의 소재를 다루는 콘텐츠를 즐겨보게 되었다. 드라마 〈파친코〉 이전에 소설 원작을 중국에 있을 때 어렵사리 구해서 본 것도 그 이유이다. 〈파친코〉에서 가장 공감하는 인물은 젊은 나이에 외국의 삶에 적응하며 성공 가도에 들어서는 듯 했지만 결국 주류에 속하지 못한 솔로몬이었다. 서연은 악착같이 남들보다 더 노력해야만 그나마 존재를 인정받을 수 있었던 솔로몬에 많이 감정이입했다. 또 젊은 한수에게 큰 영향을 미친 '관동대지진' 사건을 보면서 한 사회가 재해 등의 큰 문제에 봉착했을 때 지배층이 루머를 확산시키고 소수자들을 희생양 삼는 악의 고리는 어느 사회에서나 볼 수 있는 것인가라는 생각을 했다.

유학생으로서 서연이 느끼는 독일은 자기 책임성을 강하게 요구하는 나라, 개인에게 주어지는 자유와 권한만큼 그에 대한 정확한 책임을 묻는 곳이다. 어려서부터 자기 일은 스스로 처리하면서 성장해서인지 책임감 강한 서연의 성정에도 맞는 곳이라고 생각했다. 서연은 난민을 많이 받아들여 다인종이 섞여 사는 대도시에서 누구도 타인의 외모를 지적하지 않는 것에 큰 자유로움을 느꼈다. 대학시절을 보낸 한국은 지나칠 만큼 타인의 외형에 간섭한 것으로 기억된다. 특히 여성에게 요구되는 외형 조건들은 이해할 수 없을 정도였는데, 최근에는 성별을 불문하고 자신을 꾸미고 돌보는 데 집착하는 것에 많은 생각이 들었다. 지금 살고 있는 독일에서는 누구도 왜 그런 옷을 입고 다니냐는 말이나 피부가 나빠 보인다는 둥, 살쪄 보인다는 둥, 이렇게 입어보라, 저렇게 머리를 해보라 등의 충고를 하지 않는다. 서연은 〈파친코〉에서의 솔로몬이 어릴 적 연모했던 하나가 자기 자신으로 살려 했지만 사회와 불화하다 결국 일탈해버린 안타까운 캐릭터라는 생각이 들었다.

미세차별마저 없애려는 노력 – 거주공간의 정치학

코비드19 시기에 불거진 아시아인들에 대한 차별과 크고 작은 공격에 서연도 큰 충격을 받았다. 어느 사회나 존재하는 20%

의 문제 있는 사람들의 행동이려니 치부할 수도 있었지만, 이상하게도 독일에서 아시아인들은 '순종적이고 착한', '모범적인' 이민자들로 각인된 듯 했다. 아시아권 국가에서 유학할 때는 느끼지 못한 미세한 차별적 분위기에 뭐라 이름표를 붙이기 어렵지만, 분명 유러피언들이 가진 우월의식 같은 것이 느껴졌다. 저마다 처한 상황이 달라서 차별이라는 기준을 일반화하기 힘들지만, 적어도 나와 인종이나 피부색이 다르다고 무시하는 짓은 하지 말아야겠다는 다짐만 굳힐 뿐이었다.

인간 사이에는 평등하고 수평적인 관계맺기가 필요하지만 이주민과 정주민 사이에는 어쩔 수 없는 긴장이 존재한다. 이런 잠재된 차별은 이민자를 많이 볼 수 없었던 동쪽 지역에서 더 강하다. 평소 접촉빈도가 낮았던 폐쇄적 공간에 순식간에 많은 이민자들이 공존하게 되면서 이에 대한 무지와 공포, 혐오가 생겨나는 것 같았다. 서연은 〈파친코〉에서 선자가 살러 간 일본의 오사카 조선인 빈민가처럼 소수자를 '게토화'하는 것은 최악이라는 생각이 들었다. 그런 면에서 독일사회에서 난민과 시민이 섞이도록 하는 거주 정책, 여러 세대가 섞여 사는 건물 등의 아이디어는 현명한 공존 방식이라 생각했다.

'적응'하는 삶의 전략
지금의 대한민국을 새삼스레 보이게 만드는 〈파친코〉

서연은 아시아권에서 어린 시절을 보내서인지 동아시아 국가들의 관계에 관심이 많았다. 그래서 소설 《파친코》가 출간됐을 때도 가능한 방법을 총동원해 책을 구하려 했고, OTT 드라마로 제작된다는 소문에 손꼽아 기다리다 한 편 한 편씩 감상했다. 그래서인지 원작과 드라마의 차이에 초점을 맞추고 보게 되었다. 한국에서 생활할 때 TV에서 접했던 역사 드라마에서는 일본 순사가 잔인하고 폭압적으로 조선인들을 괴롭히는 모습이었는데, 전 세계인이 보는 글로벌 드라마에서는 완곡하게 표현하는 것이 아닌가 싶었다. 물론 드라마이다 보니 소설과는 다른 구성이 필요했을텐데, 적어도 서연이 보았던 〈파친코〉 시즌1에서는 그랬다. 시즌1 마지막 회에 한수를 통해 관동대지진 당시 조선인들이 겪은 참상이 일부 묘사되었는데, 시즌2에서는 이런 요소들이 어떻게 전개될지 사뭇 궁금해졌다.

주변에 드라마를 관심 있게 본 지인들과 허심탄회하게 대화를 나눌 기회가 있었는데, 한국과 중국에서 어떤 콘텐츠나 사안에 대해 자신의 생각을 말하는 것에 차이가 있었다. 한국인들은 거리낌 없이 무슨 이야기든 말할 수 있었던데 반해, 중국인들은 그렇지가 않았다. 마치 '답정녀'처럼 어떤 이슈에 대해 발언의 방향성이 정해져 있다고나 할까. 중국에 거주할 때 황당한 경험을 한 적이 있다. 수 년 전 '사드', '단오절' 등 한중관계를 자극하는 이슈가 떠올랐을 때 우연히 지하철 옆 좌석에 앉은 사람이 "너는 한국인 맞지? 이 사안에 대해 어떻게 생각해?"라고 갑자기 물어온 적이 있었다. 순간 갑자기 조용해지면서 주변의 많은 사람들의 시선이 서연에게 쏠리는 것을 인식하고 너무 당황했던 적이 있었다. 그때 서연은 낯빛을 평온하게 유지하려 애쓰면서 중국인들이 들어서 기분 나빠하지 않을 정도의 말로 사람들을 안심(?)시키려 애썼다. 서연으로서는 자신의 외국생활 경험으로 자연스럽게 비상 사태를 빠져나올 수 있는 방법을 찾은 것이다.

한편, 서연은 많은 중국인들이 외국에 살면서 자신이 중국인이라고 말하지 않는 경우가 꽤 많다고 들었다. 홍콩, 위구르, 대만의 경우처럼 중국과 갈등을 빚는 곳에서는 더더욱 그랬다. 한마디로 국가의 문제를 개인으로 치환하는 것 같다는 생각이 들었다. 왜 그래야 할까? 개인이 '나' 그대로 존재하기는 어려운걸까?

지금은 한국의 이미지가 여러모로 좋아졌다. 요즘 만나는 외국인들이 영화나 드라마, K-팝, 한국 음식 등을 자주 이야기하지만, 과거에는 한국이라고 하면 '북한'이나 '전쟁' 같은 부정적인 이미지를 떠올리는 경우가 많았다고 들었다. 〈파친코〉에서 요셉이 일제 치하에서 현실에 타협하고 숨죽이며 살아가는 핍박받는 조선인의 모습을 보며, 서연은 자신이 사는 사회의 기준에 맞춰 '적응'한다는 점에서 자신과 비슷한 삶의 전략이라는 생각이 들었다. 예전에 1세대 어르신이 들려준 '이민자의 처세법'에 의하면, 과거 한때 독일 비자법 문제로 자녀를 위해서라도 한인 부모가 국적을 독일로 바꾸는 것이 여러모로 편리할 때가 있었다. 1세대들에게는 국적을 바꾼다는 것이 쉽게 결정할 수 있는 것이 아니어서 고민 끝에 영사과에 문의했더니 사는 데 편안한 방식을 선택하라는 답을 주었다고 한다. 그들은 이 말을 듣고서는 마음이 편해졌다고 한다. '고국'에서 나에게 기대하는한다고 생각되는 바를 내려놓고, 나에게 편리한 삶의 길을 찾은 것이다. 서연에게는 그것이 자기다운 방식으로 사는 것이라는 생각이 들었다.

지금 같은 상황한국의 인지도와 위상이 과거보다 높아진에서는 국적을 바꿀 이유가 없을 거라는 어르신들 말씀을 들으며 서연은 한국어를 가르쳐달라는 많은 독일 지인들이 생각나서 고개를 끄덕이게 되었다. 이런 상황에서 〈파친코〉 독일 이주편이 만들어진다면 어떤 이야기가 담길까 생각해보았다. 물론 제목부터가 달라지겠지. 솔로몬처럼 비주류의 삶으로 내려선(?) 인물에게 어울리는 독일의 상징은 무엇일까? 이런 생각이 미치니 매일 보는 사물과 관계도 새롭게 보이는 듯 했다.

6. 나가며 : '선자'로 들여다 본 '그녀들'을 통해 본 '나'

이 장에서는 가상의 재독 한인 여성 3인의 삶과 드라마 〈파친코〉와의 연결성을 소설적 구성으로 살펴보았다. 가상이지만 7명의 실제 재독 한인 여성과의 인터뷰와 대화에서 길어올린 '사실적 이야기'이다. 무엇보다 고국을 떠나온 그들을 호명하는 〈파친코〉를 참조삼아 어떤 내면적 의식을 나타내는지 보려는 것이 이 작업의 일차 목표였다. 3인의 재독 이주 여성들은 글로벌 이주민을 격동시키는 삶의 다양한 간난신고에 대한 정서적 파동을 대한민국의 위상에 따라 각기 다른 세대성과 정체성으로 표출했다. 정희는 고향을 떠나지 않으려 했던 선자의 결심을 보며 도독을 결심한 자신의 상황과 대비했고, 은주는 교양 있으나 생활력 없는 경희와 새 환경에 적응하지 못하고 떠나는 피비에 감정이입했으며, 서연은 주류사회 진입하지 못하는않는 솔로몬의 처지에 공감했다.

정희가 언급한 선자의 고향에 대한 자부심은 더 큰 세상을 보지 못한 상태에서 자기 세상을 전부로 알았던 한계에서 나온 것일 수도 있지만, 내게 있는 것 부모, 고향땅 에 대한 애정에서 나온 당당함이라 해석할 수도 있다. '선진국'을 동경하던 정희에게는 없던 것이다. 가난하고 작아서 지도 어디에 붙어 있는지도 몰랐던 고국이 이뤄낸 상전벽해. 최근 대한민국이 가지는 경제적 문화적 위상 뿐만 아니라 '한국적인 것이 가장 세계적인 것' 이라는 광고 카피로 대표되는 2000년대 이후의 인식들이 현재의 정희에게 지난날의 선택에 대한 어떤 감회를 갖게 한다. 이주민 자녀들의 한국어에 대한 태도 변화도 이와 같은 맥락에서 이해될 수 있다. 한편으로, 시리즈 후반에 노년의 선자가 고향인 부산 영도 앞바다에서 울부짖는 것은 '수구초심'이라는 사자성어로 설명할 수 있을 것이다. 그것을 내셔낼러티로 말하는 게 정확할지 트랜스 내셔널리티로 말하는 게 정확한지 잘 모르겠다. 분명한 것은 정희를 비롯한 1세대 여성들은 이 장면에서 선자와 자신을 등치한다는 것이다. 이는 경계를 넘었던 모든 존재가 겪는 격동이다. 이주민의 정동이다.

은주가 공감을 느낀 〈파친코〉의 경희는 어떻게 보면 자기 정체성이 여물지 않은 인물처럼 보인다. 하지만 경희의 변신은 우리 안의 나약함을 일깨우는 바로미터 같다. 은주가 쌓아온 노동에 대한 고정관념 또한 월경하는 여성이 직면하는 현실이지만, 그것을 넘어서면 또 다른 지형이 펼쳐질 수 있는 의미 있는 걸림돌이었다. 그래서 은주는 전통과 현대, 고국과 타국, 현실과 비전 사이에서 끊임 없이 흔들리면서 투쟁하며 스스로를 깨쳐가는 이주민이다. 경희가 그랬듯이.

서윤이 가장 공감한 솔로몬이 넥타이를 풀어 던지고 계단 아래쪽을 향해 내달리는 모습은 시스템을 벗어나 자유를 갈구하는 모습이면서 동시에 주류사회 진입의 포기라는 현재를 일깨우는 드라마적 장치로서 시청자에게 강렬한 카타르시스를 제공한다. 하나 또한 시대와 불화하며 스스로 생명의 불꽃을 꺼트리지만 쉽사리 외면할 수 없는 또 하나의 하층민이다. 서윤은 어린 시절부터 국경을 3번이나 넘는 당돌함을 보였듯이, 자신이 겪고 있는 이주민의 삶을 능동적으로 대처하는 인물이다. 잘 적응하고 잘 대처하는 이주민이다. 3인의 경험과 서사를 바탕으로 생각해보면, 서연의 적응 전략이 매우 현실적인 방법으로 보인다. 나에게 국적이 부여되었을 때부터 부과된 사회의 가치관과 관습과 규범을 제3자의 눈으로 다시 보고 나에게 가장 유리한 방식을 선택하는 전략이다.

필자 역시 이주민이기에 '나'를 이야기하면서 마무리하고자 한다. 정희, 은주, 서연의 의식의 흐름은 이민 10년차에 가까워지는 나를 '낯설게' 보게 한다. 그녀들의 자기반영성self-reflexivity이 나의 자기반영성이다. 낯선 땅에서 살면서도 끊임없이 고국을 연결하고자 하는 나의 내면 속 정체의 일말을 그녀들에게서 찾는 느낌이다. 국가나 민족, 우리라는 상상의 공동체 속에서 구체적인 나의 위치를 파악하고 삶의 전략을 다시금 생각하게 하는 것이 예술의 힘이라면, 〈파친코〉는 이주민으로서 그녀들과 나의 내면적 정동과 감정을 돌아보게 하는 데 분명 성공한 작품이다. 〈파친코〉는 디아스포라의 인생들과 나를 연결하는 촉매제이다. 나를 보다 자유롭게 하는 이주민 전략이 무엇인지 이것 하나로 다 만족할 수는 없겠지만 시즌이 계속되면서 그 화두만큼은 계속 이어갈 것이다.

　일제 식민지 아래 민초들이 고통받던 시대, 쫓겨가듯 거주지를 옮겨야 했던 선자의 디아스포라적 상황과 자신의 꿈을 좇아 '선진국' 독일에 발을 디뎠던 정희가 가진 트랜스 내셔널한 입장은 사뭇 다른 것으로 보인다. 하지만 이주를 연구한 자료들에 따르면, 거주지를 벗어나 낯선 곳에서 삶을 일구는 여성들은 그 이주 동기와 정주 과정에서의 고난, 극복 과정에서 유사성을 보인다. 놀랍게도 '주체성'이라는 단어는 국경을 넘는 여성들의 특성을 가장 잘 드러내는 단어이다. 디아스포라의 시대이든 트랜스 내셔널의 시대이든, 월경하는 여성들의 공통점 중 하나는 자기 존재의 의미와 내면의 정동을 자기가 명명하는 주체성이다. 〈파친코〉는 그런 이주민의 리얼리티를 그리는 서사이다.

2부

〈파친코〉와
OTT 콘텐츠 공학

4장

<파친코>가 쏘아올린 '글로컬 자이니치':

글로벌 OTT의 콘텐츠 번안과 문화회로

현무암(홋카이도대학교 대학원 미디어·커뮤니케이션연구원 교수)

이 장에서는 OTT 드라마 <파친코>의 주요한 역사적·정치적·사회적 무대가

되는 자이니치 세계에 주목한다. 이를 바탕으로 <파친코>가 자이니치에 대

한 기존의 표상과 스타일 위에 어떤 새로움을 얹어 다른 경로의 문화적 흐름

을 생성하고 있는지 '문화회로' 논리를 통해 분석한다. 특히 이 작품은 소설

에서 드라마로 '번안'된 것이기 때문에 글로벌 OTT가 자이니치를 어떻게 다

르게 재현하는지를 분석하는 데 매우 적합하다. 드라마는 일제강점기 선자

가 일본으로 '이주'하던 시대와 손자 솔로몬이 꿈을 펼치려는 현대를 오가는

시간얽힘 기법을 통해 그 의도를 세밀하게 담아낸다. 즉, <파친코>는 자이

니치라는 이주민 선자와 그녀의 후예 솔로몬이 선택의 기로에 서는 장면을

'교차'시킴으로써 세대를 이어가는 자이니치의 삶의 '숙명'을 펼쳐낸다. 그

들은 내몰린 생명이지만 존엄의 삶의 길을 찾으려 애쓴다. 이에 필자는 <파

친코>가 피해자 또는 소수자 자이니치라는 기존의 정체성에 머물지 않고,

야만의 식민 시대와 지금의 자본주의 세계에서 살아남기 위해 몸부림치는

'글로컬 주체로서 자이니치'라는 정체성을 찾아낸다. 독자는 <파친코>가 드

라마로 번안되는 과정과 세밀한 서사 분석, 수용 심리 분석을 통해 글로벌

서사와 로컬 서사의 경계에서 새로운 역사의 리얼리티가 어디를 향해 있는

지 파악할 수 있다.

1. 들어가며 : 〈파친코〉의 번안과 문화회로

이 장에서는 애플TV+ 드라마 〈파친코〉를 표상과 생산, 소비, 규제, 정체성이라는 다섯 가지 요소로 구성된 '문화회로'the Circuit of Culture 개념을 통해 고찰한다. '문화회로'는 문화의 생산, 유통, 소비에 이르는 프로세스가 콘텐츠와 수용의 성격을 형성하고, 이것이 다시 생산, 유통, 소비로 이어지는 순환적 과정을 일컫는다. 일상에서의 문화 생산과 교환을 설명하는 문화회로는 문화와 권력이 어떻게 서로 교차하여 의미를 발생시키는지를 고찰하는 데 유용하다.[1] 특히 〈파친코〉처럼 소설에서 OTT 드라마로 '번안'되는 과정에서 글로벌 플랫폼의 영향력이 발휘된다고 할 때, 문화회로는 특별히 공유되는 감정을 발생시키는 TV 드라마와 다른 OTT 드라마의 리얼리티가 재일코리안이 살아가는 일본에서 어떻게 받아들여지는지를 살펴보는 데 기여할 수 있다.

콘텐츠의 어댑테이션adaptation 을 의미하는 '번안'은 원작의 소설이나 만화를 영상화하거나 애니메이션을 실사화하는 등 장르 횡단적인 개변改變 과정을 말한다. 이는 타 문화권이나 과거의 작품을 로컬과 현재에 맞게 재창작하는 '리메이크'나 콘텐츠의 구성방식으로 차용하는 '포맷'과 다른 개념이다. 최근 미국 디즈니픽처스가 자사 애니메이션 작품을 실사화하면서 캐릭터의 캐스팅에서 원작 훼손 논란에 휩싸인 것이 '번안'의 핵심적인 문화정치적 의미이다.

〈파친코〉는 소설에서 드라마로 번안되면서 원작에서는 그리 중요하게 다루어지지 않던 포스트 식민주의 문제를 직접적으로 영상화해 전경에 배치함으로써 글로벌 차원에서 자이니치의 정동의 리얼리티 affective reality 를 전면화했다. 그 결과 그것의 역사적 배경이 되는 한국과 일본에서는 각기 다른 방식으로 국민국가의 지배적 정서와 상충하는 모습을 보이기도 했다. 이에 이 장에서는 문화회로적 관점에서 OTT 드라마 〈파친코〉가 소비되는 스타일과 정체성 형성의 측면을 읽어냄으로써, 특별히 글로벌 콘텐츠의 생산과 유통에서 보편화된 '번안'의 미디어 문화론적 의미를 짚어보고자 한다. 나아가 초국경적 콘텐츠 유통 과정에서 지금까지 보지 못했던 형태의 리얼리티와 역사에 관한 논의를 재구축함으로써, 동아시아의 역사 대화와 소통의 새로운 가능성에 대해 타진해보고자 한다.

2. 〈파친코〉라는 서사 : 소설 vs 드라마

원작 소설 《파친코》는 1910년대부터 1980년대에 이르는 4세

대 재일자이니치 코리안, 이하 자이니치 가족의 좌절과 꿈을 그린 연대
기이다. 일제강점기 시절 부산 영도에서 노동자를 상대로 하숙
을 운영하는 부부와 그들의 딸 김선자의 이야기로 시작하여, 해
방 후 오사카에서 파친코 가게를 운영하는 선자의 아들과 미국
에서 돌아온 손자 솔로몬에 이르기까지 세대에 세대를 걸치면
서 형성해 온 자이니치 가족의 이야기이다. 세대 간 갈등과 가치
관의 차이, 정체성을 둘러싼 고뇌에 초점을 맞춰 그들이 살았던
시대를 그려낸 장대한 서사시이다.

드라마 〈파친코〉는 한국계 미국인 작가 이민진 Min Jin Lee 이 영
어로 집필한 소설에 기반을 두고 있다. 이민진은 어릴 적 미국으
로 건너간 한국 태생의 재미 한국인이다. 미국 예일대학교에서
역사학을 공부하고 조지타운대학교 로스쿨을 거쳐 변호사가 되
지만 이후 작가로 전향한다. 이민진은 대학 재학 중 우연히 일
본에서 활동하는 미국인 선교사의 강연회에 참석하는데, 거기
에서 자이니치가 겪은 심각한 차별을 알게 되면서 자신의 처지
와 겹쳐짐을 느낀다. 이후 일본계 미국인 남편의 전근으로 2007
년부터 4년 간 도쿄에 체류하게 되었을 때 많은 자이니치로부터
이야기를 듣게 된다. 소설《파친코》는 그로부터 창작되었다.[2] 소
설《파친코》는 한국에서는 2018년에, 일본에서는 2020년에 번
역 출판되었다.

이 이색적인 장편소설은 자이니치의 고단한 삶을 통해 동아
시아 근대사를 되돌아 보게 한다.《파친코》는 2017년《뉴욕타임

스》의 베스트셀러로 선정되었고, 당시 버락 오바마 미국 대통령
도 자신의 페이스북에서 추천하여 화제를 모은 바 있다.《파친
코》는 단순히 억압의 시대에 고향을 떠난 자이니치의 이야기에
국한되지 않는다. 그보다 차별과 멸시 속에 놓인 가족이 절망을
극복하려는 이민자의 이야기로서 누구나 공감할 수 있는 글로
벌 서사이다.

시간의 흐름에 따라 이야기가 진행되는 원작 소설과 달리, 드
라마 〈파친코〉는 주인공인 선자의 어린시절 과거 일제강점기 시기
모습과 노년이 된 현대 1980년대 후반 모습을 교차하며 보여준다.
드라마 〈파친코〉 시즌1에서 일제강점기는 남편 이삭이 체포되
어 선자가 김치 노점상을 시작하는 1938년 원작에서는 1939년 까지
이다. 이 지점은 원작 소설의 3분의 2 가량으로, 현대 시기를 포
함해도 시즌1은 소설 전체의 절반 분량에 불과하다. 따라서 〈파
친코〉에서는 선자가 영도를 떠나 오사카에 정착하게 되는 사건
을 중심으로 일제강점기 시기의 이야기로 전개된다. 즉, 식민지
조선에서 일본으로 '이주'한 피식민자들이 자이니치를 형성하
게 되는 과정이 드라마 서사 구조에서 중요한 위치를 차지한다.

드라마 〈파친코〉는 일제강점기에는 선자를 중심으로, 현대 시
기는 손자 솔로몬의 시각에서 이야기가 전개되면서 두 시공간
을 넘나든다. 이처럼 과거와 현재가 얽히는 구성은 원작의 연대
기적 시간 축에 따른 서술보다 가족이 살아가는 시공간을 더욱
긴밀하게 엮어낸다. 〈파친코〉는 선자와 솔로몬이 선택의 기로에

서는 장면을 '교차'시킴으로써 자이니치의 세대를 거듭하는 삶의 '숙명', 특히 선자와 한수의 끈질긴 인연으로 상징되는 자이니치의 삶의 여정을 펼쳐낸다.

드라마 〈파친코〉는 일본이 식민 지배한 조선에서 이야기가 시작되어 이윽고 '동양의 맨체스터'라 불리었던 오사카로 무대를 옮긴다. 1980년대 버블 경제로 들썩이던 시기의 일본을 배경으로 하고 있지만, 사상가 우치다 다쓰루가 지적했듯이 실상 일본에서 〈파친코〉의 존재는 거의 묵살되다시피 했다.[3] 그에 반해, 한국에서는 한일 간 역사문제와 관련한 식민지배의 표상에 주목하는 경향을 보였다. 말하자면 이민자의 서사로 공감을 불러일으키는 글로벌 시장과는 달리, 한국과 일본에서 〈파친코〉는 모두 '기억의 정치'가 강렬하게 작용했던 것이다.

그렇다면 〈파친코〉가 디아스포라로서 자이니치에게 갖는 의미를 묻지 않을 수 없다. 지금까지 많은 자이니치 출신 작가와 지식인들은 문학작품이나 학술적 논의에서 식민주의의 폭력으로 모순과 갈등을 내포하는 '피해자 자이니치' 또는 '소수자 자이니치'에 대해 말해 왔다. 이렇게 생성된 자이니치 이야기는 일본에서 드라마나 영화로 많이 제작되어 왔다. 그에 반해, 글로벌 OTT 드라마 〈파친코〉는 역사의 피해자라는 익숙한 담론보다 자본주의 세계에서 살아남기 위해 식민과 디아스포라를 헤쳐나가는 '글로컬 주체로서 자이니치'라는 정체성을 제기한다. 유대 민족의 문제처럼 글로벌하지는 않지만, 로컬의 피해자로만 머물렀던 자이니치를 보다 넓은 세계에서 관심가질 수 있게 만든 것이다.

이처럼 글로벌 서사와 로컬 서사의 차이에서 오는 긴장감은 OTT 드라마 〈파친코〉가 지금까지 일제강점기나 자이니치 사회를 다룬 기존 작품의 틀에서 벗어난 새로운 스타일의 서사임을 암시한다. 그렇다면 드라마 〈파친코〉의 진부함과 새로움의 한계와 가능성을 통해 동아시아가 글로벌 문화 콘텐츠로 소통하는 메커니즘을 짚어낼 수 있지 않을까 싶다. 이러한 문제의식을 바탕으로, 이 장은 드라마 〈파친코〉를 역사적 · 정치적 · 사회적 무대가 되는 자이니치 세계에 초점을 맞춰 고찰한다. 특히 기존의 서사 방식과 결을 달리하는 드라마 〈파친코〉를 자이니치들이 어떻게 '자신들의 이야기'로 수용할 것인가에 대한 긴장감을 드라마의 표상과 소비 측면에서 살펴본다. 이를 위해 먼저 다음 절에서 작품의 세계관을 구성하는 이주 · 교차 · 숙명이라는 세 가지 키워드로 드라마 〈파친코〉의 서사성을 분석한다.

3. OTT 드라마 〈파친코〉의 서사적 요소 :
이주 · 교차 · 숙명

식민지 조선에서 일본으로의 이주:
자이니치의 표상과 식민주의의 기억

드라마 〈파친코〉는 소설에서 번안되면서 일제강점기 재일조선인 사회에서의 생활, 재일조선인이 다수 거주하는 오사카 이카이노의 풍경, 조선인 노동자의 동원, 관동대지진에서의 조선인 학살, 특별고등경찰에 의한 재일조선인 감시 등 지금까지 일본의 영화나 드라마로 그다지 표현되지 않았던 광경을 세심하게 그리고 있다. 또한 4세대에 걸친 가족을 그린 원작 소설의 텍스트 매력도 무시할 수 없지만, 드라마 〈파친코〉는 자이니치를 식민지배 하의 사회적·경제적 존재를 넘어 역사적·정치적 주체라는 보다 입체적인 표상을 제시한다.

가령, 원작은 선자가 불가피하게 일본 이주를 선택하는 자이니치의 역사적 형성에 주목했던 데 반해, 드라마 〈파친코〉는 그 과정에서 관부연락선 내부의 장면을 창작함으로써 한일 간의 지배와 피지배의 의미를 강하게 내포했다. 시즌1의 8개 에피소드 중 관동대지진에 휘말리는 한수의 과거를 그린 7화 전체는 원작에 없는 에피소드이다. 이것은 〈파친코〉의 제작진이 자이니치의 역사를 그리는 데 있어서 관동대지진 당시 조선인이 비참하게 학살당한 사건을 어떻게든 포함시켜야 한다고 생각했던 것을 짐작할 수 있다.

요컨대, 소설 〈파친코〉가 정치적 문제에 초점을 맞추기보다 역사라는 소용돌이 속에 사람들이 어떻게 살아가는가에 테마를 두었다면, 드라마 〈파친코〉는 거기에 식민주의에 대한 직접적인 비판도 다수 도입했다고 볼 수 있다.[4] 그렇다면 드라마 〈파친코〉에서 자이니치가 어떻게 식민지배 하의 일상에서 차별적 존재를 넘어 시대적·정치직 격동 속에 휘말리면서 역사적 주체로 표현되었는지를 소설과 다른 역사 재현의 특징에 대해 살펴보는 것은 의미 있는 작업이라 생각한다.

먼저 〈파친코〉의 서사 중 선자가 일본으로 건너가기까지를 간략하게 살펴보자. 주인공 김선자는 시장에서 가난한 하층 노동자들에게 숙식을 제공하며 살림살이를 챙기는 하숙집 외동딸이다. 어머니 양진과 몸이 불편한 아버지 훈이는 세 아기를 한 살도 안 돼 연거푸 잃은 끝에 선자를 건강하게 키워낸다. 훈이는 딸에게 각별한 애정을 쏟지만 어린 선자와 아내를 남기고 병사한다. 성장한 선자는 하숙집에 기거하면서 일하는 또래의 두 자매와 함께 어머니의 하숙업을 돕는다. 부산 해산물 시장을 순회하는 고압적인 일본순사도 두려워하지 않는 선자의 당당한 모습을 생선 중개업을 하는 고한수가 멀찍이 바라본다.

단정한 얼굴에 늘씬한 정장 차림의 한수는 조선인이면서 권력자인 일본인 위에 군림하는 유명인사이다. 한 명은 경제력으로, 한 명은 기개로 각각 통치 권력에 맞서는 한수와 선자는 서로 끌리게 되고 급기야 아이를 가지게 된다. 하지만 한수는 자신의 권력의 원천인 야쿠자의 딸 사이에 세 명의 여자아이를 두고 있는 유부남이었다. 아내에게 애정이 없는 그는 선자에게 가족을 돌볼테니 자신의 첩이 될 것을 요구한다. 선자는 이를 거부한다. 그 결과 미혼모에 대한 불명예와 눈치를 받으며 살아갈 수밖에 없는 선자와 그녀의 엄마 양진은 중요한 결정을 내린다.

선자와 양진에게 구원의 손길을 내민 사람은 기독교 전도사로 평양에서 오사카로 가는 길에 선자의 하숙집에 들른 백이삭_{원작에서는 박이삭}이다. 결핵으로 쓰러진 이삭을 선자 모녀는 정성스레 보살핀다. 요양 중 모녀의 절망을 알게 된 이삭은 선자에게 일본에 동행할 것을 제안한다. 이삭은 선자가 임신한 아이를 키우는 것을 신의 뜻으로 여긴다. 마침내 두 사람은 부부의 연을 맺어 일본으로 건너간다. 어렵사리 도착한 오사카역에는 이삭의 형 요셉이 마중 나온다. 이삭과 선자는 요셉이 사는 이쿠노/이카이노로 향한다_{이쿠노구는 1943년 히가시나리구로부터 분리}. 그곳은 번화한 도심과는 대조적으로 어둡고 지저분하며 제주도 사투리가 사방에서 들리는 흡사 조선인 마을 같다.

요셉은 동생의 결심을 못마땅해 하지만, 아내 경희는 안절부절못하는 선자를 친절하게 대한다. 선자는 한수에게 받은 회중시계를 전당포에 처분하여, 자신들의 뱃삯을 마련하기 위해 진요셉의 빚을 갚으려 한다. 하지만 아녀자인 선자와 경희가 사채업자를 찾아간 것이 요셉에게는 굴욕적인 일이었다. 가족에 대한 책임감이 강한 만큼 가부장주의를 노골적으로 드러내는 요셉에게 선자는 휘둘리다시피 한다. 그런 요셉에게 선자는 아이가 태어나자 그 아이의 이름을 지어달라고 부탁한다. 요셉은 선자의 아들에게 새로운 세상을 열어낸다는 뜻을 담아 '노아'라는 이름을 지어준다. 그후 선자와 이삭 사이에도 '모자수'가 태어난다.

〈파친코〉에서 그려진 선자의 도일渡日 과 정착 과정은 대체로 원작과 드라마가 일치한다. 하지만 드라마는 원작에 없는 관부연락선 덕수환德寿丸 의 선내를 묘사하면서 자이니치의 이주가 사적인 선택의 문제임을 넘어 그 배경에 제국주의와 식민주의의 구조적인 요인이 있음을 보여준다. 또한 솔로몬의 회사가 호텔 건설을 위해 매입하려고 하는 주택의 주인인 한금자와 계약하는 장면을 통해 자이니치에 대한 일본 사회의 차별을 표현한다. 그리고 선자가 승선한 덕수환 선내와 솔로몬의 회사를 오가는 과거와 현대의 교차 편집을 통해 세대를 걸친 가족의 연속성을 강조한다. 이 연속성에 대해서는 다음 항에서 고찰하기로 하고, 여기에서는 드라마에서 새롭게 설정된 덕수환 선내와 한금자와의 계약 장면의 의미를 살펴본다.

관부연락선에 승선한 선자는 선내 계단을 내려가 탄광으로 돈벌이 가는 노동자들과 함께 일본으로 건너간다. 많은 이들이 삶의 수단으로 바다를 건넜는데, 이는 당시 조선인의 노동력 동원 이라는 중요한 역사적 사실을 시사한다. 일본은 1938년 이후 전시 체제하에서의 강제동원 외에도 1920년대에 이미 규슈나 홋카이도 탄광에서 다수의 조선인을 모집했다. 한금자의 아버지도 1929년에 규슈의 치쿠호 탄광에서 일하기 위해 일본으로 건너간 사람이다. 이러한 사람들에게 주거는 기본적으로 해결해야 할 생존의 문제였다.

선자가 살게 되는 오사카의 이카이노 조선인 커뮤니티의 주거 환경은 열악하기 짝이 없다. 많은 조선인들이 월세를 체납하는가 하면 집단 생활로 인해 소동이 끊이지 않는다. 실제로 당시 오사카시 사회부 조사과에서 실시한 재일조선인에 관한 일련의 조사 기록도 별반 다르지 않다. 하지만 이 기록에는 조선인이 놓인 사회경제적 상황을 도외시하는 편견이 투영되어 있다고 제주도 연구 전문가인 사회학자 이지치 노리코가 지적한다.[5] 따라서 한금자가 자신이 어떻게 집을 마련했는지를 강조하는 것은 일본으로 건너간 대부분의 조선인이 놓여 있던 사회경제적 처지를 가감없이 표현한 것이라 할 수 있다.

하버드대학 로스쿨의 존 마크 램지어 M. Ramseyer 교수는 당시 시대적 상황에서 편견으로 가득찬 오사카시 사회부 조사과 기록을 무비판적으로 인용한 바 있다. 자신의 논문에서 "조선인은 비위생적이고 술만 마시고 싸움질하기 때문에 시끄러워서 일본인이 집을 빌려주지 않았다"고 주장한다.[6] 한금자의 호통은 조

〈그림 4-1〉 덕수환 전경(상)과 선내 모습(하)(출처: 애플TV+)

선인들이 그렇게 살 수 밖에 없었던 배경에 일본 사회의 임금이
나 주거에서의 차별적 대우가 있었음을 대변한 것이다. 이러한
장면이 포함된 것은 드라마 제작진이 역사 고증에 철저했기 때
문이기도 하지만, 디아스포라가 세계 어느 곳에서도 겪어야 하
는 주거라는 공통된 체험이 있기 때문이기도 할 것이다.

일제강점기와 현대의 교차: 차별 속 각성하는 주체

1989년 뉴욕의 투자은행에 근무하는 솔로몬은 승진이 보류되자 상사에게 자신이 재일코리안이라고 말한다. 자기가 일본에서 사업을 지연시키고 있는 재일코리안과의 계약에 힘을 발휘할 수 있다고 어필했던 것이다. 이렇게 해서 솔로몬은 도쿄 지사에 부임하게 된다. 솔로몬은 아버지가 경영하는 오사카의 파친코점에 들르고, 아버지 모자수는 솔로몬을 굳게 포옹한다. 오사카 집에서는 노년의 선자가 웃으며 손자를 반갑게 맞이한다. 솔로몬이 한국어에 능통한 이유는 일찍 세상을 떠난 어머니 원작에서는 교통사고로 죽은 유미 를 대신해 선자가 키웠기 때문이다.

드라마 〈파친코〉는 첫 에피소드부터 3세대 자이니치인 솔로몬이 등장하여 노년의 선자와의 친밀성으로 세대 간의 연속성을 강조한다. 세대 간 연속성은 드라마에서 중요한 서사적 요소이다. 식민지에서 건너온 여성 선자와 미국에서 대학을 나와 투자은행에 근무하는 엘리트 청년 솔로몬의 가치관이 종종 충돌하지만 동시에 둘은 협력하는 관계이기도 하다. 하지만 시즌1에서는 과거와 현재라는 두 시공간을 살아가는 가족이 구체적으로 어떻게 살아왔는지를 온전히 보여주지 않는다.

집에서 식사 준비를 돕는 솔로몬이 선자와 대화하는 장면에서 두 사람 사이의 간극이 드러난다. 그 간극은 세대 간 가치관의 대립을 나타내지만 두 사람에게는 과거에 집착하기를 꺼리는 공통점도 있다. 출세를 목표로 하는 솔로몬에게 있어서, 그것은 가족, 나아가서는 민족이라고 하는 '중력'을 거슬러야만 손에 넣을 수 있는 것이다. 선자 또한 고향을 등지고 살아왔다. 그런 선자에게 솔로몬은 호텔 건립 예정지 안에 있는 자신의 집을 매각하려 하지 않는 한금자를 설득하는 데 동행을 요청한다. 현실에 충실한 선자가 한금자를 설득하리라 기대한 것이다. 하지만 자이니치 1세대가 겪은 고생에 대해 이야기하는 금자를 앞에 두고 솔로몬의 속셈은 속절없이 무너진다. 다행이 곧 한금자로부터 거주지 매각에 동의하겠다는 연락이 들어오면서 솔로몬의 회사는 축하 분위기에 휩싸인다.

솔로몬이 공을 세울 때가 왔다. 회사 임원 일동은 예의를 갖춰 금자를 맞이하고 계약서를 건넨다. 계약서를 훑어보던 금자는 일본에서의 차별과 주거를 얻기까지의 곤경을 토로하며 다음과 같이 한국어로 솔로몬에게 묻는다. "니 할머니가[중략] 그 몸 속의 한 맺힌 피가 그 핏방울 하나하나가 이걸 못하게 막는다 하면 뭐라 말씀드릴거야? 그래도 사인하라고 하겠니?" 솔로몬이 고개를 끄덕이면 계약은 바로 성사됐을 것이다. 그런데 솔로몬은 뭔가에 홀린 듯 "하지 마세요. 그렇게 말씀드렸을 거예요"라고 중얼거린다. 그때 갑자기 장면이 전환된다. 시간은 일제강점기로 바뀌고 선자 부부가 승선한 관부연락선 덕수환에서 오페라 가수가 판소리를 부르다 자결하는 장면으로 전환된다. 이 장면은 분명히 솔로몬이 출세를 내던지고 소수자로 살아 온 자이니치의 정체성에 눈을 뜨는 순간이다.

선자와 솔로몬의 관계를 통해 보여주는 이 같은 연속성은 세대 간의 갈등과 협력을 통한 정체성 계승을 제시하기 위한 것만이 아니다. 솔로몬이 젊은 시절의 선자와 결코 떼어낼 수 없는 선택을 반복함으로써, 일제강점기와 현대라는 두 시공간이 세대에 걸친 가족의 숙명처럼 연속되고 있음을 암시한다. 그것은 과거와 현대를 교차편집한 다음 장면에서 보다 명확하게 드러난다.

자이니치로 살아온 한금자의 인생에 감화되어 막판에 계약을 망친 솔로몬의 선택은 그의 인생을 좌우하는 전환점이 된다. 솔로몬은 해고를 당하고 미국 비자까지 끊길 처지에 놓인다. 회사를 뛰쳐나온 솔로몬은 마음이 후련해진듯, 소꿉친구인 일본 대장성現 재무성 관료가 솔로몬의 넥타이를 뒤집어 보고는 "대단하구나. 우리와 별다를 게 없네"라고 감탄했던 브랜드 넥타이를 벗어 던지고, 억압받는 소수자로 살아가는 것을 상징하듯 나선 계단을 뛰어내려간다. 그 모습은 과거 선자가 한수의 첩이 되어 '자신을 반으로 쪼개 놓고 사는' 것을 거부하고 덕수환 계단을 이용해 배 밑바닥으로 내려갔던 모습을 떠올리게 한다. 솔로몬의 선택이 관부연락선을 타고 일본으로 건너가는 과거 선자의 선택과 같음을 드라마는 시각적으로 표현한 것이다.

노년의 경희가 숨을 거두면서 "다른 선택을 했다면 어떻게 살았을 지 상상해본 적은 한 번도 없어?"라고 선자에게 물은 것은

〈파친코〉가 자신의 정체성을 지키기 위해 안락의 길을 거부하는 이민자들의 긍지를 표현하기 때문이다. 여기에서 선자가 지키려는 정체성과 솔로몬이 잃어버린 정체성은 각각 다르다. 하지만 솔로몬 또한 자신의 정체성을 버리고 출세를 지향하느냐, 아니면 해고를 무릅쓰고 자이니치로서의 정체성을 각성하느냐라는 삶의 기로에 선다.

금자에게 감화된 것은 솔로몬만이 아니다. 선자도 마찬가지였다. 금자네 집에서 대접받은 밥의 감촉은 선자가 일본으로 떠나기 전날 어머니 양진이 힘겹게 구해서 지어 준 흰 쌀밥을 떠올리게 한다. 그 때문이었는지 몰라도 선자는 고향으로 돌아가고 싶어했던 경희의 유골을 가져가겠다며 모자수의 손에 이끌려 부산으로 향한다. 부산 해안에 도착한 선자는 바다로 뛰어들어 비를 맞으며 울부짖는다. 장면이 바뀌고 양복 상의마저 벗어 던진 솔로몬이 쏟아지는 비를 맞으며 길거리 라이브의 리듬에 맞춰 춤을 추기 시작한다. 함께 비를 맞는 두 사람은 물의 은유로 연결되어 자이니치가 세대를 이어 연결되어 있음을 함축한다.

물론 솔로몬에게 현실은 녹록지 않다. 선자는 금자의 마음을 헤아린 솔로몬을 대견스러워 하며 손자의 선택을 여러 번 고난을 이겨낸 자신의 경험과 겹쳐낸다. 그러나 현실을 받아들이지 못하고 있는 손자와 할머니는 여전히 엇갈린다. 앞서 언급했듯이 일제강점기와 현대라는 두 시공간을 살아가는 가족의 여정은 시즌1에서 단절된 것처럼 보인다. 그럼에도 불구하고 시즌1

에서는 4세대에 걸쳐 고난과 차별을 견디는 가족의 연속되는 숙명을 엿볼 수 있다.

솔로몬이 벗어 던진 양복과 브랜드 넥타이, 그리고 계단은 소수자 자이니치가 놓인 계급적·문화적 위치를 상징한다. 하지만 현대를 사는 솔로몬에게는 자이니치라는 소수자로서의 정체성을 깨닫기까지 많은 우여곡절이 기다리고 있다. 솔로몬은 옛 연인 하나를 찾기 위해 홍등가 지역으로 통하는 계단을 내려가 헤매던 중 원작에서 동성애자로 등장하는 아버지 모자수의 옛 친구 하루키를 만난다. 거기에서 솔로몬이 맞닥뜨린 것은 가난하지만 연대하며 살아가는 하층민들의 삶이다. 식사 대접을 받은 솔로몬은 가진 돈을 하루키에게 건네려 한 자신의 행동에 동요하며 계단을 오른다. 솔로몬은 하층민의 연대하는 삶의 가치를 통해 자신의 계급적 위치가 흔들리는 모습을 보인다. 하지만 솔로몬이 소수자임을 각성하기 위해서는 하나로부터 충격이 필요했다.

솔로몬이 계급적 상징인 양복과 넥타이를 벗어 던진 것은 일제강점기 할아버지 이삭이 그토록 소중히 여기던 양복마저 입지 않게 되는 것과도 일맥상통한다. 이삭은 한 여성 신도에게 체제에 대한 불만을 토로하는 아들을 설득해 달라는 부탁을 받지만 반대로 그 젊은이에게 공감하고 만다. 양복을 입고 있으면 현실이 안 보인다는 신도의 아들이 한 말에 자극을 받은 이삭은 이후 정장을 입지 않게 된다. 그 영향 때문인지 이삭은 요셉에게 "난 내 자식이 자기 몸의 윤곽을 똑바로 알고 당당하게 재량껏 살았으면 좋겠어"라고 외친다. 그리고 이 장면에서도 비가 내린다. 일제강점기에 이삭이 밑바닥 사람들과의 만남 속에서 가지게 되는 각성은 현대에서 선자와 솔로몬이 자신들의 뿌리를 자각하는 그때 쏟아지는 비, 즉 물의 은유로 연결되어 있다.

솔로몬이 하루키를 만나 동요한 것처럼, 젊은 조선인 노동자의 호소에 동요하는 이삭의 모습은 하나가 솔로몬에게 경고하는 장면과 교차하며 그려진다. 연속되는 차별 속에서 각성하는 정체성은 이때 하나의 다음과 같은 대사에서 단적으로 표현된다. "넌 아무리 비싼 옷을 입고 좋은 학교를 나와도 일본인이될 수 없어." 솔로몬은 일본 사회에서 소수자에 대한 구조적인 차별을 일본인임에도 불구하고 사회적으로 소외된 유흥업소 출신의 싱글맘 딸 하나의 입을 통해 듣게 된다.

선자 일가에 드리운 '숙명': 파친코 사업으로의 투신

일제강점기 지배권력에 의해 이삭이 부당하게 체포된 일 그리고 죽음에 이르게 되는 일로 인해 겪게 되는 가족의 이별과 마찬가지로, 현대에는 모자수의 내연녀 에츠코의 딸 하나가 당시 사람들이 두려워했던 AIDS 후천성면역결핍증후군 로 인해 병사함으로써 되풀이된다. 또 오사카에서 선자 일행을 구한 회중시계는 짓궂은 운명처럼 따라다녀 선자로부터 실의에 빠진 솔로몬에게 전달된다.

한수가 어린 노아에게 맡긴 회중시계를 선자가 소지하게 된 경위는 노아의 운명과 얽혀 있음에 틀림없다. 그 운명의 종착역은 현시점에서 병상의 하나에게 "아들이 하나 더 있었어. 근데 내가 걔 인생을 엉망으로 만든 탓에 가 버렸어"라고 고백하는 선자의 회한에서 짐작할 수밖에 없다.

선자가 장남 노아를 잃게 되는 가족의 역정은 시즌1에서 그려지지 않는다. 그럼에도 불구하고, 과거와 현대는 선자와 솔로몬의 청년기가 거센 역경에 굴하지 않고 스스로의 힘으로 활로를 열겠다는 의지에서 짐작할 수 있다. 그러나 그 끝에는 한수의 그림자가 어른거린다. 드라마 초반, 아버지의 파친코점에 들른 솔로몬은 텔레비전에서 부정회계 의혹을 해명하는 요시이 마모루가 할아버지에 대해 언급하는 것을 보고 "저 사람 할아버지가 누군데요?"라며 의아한 표정을 짓는다. "이미 죽고 없는 사람이야. 우리와 상관없어"라며 진지한 표정을 짓는 모자수는 아들을 만나기 위해 불러들인 고토원작에서는 모자수의 옛 사장 와 의미심장한 시선을 주고받는다. 이 장면은 앞으로 선자와 한수 일가의 숙명적 관계가 파란을 불러올 것을 암시한다.

제주도 출신인 고한수가 어떻게 일본에 건너오게 되었는지에 대해서는 소설에서도 상세하게 그려지지 않는다. 드라마에서는 한수와 아버지 정렬이 제주도 사투리로 대화하는 것에서 그들이 제주도 출신임을 짐작케 한다. 제주도와 오사카는 1923년부터 당시 사람들에게 '군대환'君が代丸 이라 불린 정기연락선이 취

항했다. 일본으로 건너간 선자가 자리잡은 오사카 이쿠노/이카이노에서 제주도 사투리가 BGM처럼 울려퍼지는 것은 제주도와 오사카가 하나의 생활권을 형성했었기 때문이다. 다만 한수 부자가 관동대지진이 발생한 1923년에 요코하마에서 이미 터전을 잡고 있었다면 정기연락선이 취항하기 이전에 일본으로 건너갔을 가능성이 크다.

중요한 것은 조선인들에게 고압적이면서도 거래에 있어서는 결코 그들을 착취하지 않는 고한수라는 인물의 개연성이다. 고한수는 외국인 거류지가 있는 요코하마에 살며 미국행의 꿈에 부풀다가 관동대지진에 휘말려 아버지를 잃는다. 자신 또한 지진이 발생하자 조선인 학살이 자행하는 자경단으로부터 구사일생으로 살아난다. 그 경험을 통해 현실주의, 실력주의의 신봉자가 되어 살다가 어느날 선자 앞에 나타난다. 제7화는 이 과정에 이르기까지의 한수의 심리적인 변화를 상세히 그린다. 원작 소설에서는 관동대지진과 조선인 학살에 대해 언급하지 않는다.

요코하마에서 야쿠자가 운영하는 도박장 회계를 담당하는 아버지는 게이샤에 빠져 노름판의 자금에 손을 댄다. 그 사실이 발각되어 야쿠자 두목 료이치에게 추궁당하는 그 순간에 땅이 흔들리기 시작한다. 무너진 건물 잔해에 깔려 죽은 아버지를 남겨 두고 료이치와 한수는 혼란스러운 시가지에서 교외로 피신한다. 그러던 중 한수와 료이치 일행은 조선인들이 폭동을 일으켰다는 소문을 듣게 된다.

불길한 예감은 적중한다. 료이치는 쫓기는 조선인들이 몸을 숨긴 헛간에 자경단이 불지르는 것을 목격한다. 사태의 심각성을 직감한 료이치는 한수를 숨겨 목숨을 구한다. 어렵사리 처자와 재회한 료이치는 한수를 가족에 섞이게 해 수하에 두기로 한다. 목숨이 위태로운 한수에게는 선택의 여지가 없었다. 그렇게 해서 야쿠자 두목의 사위가 된다.

한수가 선자를 만난 것은 료이치가 전개하는 사업의 책임자로 한수가 부산으로 가게 되면서이다. 일본에서는 어려운 생활이 기다릴 것이라는 경고를 무시하고 자신의 아이를 임신한 채 일본으로 건너가는 선자를 한수는 그냥 내버려두지 않는다. 언젠가 회중시계가 전당포에서 처분될 것을 예상하고 전당포 주인이 선자가 요구하는 판매가로 사들이도록 손을 쓴 것이다. 정체는 밝히지 않았지만 한수는 등교하는 초등학생 노아에게 다가가 말을 걸기도 한다.

시간이 흘러 14살의 솔로몬이 하나의 장난으로 절도범으로 몰려 경찰서에 끌려가는 사건이 발생한다. 이때 '권력자인 친구'의 도움으로 솔로몬이 풀려나는데, 여기에도 한수가 얽혀 있을 것으로 짐작된다. 곤경에 빠진 선자를 뒤에서 보살피는 한수와의 인연이 불행히도 선자 일가를 비극으로 몰아가리라는 것은 앞선 선자의 고백과, "착하게 키운 노아 형은 어떻게 됐어"라는 모자수의 핀잔에 선자가 "솔로몬을 노아와 같은 꼴을 당하게 하지는 않겠다"라고 하는 말에서 미루어 짐작할 수 있다.

원작 소설에서도 선자와 한수의 숙명적 관계는 예사롭지 않다. 2024년 8월 23일부터 순차적으로 공개되는 〈파친코〉 시즌2에서 그려지는데, 한수는 남편 이삭을 잃은 선자의 김치 장사를 넌지시 돕고, 선자 가족을 제2차 세계대전 말기 연합군의 대공습을 겪게 되는 오사카에서 지방으로 피신시키기도 한다. 한수에게는 국제정세를 파악할 수 있는 정보가 있었다. 뿐만 아니라 부산에 홀로 남은 선자의 어머니 양진을 일본으로 데려 오는 힘도 있었다. 선자는 이러한 한수의 선의에 부담을 느끼면서도 거부할 수 없었고, 급기야 와세다대학에 입학한 아들 노아의 학업 지원도 받는다. 하지만 야쿠자의 자식이라는 것을 치욕으로 여긴 노아는 자취를 감추고, 세월이 지나 수소문 끝에 한수와 선자가 찾아 나선 것이 노아를 자살로 내몰게 한다.

원작에서 노아의 죽음으로 귀결된 선자 일가와 한수의 숙명적 관계가 드라마에서는 솔로몬과 마모루라는 3세대 자이니치로까지 이어진다. 소설에서 자신의 '출생의 비밀'을 알게 된 노아는 대학을 그만두고 나가노에서 신분을 숨겨 파친코 회사에서 일하며 가정을 이룬다. 그런데 소설에서 노아의 도피처가 되는 것이 자이니치에게 대표적인 파친코 업종이어야 할 개연성은 없다. 회사에서 부당하게 해고당한 솔로몬이 하나의 권유로 아버지 파친코점에서 일하게 되는 것도 마찬가지이다. 소설에서 솔로몬이 소극적으로 가업을 잇는 것과, 드라마에서처럼 차별받는 존재라는 정체성의 자각 끝에 마모루와 손잡고 적극적으로 파친코 사업에 뛰어드는 것은 차원이 다르다. 소설에서 자이니치에게 파친코업이 선택의 문제였다면, 드라마에서 그것은 헤어날 수 없는 자이니치의 운명 같은 것이다.

해고되어 미국으로 되돌아갈 수 없게 된 솔로몬은 부동산 개발업자인 요시이 마모루의 권유로 파친코 사업에 뛰어들게 된다. "그 사람과 상종하지마! [중략] 내가 그의 할아버지에게 똑 같은 말은 들었거든"이라며 모자수가 솔로몬이 요시이 마모루와 엮이는 것을 단호히 반대하는 것으로 보아 마모루와 한수의 관계를 짐작할 수 있다. 마모루는 솔로몬을 보고 서로 공통점이 많다고 말한다. 때때로 영어로도 대화하는 둘의 공통점은 미국 유학 경험이 있다는 것만은 아닐 것이다.

그런 점에서, 원작 소설은 제목이 '파친코'일 필요는 없지만, 과거와 현대의 교차 편집과 그로 인한 선자와 한수 일가의 숙명이라는 서사가 강조되는 드라마 제목은 '파친코'일 수밖에 없어 보인다. 파친코점이 배경이 되는 오프닝 타이틀 시퀀스는 파친코가 자이니치의 피할 수 없는 운명이라는 주제를 반영한다.

한편, 교회에서 신도들에게 반전 의식을 설파하는 이삭은 밀고를 당해 경찰에 붙잡힌다. 선자에게 있어서 선량한 목사인 남편의 체포는 자신이 이해할 수 있는 범위를 넘어선다. 동생의 억울함을 호소하는 요셉마저 '비국민' 취급을 받으며 직장에서 쫓겨나자 선자는 어머니가 물려준 은반지를 팔아 마련한 얼마 안 되는 밑천으로 김치 장사를 시작한다. 선자는 주위의 따가운 눈총과 욕설을 들으면서도 똑같이 차별 받는 부락 출신자임을 암시하는 돼지고기 노점상의 호의에 힘입어 마음을 추스르고 목소리를 높인다. 시즌1은 그 모습을 부감하면서 끝난다.

드라마는 마지막에 자이니치의 역사를 설명하는 자막을 내보낸다. 뒤이어 고령의 자이니치 여성들을 등장시켜 그들이야말로 많은 선자임을 암시한다.

4. 〈파친코〉는 누구의 이야기인가?

글로벌 OTT가 드러낸 자이니치의 문제

4세대에 걸친 가족 이야기를 담은 〈파친코〉는 소설에서 OTT 드라마로 번안되는 과정에서 자이니치를 표상하는 새로운 서사 스타일을 만들어냈다. 자이니치라는 존재가 통치권력의 억압을 통해 시대적·정치적으로 생성된 것이며, 이들에 대한 차별이 일본제국의 구조적인 폭력임을 드러낸 것이다. 과거와 현대의 교차 편집은 연속되는 차별 속에서 각성되는 정체성이 세대에 걸쳐 연속됨을 나타내고, 그러한 각성의 결과가 파친코 사업으로 귀결되면서 선자 일가와 한수의 숙명적 관계를 개연성 있게 엮어낸다. 그 결과, 드라마 〈파친코〉는 아직 널리 알려지지 않았던 일본의 조선 식민지배에 대한 역사를 자이니치라는 존재를 통해 세계 시청자에게 알리게 된다.

하지만 전 세계 시청자들을 타깃으로 하는 〈파친코〉는 식민주의 피해자의 이야기 너머 자본주의 폭력 구조에 휘말리는 이민자들의 이야기에도 관심을 많이 쏟은 듯 보인다. 전 세계인의 공감을 불러일으키려면 자이니치의 역사적 특수성보다는 디아스포라의 보편성에 초점을 맞추는 것이 유리하기 때문이다. 4세대에 걸쳐 장대한 스케일로 격동의 식민시대와 성장의 시대를 살아가는 자이니치 가족의 이야기는 일본은 물론 한국에서도 흔치 않다. 자이니치 작가 강신자는 지금까지 대하 드라마의 서사를 갖지 못했던 자이니치가 재미 한국인을 통해 그것을 획득했다고 평가한다.[7] 일본이라는 로컬에서 '피해자' 또는 '소수자'였던 것에서 한 걸음 더 나아간 '글로컬 자이니치'라는 새로운 정체성의 등장이다. 제국주의의 역사적 소산으로서 일본이라는 로컬에서 피해자 또는 소수자로 살지만, 그들 역시 글로벌 단위에서 부각되는 또 하나의 주체적 존재라는 것을 말한다.

'글로컬 자이니치'라는 〈파친코〉의 새로운 스타일의 서사가 보편성과 상업성을 추구하는 글로벌 플랫폼에 의해 만들어졌다는 것은 당연하면서도 한편으로 아이러니하다. 제3자의 역사쓰기는 때때로 우연의 결과를 가져온다. 자이니치의 삶을 통해 한일 근현대사와 식민주의에 다가서는 것은 전 세계 시청자에게 낯선 경험일 것이다. 이러한 역사적 경험의 표상은 현재 한일 양국의 역사인식 문제와 맞물려 있지만, 당사자가 아닌 제3자에 의해 제작되어 글로벌 플랫폼으로 스트리밍되는 것은 그와 무관하게 벌어지는 일이다. 〈파친코〉는 넷플릭스 같은 OTT가 제공하는 낯선 드라마와 영화가 당사자와 무관하게 전 세계인의 공감을 불러일으킬 수 있다는 점을 잘 보여준다.

글로벌 미디어 환경에서 생산, 소비되는 드라마의 표상은 국민국가의 틀에서 제작되는 드라마의 규제를 사실상 무위로 만들어 버린다. 그리고 정치적 · 사회적 고난에 맞서는 주인공들의 삶은 종래의 역사 드라마가 그려온 표상 전략을 뒤흔든다. 그것이 일본과 한국의 시청자를 불편하게 할 수도 있다. 일본에서 〈파친코〉가 별다른 반향을 일으키는 일없이 지나간 글로벌 서사와 로컬 서사 사이의 긴장감을 보여주는 결정적인 증거이다. 일본에서 개봉하지도 못한 한국 영화 〈군함도〉2017, 안젤리나 졸리 감독의 〈언브로큰〉2015이나 크리스토퍼 놀란 감독의 〈오펜하이머〉2023 등은 일본에서 자신들의 역사관과 상충하는 영화가 어떻게 취급되는지를 잘 보여준다.

한편으로는 글로벌 미디어라는 특성상 식민지배의 특수성보다 이민의 보편성을 추구하면서도, 〈파친코〉 제작진은 자이니치가 동아시아 근현대사에서 발생한 제국주의와 식민주의의 구조적 폭력이 만든 존재임을 간과하지 않았다. 즉, 드라마 〈파친코〉에서는 자이니치가 식민주의의 고통을 겪은 시대적 · 정치적 존재임을 표현하려 한 의지가 엿보인다. 원작에 없는 관동대지진 당시 조선인 학살을 비중 있게 다룬 것과 마지막에 자이니치 여성의 인터뷰를 수록한 것은 그러한 의지의 반영이다. 여기에는 각본을 쓴 제작 총지휘, 총괄 프로듀서, 감독 등 〈파친코〉의 제작진 대부분이 한국계로 구성된 생산자의 영향력이 있었을 수 있다.

글로벌 서사가 추구하는 보편성과 상업성은 로컬 서사에서 보면 분명 한계가 있다. 〈파친코〉의 주인공이 기독교인이고 이름마저 독특한 것은 원작의 설정이지만, 세계 시청자들 입장에서는 익숙치 않은 한국식 이름보다 기독교식 이름이 작품의 몰입도를 높일 것이기 때문이다. 드라마에서 영어 대사를 다소 억지로 삽입한 것도 그러한 이유라고 볼 수 있다. 그러면서도 영어 자막으로는 표현하기 힘든 일본 간사이 지방이나 제주도 지방 사투리를 구사하게 하는 고난도 작업을 감행한 것에서 자이니치의 표상에 리얼리티를 부여하려는 제작진의 진지한 자세를 엿볼 수 있다.

결국, 〈파친코〉의 새로움은 이 드라마가 '누구의 이야기인가'라는 물음을 일본과 한국, 그리고 자이니치 시청자들에게 던지고 있다는 데 있다. 글로벌 차원에서 보면 일본 제국의 동아시아 침략과 식민지배는 변방의 사건에 불과하다. 〈북경의 55일〉1963이나 〈간디〉1982, 〈아미스타드〉1997 등 서구 열강의 제국주의 지배를 배경으로 하는 영화가 할리우드에서 제작된 것과는 달리, 일본의 동아시아 식민지배 이야기가 거대 자본으로 영상화된 경우는 극히 빈약하다. 전쟁물의 경우라도 〈콰이광의 다리〉1957나 〈태양의 제국〉1988 혹은 TV 드라마로 제작된 〈브레이브Women of Valor 〉1986에서 볼 수 있듯이 그 피해자는 서양인이다. 일본이 저지른 전쟁의 원죄를 따져 묻는 것이다. 〈미나리〉2021 나 〈패스트라이브즈〉2023 처럼 최근 한국계 미국인을 주인공으로 하는 영화가 호평을 받기도 하지만 자이니치에게는 먼 나라의 이야기였다. 그러던 것이 〈파친코〉를 통해 자이니치가 일약 글로벌 디아스포라의 일원으로 부상하게 된 것이다.

그렇다면 여기서 되물어야 할 것은 무엇이 〈파친코〉의 스타일에 새로움을 가져다 주었으며, 또한 이야기의 무대인 일본과 한국 및 당사자인 자이니치에게 주는 임팩트는 무엇인가라는 점이다. 〈파친코〉 현상이 표상과 생산 영역에서의 전략만이 아니라 그것을 소비하는 시청자들이 규제를 넘어 정체성을 제고하는 문화 실천으로 넓혀 본다면, '문화회로'를 통해 개별 수용자들이 드라마 〈파친코〉에 대해 무엇을 기대하고 어떻게 받아들였는지를 다양하게 짚어낼 수 있을 것이다.

일본 미디어에서 묵살된 〈파친코〉

앞서 언급했듯이, 드라마 〈파친코〉는 일제강점기 지배권력의 탄압과 재일조선인 커뮤니티의 곤경 등 해외 시청자들에게 낯선 일본제국의 조선 식민지배의 역사가 세밀하게 형상화되어 있다. 이와 같이 드라마 전편에 걸쳐 한국과 일본의 근대사가 영상화되어 전 세계에 동시 송출되는 것은 분명 글로벌 미디어의 새로운 한 장면이다. 그런데 이야기가 일제강점기 조선에서 시작되어서인지 몰라도 일본에서 〈파친코〉의 인지도는 그다지 높지 않았다. 확실히 일본에서의 〈파친코〉는 공개 직후부터 화제가 된 주요국과 온도차가 있었다.

영국의 가디언은 "민진 리의 베스트셀러 소설 〈파친코〉를 TV 드라마화한 작품이 영국이나 미국에서는 비평가를 매료시키고 많은 시청자를 획득했지만, 이에 영감을 준 한 국가에서만 화제조차 되지 않고 있다"고 지적했다. 그 이유로 〈파친코〉가 보편적인 이민의 경험을 상기시키는 것으로 끝나는 것이 아니라, 일본이 한반도를 식민 지배하고 있던 시대의 쓰라린 기억을 불러일으키는 불편한 작품이라는 것을 들고 있다.[8]

〈파친코〉는 일본을 무대로 할 뿐 아니라 다수의 유명 일본인 배우가 캐스팅되어 일본어를 구사하며 제작된 드라마이다. 이런 초대작 드라마가 일본에서 묵살당하게 된 배경에는 한일 간의 쟁점이 되는 역사적 요소가 시각적으로 영상화되면서 소설 이상으로 '반일'로 받아들여진 측면이 있다. 이에 대해 뉴스위크 일본어판은 "재일코리안의 고난을 그린 〈파친코〉를 '반일드라마'로 무시해도 되는가"라는 기사를 게재하고, 일본에서는 아직 〈파친코〉의 역사를 돌이켜보지 않고 있다고 비판했다.[9]

〈그림 4-2〉《가디언》 2022년 4월 21일 기사

　한 예로 노년의 선자가 부산에서 재회한 어릴 적 하숙집 자매 언니 복희의 회상 장면은 일본군 '위안부'의 동원을 간접적으로 나타낸다. 원작 소설에서도 위안부는 우회적으로 언급한다. 하지만 드라마에서는 두 자매가 위안부로 끌려가서 돌아오는데, 동생 동희가 주위 시선을 견디지 못하고 스스로 목숨은 끊는 것으로 나온다. 일본에서 민감한 사안인 위안부 동원의 역사는 소설이나 드라마에서 다소 우회적으로 다룬 데 반해, 관동대지진에서의 조선인 학살에 대해서는 드라마가 상세하게 묘사한다. 결국, 이러한 일본의 가혹한 식민지배를 묘사한 것이 글로벌 서사와 로컬 서사 사이에 긴장감을 부각시켜, 일본에서 〈파친코〉

드라마는 물론 소설도 묵살되는 결과를 가져왔다고 할 수 있다.

일본 미디어에서 〈파친코〉가 체계적으로 묵살된 데 대해,《거리의 현대사상》등 한국에서도 여러 번역서가 출판되어 있는 사상가 우치다 다쓰루의 추궁은 신랄하다. 그는 일본이 깊숙이 개입한 구한말부터 식민지배에 이르는 시기에 일본인과 조선인 사이에 어떤 일이 있었는지, 일본에서 드라마로 제작하지 않는 것에 대해 정면으로 따져 묻는다. 그리고 한국의 창작자가 자국사의 트라우마적인 경험을 엔터테인먼트로 작품화하여 성공한 데 비해, 일본에서는 유치한 '역사수정주의'로 인해 '역사의 암부'를 들춰내서 영상화하는 것을 불가능하게 만들었다고 비판한다.[10]

전쟁에서 인간성이 말살되어 가는 참상을 적나라하게 묘사한 〈노비 들불〉감독: 츠카모토 신야 가 2015년에도 리메이크된 것처럼, 일본에서도 트라우마적인 경험에 다가서려는 작품이 제작되어 온 것을 고려하면 우치다의 비판은 다소 부풀려진 감이 있다. 하지만 최근 이러한 작품은 대부분 '가해'의 역사를 도외시하고 '피해'의 역사를 주로 다룬다. 이는 글로벌 서사와 로컬 서사 사이에 긴장감을 해소하지 못하게 하는 근본적인 원인임에 틀림없다. 국민국가가 바라는 이야기와 글로벌 자본이 그리는 이야기의 차이를 받아들이는 토양이 일본에는, 특히 식민지배를 표상하는 양식으로는 아직 정착되어 있지 않다.

이처럼 OTT가 미디어를 견인하는 시대의 리얼리티는 한일

간 역사인식의 재고를 부추긴다. 글로벌 서사와 로컬 서사 사이의 긴장 또는 차이는 드라마 〈파친코〉를 무관심으로 일관한 일본에서의 문제만은 아닌 듯 싶다. 〈파친코〉가 붐을 이룬 한국에서도 시청자들은 국내 드라마에 비해 악랄하다고 할 수 없는 제국주의 일본의 통치권력 묘사에 답답함을 느끼지는 않을까? 한국으로서는 드라마 〈파친코〉가 일본군 위안부에 대해 명확하게 표현하지 않은 것, 그외의 OTT 콘텐츠가 욱일기를 맥락 없이 사용하는 것에서 충분히 불만이 생길 수 있을 것이다.

'글로컬 자이니치'의 가능성과 한계

격동의 시대 고난을 견디며 살아가는 자이니치 가족의 계보를 장대한 스케일로 작품화한 것은 일본에서도 손꼽을 정도이다. 문화인류학자 우키바 마사치카는 〈파친코〉와 같이 연대기적으로 가족의 이야기를 그린 작품으로 한국에서도 번역 출판된 김창생의 〈바람의 소리〉시민모임 봄, 2020 , 그리고 후카자와 우시오의 〈바다를 안고 달에 잠들다〉아르띠잔, 2021 와 미번역본 〈오얏나무꽃이 지더라도〉『李の花は散っても』朝日新聞出版, 2023 를 꼽았다.[11] 둘 다 자이니치 작가이다.

자이니치의 연대기적 작품을 잇달아 내놓은 후카자와는 〈파친코〉의 새로움을 언급하면서 기존의 일본 소설이나 영상에서 자이니치를 표상하는 경향에 대해 지적한다. 빈곤이나 차별에 맞닥뜨리거나 정체성의 갈등을 안고 그것을 극복해 나가는 스토리가 수용자의 욕구에 맞춰 '가엾은 이야기'로 엔터테인먼트화하는 방식이 그것이다. 피해자 자이니치이다. 혹은 〈피와 뼈〉 **최양일 감독, 2004** 처럼 자이니치 1세대의 파란만장한 삶이라든가 다수파인 일본인이 자신들과 다른 소수자로 바라보는 방식이 있다. 그런 의미에서 〈파친코〉는 지금까지 일본에서 제작된 자이니치를 표상하는 소설이나 영상과 확연이 다른 작품이다.[12]

그럼에도 불구하고, 자아니치는 자신들의 역사를 세심하게 그려낸 것에 감탄하면서도 드라마적 효과를 노린 단조로운 정체성 묘사에 고개를 갸웃거릴지도 모른다. 왜냐하면 현실에서 자이니치는 자신들의 정체성에 대해 끊임없이 되물어 왔는데,〈파친코〉에서 모순과 갈등, 절망과 체념, 의지와 희망이 교차하는 정체성 교섭과정이 현실을 충분히 담았느냐에 대한 지적이 있을 수 있기 때문이다. 예를 들어 1980년대 자이니치 논단지《계간 삼천리》에서 정치학자 강상중과 작가 양태호는 세대교체나 국제결혼, 귀화의 증가 등 사회적·정치적 변화에 자이니치가 직면하고 있는 상황에서 '민족으로서 살아가기'라는 자이니치의 존재성과 삶의 방식에 대해 논쟁을 벌였다. 강상중의 '방법으로서의 자이니치'와 양태호의 '사실로서의 자이니치'라는 사상적 논쟁은 봉합되지 않은 채 1990년대 '탈민족'의 파도에 휩쓸렸다. 이 시기 '시민사회적 자이니치론'이나 '탈정체성론'이 등장한 것은 이러한 이분론에 대한 비판에서부터였다.[13]

21세기에 들어선 오늘날에도 한일관계의 성격 변화에 따라 '자이니치론'은 끊임없이 반복되고 있다. 정체성의 각성을 디아스포라 서사가 핵심적으로 원하는 것이라고 봤을 때, 우여곡절 끝에 솔로몬이 자신의 출신 배경에 대해 자각하는 장면은 희망과 절망, 관용과 차별이라는 극단적 요소를 단순화하여 보편성을 획득한다. 정체성에 대해 각성하는 예정조화적인 서사가 이민을 경험한 시청자들에게 공감을 불러 일으키는 중요한 장치가 되는 것은 분명하다. 〈파친코〉에서 글로벌 시청자에게 호소하는 드라마적 효과는 이처럼 자이니치의 정체성을 단조롭게 묘사함으로써 극적으로 두드러지게 한다.

이러한 정체성의 표상은 〈달은 어느 쪽에 나와 있는가〉 최양일 감독, 1993 나 〈GO〉 유키사다 이사오 감독, 2001 등 자이니치 문학이나 자이니치가 주인공인 영화의 자기 표상에 비하면 다소 평면적이다. 위에서 살펴본 바와 같이 원작 《파친코》가 등장하기 훨씬 이전부터 자이니치 작가와 지식인들이 이러한 문제들과 씨름해 온 것을 생각하면 쉽게 이해할 수 있을 것이다. 문학연구자 데이빗 로 D. Roh 가 지적하듯이, 애초에 인종이나 문화적인 경계에 한정되지 않는 이민진의 작품은 차별적 현실을 지적하면서도 정체성에 대한 고민으로부터 비켜서 있다. 《파친코》 역시 다양하게 전개되어 온 '자이니치론'의 입장에서 보면 그다지 새로운 경지를 개척했다고 보기 어렵다.[14]

솔로몬이 자신의 뿌리에 대한 각성 끝에 파친코 사업으로 향하는 것은 이민자들이 호스트 사회에서 특정한 업종에 종사하는 경향이 있는 세계의 디아스포라 현상과 일맥상통하는 묘사이다. 하지만 〈파친코〉의 표상 분석에서 밝혔듯이, 그것은 자이니치가 파친코 사업으로만 몰린다는 선입관을 심어줄 수 있다. 파친코가 자이니치의 대표적 사업인 것은 분명하지만, 파친코 산업에 대한 부정적 이미지를 고려하면 자이니치가 그런 묘사에 위화감을 갖는 것도 충분히 이해된다. 원작의 타이틀이 뜬금없이 '파친코'인 것이 문제라면, 드라마의 타이틀이 '파친코'일 수 밖에 없는 것 또한 문제일 수 있다.

　이러한 비판적인 시각이 있는 한편, 〈파친코〉가 오사카의 자이니치 커뮤니티를 세밀하게 묘사하는 부분에서 이카이노에서 자란 어느 자이니치는 감탄하기도 한다. 이카이노 조선시장에서 한국식품점의 아들로 태어난 홍성익은 드라마를 보고 골목길이 거의 똑같이 되어있다고 하면서 거기서 뛰놀던 어린 시절을 회상했다.[15] 선자와 이삭이 요셉 부부가 사는 이카이노에 도착했을 때 제주도 사투리가 들리는 것은 리얼리티를 추구하는 제작진과 역사 고증 자문단의 열정을 상기시킨다. 반면 돼지를 골목에 풀어놓아서 키우는 묘사 등 논란이 되는 장면도 없지 않다. 이카이노 사람들이 각각 나름의 인생을 살아왔기 때문에 모든 사람의 기억을 충족시키는 것은 애초에 불가능했을지도 모른다.

　〈파친코〉가 미국에서 제작된 드라마이고, 촬영 당시 코로나

〈그림 4-3〉 이카이노 풍경 1931년(상:제6화) 1938년(하:제8화) (출처: 애플TV+)

사태로 인해 많은 제약을 받을 수밖에 없었던 것을 고려하면 묘사의 디테일에 구애되는 시청 방식은 그리 생산적이지 않다. 하지만 아키이노는 폐쇄적인 공간이 아니기 때문에 남편의 행방을 찾는 선자가 노아에게 통역을 맡기거나, 솔로몬이 유창하게 한국어를 구사하는 것은 세계의 디아스포라 입장에서는 자연스러울지라도 일본의 자이니치로서는 위화감을 느낄 수 밖에 없다. 자이니치 3세인 솔로몬의 능숙한 한국어 실력은 소설에서

처럼 초보에도 못미치는 것이 더 현실적이다.

드라마에서는 김치 노점상에 나서는 선자의 용기와 결단을 돋보이게 하기 위해 조선인들에게도 외면당하는 것으로 그려지는데, 이러한 선자의 처지도 당시 이카이노의 조선시장 분위기와 동떨어졌다고 볼 수 있다. 1930년대 후반에는 오사카에 30만 명에 가까운 조선인들이 모여들고 있었고, 조선 본토의 큰 시장과도 뒤쳐지지 않는 이카이노의 조선 시장은 이들에게 그리운 고향의 맛을 제공하는 공간이었다. 사실,《파친코》는 소설이 출간되면서부터 역사문화적 리얼리티에 문제가 있다는 지적을 받은 바 있다.[16] 이러한 평가로 인해 원작 〈파친코〉에 대해 "일본을 배경으로 한 자이니치 가족의 이야기이면서도 마치 먼 나라의 이야기처럼" 읽힌다는 평도 있었다[17] 이는 드라마 〈파친코〉에도 이어지는 문제이다.

이민자들의 이야기는 전 세계인들로부터 디아스포라에 대한 공감을 자아낼 수 있다. 드라마 〈파친코〉의 마지막에 등장하는 자이니치 1세대 여성들은 지금까지도 자이니치 또는 일본인 감독들의 영상에 반복적으로 등장하는 친숙한 존재들이다. 많은 선자들의 이야기인 〈파친코〉의 흥행은 가혹한 식민지배를 견뎌낸 '대립하는 민족 간의 문제'에 대한 관심이기도 하고 디아스포라로서 유랑하는 '이민자들의 이야기'에 대한 공감이기도 하다.[18] 하지만 그 휴머니즘의 주장은 보편주의가 종종 그랬듯이 구체성과 식민주의를 덮어 버릴 우려가 있다.[19]

자이니치의 이야기가 글로벌 OTT를 통해 전 세계에 서비스되는 것은 자이니치들에게 고난의 근현대사를 살아온 자신의 존재를 알리는 획기적인 사건임에 틀림없다. 그것은 동시에 글로벌 자본에 의해 생산된 이야기가 전 세계 시청자를 타깃으로하여 유통될 경우, 자이니치가 이민이나 이주자로서 글로벌한 맥락에 놓이게 되는 것을 의미하기도 한다. 그것은 식민주의가잉태한 역사적 존재라기보다, 자본주의 세계에서 디아스포라가경험하는 '글로컬 자이니치'로서의 자기상이다.

이처럼 〈파친코〉를 바라보는 실제 자이니치의 부분적인 위화감에도 불구하고, 선자 가족의 이야기를 이민자의 글로벌한 이야기로 해석해 보편성을 추구하는 자세는 설득력 있는 독자적인 서사를 부여하고, 지금까지의 자이니치 작품과 다른 여성상을 제시한다. 요컨대, 〈파친코〉는 가족을 위해 희생하는 '어머니'로 표상되는 자이니치 여성의 전형적인 틀에 들어맞지 않는 '여성'의 역사를 그려내고 있는 것이다.[20] 이는 구체적인 이야기를우회한 채 진행되어 온 기존의 여성 표상에 대한 이의 제기라고도 할 수 있다. 자이니치 문학이나 영상작품은 글로벌과 로컬의긴장 사이에서 어떻게 가족을 거대한 여성 서사로 묘사할 수 있는지에 대해 질문받고 있다.

5. '기억의 정치'를 넘어서

〈파친코〉의 글로벌 문화 콘텐츠의 표상을 둘러싼 '정치'는 한일 간의 역사인식 문제와 직접적으로 결부되어 있다. "이것은 일본인을 규탄하는 소설이 아니다"라고 원작 《파친코》의 일본어판의 해설자는 역설하지만,[21] 글로벌 서사와 로컬 서사 사이에 긴장이 드라마를 통해 고스란히 드러났다. 《파친코》는 일본이 자신들의 '트라우마적 경험'을 그린 드라마를 '반일'로 묵살하는, 역사의 당사자성의 결여를 드러낸 작품이다.

〈파친코〉에서 표상되는 식민지배의 실태에만 주목하는 한국의 〈파친코〉 소비도 단편적이다. 이러한 수용 방식은 앞서 언급한 데이빗 로가 소설 《파친코》에 대해 제시한 관점과 상충된다. 소설 《파친코》는 도덕적으로나 민족적으로 항상 긴장을 발산시키는 서사구조이다. 자이니치의 연대기는 필연적으로 가혹한 식민지배의 기억이나 차별의 현실을 부각시키지만 그것이 가해자 일본을 규탄하기 위함만은 아니다. 오히려 어느 한 쪽을 편드는 것을 거부함으로서 식민지배가 파생시키는 도덕적·민족적 긴장으로부터 정상관계를 복원하려는 서사 구조이다. 그렇게 함으로써 모든 이야기를 가해/피해의 대립구도로 바꿔놓는 '환원적 시스템'reductive system 을 암묵적으로 비판하고 있다.[22] 하지만 동아시아의 맥락에서는 〈파친코〉의 역사 표상을 입맛대로 편리하게 활용하려는 역학이 여전히 작동하고 있다.

자이니치에 있어서도 〈파친코〉가 복잡하게 다가오기는 매 한가지이다. 〈파친코〉를 통해 자이니치가 대하 드라마를 획득했다면, 앞서 언급한 강신자의 말처럼 〈파친코〉는 자이니치를 일본과 한국 사이의 존재가 아니라 코리안 디아스포라라고 하는 글로벌한 문맥 속에 자리매김했을 때 어떤 전망이 펼쳐지는지 상상할 수 있는 계기일 수 있다.[23]

우리는 역사인식이 상업주의에 바탕한 대중문화로 소비되는 역사수정주의 시대를 살고 있다. 일본의 전쟁 책임의 문제를 파헤쳐 온 연구나 저널리스트의 영상 작품에 뒷받침되는 학술적 지식은 이러한 담론 공간에서 팩트 체크의 기능을 제대로 수행하지 못하고 있다. 오히려 역사수정주의의 조직적 움직임이 '전후 50년'에 해당하는 1995년 정점에 이른 기존의 역사인식의 공감대를 무너뜨리기도 한다.

역사수정주의의 조직적 움직임이 광범위하게 확산되고 있는 것은 학문적 지식과 사회의 간극이 갈수록 괴리되고 있다는 점을 훨씬 넘어선다. 우리는 학문적 지식 그 자체가 역사수정주의에 포섭된 상황을 목도하고 있다. 2020년 이후 일본군 위안부 제도나 관동대지진 당시의 조선인 학살을 정당화하고, 자이니치나 오키나와, 피차별부락 등 일본의 소수자에 대한 부정적 고정관념을 조장하는 하버드대학 램지어 교수가 발표한 일련의 논문이 학술적인 기준을 충족시키지 못한다고 하여 널리 비판 받았다. 역사학자 테사 모리스-스즈키가 지적하듯이 《파친코》의 작가 이민진과 달리 램지어 교수는 자이니치에 대해서 인터뷰한 흔적이 보이지 않을 뿐더러, 일제강점 시기 자이니치의 다양성도 일절 인정하려 들지 않는다.[24]

그렇다면 학문적으로 축적된 지식과 사회의 간극이 점점 더 괴리되는 시대에, 더욱이 학문적 지식이 역사수정주의에 편입되는 상황에서 가해/피해의 대립구도를 넘어 동아시아에서는 어떻게 서로 공감할 수 있는 역사/이야기를 구축할 수 있을 것인가? 다양한 분야의 전문가가 시대 고증에 참여한 〈파친코〉는 아카데미즘이나 저널리즘과 연계될 수 있는 '양질의 이야기'라 할 수 있다.[25] 〈파친코〉가 램지어 논문의 차별적이고 식민주의적인 역사인식을 상대화하고, 세계의 표준이 되는 지식 프레임을 형성하는 데 기여할 가능성도 충분히 있을 것이다.

동아시아 식민주의의 기억을 표상하는 드라마 〈파친코〉는 역사와 픽션의 틈새를 뚫고 글로벌한 이야기로서 대화를 촉구할 가능성을 지니고 있다. 《안티재팬: 탈식민 동아시아의 감정의 정치학》유정완 역, 2023 의 저자 리오T.S. 칭은 우파에 전유되면서 언론에서도 무의식적으로 그 용법을 답습하는 '반일'을 일방적인 악의 이미지로부터 끌어 올려 탈제국화의 잠재적 가능성 속에 재배치한다. 즉 '반일'은 아시아 사람들이 식민지배에 대한 일본의 역사적 책임을 '호소'하려는 시도인 것이다. 그렇다면 〈파친코〉의 텍스트는 '일본 젊은이들이 탈식민주의 과정을 이해하고 실천하는 출발점에서 아시아와 마주하기 위한'[26] 중요한 담론이 될 것으로 기대되며, 양국의 얽히고 설킨 역사를 생각하는 단서로 삼을 수도 있을 것이다.

영국의 문화이론가 스튜어트 홀은 '정체성'에 대해서 기원과 내적동일성에 닫힌 것이 아니라, 그것이 배제하려는 것에 의해 불안정하게 되는 것으로 이해했다. 말하자면 "'호소'하려는 시도, 말을 건네려는 시도, 특정한 담론의 사회적 주체가 되는 우리의 장소에 불러들이려는 담론·실천과, 주체성을 생산하고 말을 건네 받을 수 있는 우리를 구축하는 프로세스와의 만남의 지점"이라는 의미로 '정체성'을 사용한다. 그렇다면 〈파친코〉 시청자는 서로의 정체성이 부대끼는 '만남의 지점'에 서 있다고도 할 수 있다.[27] 여기에서 〈파친코〉의 시청자는 불안정해질지도 모른다. 스스로 '불안정'한 위치에 서는 것은 타자가 느끼는 간극을 상상하는 것과 같은데, 그러한 간극을 넘어서는 이성과 상상력만이 화해와 연대에 내실을 가져다 줄 수 있다.[28]

그렇게 되면 〈파친코〉를 통해 '말을 건넬' 수 있는 공감의 정치는 가해/피해의 대립구도라고 하는 '환원적 시스템'을 상대화할 수 있다. 무엇보다도 일제강점기의 이삭과 현대의 하나의 죽음으로 반복되는 가족의 이별은 단순히 고난의 연속을 보여주는 것이 아니다. 이삭의 체포는 조선인과 일본인 운동가를 연대하게 하고, 하나의 투병은 일본인에 대한 자이니치 가족의 연민을 불러일으킨다. '전 식민자와 전 피식민자의 친밀성'[29] 리오 칭 을 통해 '일탈한 규범'에서 그 관계와 인식을 복원하는 것이다. 현실에서 악과 더 나쁜 악, 선과 더 나은 선은 훨씬 복잡하게 뒤섞여 있다. 그런 점에서 복합적 관계성을 보여주는 〈파친코〉는 불합리하고 불가항력적인 고난에 맞서는 '친밀성'의 이야기이기도 하다.

6. 나가며 : 글로벌 서사와 로컬 서사의 경계에서

글로벌 OTT 드라마는 대중문화를 초국경적으로 재생산하는 문제임과 동시에, 타 문화권의 인간관계와 사회제도라는 문화를 수용하고 변용하는 과정이기도 하다. '자이니치'를 주인공으로 하는 〈파친코〉는 글로벌한 대중 미디어 공간에서 이루어지는 문화 흐름에 대해 중요한 물음을 제시한다. 즉, 소설에서 드라마로 번안하는 과정에서 동아시아의 역사문제를 표출하는 드라마 〈파친코〉는 한국과 일본 그리고 자이니치 사회에서 각기 다른 서사로 받아들여졌으며, 그 수용과정에는 드라마와 현실 세계를 둘러싼 중요한 논점이 잠재되어 있다.

넷플릭스로 대표되는 글로벌 미디어의 콘텐츠는 국민국가와 글로벌 자본이 생산하는 서사 사이에 차이와 긴장을 만들어 글로벌 차원에서 이야기할 수 있는 자이니치의 정동의 리얼리티 affective reality 를 전면화했다. 〈파친코〉는 지금까지 해당 지역의 역사적이고 문화적인 표상 공간에서 생산되어 온 이야기를 글로벌 자본에 의해 생산됨으로써, 그 역사적·문화적 문맥에서 벗어난 새로운 역사적 리얼리티가가 가능하다는 점을 보여주었다. 이는 영상 표현의 역사적 리얼리티로 보나 동아시아의 역사인식 문제로 보나, 오늘날의 글로벌 미디어 세계는 더 이상 미국의 소프트파워를 빼놓고는 생각할 수 없음을 시사한다.

그렇다고 해서 글로벌 미디어 콘텐츠의 유일한 승자가 미국이라는 것을 의미하지는 않는다. 이민진은《파친코》의 드라마화에 있어 백인 배우가 아닌 아시아계 배우가 출연하는 것을 고집했다고 한다. 이 조건을 받아들인 것이 애플TV+였다. 다만 한국계 미국인인 수 휴 총괄 프로듀서는 〈파친코〉에 대해서 "한국의 이야기를 전하고자 한 작품이지만 글로벌한 이야기"라고 공개전 미디어 컨퍼런스에서 강조한 바 있다.[30]

앞서 언급한 강상중은 제95회 아카데미상에서 감독상 및 각본상 등 7개 부문을 석권한 〈에브리씽 에브리웨어 올 앳 원스〉 2022 의 압도적인 위업은 '아시아적인 것'을 소비하는 새로운 방식의 정교한 표상을 창조한 것이라고 주장했다. 〈파친코〉 역시 마찬가지로 미국 내부의 변화를 반영하는 '아시아적인 것'이 할리우드적인 엔터테인먼트 속에 녹아 든 텍스트임에 틀림없다.[31]

이처럼 우리는 OTT 드라마 〈파친코〉를 통해 글로벌 서사와 로컬 서사의 경계에서 역사의 리얼리티가 누구를 향해 어떻게 구축되는지를 동아시아에서 역사 표상이 세계화되는 양상을 파악할 수 있다. 나아가 대중문화로 나타나는 후기식민주의 동아시아에서 '감정의 정치'리오 칭에 대한 논의의 장을 만들어내는 플랫폼으로서 글로벌 OTT의 의의를 확인할 수 있다.

5장

<파친코>의 장소성과 장소 마케팅, 공공외교:

'드라마 정동'의 힘

이형민(성신여자대학교 미디어커뮤니케이션학과 교수)

이 장은 애플TV+ 오리지널 콘텐츠 〈파친코〉에서 재현되는 장소와 장소성이 어떻게 '드라마 정동'dramatic affect의 발산으로 연결되는지 해명한다. 정동은 세상의 외부 자극에 노출된 채 긴밀한 관계로 일상을 영위하는 개인들이 서로 영향을 주고받게 하는 내면적 힘을 일컫는 개념이다. 미디어 연구에서 태도변용을 의미하는 효과effect 개념에 견주어, 드라마 서사나 등장인물, 장소가 수용자에게 발산하는 힘 또는 영향력을 가장 잘 설명하는 것이 바로 정동affect이다. 이 글은 특별히 기존 드라마 연구에서 주로 다뤄진 등장인물-수용자 또는 서사구조-수용자 간의 분석적 틀을 확장하여, 장소-수용자가 표출하는 장소성 분석을 통해 〈파친코〉가 일본의 부당한 식민지배, 비극적인 자이니치의 형성과 현 상태, 한일관계의 왜곡 등에 대한 정동을 발산하고 있음을 설명한다. 본문은 〈파친코〉의 핵심적 배경이 되는 대한민국의 부산과 일본의 오사카, 요코하마가 서사적 · 심리적 · 사회적 · 문화적 · 역사적 측면에서 어떤 장소성을 띠는지 보여준다. 이를 통해 정동의 실천적 표출로서 장소 마케팅과 공공 외교의 차원에서 어떤 함의를 가지는지를 논의한다.

1. 들어가며 : 〈파친코〉에서 재현되는 장소와 장소성

OTT 서비스는 플랫폼 내 콘텐츠 카탈로그 중 수용자가 원하는 프로그램을 스트리밍 방식으로 제공한다. 따라서 수용자는 기존의 선형적이고 일방향적인 콘텐츠 소비 방식에서 벗어나 본인이 원하는 프로그램을 자신이 원하는 시간에 원하는 순서대로 마음껏 소비할 수 있다Lobato, 2018. 넷플릭스, 디즈니+, 아마존프라임비디오, 애플TV+ 등 거대 자본이 투입된 OTT 서비스는 초국가적이고 초경계적인 콘텐츠 유통과 소비를 활성화시키고 있다신선경·박주연, 2020; Aguiar & Waldfogel, 2017. 여기에 글로벌 OTT의 오리지널 콘텐츠가 기여하는 바를 말하지 않을 수 없다.

글로벌 OTT의 오리지널 콘텐츠는 이른바 한류 콘텐츠에 대한 전 세계적인 관심이 증폭되는 데 큰 기여를 하고 있다. 2021년 9월 넷플릭스 오리지널 시리즈로 공개된 〈오징어게임〉2021은 가히 신드롬이라 할 만큼 대중적 인기를 얻어 한류 콘텐츠의 새로운 지평을 연 것으로 평가된다허만섭, 2023. 대한민국의 역사와 문화를 바탕으로 한국어로 제작된 드라마의 전 세계적인 흥행은 전례 없던 일이었다. 〈오징어게임〉 이후 많은 글로벌 OTT 기업들은 한류 콘텐츠의 글로벌 시장성과 잠재력을 인정하여 투자와 지원을 아끼지 않고 있다. 대한민국 OTT 콘텐츠는 국가 이미지 및 브랜드 가치 제고에 크게 기여하고 있다.

2022년에 공개된 애플TV+의 오리지널 시리즈 〈파친코〉는 여러 면에서 흥미롭다. 후발주자인 애플TV+는 작품성과 화제성이 높은 오리지널 콘텐츠를 전략적으로 홍보하고 마케팅함으로써 다른 OTT 플랫폼과의 경쟁에서 충성스러운 구독자층을 확보하려 애쓰고 있다채경훈, 2024. 〈파친코〉는 기획 단계부터 많은 관심을 끌었다. 1,000억 원의 제작비가 투여되었다는 점, 한국계 미국인 소설가 이민진의 동명 소설을 원작으로 한 점, 한일 양국 이외에서는 제대로 주목받지 못했던 재일 조선인들의 인생역정을 그린 점, 그 과정에서 필연적으로 일제의 악행이 그려진 점, 그리고 이민호, 윤여정 등 국제적으로 널리 알려진 유명 배우들이 캐스팅되었던 점 때문일 것이다. 〈파친코〉는 2022년 3월 25일 첫 화가 공개된 직후부터 시청자와 평론가들로의 뜨거운 반응을 이끌어 내었다. 각종 이용자 지표에서 1위를 기록하였고, 미국 방송계의 퓰리처상이라고도 불리는 피바디어워즈Peabody Awards에서 수상하는 등 작품성도 인정받았다.

〈파친코〉는 일견 한류 콘텐츠로 보이지만 엄밀한 의미로 볼 때 한류 콘텐츠가 아니다. 〈파친코〉는 배경, 등장인물, 이야기 등이 한국적 요소를 바탕으로 하고 있으며, 제작진과 출연진에 재외 한국계가 다수 포진되어 있을 뿐 미국 제작사가 기획, 제작, 배급하는 글로벌 콘텐츠이다. 지적재산권IP: Intellectual property 역시 온전히 그 제작사와 애플TV+의 것이다. 즉, 〈오징어게임〉,

〈더글로리〉2022, 〈무빙〉2023, 〈카지노〉2022처럼 순수하게 한국 제작진과 출연진에 의해 기획 제작된 드라마들과 달리, 〈파친코〉는 한국적인 이야기를 다루면서도 다양한 글로벌 수용자들에게도 충분히 매력적인 초국가적 콘텐츠로 이해하는 것이 타당하다채경훈, 2024. 혹자손지현, 2023는 거대 자본에 기반한 글로벌 OTT 플랫폼이 콘텐츠 시장을 지배하고 있는 이 시기에 〈파친코〉의 등장은 지정학적 탈중심화를 보여주는 의미심장한 사례라고 지적한다.

그러면서도 〈파친코〉는 실제 역사적인 사건과 사실에 기초하고 있다는 점에서 '한국적'이기도 하다. 완전한 허구에 기반했던 기존 한류 콘텐츠와 달리, 실제 역사적 사실에 기반한 배경과 서사는 수용자들이 텍스트 소비가 끝난 이후에도 여러 가지 점에서 인식과 행동에 영향을 미치게 된다. 무엇보다 〈파친코〉가 일본의 제국주의가 극에 달하던 시기의 민감하고 첨예한 역사적 사실에 천착하고 있다는 사실은 텍스트로서 〈파친코〉를 더욱 면밀히 들여다보아야 하는 필요성을 배가시킨다. 아직도 한국과 일본 양국 간 현저한 인식 차이가 존재하는 상황에서, 역사적 사실에 근거한 〈파친코〉가 글로벌 수용자들의 인식과 행동에 어떤 영향을 미치는지 호기심이 발동한다. 무엇보다 그것은 〈파친코〉가 촉발할 수 있는 지리적·역사적 노스텔지어, 달리 말하면 한국, 미국, 일본이라는 국가 또는 그런 국가의 어떤 장소에 대한 생각과 감정의 문제이다. 이 글에서 밀도 있게 살펴볼 '드라마 정동'dramatic affect 의 문제이다.

이 장은 드라마 〈파친코〉가 글로벌 수용자들에게 촉발하는 정동을 텍스트 속에서 재현되는 장소place 를 통해 고찰한다. 모든 이야기에는 그 이야기가 펼쳐지는 장소가 존재한다. 장소는 등장인물이 물리적으로 주거하고 생활하며 각자의 사연과 관계가 만들어지는 텍스트의 핵심적인 요소이다. 〈파친코〉에서 이야기가 전개되는 주요 장소는 한국과 일본이다. 따라서 이 글은 〈파친코〉 서사 구조에서 핵심적 배경으로 재현되는 한국과 일본의 특정 장소가 띠는 성격, 즉 공간 연구에서 장소성 placeness 이라 불리는 것을 탐구한다. 앞서 언급한 것처럼, 전형적인 한류 드라마와 그 결을 달리 하는 〈파친코〉가 보여주는 장소성을 탐구하는 것은 여러모로 의미가 있다. 글로벌 보편문화의 시대 행위적인 차원에서 〈파친코〉의 장소성이 잠재적으로 지니는 의미가 크기 때문이다.

최근 미디어 콘텐츠를 활용한 장소 마케팅과 공공외교에 대한 학문적·실무적 관심과 논의가 점차 활발해지고 있다. 이는 장소라는 공간을 상품화하여 더욱 많은 방문자를 유치하고 파생 산업을 활성화하여 경제적 이익을 극대화하고자 하는 지역 공동체 및 지방 정부의 노력에 기인한다김병희·구승회, 2023 . 나아가 어떠한 장소를 매력적인 국가 자산으로 적극 활용함으로써 해외 공중들에게 국가 브랜드를 제고하고 외교적 이익을 도모하고자 하는 공공외교의 관점에서도 미디어 콘텐츠에서 재현되는 장소성에 관한 논의는 매우 의미가 있다장병희, 2022. 이러한 점에 주목하여 이 글은 〈파친코〉에서 재현되는 한국과 일본, 그리고 수용자들이 지각하는 각 장소에 대한 장소성이 촉발할 수 있는 정동의 문제를 장소 마케팅과 공공외교 차원에서 조망함으로써 글로벌 OTT 플랫폼을 통해 유통되는 미디어 콘텐츠의 경제적·사회적·문화적 함의를 풀어보고자 한다.

2. TV 드라마 속 장소와 장소성, 그리고 드라마 정동

장소는 인간의 경험, 감정, 기억, 기타 다양한 사회적 상호작용이 복합적이고 다층적으로 결합된 공간이다Relph, 1976. 물리적 환경, 활동, 의미의 결합으로 사람들에게 인식되는 장소는 그 자체로 다른 장소와 구별되는 독특한 특성을 갖게 되며, 시간의 흐름과 역사적인 맥락 속에서 그러한 특성이 지속될 때 고유한 정체성을 확립하게 된다. 장소가 갖는 고유한 정체성과 장소가 내포하는 의미는 해당 장소를 경험하는 사람들로 하여금 정서적 친밀감과 유대감을 발현하게 하여 그들이 장소를 심리적으로 애착하게 하기도 한다장노현, 2018; Tuan, 1977.

공간연구 분야는 장소가 갖는 이러한 고유한 정체성을 장소성placeness 으로 설명한다. 장소성은 인간의 재현과 기억을 통해 형성되며, 개인적인 차원에서의 의미와 친밀성이 부여됨으로써 구체화된다김민승·류웅재, 2022; 임종수·이원, 2010. 특정 장소에 대해 인간이 개인적 또는 집단적으로 느끼고 공유하는 생각 또는 감성의 산물이 곧 장소성인 것이다. 노창현2019 은 "특정 장소에서의 경험으로 개인 차원의 장소에 대한 문화적 감성이 발생하고 이러한 개인들의 지각과 감성이 집단과 공유되어 시간의 압력을 견뎌낼 때, 진정한 의미의 문화적 장소성이 형성되는 것이다"p. 119 라고 주장하였다.

여러 장르의 미디어 콘텐츠 가운데 특히 드라마는 특유의 서사 구조를 통해 배경으로서의 장소를 더욱 의미 있는 곳으로 만들 수 있는 개연성이 높다. 드라마에서 어떠한 대상이 재현되는 방식은 다양한 제작 의도와 사회적·문화적 합의에 따른 산물이라고 할 수 있다김민승·류웅재, 2022. 드라마 서사 구조와 스토리텔링의 배경으로 작동하는 장소에 대한 재현은 실재 장소가 갖고 있는 사회적·역사적·문화적 의미와 사실적 실체를 기반으로 재현되기도 하지만 작가 또는 제작자의 의도에 따라 새로운 상징적 의미가 부여되거나 시대의 변화에 부응하여 재해석되기도 한다김소라·이병민, 2017.

한편, 드라마는 극적인 스토리텔링과 실감나는 배우들의 연기를 통해 수용자들로 하여금 다루는 세계에 대한 특정한 정동을

불러일으키는 대표적인 미디어 콘텐츠 형식이다박노현, 2023. 박
노현2023 은 특별히 극의 인물과 시청자 사이에 형성되는 교감
을 드라마 정동또는 극적 정동, dramatic affect 이라 부르면서, 그것이
시리즈와 시즌제의 장기지속적 드라마 형식에서 잘 형성된다고
말한다. 정동은 인문학과 사회과학에서 무척 난해하게 언급되
지만, 쉽게 이해하면 서로 간에 영향을 주고받을 수 있는 신체적
능력이자 신체적 변화를 유발하는 감정적 상태 또는 욕구를 의
미한다이항우, 2019. 정동은 세상의 외부 자극에 노출된 채 긴밀한
관계로 일상을 영위하는 개인들이 서로 영향을 주고받으면서
공명 또는 변화하는 과정을 설명할 때 사용하는 개념이다채석진,
2018. 미디어 연구에서 태도변용을 의미하는 효과effect 개념에
견주어, 드라마 서사나 등장인물, 장소가 수용자에게 발산하는
힘 또는 영향력을 가장 잘 설명하는 것이 바로 정동affect 이다.

정동은 인간들 사이에서만 발생할 수 있는 것이 아니다. 비인
간, 부분-신체 등으로 개념화되는 기계, 장치, 인공물, 나아가 환
경과 인간 사이의 상호적 관계와 영향 속에서도 정동이 발생할
수 있다이항우, 2019. 최근 이러한 맥락에서 미디어 콘텐츠와 수용
자 사이에서 발생하고 확산하는 정동에 대한 논의가 활발하게
진행되고 있다. 미디어 콘텐츠는 수용자들에게 기쁨, 슬픔, 공포,
감동 등 다양한 감정적 반응을 불러일으키며, 나아가 욕망을 자
극함으로써 신체적 변화를 유도할 수 있다최현경·강진숙, 2022. 특히
드라마는 수용자의 감정적 반응을 증폭시킬 수 있는 다양한 요

소들예를 들면, 서사 구조, 연기 등 때문에 많은 정동 연구의 대상이 되고 있다박미영, 2024. 앞서 말한 드라마 정동의 문제이다.

미디어를 통해 다수의 개인에게 획일적으로 전달되는 콘텐츠의 특성을 고려할 때, 드라마와 수용자 간 형성되는 정동은 수용자들 사이에서 비슷하게 공유되기도 하고, 직접 경험하지 않은 다른 사람들에게 전이될 수도 있다이향우, 2019. 이러한 맥락에서 수용자들 사이에서 발생하는 정동의 공명이 큰 드라마가 결국 대중적으로 성공하는 드라마라는 공식이 성립된다윤복실, 2023. 〈오징어게임〉, 〈더글로리〉 등 가히 선풍적인 인기를 얻은 드라마들의 사례에서 어떻게 드라마와 개별 수용자 간 발생하는 정동이 집단적 차원으로 공명하고 나아가 사회적으로 주목할 만한 현상이 발생하는지를 쉽게 이해하고 확인할 수 있다. 즉, 정동의 개념은 특정 드라마에 열광하는 수용자 집단을 중심으로 형성되는 팬덤의 기제와 양식을 설명하는 유용한 틀을 제공한다.

이 장은 기존 드라마 정동 연구의 분석 대상과 범위를 확대하여 드라마에서 재현되는 '장소'와 수용자 간 발생할 수 있는 정동에 관해 이야기하고자 한다. 기존의 드라마 정동 연구는 드라마 서사 구조 또는 등장인물과 수용자 간의 정동에 대해 논의해 왔다. 그러나 주지하다시피 드라마는 서사 구조와 등장인물 외에도 셀 수 없이 많은 요소로 구성된 텍스트이다. 특히 드라마 서사가 펼쳐지는 배경이자 극중 인물이 물리적으로 위치하는 장소는 드라마와 수용자 간 상호작용을 통해 발생할 수 있는 정동에 상당히 중요한 의미를 갖는다. 드라마에서 재현되는 장소는 재현의 방식에 따라 수용자들로 하여금 해당 장소에 대한 특정한 이미지를 갖게 한다. 나아가 수용자들은 드라마 시청을 통해 배경 장소에 대한 일종의 기대와 욕망을 품게 됨으로써 정동이 완성된다최인호, 2008.

예를 들어, 수 년 전 많은 대중적 인기를 얻은 드라마 〈겨울연가〉2002 의 경우, 극 중 주인공들의 행복한 추억과 사랑의 공간으로 남이섬이라는 장소에 상징적 의미가 부여되었고, 드라마를 통해 재현된 남이섬의 장소성에 반응한 많은 시청자들이 실제 남이섬에 방문하도록 유도하는 강력한 효과를 가져왔다. 〈겨울연가〉 시청자들은 드라마 배경으로 재현된 남이섬에 추억과 로맨스라는 상징적 의미를 결합하여 새로운 장소성을 부여하였고, 드라마에서 묘사된 것처럼 환상적이고 낭만적인 체험을 할 수 있기를 기대하고 욕망하면서 남이섬에 방문하였다송영민·강준수, 2018. 드라마와의 상호작용을 통해 개인적·집단적 차원에서 나타난 정동의 실증적 사례라고 할 수 있다. 마찬가지로 미국 드라마 *Game of Thrones* 2011 의 배경으로 알려진 크로아티아의 두브로브니크에도 드라마의 시청자들이 마치 '성지순례'를 하듯이 해당 장소를 방문하여 관광객 수가 급증한 바 있다Tkalec, Zilic, & Recher, 2017. 이들 중 상당수가 극중 인물로 분장하거나 복장을 따라 하는 코스튬플레이 constume play 를 하면서 단체로 관광하는 사례가 많았다는 사실은 드라마를 통해 촉발된 정동의 집단적 공유와 전이를 보여준다고 하겠다.

드라마가 자주 재현하는 장소가 가지는 장소성은 크게 다섯 가지 측면에서 설명된다. 첫 번째는 '서사적 의미'로서 장소성이다. 장소는 드라마의 스토리텔링 전개와 구조에 있어서 중요한 역할을 한다. 전체적인 이야기의 주요 무대가 되며, 등장인물의 행동과 그들 사이의 상호작용이 발생하는 물리적인 공간이기 때문이다. 따라서 드라마의 서사 구조, 이야기가 갖는 의미, 그리고 등장인물 간 역학관계가 배경으로서의 장소에 장소성을 부여하게 된다.

두 번째는 '심리적 의미'로서 장소성이다. 드라마 배경으로 재현되는 장소는 생활의 공간이자 실존적 상황으로써 등장인물들의 심리와 감정에 지대한 영향을 미친다. 종종 드라마 속 장소의 재현과 묘사가 등장인물의 심리와 행동을 설명하는 장치로 사용되기도 하고, 앞으로 일어날 사건과 이야기 전개의 복선이 되기도 한다. 전체적인 이야기 구조의 분위기를 결정하고 등장인물의 정체성과 심리 형성의 원인을 제공하면서 드라마 속 장소는 특유의 장소성을 갖게 된다.

세 번째는 '사회적 의미'로서 장소성이다. 장소는 등장인물 간 사회적 상호작용 또는 계층적 관계를 결정하는 중요한 공간이다. 한편, 극 중에서 등장인물 간 상호작용이나 역학관계의 변화를 암시하는 장치로 장소가 사용될 수도 있다. 드라마 배경으로서의 장소에서 발생하는 등장인물 간의 관계 형성과 상호작용은 장소에 대한 사회적 의미를 형성시킨다. 이러한 과정을 통해 드라마에서 재현되는 장소에는 사회적 의미를 바탕으로 한 장소성이 투영된다.

네 번째는 '문화적 의미'로서 장소성이다. 드라마의 배경으로 작동하는 장소는 자연환경, 인공구조물, 지리 등 다양한 요소들로 구성되어 있으며, 각각의 요소는 문화적 특성을 상징하는 장치로 기능한다. 따라서 드라마에서 재현되는 장소는 문화적 정체성과 가치관을 반영하고 투영하는 과정을 통해 특징적인 장소성을 내포하게 된다.

마지막으로 '역사적 의미'로서 장소성이다. 장소는 역사적 배경 또는 사건을 구체화하는 공간으로 극 중 인물에게 역사성을 부여한다. 드라마에서 재현되는 장소가 서사구조의 역사적 맥락을 형성하는 데 핵심적인 요소로 작동하고 수용자들에게 받아들여지면서 역사적인 의미와 상징을 중심으로 한 장소성이 형성된다.

이 장은 드라마 〈파친코〉 속 장소성의 문제를 이상의 다섯 가지 측면에서 발생하는 드라마 정동의 관점에서 살펴보고자 한다. 드라마 수용자들은 비단 등장인물 또는 서사 구조와의 교감과 상호작용만을 통해 정동을 경험하는 것은 아니다. 수용자들이 드라마 시청을 통해 경험하는 정동은 재현되는 장소와 지각되는 장소성 등의 요소를 통해서도 충분히 가능하다. 따라서 이 글은 드라마 정동을 '드라마 시청과 몰입을 통해 증폭되는 수용자의 감정이 신체와 서로 영향을 미치게 되는 상태 또는 그로 인한 신체적·심리적 변화'라고 정의하고, 〈파친코〉에서 재현된 장소와 장소성에 대한 분석에 이러한 개념을 적용하고자 한다.

3. 〈파친코〉의 장소와 장소성 : 부산, 오사카, 요코하마

〈파친코〉 시즌1이 펼쳐지는 가장 핵심적이고 중요한 장소는 식민지 조선 또는 대한민국의 '부산' 그리고 일본의 '오사카'와 '요코하마'이다. 주인공 선자가 태어난 고향이자 첫사랑인 고한수와 만나게 된 장소로 재현되는 부산, 보다 구체적으로 부산의 영도는 선자의 유년기, 가족 간 관계, 그리고 그녀와 그녀의 후손들이 어떤 정체성과 삶의 가치관을 형성할 것인지를 암시하는 서사 공간이다. 부산은 재일 조선인 이전 선자의 고국이자 고향이다. 고향으로서 부산은 선자가 일본으로 이주한 이후에도 그녀의 생각, 행동, 삶에 대한 자세 등에 지속적인 영향을 미치는 원천적 장소이자 모든 이야기의 시작점이다.

선자가 고한수의 아이를 임신한 후 병약하지만 심지 곧은 이삭의 청혼을 받아들여 새로운 인생을 살아가기 위해 이주하게 되는 곳은 일본 오사카이다. 이 오사카에서 선자와 그녀의 가족들은 이주민으로서 다양한 차별, 사회적 편견, 생활의 어려움 등을 맞닥뜨리게 되고, 내면적으로도 문화적 충돌과 정체성 혼란을 경험한다. 따라서 〈파친코〉에서 일본은 기회의 땅이지만 차별을 극복하고 생존해야 하는 치열한 삶의 터전이기도 하다. 7화에서 고한수의 이야기가 펼쳐지는 요코하마는 관동대지진 당시 조선인 학살이라는 역사적 사실이 펼쳐지는 끔찍한 기억의 공간, 그리고 특히 재일 조선인들에게는 씻을 수 없는 고통의 공간으로 재현된다.

선자가 재일 조선인이라는 정체성을 갖기 이전 그녀의 삶이 시작되는 원점이자 고향으로서의 부산, 일본으로의 이주를 통해 재일 조선인이 된 현실이자 차별의 공간으로서의 오사카, 그리고 재일 조선인에 대한 차별과 폭력이 극대화된 공간으로서의 요코하마는 드라마 〈파친코〉의 서사가 펼쳐지는 줄기이자 전체적인 주제의식을 표상한다. 앞서 살펴본 다섯 가지 차원의 장소성의 개념에 따라 드라마 〈파친코〉에서 재현된 장소성을 보다 구체적으로 살펴본다.

서사적 장소성:
식민지 조선 대한민국의 부산 vs 일본의 오사카

〈파친코〉에서 한국의 작은 어촌으로 묘사되는 부산 영도는 가난하지만 화목하게 살아가는 선자 가족의 삶의 원점인 곳이다. 몸이 불편하지만 선자에게 무한한 사랑을 주는 아버지, 그리고 남편과 함께 하숙집을 운영하며 치열한 삶의 현장에서 최선을 다하는 어머니가 선자에게 행복하고 단단한 가족의 울타리를 제공하는 곳으로, 따뜻하고 아련한 느낌과 함께 고향으로서의 노스탤지어를 불러일으키는 서사적 장소성이다. 다른 한편으로는 사랑, 이별, 새로운 만남, 그리고 일본으로의 이주를 결정하는 일련의 이야기가 펼쳐지는 디아스포라 서사의 출발점이기도 하다. 결국 〈파친코〉에서 한국은 향후 일본으로의 이주를 통해 여러 가지 시련과 애환을 경험하기 전 가족 같은 따뜻함과 포근함을 연상시키는 서사의 발현지로 재현되고 있다.

선자와 결혼한 이삭이 새로운 삶을 위해 이주한 일본 오사카는 〈파친코〉의 서사 구조에서 획기적인 전환점을 제공한다. 등장인물의 디아스포라적 삶의 스토리가 본격적으로 펼쳐지는 장소이며, 미혼모가 될 뻔했던 선자가 고향에서의 멸시와 편견을 피하고 새로운 출발을 하기 위해 선택한 장소이다. 한편, 조선

〈그림 5-1〉 노스탤지어적 장소로서 식민지 조선의 부산 (출처: 애플TV+)

이민자들이 집단으로 모여 사는 빈민가 '이카이노'는 이주지에
서의 경제적 어려움과 사회적 차별을 극명하게 보여주는 서사
적 장치로 재현된다. 〈파친코〉 서사에서 일본은 등장인물들이
계속해서 불편함과 편견의 시선 속에서 삶을 살아가게 만드는
감시자 또는 방관자이다.

〈그림 5-2〉 감시와 차별의 장소로서 재현되는 일본 오사카 (출처: 애플TV+)

심리적 장소성:
식민지 조선 대한민국 의 부산 vs 일본의 오사카

　선자의 고향인 부산 영도는 그녀의 정신적 안식처이자 정체성의 뿌리이다. 가난하지만 인심 좋고 선한 가족, 그들과 잘 어울리는 친절한 이웃들은 선자를 부드러우면서도 착하고 한편 강인한 여성으로 살아가게 만든 심리적 요인이다. 이러한 심리적 장소성은 선자의 행동과 인생의 중요한 선택에서 지속적으로 영향을 미친다. 부산 영도는 선자에게 끊임없이 아련하고도 그리운 감정을 유발하는 노스탤지어적 고향이자, 일본에서의 어려운 생활 속 아내로서 그리고 엄마로서 가족을 지키는 그녀의 강인한 정체성과 윤리적 가치관이 형성된 장소로 재현된다.

　한편 일본 오사카는 선자에게 지속적인 심리적 스트레스와 고난을 요구하는 장소이다. 새로운 환경에의 적응에서 오는 스트

〈그림 5-3〉 선자의 가치관의 고향으로서 한국 부산 (출처: 애플TV+)

레스, 궁핍하고 누추한 삶의 연속, 그리고 재일 조선인에게 가해지는 노골적·암묵적 차별과 편견은 선자를 끊임없이 괴롭힌다. 그러나 선자는 그런 환경에서 오히려 더 굳세고 꿋꿋한 아내이자 엄마로 단련된다. 오사카는 이방인인 그녀의 심리적 불안과 삶에 대한 애착이 증폭되는 장소이다.

〈그림 5-4〉 고난과 차별의 장소로서 일본 오사카 (출처: 애플TV+)

사회적 장소성:
식민지 조선 대 한국 의 부산 vs 일본의 오사카

〈파친코〉에서 한국은 일본 제국주의의 식민지로 전락했지만, 여전히 가족, 마을 중심의 공동체적 사회 구조를 바탕으로 서로 도우며 열심히 살아가는 소시민들의 터전으로 재현된다. 하지만 식민지 조국은 하루라도 편할 날이 없다. 밤늦은 술자리에서 나눈 얘기마저 흘러나가 일본 순사들이 선자의 집에 방문하여 취조하는 장면은 당시 피식민지로서 억압받던 식민지 조선의 사회상을 단적으로 보여준다.

〈그림 5-5〉 제국주의 통치 장소로서 부산 (출처: 애플TV+)

선자가 이삭과 함께 도착한 일본 오사카는 한적한 시골로 묘사된 한국 부산에 비해 훨씬 화려하고 복잡한 대도시이다. 그러나 곧 재일 조선인의 집단 거주지인 '이카이노'를 중심으로 이야기가 전개되면서 오사카라는 장소는 배제와 차별의 공간으로 작용한다. 그 속에서 비슷한 처지의 재일 조선인들이 어려운 상황을 극복하기 위해 서로 연대하고 합심하는 공간이기도 했다. 식민지 시기 오사카는 차별과 연대라는 이율배반이 공존하던 공간이다.

〈그림 5-6〉 차별과 연대의 장소로서 일본 오사카 (출처: 애플TV+)

문화적 장소성:
식민지 조선 대한민국 부산 vs 일본의 오사카

〈파친코〉는 또한 의복, 주거형태, 음식, 생활 방식 등을 통해 문화적인 장소성을 표현한다. 식민지 조선의 문화적 특성은 이야기가 전개되면서 부산의 장소성 및 선자의 정체성 형성에 중요한 역할을 한다. 특히 해산물 채취와 판매, 쌀을 주식으로 하는 삶, 그럼에도 쌀밥 한 번 제대로 먹어보지 못하는 억울한 인생이 곧 부산 영도에서 살았던 선자의 삶이다. 한편 문화적으로 식민지 조선의 부산은 아직 유교사상이 청산되지 않아 혼외 임신과 미혼모에 대한 따가운 눈초리가 있던 곳이다.

〈파친코〉에서 일본은 다양한 문화적 충돌과 융합이 일어나던 싱싱한 장소이다. 디아스포라로서 재일 조선인들은 김치를 만

〈그림 5-7〉 전근대적이고 유교적인 장소로서 부산 (출처: 애플TV+)

들어 먹고 판매하지만 그들의 언어와 문화가 인정된 적은 한 번도 없다. 일본이 조선 영토를 강제로 점령하고 있는 상황 속에서 식민지 조선의 문화를 열등하게 보는 시각이 지배적이었음은 당연하다. 그에 반해 산업적으로 발달한 대도시 오사카는 훨씬 현대적인 교육, 부자관계, 그리고 부부관계로 표상된다. 동양의 맨체스터로서 오사카는 모든 것이 들끓는 장소였다. 포장도 되

〈그림 5-8〉 이질적인 문화가 충돌하고 융합하는 장소로서 오사카 (출처: 애플TV+)

2부 〈파친코〉와 OTT 콘텐츠 공학

지 않은 진창을 걸어 자신의 핏줄을 만나야 하는 한수와 노아의 모습이 이러한 상황을 상징적으로 웅변한다.

역사적 장소성:
식민지 조선 대한민국 의 부산 vs 일본의 요코하마

〈파친코〉에서 한국은 일본 제국주의의 통치를 받는 식민지이다. 역사적으로 이 시기는 식민지 조선인들에게 큰 고통과 치욕의 시기이다. 드라마에 등장하는 부산 영도는 이러한 시기를 살아가는 평범한 한국인들의 시련과 역경, 그리고 생존을 위한 미세 투쟁이 일어나던 곳이다. 특히 술자리에서 일본인들에 대한 울분을 토하는 하숙인들의 장면, 일본 순사들에게 연행되면서 뱃노래를 부르는 장면 등은 식민지 조선의 역사적 장소성을 극명하게 드러낸다.

〈그림 5-9〉 수탈과 탄압의 역사적 공간으로 부산 (출처: 애플TV+)

〈파친코〉 시즌1에서 요코하마는 부산이나 오사카보다 비중이 낮지만 시즌1을 통틀어 가장 강렬한 감정을 불러일으키는 장소이다. 관동대지진 당시의 이야기를 다룬 7화는 일본이 갖는 역사적 장소성을 극명하게 드러낸다. 사회적으로 위기가 닥쳤을 때 피식민자들을 제도적 근거없이 배제 또는 학살하는 장면은 재일 조선인들이 차별과 멸시는 물론 생명마저 스스로 챙겨야 하는 삶을 살았던 존재임을 암시한다. 요코하마는 재일 조선인들의 비극적이고 고통스러운 삶의 여정을 상징하는 공간이다.

〈그림 5-10〉 재일 조선인의 생명마저 위협하는 장소로서 요코하마 (출처: 애플TV+)

이상으로 드라마 〈파친코〉가 보여주는 부산, 오사카, 요코하마의 장소와 그곳에서 재현되는 서사적·심리적·사회적·문화적·역사적 장소성에 대해 살펴보았다. 각각의 장소는 다섯 가지 차원 중 어느 하나 또는 복수의 장소성을 띤다. 이때 장소성은 드라마 서사가 남기는 감정의 흔적이다. 〈파친코〉는 한 나라가 멸망하고 그 안에서 살아가던 인물들이 두려워하면서 삶을 이어가고 새로운 만나고 사랑하고 떠나고 고난을 겪고 그런 중에도 삶의 의미를 찾고 때로는 죽음의 그림자를 직면하는 디아스포라적 인생역정에 관한 정동의 드라마이다. 부산과 오사카, 요코하마는 그같은 정동의 펼쳐지는 대표적인 장소이다. 드라마는 영화와 달리 시리즈로 이어지는 서사구조로 인해 특정 장소에 대한 감각과 감정을 훨씬 더 잘 축적할 수 있다. 〈겨울연가〉의 달달함과 애틋함이 남이섬이 남긴 정동이라면, 〈파친코〉의 따뜻함, 사랑, 차별, 연대, 야심, 파멸은 부산과 오사카, 요코하마가 재현한 정동이다. 〈파친코〉의 이야기, 등장인물, 그리고 장소가 서사적으로 심리적으로 사회적으로 문화적으로 역사적으로 재현하는 드라마 정동이다.

4. 〈파친코〉의 장소성과 드라마 정동의 함의

장소 마케팅의 관점

앞서 개괄적으로 살펴보았듯이, 〈파친코〉는 한국과 일본 두 나라의 다양한 장소를 배경으로 일본으로 이주한 재일 조선인들의 디아스포라 서사를 이야기의 중심축으로 하고 있다. 등장인물과 그들 간의 관계, 그 관계로부터 벌어지는 일들은 모두 작가적 상상력에 기반한 허구이지만, 서사의 핵심적 뼈대를 이루는 역사적 사건과 맥락은 모두 근·현대적 사실을 기반으로 하고 있다. 따라서 드라마의 배경으로 활용된 한국과 일본의 도시는 그런 일들이 벌어졌음직한 느낌을 발산하는 매력적이고 차별화된 장소성을 형성한다.

미디어 콘텐츠가 생산해내는 장소성이 해당 장소에 대한 경제적·사회적·문화적 가치를 제고한다는 사실은 다양한 사례들을 통해 이미 경험적으로 확인된 바 있다김병희·구승회, 2023; 이병민·이원호·김동윤, 2013. 장소가 여행 방문지, 휴식의 공간, 사회적 교류의 장으로 상품화될 수 있다는 인식이 공감대를 얻으면서 '장소 소비'라는 개념도 등장했다신일기·손영곤, 2022. 많은 지역, 도시, 국가의 특정 장소에 차별화된 장소성을 부여하고 홍보함으로써 장소를 재화로 마케팅하는 것이 일반화되고 있다. 지방자치단체는 이같은 효과를 염두에 두고 드라마나 영화 촬영 및 제작 유치에 노력을 기울이고 있다최인호, 2008.

TV 드라마를 비롯한 미디어 콘텐츠는 수용자들이 서사 구조와 이야기의 내용을 회상하며 작중 배경으로 등장한 장소를 직접 방문하고 여행하도록 유도하는 강력한 정동을 형성할 수 있다. 일부 선행연구에서는 이러한 현상을 지역 PPLproduct placement의 관점에서 설명한다. 간접광고라고 불리기도 하는

PPL은 미디어 콘텐츠를 통해 상품을 자연스럽게 노출시킴으로써 수용자들의 인지도, 관심, 호감, 소비 욕구 등을 자극하도록 기획된 콘텐츠를 의미한다. PPL의 관점에서 볼 때, 드라마의 배경으로 재현된 장소는 드라마의 서사 구조를 통해 재탄생된 장소성을 바탕으로 수용자들을 직접 방문하도록 유도하는 매력적인 관광자원이 될 수 있다. 뿐만 아니라 장소에 대한 묘사와 재현을 통해 자연스럽게 등장하는 지역 특산물, 문화 상품에 대한 수용자들의 인식과 관심을 제고함으로써 추가적인 경제 가치를 창출할 수도 있다정수희·이병민, 2016. 드라마 주인공이 걸었던 거리, 일어난 사건, 과거의 장소와 현재의 장소 간의 시간적 간극 등이 모두 일종의 드라마 정동이고 소비의 대상이다.

장소 마케팅을 소비자의 관점에서 본다면, 드라마를 통해 형성된 환상과 체험의 욕구를 장소 소비의 동인으로 활용한다고 볼 수 있다. 수용자들은 드라마에서 재현된 장소를 직접 방문하고 여행함으로써 등장인물의 의식적 흐름과 행동을 시공간적으로 경험한다. 이러한 경험은 수용자들이 드라마의 서사를 재차 되새기고, 극 중 인물의 생각과 경험을 보다 실제적이고 다각적인 관점에서 재해석하고 재구성할 수 있도록 도움으로써 원작의 감동을 배가시키는 상승작용을 하기도 한다변찬복·박종호, 2016. 드라마 정동이 실천의 형태로 나타나는 것이다.

이런 관점에서 볼 때, 〈파친코〉의 주요 배경 중 하나였던 부산은 주인공 선자의 고향이자 가족의 진정한 사랑이 존재했던 따뜻하고 아련한 노스탤지어적 장소성을 갖는다. 일본 이주민으로 치열한 삶의 질곡을 겪으면서도 항상 마음 한구석에 추억과 그리움을 자아내는 원형으로서의 부산은 〈파친코〉의 서사와 극 중 인물에 몰입한 수용자들에게 매우 매력적인 장소로 자리매김했을 가능성이 높다. 〈파친코〉 제작팀은 2020년 11월에 실제 부산에 방문하여 약 1주일 동안 촬영을 진행했다. 부산영상위원회에 따르면 자갈치시장, 태종대, 영도구청, 부산영락공원, 감지해변, 센텀시티역, 벡스코 등 10여 곳의 장소에서 〈파친코〉가 촬영되었고, 드라마의 중요한 배경으로 활용되었다. 부산에 직접 방문하여 드라마에서 재현된 장소를 보고 경험하면서 드라마를 통해 느꼈던 정서적 감동을 다시 한 번 반추하고자 하는 장소 소비의 가능성을 의미한다.

〈파친코〉가 애플TV+라는 글로벌 OTT 서비스 플랫폼을 통해 전 세계의 시청자들에게 소비되고 있다는 점도 학문적·실무적인 차원에서 논의할 만한 필요성을 제공한다. 주지하다시피 〈파친코〉는 한국의 자본과 콘텐츠 산업을 기반으로 제작된 한류 콘텐츠로 볼 수는 없지만, 한국계 미국인 작가의 소설을 원작으로 한국과 일본의 근·현대 역사의 맥락에서 펼쳐지는 서사를 다수의 한국계 제작진과 출연진에 의해서 풀어낸 드라마로서 한국적인 요소가 짙은 글로벌 콘텐츠라 할 수 있다. 따라서 〈파친코〉가 글로벌 OTT 서비스 플랫폼을 통해 초국가적·초경계적 콘텐츠로 소비됨으로써 예상되는 파급효과는 매우 중요하고 새로운 담론의 주제가 될 수 있다.

글로벌 OTT 서비스 플랫폼의 시대에서 드라마를 비롯한 미디어 콘텐츠의 영향력은 국가와 문화의 경계를 거부한다. 이러한 맥락에서 드라마를 활용한 장소 마케팅과 관련한 학문적·실무적 논의 또한 초국가적인 차원에서 조망되어야 한다. 〈파친코〉는 한국과 일본 두 나라를 둘러싼 근·현대 역사와 그 역사 속 다양한 사람들의 이야기 특히, 일본 이주 한국인들의 극적인 삶이 녹아든 이야기에 글로벌 수용자들을 초대한다. 〈파친코〉라는 드라마의 서사에 몰입하여 이야기를 받아들이고 극 중 인물들과 의미적 상호작용을 하면서 드라마의 배경으로 재현되는 여러 장소들은 특별한 의미를 지닌 장소로 자리매김하게 된다. 이러한 과정은 국적, 민족, 인종과 관계 없이 해당 장소에 대한 정동을 유발할 수 있다. 또한 어떠한 장소가 드라마의 배경으로 재현되면서 형성되는 장소성은 수용자들의 장소에 대한 방문, 여행뿐만 아니라 그들이 해당 장소의 국가에 대해 갖는 이미지, 브랜드 인식, 문화에 대한 호감 등을 견인할 정도로 강력하다김준국·김도희, 2023. 몇몇 연구에서는 한류 드라마에 대한 해외 수용자들의 인기가 한국 생산 제품에 대한 구매의도를 상승시키는 원산지 효과country of origin effect 를 유발할 정도로 강력할 수 있다는 사실을 실증적으로 규명하였다예를 들면, 양영수·이재은, 2020; 장정미·강준모, 2023.

글로벌 OTT 서비스 플랫폼의 초국가적인 영향력과 그러한 플랫폼을 통해 지리적·문화적 경계를 초월하여 소비되는 미디어 콘텐츠의 파급효과를 고려할 때, 〈파친코〉는 부산을 중심으로 한 한국 방문 및 여행은 물론이고 한국에 대한 국가 이미지와 국가 브랜드의 제고, 나아가 한국 기업 및 한국 생산 제품에 대한 긍정적인 태도와 구매 의도 형성에도 기여할 수 있을 것으로 판단된다. 〈파친코〉가 OTT 연구와 문화연구에 매우 흥미로운 화두를 던지고 있음은 자명하다.

한편 〈파친코〉에서 재현되는 일본의 장소성과 장소 마케팅적 가능성은 다크 투어리즘dark tourism 의 관점에서 살펴볼 수 있다. 〈파친코〉의 서사 구조에서 일본은 한국 이주민들이 적응하고 감내해야 하는 도전과 역경의 장소로 묘사되고 있다. 선자와 이삭이 처음으로 도착한 오사카는 가난과 고난, 차별과 편견이 상존하는 이질적 장소로 묘사되고 있으며, 7화에서 관동대지진의 역사적 현장으로 재현되는 요코하마는 생지옥을 방불케 하는 고통과 비극의 장소로 묘사되고 있다. 적어도 〈파친코〉에서 일본은 어두운 과거와 역사적 비극, 그리고 재난과 죽음으로 점철된 장소적 특징으로 재현되고 있다.

다크 투어리즘은 과거에 발생했던 사건, 사고를 회상하거나 특정 인물을 추모하기 위한 목적으로 해당 장소를 방문하는 특수한 관광행위를 의미한다. 다크 투어리즘은 단순한 회상과 추모를 넘어 역사적 교훈을 상기하고, 역사적 사실을 배우며, 그러한 행위를 통해 지적인 즐거움을 추구한다전명훈·고정민, 2022 . 세계적으로 유명한 다크 투어리즘 명소는 아우슈비츠 박물관, 킬링 필드, 히로시마 평화공원, 9/11 그라운드 제로 등이 있다.

〈파친코〉를 통해 일제 강점기의 역사적 사실과 재일 한국인의 삶에 대해서 인식하게 된 글로벌 수용자들은 일본 특히, 〈파친코〉의 주요 배경이었던 오사카와 요코하마에 다크 투어리즘적인 관심을 형성하게 될 수 있다. 과거에는 알지 못했던 또는 관심이 없었던 역사적 사실에 대한 인식이 해당 장소를 새로운 시각의 장소성으로 지각하게 되는 계기가 되고, 이러한 심리적 동인이 다크 투어리즘이라는 실천적 정동으로 표출될 수 있다.

공공외교의 관점

공공외교는 한 국가가 보유한 다양한 매력 자원을 바탕으로 해외 공중들과 직접적으로 소통하고 교감하면서 외교적 이익을 도모하는 비교적 새롭게 등장한 외교 방식이라 할 수 있다최지선, 2023. 최근 들어 공공외교는 커뮤니케이션학 그리고 문화콘텐츠학 분야에서 학제 융합적인 주제로 부상하고 있다. 기본적으로 한 국가가 전략적인 목적을 가지고 해외 공중들과 소통하고 그들의 생각과 행동에 영향력을 미치려 한다는 점에서 공공외교는 설득 커뮤니케이션의 요소를 갖고 있다. 또한 국가가 보유한 매력 자원 즉, 연성 국력soft power 의 핵심적인 요소로서 문화콘텐츠의 파급력과 중요성에 대한 공감대가 확산되면서 공공외교에 있어서 문화콘텐츠의 역할과 의의에 대한 학문적 논의가 활발하게 진행되고 있다.

공공외교 개념을 주창한 미국의 저명한 정치학자 조세프 나이 Joseph Nye 는 다양한 국가와 집단의 이해관계가 얽히고설키는 국제정치 무대에서 누구의 스토리가 더욱 설득력을 갖는지가 승패를 결정하는 중요한 요인이라고 지적하면서, 결국 문화적 매력을 바탕으로 한 강력한 스토리텔링이 국제사회에서 힘의 원천이 된다고 강조했다Nye, 2004. 이런 관점에서 드라마, 영화, 음악 등 엔터테인먼트적인 요소를 기반으로 하는 대중문화 콘텐츠는 한 국가의 정체성을 드러내면서 동시에 고유하고 차별화된 문화적 DNA를 내재하고 있는 매력적인 연성 국력으로 활용될 수 있다. 최근 한류 현상으로 인해 대한민국의 국제적인 이미지, 국가 브랜드, 국제사회에서의 위상 등이 제고되고 있다. 이에 국내에서도 대한민국의 공공외교에서 엔터테인먼트 콘텐츠의 역할과 영향력을 논의하고 그 실제적인 적용을 적극적으로 모색할 필요성이 제기되고 있다이형민, 2022.

주지하다시피 〈파친코〉는 민감할 수 있는 한국과 일본 두 나라 간 역사적 사실을 바탕으로 전개된다. 그리고 앞서 살펴보았듯, 〈파친코〉는 서사 구조, 등장인물, 장소성 등 다양한 차원에서 수용자들에게 강렬한 드라마 정동을 유발한다. 일본 제국주의가 한국을 식민지화했던 강점기와 제2차 세계대전을 전후로 한 시기를 인식하고 조망함에 있어 한국과 일본은 역사적 관점과 해석을 달리한다. 이러한 역사 인식은 과거부터 현재에 이르기까지 한국과 일본 양국의 관계 정립에 끊임없이 영향력을 행사해 왔고, 양측 간의 입장 차이가 격화될 때마다 외교관계는 경색되었다.

이러한 관계는 현재진행형이다. 조선인 강제징용 노동자 배상 문제, 일본군 성노예위안부 문제, 관동대지진 조선인 학살 문제 등 두 나라 국민과 정부 사이에는 아직도 해결되지 않은 어쩌면 영원히 해결될 수 없는 역사적 상흔과 감정적 앙금이 남아 있다. 또한 두 국가는 지리적으로 인접해 있어 독도 문제 등 영토 분쟁도 진행 중이다. 이러한 상황에서 두 국가는 다양한 외교 활동을 통해 본국에 유리한 국제정치 여론을 형성하기 위한 노력을 경주하고 있다. 〈파친코〉가 공개된 후 특히, 일본에서 의도적으로 해당 드라마에 대한 언론 보도나 비평 등을 자제했던 이유 중 하나는 〈파친코〉에서 묘사된 역사적 사실이 한국이 주장하는 바에 상당 부분 경도되어 있었기 때문일지 모른다. 즉 〈파친코〉는 일제 강점기에서 식민지 출신 이주민으로서 일본에서 살았던 한국인의 시선으로 이야기를 풀어가고 있기 때문에 일본의 관점에서는 다소 불편하고 불쾌한 이야기로 받아들여질 수 있다.

그러나 이러한 부분은 반대로 한국의 관점에서 매우 유리한 외교적 환경 구축의 단초로 이해될 수도 있다. 글로벌 OTT 서비스 플랫폼을 통해 초국가적인 콘텐츠 소비가 발생하는 현 상황에서 〈파친코〉를 통해 역사적 사실을 받아들이는 글로벌 수용자들에게 우리의 이야기를 우리의 시점에서 매우 자연스럽게 하지만 꽤 강력하게 전달할 수 있기 때문이다. 이러한 가능성은 지금까지 없었던 새로운 연구 주제를 제기한다. 기존 한류 콘텐츠의 공공외교적 역할과 기능을 조망한 일련의 연구들은 엔터테인먼트 콘텐츠를 매개로 한 해외 공중과의 소통과 상호작용이 국가 이미지, 국가 브랜드, 관광 의도, 제품구매 의도 등을 어떻게 제고시킬 수 있는지 주로 경제적이고 자본 중심적인 주제에 천착해 왔다. 그러나 〈파친코〉라는 텍스트의 등장으로 인해 우리는 글로벌 시장에서 소비되는 미디어 콘텐츠가 민감하고 상이한 역사 인식에 관한 국제적 논의에 어떠한 영향을 미칠 수 있는지에 대해 학문적으로 접근할 수 있는 흥미로운 사례를 갖게 되었다. 또한 미디어 콘텐츠를 통해 형성되고 확산되는 역사적 사실에 대한 평가 및 인식이 확립에 국제 여론에 어떠한 영향을 미치며, 나아가 국제 정치와 외교에서 어떠한 함의를 갖는지 실증적으로 분석할 수 있는 자료가 생성되었다. 〈파친코〉가 촉발하는 드라마 정동은 커뮤니케이션과 문화콘텐츠의 맥락에서 바라본 공공외교 연구에도 주목할 만한 학문적·실천적 문제들을 제기하고 있다.

5. 나가며 : OTT 드라마와 실천적 드라마 정동

짧은 시간 내에 드라마 〈파친코〉가 갖는 의미를 다양한 시각과 관점에서 바라본 연구가 상당히 많이 발표되었다는 점을 볼 때, 〈파친코〉는 분명 문제적 작품임에 틀림없다. 그러나 그간의 관심이 〈파친코〉의 텍스트적 의미를 분석하는 인문학적 접근과 글로벌 OTT에서의 성과에 주목하는 산업적 접근에 주로 국한되어 왔던 것은 다소 아쉬운 대목이다. 이 글은 〈파친코〉에서 재현되는 장소와 장소성, 그리고 수용자들에게 지각되는 장소성의 문제를 검토하여, 그것이 어떤 드라마 정동을 생성하는지를 살펴보았다. 나아가 〈파친코〉를 장소 마케팅과 공공외교 측면에서 논의함으로써 실천적 드라마 정동의 가능성을 타진하였다.

미디어와 관련된 장소성은 등장인물이나 사건이 펼쳐지는 특정 장소에 대한 정동적 차원의 감정이다. 시청자를 격동시키는 것은 등장인물이나 서사 구조만이 아니다. 드라마 속에서 재현되는 장소 또한 특유의 장소성 형성을 통해 수용자의 정동을 유도할 수 있다. 장소는 무색무취의 공간이 아니라 드라마 서사를 통해 특정한 의미와 가치로 가득찬 생각과 감정의 공간이다. 드라마가 채택하는 시리즈 형식으로 인해 드라마 속 인물과 사건이 펼쳐지는 장소는 다른 미디어 형식에 비해 그러한 생각과 감정이 보다 잘 축적될 수 있다. 이러한 맥락에서, 이 글은 장소성이 촉발하는 감정적·신체적 반응 과정 또는 그 결과를 드라마 정동이라는 개념으로 풀어보고자 했다. 난해한 용어인 정동을 과감하게 선택한 것은 장소성을 설명하는 데 아직까지 그만한 개념을 대체할 것이 없기 때문이다.

드라마 〈파친코〉의 서사적 텍스트를 다각도로 살펴본 결과, 부산 영도와 오사카, 요코하마가 시즌1의 주요한 장소였다. 그리고 이들 장소는 제국주의와 식민지배라는 시대적 배경 하에서 자이니치의 삶과 존재에 각기 다른 장소성을 발산하고 있었다. 대한민국의 부산은 주인공 선자의 노스탤지어적 원류로서 따뜻하고 아련한 장소로, 일본의 오사카는 한국인 이주자들이 차별과 편견을 감내하며 치열하게 삶을 이어가는 곳으로, 요코하마는 죽음의 공포와 그런 속에서도 야망을 가지고 소기의 성공을 이뤄내는 양가적인 감정이 교차하는 장소로 명명되었다. 이같은 장소성을 통해 〈파친코〉는 식민지배의 부당함, 자이니치의 형성과 비극적 삶의 역정, 왜곡된 한일관계라는 정동을 생산한다.

한편, 이 글은 〈파친코〉를 통해 수용자들에게 지각된 장소성을 장소 마케팅과 공공외교의 관점에서 논의하였다. 거대 자본을 바탕으로 초국가적인 서비스를 제공하는 애플TV+가 야심차게 제작한 〈파친코〉는 제작 단계부터 많은 관심을 얻었고, 공개 이후에도 큰 반향을 일으키면서 2024년 여름 시즌2가 공개되었다. 글로벌 시장에서 확인된 〈파친코〉에 대한 많은 관심과 사랑은 드라마의 배경으로 재현된 한국과 일본에 대한 장소 마케팅에도 적극적으로 활용될 수 있을 것이다. 드라마 정동의 행동적 실천이 가능하다는 말이다. 많은 실제 사례를 토대로 추론할 때, 드라마의 배경으로 재현된 한국부산과 일본오사카, 요코하마에 대해 차별화된 장소성을 인식하고, 심리적 친밀감을 형성하고, 방문 및 여행 의도를 갖게 되는 많은 사람들이 있을 것이라 본다. 실제 언론 보도를 보면김윤지, 2022: 최진주, 2022, 〈파친코〉 공개 이후 부산과 오사카에서 드라마의 배경이 된 지역을 방문하는 사람들의 수가 늘어났다고 한다.

〈파친코〉를 통해 다뤄지는 이야기와 장소성은 공공외교적인 차원에서도 의의가 있다. 관동대지진 조선인 학살 등의 민감하고 입장이 상이한 역사적 사실에 대해 〈파친코〉는 지극히 한국인의 관점에서 인식된 이야기를 전달한다. 〈파친코〉가 갖고 있는 매력과 서사 구조의 힘은 이러한 역사 인식의 확산과 여론 형성에 상당한 영향력을 행사할 수 있으며, 궁극적으로 한국의 역사 문제 인식에 대한 국제 외교와 여론 형성에 유리하게 작용할 수 있다. 또한 〈파친코〉의 서사 구조와 장소성은 많은 수용자들로 하여금 일본을 다크 투어리즘적인 장소로 재인식하고 재조명하는 결과로 이어질 수도 있다. 한류 콘텐츠가 아닌 한류 콘텐츠로서 〈파친코〉가 갖는 공공외교적 의의는 앞으로도 다양한 차원에서 논의될 필요가 있다고 생각된다. 공공외교와 국제정치의 영역에서 한국과 일본의 역사에 대한 논의와 재조명이 일어나는 것 또한 〈파친코〉가 형성하는 드라마 정동의 실천적 표상이라 할 것이다.

6장

<파친코>와 '어떤' 사회적 진실: OTT의 저널리즘적 가치

최진호(경상국립대학교 미디어커뮤니케이션학과 교수)

애플TV+의 대하 드라마 <파친코>는 역사적 사실을 토대로 쓴 소설을 각색한 허구지만 우리를 역사의 한가운데로 소환하여 동아시아의 비극적 역사와 재일 조선인 자이니치의 형성과정을 조명함으로써 일본의 식민지배 문제와 자이니치의 존재를 '의제화'했다. 특히 한반도와 일본 열도만의 문제였던 자이니치 코리안이 <파친코>로 인해 순식간에 글로벌 무대 위로 떠올랐다. 또 다른 OTT 드라마 <더글로리> 또한 학교폭력 문제를 수면 위로 부상시켜 현실 정치에 직접적인 영향을 미치기도 했다. 이처럼 OTT 드라마는 현실사회에 있는 사실들을 소환하여 어떤 '역사적 진실' 또는 '사회적 진실'을 마주하게 한다. 전통적 저널리즘에서는 어느 정도 비켜나 있는 것처럼 보이지만 추구하는 방향과 기능 면에서 OTT의 저널리즘적 가치에 주목하지 않을 수 없다. OTT 다큐멘터리는 더욱 그러하다. 사회 문제에 직접 뛰어든 넷플릭스의 <나는 신이다>, 웨이브의 <국가수사본부>와 <악인취재기>가 대표적이다. 시사교양으로 분류되는 이들 OTT 다큐멘터리는 기성 언론이 추구하는 저널리즘 너머 '어떤' 곳을 향해 있다. 이 장에서는 <파친코>에서 시작해 주요 OTT 다큐멘터리 재현을 면밀하게 살펴봄으로써 어떤 사회적 진실을 조명하는 OTT의 저널리즘적 가치와 역할을 평가하고 관련 문제를 검토한다.

1. 들어가며 : 〈파친코〉, 허구가 소환한 역사적 사실 또는 진실

애플TV+는 〈파친코〉를 고국을 떠나 치열하게 생존을 모색하던 한인 이민 가족 4대의 삶과 꿈을 그려낸 대하 드라마로 소개한다. 주인공 선자는 1910년대 일제의 억압과 경제적 어려움 속에서 아이를 낳고 생계를 이어가기 위해 일본으로 이주하지만 식민지에서 건너왔다는 이유로 차별과 멸시를 당한다. 선자의 두 아들 노아와 모자수는 일본에서 태어나서 각기 다른 길을 걷지만, 똑같이 정체성 혼란, 사회적 차별, 가족 간의 갈등을 겪는다. 특별히 시즌1은 선자의 손자 솔로몬이 미국에서 공부하고 금융계에서 직장 생활을 하지만 결국 일본에서 파친코 사업을 이어받는다는 서사를 펼쳐낸다. 드라마 〈파친코〉의 4대에 걸친 가족의 삶은 역사적 사실historic fact에서 비롯된 차별과 정체성의 문제를 가감없이 보여준다.

드라마 〈파친코〉는 지금껏 역사의 뒤안길에서 관심받지 못한 자이니치在日, ざいにち 라 불리는 재일 조선인의 삶과 운명으로 우리의 시선을 이끈다. 이 드라마의 원작인 소설《파친코 Pachinko》2017 의 첫 문장은 그 핵심 메시지를 잘 담고 있다; 역사는 우리를 저버렸지만 그래도 상관없다History has failed us, but no matter. 이처럼 덤덤하게 뱉어낸 첫 마디는 한恨이라는 한민족

특유의 정서를 보여주는 듯하다. 정서적으로 공감한 우리는 역사와 당대의 문제 한가운데로 소환된다. 실제로 자이니치는 역사적 이주와 법적 지위의 문제로 정체성 혼란을 겪어왔을 뿐만 아니라 취업, 교육, 주거 등에서 차별을 경험해왔다.

드라마는 일제의 억압과 수탈 장면을 보여주면서 역사적 사실을 다시금 떠올리게 한다. 토지 및 곡물 수탈, 강제 징용, 일본군 위안부 강제 동원, 주거지 분리, 순사의 폭력, 관동간토 대지진과 조선인 학살 등이 바로 그것이다. 물론 야쿠자 두목의 사위로 고위 간부가 된 한수의 캐릭터를 미화하거나, 관동대지진에서 일본인들의 악행을 제대로 드러내지 않았다는 점, 그리고 선자의 남편 이삭이 경찰에 끌려간 이유가 원작 소설처럼 신사 참배 거부가 아니라 사회주의자였기 때문으로 각색된 점 등이 비판받기도 했다 박은영, 2022; 이민지, 2022.

한국과 일본 국민은 〈파친코〉에 나타난 역사적 사실에 큰 관심을 보이며 자국사national history로 흡수시키는 경향을 보인다. 한국은 일본이 부정하는 한반도 근현대사의 비극을 전 세계에 알렸다고 평가하는 데 반해, 일본은 위안부 문제, 관동대지진 조선인 학살 등에 대해 역사 왜곡이라고 보는 관점이다. 하지만 〈파친코〉는 기본적으로 글로벌 OTT 기업이 전 세계 시청자를 대상으로 흥행하기 위해 기획 제작한 드라마이다. 〈파친코〉의 각 에피소드 내용이 절제된 방식으로 표현된 것과 양국 국민이 자국사의 프레임으로 받아들인 것 간에는 본질적인 차이가 있다.

널리 알려져 있듯이, 이 드라마는 한국계 미국인 작가 이민진이 쓴 영문 대하소설《파친코》를 원작으로 한다. 소설이 세상에 나온 2017년에《뉴욕타임스》, BBC 등 75개 이상의 매체가 '올해의 책'으로 선정할 정도로 화제였다. 그러나 한국에서는 미국으로 이민 간 코리안 작가가 영예로운 상을 받은 정도로만 바라봤다. 이 작품이 한국에서 주목받은 것은 2022년 3월 애플TV+ 오리지널 드라마로 제작·방영되면서부터이다. 여기에는 제작비 1,000억 원을 투입한 글로벌 OTT 사업자의 자금력 때문도 있지만, 〈파친코〉의 작품성과 메시지가 주목되었기 때문이기도 하다. 한반도의 아픈 역사를 배경으로 하는 〈파친코〉가 우리를 역사적 시간과 장소에 데려다 놓음으로써, 그리고 그런 역사적 사실로부터 파생된 현실을 마주하게 함으로써 '지금 여기'의 사회적 의제로 부각시켰다. 〈파친코〉의 재미있고 탄탄한 스토리는 한국 수용자가 공유하고 있는 역사적 경험과 그로부터 파생되는 감정을 '대리'하면서 한일관계와 역사인식을 제고하고 그동안 관심 밖이었던 자이니치에 주목하게 만들었다.

글로벌 수용자들은 〈파친코〉를 통해 한국의 아픈 역사적 사실에 관심갖기도 했지만, 그보다 세계 각국 역사 뒤켠에 있는 디아스포라에 보다 더 주목한 것으로 보인다. 이는 "눈부신 한국 서사시"BBC, "전 세계 이민자들에게 보내는 헌사"더 플레이 리스트, "강렬하게 마음을 뒤흔드는, 시대를 초월한 이야기"인디와이어 등 해외 언론들의 찬사에서 잘 드러난다이선화, 2022. 각기 다른 역사와 문화를 가진 〈파친코〉 수용자에게 어떤 지배적인 감정구조를 자극하면서도 세계인으로서 가질 수 있는 보편적인 감정을 체험하게 한 것이다. 결국, OTT 드라마는 글로벌 차원에서 보편적인 '역사적 또는 사회적 진실'을 바라보게 한다. 이것이 글로벌 OTT 드라마 서사가 차별적인 생명력을 부여받게 되는 힘 중의 하나로 사료된다.

드라마가 사회적 사실을 소환하여 어떤 진실을 바라보게 한 사례는 그 외에도 많다. 2010년 드라마 〈추노〉2010 를 제작한 곽정환 PD는 드라마의 내용이 당시의 정치상황을 대변하는 것을 일컬어 "드라마도 저널리즘이다"라고 말한 바 있다. 이후 '기레기' 담론 속에서 미디어 전문지는 언론이 아닌 "드라마에서 현실을 찾는 시대"라고 평가하기도 했다 금준경, 2014. 웹툰 〈미생〉2012 을 동명으로 하는 2014년의 tvN 드라마는 직장인의 애환, 특히 청년 세대의 취업난, 비정규직에 대한 차별과 불안정한 고용 문제 등을 다루며 큰 화제가 된 바 있다. 드라마에 있음직한 러브 스토리는 빠지고 출신 성분이 사회적 존재를 조건 짓는 직장 생활에 주목하여 우리네 미생의 삶을 바라보게 함으로써 이른바 '미생 신드롬'을 일으켰다. JTBC 드라마 〈송곳〉2015 은 대형마트에서 부당하게 해고될 위기에 처한 노동자들이 노조를 결성해 이를 극복하는 서사로 노동자의 권리를 일깨우기도 했다.

다시 OTT로 돌아가 보자. 지난 2022년에 방영된 넷플릭스 오리지널 드라마 〈더 글로리〉2022는 심각한 학교폭력을 당한 한 여성이 복수극을 펼치는 이야기를 다루는데, 시청자로 하여금 정의, 연민, 분노 등의 감정을 불러일으켜 여론을 변모시키고 학교폭력 근절을 위한 정책 변화까지 이끌어 내었다. 학교폭력에 대한 사회적 관심이 급격히 높아지면서 여러 연예인과 인플루언서가 학교폭력 가해자였다는 사실이 폭로되어 활동 중단에 이르게 하는가 하면, 2023년 2월 정순신 씨가 경찰청 국가수사본부장으로 임명되는 과정에서 아들의 학교 폭력과 이에 대한 불복 소송 논란으로 취임 직전에 임명이 취소되는 일도 있었다. 그 파장은 글로벌 단위에서도 전개되었는데, 태국에서는 The Glory Thai라는 해시태그를 통해 학교폭력에 대한 폭로가 잇따르기도 했다.

〈파친코〉를 비롯한 드라마 속 세계는 말 그대로 허구지만 역사적 또는 사회적 사실을 소환함으로써 시청자들로 하여금 '어떤 사회적 진실'을 마주하게 하는 측면이 저널리즘과 접점이 있는 것으로 사료된다. 최근의 OTT 시사교양 다큐멘터리는 그같은 접점이 더욱 강렬하다. OTT 시사교양 다큐멘터리 장르는 'OTT 저널리즘'이라는 낯설지만 고개가 끄덕여지는 새로운 현상을 보여준다. 이 장은 드라마 〈파친코〉가 보여준 어떤 역사적 또는 사회적 진실의 통로로서 OTT의 위상을 시사교양 다큐멘터리 콘텐츠 분석을 통해 살펴보고자 한다. OTT는 사실과 진실의 영역에 어떤 파장을 일으키는가?

2. 사실 또는 진실의 영역으로 확장하는 OTT

국내외 OTT 사업자들은 드라마나 예능뿐만 아니라 시사 및 다큐멘터리로 그 영역을 넓혀가고 있다. 다큐멘터리 장르지만 인기도 높고 사회적 파장 역시 작지 않다. 2023년 3월 3일 공개된 넷플릭스의 〈나는 신이다: 신이 배신한 사람들〉2023[1]가 대표적이다. 이는 사이비 종교 교주의 만행을 폭로한 다큐멘터리로 방영 전부터 화제가 됐다. 시리즈가 공개되기도 전에 성범죄 혐의로 구속된 기독교복음선교회 세칭 JMS의 정명석 측이 방송 금지 가처분 신청을 하여 언론을 통해 널리 알려졌다. 넷플릭스 오리지널 콘텐츠에 대한 가처분 신청은 한국에서 처음 있는 일이었기에 더욱 주목받았다. 서울서부지방법원은 이 가처분 신청을 기각했다. 방영 5일 뒤 다른 사이비 종교단체인 이른바 아가동산과 교주 김기순이 〈나는 신이다〉를 제작한 MBC와 담당 PD를 상대로 방영 금지 가처분 신청을 냈지만 이 역시 서울중앙지방법원에서 기각했다.

〈나는 신이다〉는 큰 인기와 관심을 끌었다. 공개 하루 만에 넷플릭스 한국 TV 시리즈 부문 1위에 올랐고, 같은 달 15일에는 넷플릭스 글로벌 톱10 TV쇼 비영어 부문 5위를 기록하기도 했다. 흥행에만 그치지 않았다. 대중적 관심은 공분으로 바뀌었고, 사이비 종교 교주에 대한 강력한 처벌을 원하는 사회적 분위기를 만들어냈다. 당시 이원석 검찰총장은 정명석의 만행에 대해 "엄정한 형벌이 선고될 수 있도록 최선을 다하라"고 검찰에 지시하는 등 여론에 신경 썼고, 그 사실이 언론에 보도됐다신민정, 2023.

그 때문인지 당시 검찰은 정명석에게 징역 30년이라는 이례적인 구형을 했다. 1심 판결2023년 12월에서 정 씨는 대법원 양형위원회 양형 기준징역 4년 ~ 징역 19년 3개월을 넘은 징역 23년형을 선고받았다박주영, 2023. 또 다른 피해자들이 고소하면서 2024년 5월에는 또 다른 성폭력 · 강요 혐의로 대전지방검찰청에 추가 기소되는가 하면, 10명의 피해자에 대한 사건을 경찰이 수사하고 있다류재민, 2024; 이태준, 2024. 이에 언론들이 수많은 보도를 쏟아낸 것은 말할 것도 없다. 한국언론진흥재단이 제공하는 빅카인즈에서는 시리즈가 공개된 2023년 3월 3일부터 4월 2일까지 한 달 동안 '정명석'을 키워드로 하는 뉴스 기사가 1,206건 검색된다.

방송사들의 간판 시사교양 프로그램은 앞다투어 이 사건을 조명했다. 〈나는 신이다〉 공개 한 달 보름여 만에 SBS는 〈그것이 알고싶다〉에서 JMS 특집으로 2시간 편성하여 'JSM, 달박골 청년은 어떻게 교주가 되었나'1349회, 2023년 4월 22일 방영라는 제목으로 JMS와 정명석을 집중 조명했다. MBC도 이와 비슷한 시기에 〈PD수첩〉 'JMS, 교주와 공범자들'1370회, 2023년 4월 18일 방영 편을 통해 후속 이야기를 다뤘다. 〈PD수첩〉은 정명석의 해외 도피,

감옥생활, 출소 이후 여신도 관리 및 성상납 등의 역할을 한 JMS 2인자의 만행을 파헤쳤다. 결국, 정명석의 수행 비서 역할을 하며 범죄를 방조하거나 가담한 2인자 정조은이 공범으로 지목되어 1심과 2심에서 모두 징역 7년 형을 선고받았다최은희, 2024.

　이처럼 OTT 다큐멘터리 〈나는 신이다〉는 우리 사회에서 희미해진 사이비 종교와 교주의 만행을 다시 수면 위로 드러내어 의제화하고 여론을 형성하여 사건 수사와 판결에까지 영향을 미치는 결과를 만들어 내었다. 기성 언론은 이를 매개하는 심층적인 취재를 통해 의제를 확산시켰다. 이런 과정을 전통적인 의제 설정agenda-setting의 개념으로 설명하기는 힘들어 보인다. 그보다 하나의 미디어로서 OTT가 의제를 만들어내고agenda-building, 이것이 여론에 영향을 미쳐 대중적 의제로 전이되어, 기성 언론의 의제로 재형성된다는 매체 간 의제 설정inter-media agenda setting 과정으로 설명될 수 있을 것으로 보인다Danielian & Reese, 1989. OTT를 언론과 완전히 등치시킬 수는 없지만, 이처럼 저널리즘적 역할도 일부 수행하면서 의제 설정 과정이 더욱 역동적으로 진화해 가고 있음을 알 수 있다.

　〈나는 신이다〉의 사회적 영향은 피해자들이 용기 내어 피해를 호소할 수 있는 커뮤니케이션 구조와 문법이 기성 미디어와 달랐기 때문이다. 그도 그럴 것이 JMS를 다룬 에피소드에서 핵심 증언을 한 홍콩계 영국인 피해자 메이플Maple 씨가 〈나는 신이다〉에만 출연한 것이 아니었다. 그녀는 〈나는 신이다〉 공개 이

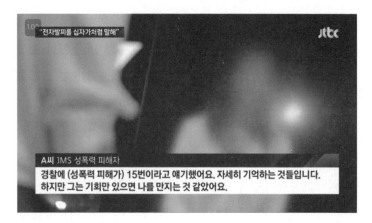

〈그림 6-1〉 JTBC 〈뉴스룸〉 익명 인터뷰 장면 (출처: JTBC)

전 2022년 7월 13일에 JTBC 〈뉴스룸〉에서 익명으로 인터뷰에 응한 적이 있다. 당시 일회성 보도로 끝난 것도 아니었다. JTBC 가 연일 단독 보도를 쏟아냈다. 하지만 대부분의 사람들은 당시 상황이나 이슈를 기억하지 못했을 뿐만 아니라, 〈나는 신이다〉 방영 때만큼의 강력한 충격과 여론을 만들어내지도 못했다. 사건을 2~3분 동안 압축적으로 전달하는 보도물이 아닌 실상을 낱낱이 밝히기에 용이한 다큐멘터리여서 가능했을 것이라고 말할 수 있다. 하지만 만약 이것이 MBC 〈PD수첩〉이나 SBS 〈그것이 알고 싶다〉와 같은 시사교양 프로그램으로 제작 방영됐다면 〈나는 신이다〉와 같은 충격과 반응을 만들어낼 수 있었을까?

이러한 사례는 또 있다. JMS 에피소드가 매우 현저하게 주목받았기 때문에 다른 에피소드들은 상대적으로 묻힌 경향이 있

252

기는 하나, 5~6화 역시 사람들이 잘 모를 법한 사이비 종교 단체 아가동산의 만행을 새로이 알리거나 잊고 있던 사실을 상기시켜 주었다. 교주 김기순은 신도들을 중노동에 몰아놓고 자기 뜻을 거역한 신도를 다른 신도들이 구타하도록 해 심한 경우 죽음에까지 이르게 했다는 내용을 다룬다. 여기에서 김기순이 만든 수익원 중 하나로 '신나라레코드 신나라유통'라는 음반 체인점이 등장한다. 신도들의 헌금으로 1982년 신나라유통을 세우고, 당시 음반 사업의 기틀이 없어 음반 구입이 어려운 산간벽지를 찾아다니는 영업으로 사세가 급격히 성장했다. 지금까지도 신나라레코드는 아가동산과 김기순의 돈줄 역할을 하고 있다. 현재 신나라레코드 회장은 여전히 교주 김기순이고 대표이사 신옥희는 김기순의 최측근으로 전해지고 있다 이가영, 2023 .

아가동산과 신나라레코드의 관계가 알려지고 온라인상에서 화제가 되면서 K-팝 팬들 사이에서 불매 운동이 벌어졌다. 해당 에피소드가 공개된 지 불과 보름 만에 인기 걸그룹 아이브 IVE 소속사 스타쉽엔터테인먼트를 비롯해 또 다른 걸그룹 에이핑크 Apink 의 소속사 IST엔터테인먼트 등 몇몇 기획사들이 음반 예약 판매 목록 공지에서 신나라레코드를 제외하는 조치를 취했다 김유림, 2023 . 잊힌 듯 보이는 과거 사건을 재조명하면서 온라인상에서 화제가 되고, 이것이 다시 언론에 보도되고, 이용자 불매 운동까지 만들어낸 것이다. 해당 에피소드가 신나라레코드 불매 여론을 점화시킨 시발점이 됐다고 할 수 있을 것이다.

리얼 수사 다큐멘터리를 표방한 웨이브 오리지널 콘텐츠 〈국가수사본부〉2023[2]도 〈나는 신이다〉와 같은 날 방영하면서 많은 주목을 받았다. 이 프로그램은 과거 MBC의 〈경찰청 사람들〉1993을 떠올리게 한다. 그러나 〈경찰청 사람들〉은 범인의 범죄 행위와 검거 과정을 재연 방식으로 구성했지만, 〈국가수사본부〉는 실제 상황을 직접 보여준다는 점에서 다르다. 공식 홈페이지의 프로그램 소개를 보면 "본 다큐멘터리에 등장하는 인물, 단체, 지명, 사건 등은 모두 실제임을 밝힙니다"라고 써 있다. 제작진이 강력계 형사들과 동행하면서 사건 발생부터 검거, 취조에 이르기까지 실제 범죄 사건 해결 과정을 소상히 보여준다. 수사 과정에서 미진한 부분이나 사건을 담당한 경찰을 비판하는 것이 아니라 경찰의 노고를 여실히 드러내고 격려하는 방식을 취한다.

한 에피소드를 소개하면, 출장 마사지 여성을 부른 한 남성이 있는 곳에 무장 괴한들이 들이닥쳐 무차별 폭행을 하면서 금품을 갈취한다. 괴한들은 그 남성이 여성을 성폭행하려 했다고 혐의를 씌우며 협박한다. 형사들은 범인인 여성 1명과 무장 남성 2명을 추적하는 과정에서, 사건 현장에서 발견한 마약 흔적을 통해 이들의 마약 투약 사실을 추가로 확인하게 된다. 마약상으로 피의자 범위가 확대되면서, 이들 범인을 비롯해 마약 유통, 운반책 등 10명 이상을 검거하는 과정을 생생하게 보여준다.

〈국가수사본부〉가 사건을 파헤치는 과정 자체를 보여주는 리얼리티 다큐멘터리 형식을 취하고 있어 특정 사건의 풀리지 않은 의혹을 제기하는 것은 아니다. 현재 진행중인 산불 현장을 보여주거나 국회에서 의원들이 고성을 지르며 다투는 모습을 생생하게 보여주는 것과 같이 사건을 있는 그대로 중계하는 기능을 수행한다. 그것은 그 자체로 어떤 저널리즘적 가치를 지닌다. 사건을 있는 그대로 보여줌으로써 시청자로 하여금 경각심을 불러일으켜 범죄 피해를 예방하는 기능을 하거나 사건을 해결하는 일이 얼마나 위험하고 고된 일인지 알리는 데는 성공할 수 있기 때문이다.

동일하게 웨이브에서 제작한 〈악인취재기〉2023 는 〈국가수사본부〉보다 저널리즘적 본령에 보다 충실한 것으로 보인다. 〈악인취재기〉는 범죄자를 악인으로 표현하고, 이들의 실체를 추적·폭로하는 저널리즘 프로그램임을 표방한다. 이 시리즈물은 JTBC 탐사보도팀과 협업한 것으로, 기자들이 심층적으로 취재하여 보도한 내용을 바탕으로 구성된다. 보도의 이면에 감춰진 에피소드를 가감 없이 끄집어냄으로써 뉴스 리포트라는 짧고 정형화된 형식에 갇혀 미처 다루지 못했던 내용 너머의 어떤 진실을 보게 한다. 2023년 9월에 공개된 〈악인취재기〉 첫 번째 시즌[3]은 20대의 또래 여성을 살해하고 시신을 훼손·유기한 정유정[4]과 이를 모방하여 범죄를 저지른 고유정, 보호종료아동자립준비청년 대상 성착취 범죄를 서슴 없이 일삼은 '키다리 목사' 안 목사, 사이비 종교 단체 '돌나라'교주 박명호, 부산 돌려차기 사건[5] 이현우, 필리핀 마약왕 박왕열 등 여러 사건을 취재한 결과를 담고 있다.

〈악인취재기〉에서는 이미 종결된 사건을 다루기도 하지만 현재 진행 중인 사건을 다루기도 한다. 한 예로 5화는 박명호가 교주로 있는 사이비 종교 단체 '돌나라 한농복구회'에서 벌어지는 아동 학대, 무임금 집단생활, 전 재산 헌납, 10대 가스라이팅 성폭력 등을 폭로한다. 과거의 성폭력 CCTV 영상이 외부로 공개되면서 박명호의 범죄 행위 및 돌나라에 대한 사회적 관심이 높아졌고, 수사망이 좁혀지면서 이들은 2012년 브라질로 집단 이주했다. 그러다 보니 안타깝게도 지금까지 그 악행의 고리가 끊어지지 않고 있다. 한국에서 후속 취재하던 기자들이 수십 시간 동안 비행기를 타고 브라질로 이동해 취재하는 모습, 이들이 브라질에서 돌나라 신도들에게 취재 거부당하고 욕설과 협박이 담긴 폭언을 듣는 모습이 생생히 담겨 있다. 브라질에 자리 잡은 '돌나라 오아시스'라는 농장 내부에서 2년 전에 어린이 5명이 사망하고, 이들의 죽음을 신에게 드리는 예물이라고 표현하는 등 여전히 심각한 문제를 일으키고 있는 실상을 가감 없이 담았다.

또한 9화 마약왕 박왕열은 필리핀 교도소에서 국내에 마약을 유통하고 있는 박왕열이라는 마약상을 조명한다. 그는 필리핀 교도관을 매수해 두 차례나 탈옥한 것으로 알려져 있다. 교도소 안에서 테니스도 치고 휴대전화도 자유롭게 사용하며 개인 방을 구매하는 등 소위 '교도소 VIP' 생활을 하고 있는 것으로 전해진다. 문제는 거기서 끝나지 않는다. 박왕열은 마약 대량 유통

〈그림 6-1〉 웨이브 〈악인취재기〉 5화 '새천국 예물이 된 아이들' 편 (출처: 웨이브)

사건뿐만 아니라 살인 사건과도 연루되어 있는데, 필리핀에서 60년 징역형을 선고받은 상황이라 국내로 강제 송환할 수 없어 사건에 대한 수사가 진척되지 않고 있다. 영화에나 나올 법한 일들이 실제로 벌어지고 있는 상황을 고스란히 취재해 전하면서 해결되지 않는 여러 문제들을 세세히 짚고 있다.

　이러한 성과에 힘입어 2024년 초 후속 시리즈 〈악인취재기: 사기공화국〉이 제작 방영됐다.[6] 여기에는 전 국가대표 펜싱선수 남현희 씨의 약혼자 전청조의 사기 행각을 비롯해, 유통기한이 한참 지난 우유를 '불로유'라고 속여 파는 하늘궁 허경영, 성인용품 회사의 '변태 회장', 가수 겸 배우 임창정 씨가 가담한 것으로 의심받는 주가조작 의혹 '라덕연 사태' 등을 다뤘다. 비교적 최근에 발생한 사건을 다루면서 시청자들이 이와 유사한 피해를 당하지 않도록 경각심을 주기도 하고, 검찰과 경찰의 수사가 잘 이루어질 수 있도록 감시하거나 비판하는 역할도 한다.

이러한 OTT 다큐멘터리가 과거에 아예 없었던 것은 아니다. 넷플릭스 오리지널 범죄 실화 다큐멘터리 〈사이버지옥: n번방을 무너뜨려라〉2022는 텔레그램을 통한 성 착취 사건인 이른바 'N번방'을 다루었다. 범죄의 실체를 세상에 알리기 위해 기획하고, 기자, PD, 경찰 등 사건을 조사하거나 취재했던 24인을 인터뷰하여 해당 사건을 재조명한 것이다. N번방 사건이 뉴스에서 접했던 것보다 훨씬 끔찍하고 조직적이며 참혹한 사건이라는 것을 세상에 알리기 위한 목적에서 제작된 것이다. 〈사이버지옥〉은 여전히 근절되지 않는 디지털 성범죄의 실체를 총체적으로 밝히고자 하는 노력의 산물로 국민과 언론이 이를 다시금 주목하게 만들었다.

그리고 2004년 한국에 사이코패스의 존재를 처음으로 알린 희대의 연쇄살인마 유영철의 행각을 추적한 넷플릭스 다큐멘터리 〈레인코트 킬러: 유영철을 추격하다〉2021도 많은 관심을 받았다. 유영철은 2003년부터 2004년까지 서울 각지에서 20여 명을 연쇄 살인하면서 잔혹한 살해 수법 및 사체 훼손, 엽기적 유기 방식으로 한국 사회를 충격에 빠뜨린 바 있다. 이 다큐멘터리는 하나하나 분절되어 있던 사건을 하나로 연결하고, 사건 당시 미흡했던 경찰 수사에 경종을 울려 과학수사 발전에도 기여한 것으로 평가된다.

해외에서도 한국과 유사한 반향을 일으킨 사례들이 있다. 2020년 3월에 넷플릭스가 공개한 〈타이거 킹〉Tiger King은 호랑

이 같은 대형 고양잇과felidae 맹수를 사육하여 돈벌이하는 인물들을 다룬 범죄 다큐멘터리이다. 타이거 킹이라는 희대의 말썽꾼을 둘러싼 사건을 조명하는 이 다큐멘터리는 당사자가 자신의 이야기를 소개하는 피카레스크picaresca 방식으로 진행된다. 맹수 사육의 세계에서 일어나는 충격적인 실화로 당시 큰 인기를 끌었다.

〈나는 신이다〉와 같이 사이비 종교 이야기를 다룬 넷플릭스의 〈웨이코: 아메리칸 아포칼립스〉WACO: American Apocalypse, 2023는 1993년 2월 28일부터 텍사스주 웨이코 지역에서 FBI가 데이비드 코레시David Koresh가 이끄는 사이비 종교 단체 '다윗가지파다윗교'와 51일간 대치하고 무력 진압한 사건을 다룬다. 당시 이 단체의 불법 무기 비축 혐의에 대한 체포 영장을 집행하는 과정에서 총격전이 발생하면서 법 집행관 4명을 포함해 주민 2명과 상당수의 아동을 포함한 신도 76명이 사망했다. 다큐멘터리는 이 사건과 관련된 미공개 자료를 수집하여 사이비 종교 단체와 교주의 실체를 낱낱이 파헤쳐 화제를 모았다.

미국 역사상 가장 큰 규모의 금융사기 범죄를 저지른 버니 메이도프Bernie Madoff의 실화를 다룬 넷플릭스의 〈버니메이도프: 월가의 괴물〉2023은 수사 담당자, 피해자, 주변 인물 등을 인터뷰한 내용을 바탕으로 기득권과 결탁한 정부의 부정부패와 금융 시스템의 허술함을 파헤쳤다.

이처럼 국내외 OTT는 최근 몇 년 사이 꾸준히 다큐멘터리를 제작하면서 사실과 진실의 영역으로 콘텐츠의 영토를 넓혀가고 있다. 이러한 시리즈물은 그동안 우리 사회가 주목하지 않았거나 놓치고 있던 것을 들춰내어 충격적으로 (재)조명하고 있다. 이들은 주로 성 착취, 아동 학대, 연쇄 살인, 사이비 종교 만행 등 범죄를 주소재로 한다. OTT 사업자들이 특정 계층의 취향에 맞추기보다 보편적으로 관심을 끌 수 있는 소재를 전략적으로 택한 것으로 볼 수 있다. 또한 다큐멘터리를 통해 다루고자 하는 사건의 층위와 범위를 넓고 깊게 하면서도, 동시에 그 표현 양식을 기존의 그것과 달리 '사건이 전하는 진실'에 다가가고자 한 노력이 엿보인다. 이런 방식은 시청자의 주목을 성공적으로 이끌어 낼 뿐 아니라 이들의 분노를 사회적 공분으로 만듦으로써 사회적 분위기 내지 여론을 형성하고 있다.

3. OTT의 표현 양식과 저널리즘적 재현

넷플릭스의 〈나는 신이다〉를 연출한 PD는 다름 아닌 〈PD수첩〉을 제작한 MBC 현직 시사교양 PD다. 지상파 현직 PD가 그런 콘텐츠를 제작한 것이 의외지만 사실 그다지 놀랄 일은 아니다. 넷플릭스에서 큰 인기를 끌었던 버라이어티 예능 〈피지

컬: 100〉2023 역시 당시 MBC PD가 연출했기 때문이다. 염두에 두는 미디어 형식에 따라 제작 성과가 완전히 달라지는 것에 당시 방송계는 깜짝 놀랐다.

MBC의 이같은 성과의 근원을 굳이 찾자면 2021년으로 거슬러 올라간다. 당시 MBC 창사 60주년 기념식에서 박성제 사장은 "MBC는 더 이상 지상파 방송이 아니라 지상파 플랫폼을 소유한 글로벌 미디어 그룹"이라고 선언하며, 그 비전 중 하나로 "압도적인 K-콘텐츠로 글로벌 시장을 주도하는 MBC"를 제시했다김혜인, 2021. 결과만 놓고 보면 MBC의 이러한 전략이 어느 정도 성공한 것으로 보인다. 그런 영향 때문인지 다른 방송사 PD들도 MBC에 자극받는 분위기라는 게 방송가의 이야기이다정철운, 2023, 8쪽. 앞서 살펴본 웨이브 오리지널 〈국가수사본부〉는 SBS 대표 시사교양 프로그램인 〈그것이 알고 싶다〉를 연출한 배정훈 PD가 만들었다. 이 대목에서 이런 질문을 하지 않을 수 없다. 그들은 왜 OTT를 선택했을까?

우선 OTT는 기존 방송사에 비해 편성이 자유롭고 제작 기간 역시 충분하다는 점을 들 수 있다. 실제로 〈나는 신이다〉는 2년에 걸쳐 제작한 것으로 알려져 있다. 이 기간에 만나 인터뷰한 인물만 200명이 넘는다. 특히 JMS의 피해자인 메이플 씨를 만나 인터뷰하기까지는 꼬박 40일이 걸렸다고 한다. 주 단위 시사교양 프로그램을 하나 만드는 데 통상 6주에서 10주가 걸린다는 점을 생각하면 꽤 긴 기간이라 할 수 있다김윤정, 2023. 이는 바꿔 말하면, 그만큼 취재와 제작에 많은 공을 들일 수 있다는 것을 의미한다. 특정 날짜와 시간을 염두에 두고 편성할 필요가 없어, 시리즈 제작 기간이 더 필요하면 OTT 사업자와 제작자 간 상호 협의할 여지도 있다. 제작비를 투입한 입장에서도 웰메이드well-made 콘텐츠로 흥행에 성공하는 것이 최우선의 목표이기 때문이다.

〈국가수사본부〉는 특히 편성이 자유로운 OTT가 아니었다면 세상에 나오기 어려운 포맷으로 보인다. 강력계 형사들의 수사 과정을 재연 없이 그대로 담는다는 것은 프로그램 완성 시기를 예측하기 힘들다는 것을 의미한다. 사건 접수부터 피의자 검거 모습까지 일련의 과정을 보여주기 위해서 하염없이 기다려야 할 때도 있다. 사건 수사가 어떻게 진행될지, 언제 범인이 나타날지 알 수 없다. 계획된 편성을 하는 지상파로서는 그럴만한 시간적 여유가 없어 과거의 〈경찰청사람들〉처럼 재연으로 갈 수밖에 없었을 것이다.

그렇기 때문에 OTT 콘텐츠 제작에는 스탭도 많이 필요하다. 〈국가수사본부〉는 6~7명으로 구성된 7개 팀이 길게는 6개월 동안 경찰서 인근에서 지내며 촬영했다. 총 제작 기간은 1년이 걸렸다. OTT에서는 사전 제작으로 시간적 여유를 확보할 수 있고, OTT 사업자가 제작자를 위해 충분히 기다려줄 수 있다. 이 시리즈를 기획한 배정훈 PD가 쇼케이스 현장 인터뷰에서 방송국과 OTT 제작 환경의 차이를 '기다림'이라고 한 것이 이를 단적으로 말해준다정호원, 2023 .

　결국, 제작과 편성의 자유가 경험이 풍부한 지상파 방송 PD의 역량을 극대화시키는 원동력이라고 할 수 있다. 특히 〈국가수사본부〉의 경우 기존 탐사보도 프로그램의 문법과 관습을 답습하지 않고, 진행자presenter 나 내레이션narration 없이 등장인물의 목소리와 생활소음만으로 오디오를 구성해 현장의 생생함을 잘 전달했다. 현장의 질감 또한 저널리즘의 본질 중 하나라고본다면, 지상파와 다른 OTT에 부합하는 표현양식이 새로운 저널리즘의 가능성을 현실화하고 있다.

　OTT는 편성의 자유로움 못지 않게 에피소드당 시간 구성이나 시리즈 내 에피소드의 수를 자유롭게 결정할 수 있다. 지상파나 케이블TV 채널의 다큐멘터리는 하나의 사건을 한 회차로 구성하는 경우가 대부분이다. 물론 사건의 경중에 따라 2~3편으로 나누어 연속 방영하기도 하지만 일반적이지는 않다. 그에 반해, OTT는 하나의 사건을 1회분으로 구성할 수도 있고, 3회 또는 5회분으로 구성할 수도 있다. 실제로 〈나는 신이다〉에서 JMS편은 취재 내용이 방대하여 3회분으로, 오대양 편은 1회분으로구성했다. OTT의 특성상 이용자들은 본인이 보고 싶은 콘텐츠만 골라 보기 때문에 그것이 문제될 리가 없다.

　에피소드의 길이에 대한 구성도 자유롭다. 30분 또는 60분 단위로 나눠지는 기존의 방송 다큐멘터리와 달리 OTT는 온라인공간편성을 특징으로 하기 때문에 각 에피소드의 길이를 자유롭게 정할 수 있다. 〈나는 신이다〉에서 3회에 걸쳐 편성된 JMS 편은 회당 각각 51~53분이고, 한 회만 할당한 오대양 편은 71분을, 만민중앙교회 편은 40분이다. 〈악인취재기〉 시즌1은 길게는 52분8화, 짧게는 31분5화도 있다. 다큐멘터리 〈사이버 지옥〉은 1시간 45분으로 통으로 구성되어 있지만, 2~3개로 나누는 것도 손쉽게 가능하다. 〈레인코트 킬러〉는 세 편으로 구성되어 있는데 각각 44분, 48분, 55분이다. 이는 오히려 1~2편으로 만들 수도 있다. 이처럼 각 시리즈나 에피소드는 내용적 특성에 따라 자유롭게 구성할 수 있다.

이러한 구성 전략은 제작자가 이용자의 몰입을 극대화하는 시간을 찾은 결과이다. 이는 장르를 불문하지만 예능이나 드라마에 비해 상대적으로 몰입도가 떨어질 수밖에 없는 다큐멘터리에서 더욱 중요한 요소이다. 〈나는 신이다〉 시리즈의 만민중앙교회 편은 40분으로 가장 짧은데, 방송사 편성의 관점에서 이를 무조건 60분에 맞춰 편집해야 한다면 내용 전개가 느슨해질 수밖에 없을 것이다. 혹은 71분짜리를 60분에 맞춰 자르게 되면보다 생생한 이야기를 담아내지 못하거나 필요한 내용들을 다전달하지 못할 수도 있을 것이다. 에피소드의 수와 에피소드당시간 할당의 자유로움은 그냥 그렇게 하는 게 아니라 메시지 전달을 최적화하고 몰입을 극대화하기 위한 전술이라 할 수 있다.

OTT 시리즈의 구성적 특성은 다큐멘터리를 연속성 있는 서사narrative로 만들어내기도 한다. 각 에피소드는 단일한 서사로 끝나지 않고 또 다른 미스터리와 문제로 대체되면서 하나의 연속되는 서사를 만든다. 다시 말해, 에피소드의 '일화성'과 그 '연속성'이 시리즈를 관통하는 서사를 만든다는 것이다임종수, 2023. 다큐멘터리가 드라마처럼 시리즈물이 되고 있는 것이다. 적어도 〈나는 신이다〉와 〈국가수사본부〉는 그러한 구조를 따르고 있다. 저널리즘 역시 내러티브가 그 내용에 가치를 더해주기 때문에 이는 매우 중요하다. OTT 다큐멘터리는 개별 에피소드에서도 그렇지만 각 에피소드가 서로 연결되는 시리즈 차원에서도 각각 자기 완성도를 띤 모듈 형식을 실험하고 있다.

OTT는 기존 방송에 비해 상대적으로 표현이 자유로운 편이라는 사실 역시 중요하다. OTT 오리지널 콘텐츠는 방송과 같이 엄격한 심의를 받지 않기 때문에 기존 방송에서 다루기 어려운 소재나 내용까지도 과감하게 담을 수 있다. 또한 기존 방송의 관습이나 문법을 벗어나 창의적이고 도전적인 방식으로 표현할 수 있다. 때로는 정제되지 않은 날 것 그대로를 보여줌으로써 시청자들이 보다 현실과 가깝게 느끼게 만들 수 있다.

제작자 입장에서는 자유롭게 표현할 수 있다는 것 그 자체가 큰 매력일 수밖에 없을 것이다. 원래 MBC에서는 〈나는 신이다〉를 편성하고자 했으나 그 내용의 수위가 높아 포기한 것으로 알려져 있다. 그 결과 MBC가 넷플릭스에 제안하여 투자를 받게 된 것이다정철운, 2023. 실제로 MBC가 〈나는 신이다〉를 편성했다면, 취재한 내용의 상당 부분은 담지 못했을 가능성이 농후

하다. 또한 피해자가 진술하는 영상 또는 음성, 그리고 사이비 종교 단체 교주의 만행을 고스란히 담은 입에 담기 힘든 녹취 발언을 일부만 편집해 내보내거나 계속해서 "삐" 소리로 처리하여 답답함을 더했을 것이다. 이런 방식으로 방송됐다면 사이비 종교 단체와 교주의 만행이 시청자들에게 고스란히 전달되었을까? 시청자들이 함께 분노할 수 있었을까? 아니 그걸 제대로 된 폭로라 할 수 있었을까? 그들에 대해 지금과 같이 사회적 관심을 가질 수 있었을까? 그리고 지금과 같은 사회적 영향을 미칠 수 있었을까?

〈국가수사본부〉에서는 강력계 형사들과 사건 현장을 동행 촬영하면서 생생한 장면을 포착한다. 시리즈가 다루는 주제의 특성상 범인을 검거하기 직전에 형사와 범인이 비속어나 욕설과 같이 험한 말을 내뱉기도 하는데, 이것을 그대로 중계하듯 담아내면서 생동감을 더하기도 한다. 또한 검거하는 과정에서 형사와 범인이 몸싸움을 벌이는 거친 모습이나 형사가 범인을 취조하면서 반말이나 윽박지르는 내용이 포함되기도 한다. 이는 시청자에게 불편함을 줄 수도 있지만, 반대로 다루는 내용의 현실감과 진실성을 제공할 수도 있다.

이러한 OTT의 표현 양식은 사실을 더욱 사실답게 만들고 있는 것으로 보인다. 기존 방송은 행정규제에 억눌려 사실을 '방송용 사실'로밖에 다룰 수 없는 한계가 있었는데, OTT는 그런 한계에서 벗어날 수 있다. 방송용 사실이 아니라 날 것 그대로의 사실을 시청자에게 고스란히 전달함으로써, OTT가 '사실 너머의 진실'을 추구하는 저널리즘의 본령에 보다 더 가까이 갈 수 있다는 점을 주목해야 할 것으로 보인다.

4. OTT 표현의 자유와 책임의 경계

〈나는 신이다〉를 통해 사람들은 분노하고 사이비 종교의 해악을 몸소 느끼기도 했다. 높은 사회적 관심은 물론 실질적인 변화도 이끌어 내었다. 하지만 표현 수위에 대한 논란도 적지 않았다. 특히 JMS 정명석의 성범죄 의혹을 다룬 1~3화의 선정성을 지적하는 비판이 쏟아졌다. 예를 들어, 성폭력 피해자인 전 신도가 제공한 녹취 파일에는 성행위를 연상시키는 내용이 그대로 담겼다. 영상의 경우 여성 신도의 나체 영상이 모자이크된 상태로 여러 번 등장한다. 가슴, 엉덩이, 다리와 같은 특정 신체 부위가 클로즈업 되기도 했다.

사실 〈나는 신이다〉에 등장한 여러 장면들은 성폭력·성범죄를 다루는 언론의 제작 가이드라인을 벗어난 것이라고 할 수 있다. 성폭력 사건 특성상 취재와 보도 과정에서 피해자와 가족이 2차 피해를 입을 수도 있다. 사회적 영향력이 큰 만큼 사안을 매우 신중하게 다루어야 한다. 이러한 사항은 2012년 12월 한국기자협회와 국가인권위원회가 발표한 '성폭력 범죄 보도 세부 권고 기준'[7]의 전문에 명시되어 있다. 〈나는 신이다〉의 경우, 이 권고 기준에서 제시하는 실천 요강 중 적어도 2차 피해 유발 유의, 불필요한 성적 상상 유발 표현 사용 금지 조항을 준수했다고 보기 어려워 보인다.

한국기자협회와 여성가족부가 제정한 '성폭력·성희롱 사건 보도 공감기준 및 실천요강'[8]의 취재 및 보도 시 유의사항을 잘 준수했는지도 되짚어볼 필요가 있다. 실천요강에는 피해자 및 가족 등 관련자를 인터뷰할 때 '피해자의 심리상태를 먼저 이해'할 필요가 있고, '피해자가 실명 및 얼굴을 공개하거나 직접 피해사실을 진술하는 방식보다는 피해자를 보호하기에 적합한 보도방식을 고민'해야 한다고 명시한다. 그리고 피해자의 피해 상태를 자세히 묘사하는 것도 피해야 한다. 그러나 피해자 메이플 씨에 대한 인터뷰 장면만 보더라도 이러한 사항이 잘 지켜지지 않았다. 인터뷰 도중 당시 상황을 떠올리며 힘들어 하는 모습이 그대로 방영됐기 때문이다.

하지만 다른 한편으로 보면, 〈나는 신이다〉는 성적 착취, 아동 학대, 노동력 착취 등 심각한 범죄 행위를 다루고 있기 때문에 현재 표현된 방식이 최선의 선택, 혹은 불가피한 선택이라는 항변도 있을 수 있다. 이 시리즈를 만든 조성현 PD는 MBC 라디오 프로그램 〈김종배의 시선집중〉에 출연해, 시리즈에서 실제 수위의 10분의 1정도 수준으로밖에 다루지 못했다고 했다임병선, 2023 . 애초에는 MBC에 편성하는 것을 검토했으나 내부에서 지상파 방송에 나갈 만한 수위가 아니라고 판단했기 때문에 MBC가 넷플릭스에 제안하여 제작하게 되었다는 사실을 보면 선정성에 대한 비판이 해명될 법도 하다.

이런 반문도 가능하다. 만약 〈나는 신이다〉가 〈추적60분〉이나 〈PD수첩〉에 방영될 만한 수위, 즉 지상파 버전의 '순한 맛'으로 제작되었다면, 사람들이 사이비 종교의 심각한 해악과 교주의 만행을 오롯이 알 수 있었을까? 지금처럼 사람들이 공분할 수 있었을까? 경찰과 검찰이 국민들의 눈높이에 맞게 엄격하게 수사할 수 있었을까? 범죄 행위의 심각성에 맞게 엄중하게 판결될 수 있었을까? 사람들이 말하는 '수위'가 OTT 다큐멘터리의 '효과', 즉 흥행이나 의제 설정, 사회적 영향과 철저하게 비례한다고 할 수는 없겠지만, 언론에 들이대는 잣대에 맞추어 제작되었다면 지금과 같지 않았을 것으로 짐작해볼 수 있다.

웨이브의 〈국가수사본부〉 역시 마찬가지이다. 강력계 형사들이 사건을 해결하는 과정이 핵심 스토리이기 때문에 사건 현장과 범인 검거 장면이 수시로 노출된다. 2022년 발생한 부산 양정동 모녀 살인사건을 다룬 1, 2화에서는 혈흔이 낭자한 사건 현장을 모자이크 처리 없이 내보내 자극적이라는 비판을 받았다. 이에 대해 배정훈 PD는 언론사 인터뷰를 통해 기존 관습대로 모자이크 처리하는 대신, 색 보정을 통해 채도를 낮춰 혈흔을 빨간색으로 표현하지 않으려 했다고 한다남수현, 2023. 그러나 3화 평택 강도 사건에서는 많은 양은 아니지만 모자이크 없이 빨간 색으로 그대로 표현된 것으로 확인된다.

피의자 신문 장면에 대한 비판도 있다. 제작진은 경찰이 피의 자를 어떻게 신문하는지 생생하게 보여주기 위해 경찰 협조로 입수한 영상을 활용했다. 그런데 2014년 헌법재판소는 경찰 조 사를 받고있는 피의자에 대해 얼굴도 가리지 않은 채 언론에 사 진촬영 · 영상녹화를 허용한 경찰의 조치가 인격권을 침해해 위 헌이라고 결정한 바 있다2012헌마652. 2019년 서울중앙지방법원 은 이와 같은 사건의 촬영행위에 대한 국가배상책임을 인정하 기도 했다2017가단5047454.

여기서 〈국가수사본부〉에 대한 비판의 쟁점은 재판이 진행 중 인 사건에서 피의자를 특정할 가능성이 있어 인격권 침해 소지 가 있다는 것이다. 각 에피소드 뒷부분에 '본 다큐멘터리에 등 장하는 사건의 피의자들은 재판을 통한 유죄확정 전까지 무죄 로 추정함을 밝힙니다'라는 자막을 내보내기는 했으나, 사건 발 생 지역과 피의자 체격 및 말투 등을 통해 피의자를 특정할 수 있을 것으로 보인다. 그래서인지 경찰은 뒤늦게 피의자 실제 조 사 장면을 삭제해달라고 요청하기도 했다장나래·이우연, 2023. 그러 나 2024년 7월 현재 피의자 신문 영상은 삭제되지 않고 그대로 OTT에서 볼 수 있는 상태이다.

현재 OTT는 방송법의 적용을 받지 않기 때문에 기존 방송에 비해 표현이 자유로운 편이지만 그에 따른 책임에 대한 이슈가 남아 있다. 결국 이러한 비판과 논란에서 규제 논의가 빠지지 않을 수 없다. OTT에 대한 내용 규제는 '정보통신망 이용촉진 및 정보보호 등에 관한 법률'이하 정보통신망법 과 '영화 및 비디오물의 진흥에 관한 법률'이하 영비법 의 적용을 받는다. 즉 OTT 콘텐츠는 영비법에 따른 '온라인 비디오물'로 분류될 뿐 방송법에 따른 '방송심의에 관한 규정'을 적용받지 않는다. 방송통신심의위원회의 OTT 콘텐츠에 대한 유해성 판단은 정보통신망법이나 영비법에서 정한 사후적 조치라기보다 통신 심의를 통한 일반적인 유해성 판단 수준이다. 그나마 적용할 수 있는 기준은 '정보통신에 관한 심의 규정'이다심영섭, 2023 .

현행 영비법 제70조 제8항은 자체등급분류사업자로 지정되는 OTT 사업자가 등급 분류를 적절하게 하지 않거나 유해한 영상 콘텐츠를 제공할 때, 영상물등급위원회가 방송통신심의위원회에 온라인 비디오물에 대한 심의 및 시정 요구를 할 수 있다고 규정하고 있다. 그러나 방송통신심의위원회에서는 OTT에 대한 별도 세부 심의규정을 마련하고 있지 않다.

OTT에 대한 규제 시도가 아예 없었던 것은 아니다. 방송통신위원회는 2022년 OTT 서비스를 방송법에 편입시키는 '시청각미디어서비스법' 제정을 추진하고자 했다. 이 법은 프로그램 선택과 편성 등을 행하는 '콘텐츠'와 프로그램 및 채널 등을 이용자에게 제공하는 '플랫폼'으로 이원화하여 규율 수단을 마련하고자 했다. 그러나 본격적인 논의가 이뤄지지는 않았다. 지금의 방송통신위원회는 '미디어통합법'이라는 이름으로 법제화를 준비 중이다 금준경, 2024. 방송 3법 개정안 등 정치적 쟁점이 되는 법안들 때문에 OTT 규제의 근거가 될 수 있는 법안 마련은 뒷전이 될 가능성이 농후해 보인다.

이에 대한 OTT 사업자들의 반발도 만만치 않다. 기존 방송사와 같은 규제를 받거나 이중 규제를 받을 가능성이 있기 때문이다. OTT 규제 논의는 비교적 오래 전부터 있었지만 찬반이 팽팽하게 맞서고 있는 상황이다. 다양한 주장들이 있지만 2019년 8월 사단법인 오픈넷이 낸 논평[9]을 보면, OTT 사업자들의 규제 반대 근거를 자세히 알 수 있다. 방송 서비스가 가지고 있는 공적 책임을 인터넷 서비스 사업자에게 동일하게 적용하는 것은 부당하다는 것이다. 또한 방송통신심의위원회의 통신심의 기준에 따라 OTT를 포함한 인터넷상의 모든 콘텐츠를 삭제하거나 차단할 수 있기 때문에 규제 공백이 있다고 보기 어렵다는 논리다.

OTT를 기존 방송에 준해 규제해야 하는지, 규제하지 말아야 하는지에 대한 논쟁은 법체계에 대한 정비 없이는 정리되기 어려워 보인다. 그러나 분명한 것은 기존 방송 서비스와 OTT 서비스에 대한 규제는 각 서비스의 특성에 맞게 차별적으로 이뤄져야 하며, 표현의 자유를 최대한 보장하되, 각 사업자들이 반드시 그에 대한 책임감을 가져야 한다는 공감대 형성이 필요하다는 것이다. 미디어 관련 입법 정비나 공동자율규제 같은 체계가 마련될 필요가 있기도 하지만 여러 사례들을 축적하면서 충분한 논의가 이뤄져야 할 것이다.

5. 나가며 : OTT 저널리즘의 가능성을 위하여

이 글은 글로벌 OTT 서비스인 애플TV+가 공개한 4대에 걸친 재일 한국인의 삶을 사실감 있게 담아낸 대하 드라마 〈파친코〉가 한일 관계와 역사 인식, 그리고 재일 조선인 자이니치의 문제를 '의제화'한 것에 착안하여 OTT가 어떤 역사적 사회적 진실을 어떻게 처리하는지에 주목하였다. 〈파친코〉는 역사적 사실을 토대로 쓴 소설을 각색한 허구지만 우리를 역사의 한가운데로 소환하는 힘이 있었다. 글로벌 수용자들이 각기 다른 역사와 문화적 배경에도 불구하고 역사의 뒤안길에 있는 자이니치 코리안을 비롯한 세계 각국의 디아스포라에 주목하게 만들었다. 〈파친코〉가 기존의 지배적 감정구조를 자극하면서도 글로벌 이용자들의 보편적 정동affect 에 어필하여 글로벌 시각에서 역사적 진실을 바라보게 했다는 것이다. 이같은 사실은 기존의 저널리즘 탐구에 많은 시사점을 준다.

OTT 다큐멘터리는 더욱 그러하다. 우리는 사회 문제를 직접 파고든 넷플릭스의 〈나는 신이다〉, 웨이브의 〈국가수사본부〉, 〈악인취재기〉 같은 시사교양 다큐멘터리가 기존의 저널리즘 영역을 어떻게 확장하는지 살펴보았다. 이 글은 '어떤 사회적 진실'이라고 했는데, 여기에서 '어떤'이란 날것 그대로의 현실, 어쩌면 과잉 현실일 수도 있지만 기존의 방송문법에서는 담을 수 없는 생생한 사실을 말한다. 또한 하나의 사건event 가 아니라 시리즈로 이어갈 수 있는 전체적인 이야기로 받아들여지는 서사성narrativeness 도 '어떤'을 구성하는 요소라 할 수 있다. 이 둘은 기존의 방송 뉴스나 시사교양 프로그램보다 시청자를 훨씬 강렬하게 충동한다. 우리 사회가 놓치고 있는 사실에 주목하되, 기존의 관습이나 문법을 답습하지 않고 새로운 표현 양식으로 접근한 것은 분명 눈여겨 볼 일이다. 그것이 진실에 더 가까이 가는지 반대로 또는 제3의 길로 가는지는 좀 더 지켜봐야겠지만 적어도 지금까지는 나름 평가를 받을만 해 보인다.

OTT 편성이 기존 방송의 그것과 다르게 제작기간이 충분히 확보되고 시리즈의 구성과 각 에피소드별 시간 역시 자유로운 것은 OTT만의 강력한 무기이다. 온라인 공간편성의 힘이다. 이에 따라 개별 에피소드 자체로서 독립된 서사를 제공함은 물론, 에피소드와 에피소드가 서로 연결되어 보다 큰 서사를 제공하는 구성방식은 시청자로 하여금 다큐멘터리를 시리즈물처럼 소비할 수 있게 한다. 또한 OTT가 방송처럼 엄격한 심의를 받지 않는 것, 무엇보다 시청의 주도권이 방송이 아니라 시청자에게 넘어간 것도 한몫한다. 시청에 따른 부작용을 비난할 대상이 시청자 스스로에게 있기 때문이다. 결국, OTT의 기술적·제도적 요소와 OTT 저널리즘이라 불리는 것 간에 중요한 상관관계가 있고, 그것이 OTT가 사회적 진실을 말하는 장치일 수 있음을 시사한다.

이에 OTT가 새로운 저널리즘을 개척하고 있다는 논의들이 있다. 2023년 〈나는 신이다〉 방영 이후 'OTT 저널리즘'이라는 용어가 회자되기도 했다. 물론 한국에서는 저널리즘적 가치를 실현할 가능성이 보이는 서비스나 콘텐츠 형식 뒤에 습관적으로 저널리즘이라는 용어를 결합시켜 '유튜브 저널리즘', '팟캐스트 저널리즘', '숏폼 저널리즘'과 같은 용어를 쓰는 경향이 있지만, 저널리즘의 외연 확장에 관심이 가는 것도 사실이다. 무엇보다 사회적 효능감이 이를 증명한다.

2023년 3월 2일, 넷플릭스 〈나는 신이다〉에 대한 기독교복음선교회의 방송 금지 가처분 신청에 대해 서울서부지방법원은 기각 판결을 내린 바 있다. 당시 재판부는 "정명석의 신도들에 대한 성범죄 혐의를 다룬 이 사건 프로그램은 관련 내용에 대한 사회적 경각심을 일깨움으로써 유사한 피해의 재발을 방지하고자 하는 공익적 목적으로 제작되었다고 충분히 볼 수 있다"고 판단하였다. 특정 OTT 다큐멘터리 시리즈에 대한 판결이기는 하나, OTT가 저널리즘적 기능을 수행하고 있다고 보는 법원의 판단은 분명 눈여겨 볼 대목이다.

　글로벌 콘텐츠 시장에서 경쟁하는 국내외 OTT 사업자들은 구독자를 늘리기 위해 안간힘을 쓰고 있다. 그래서인지 기존 방송에 비해 과도한 표현이 많다는 지적이 있다. OTT는 직접적인 방송심의 대상도 아니다. 이에 책임을 강제하는 입법 노력과 그에 반하는 비판적인 목소리도 들린다. 미디어 영역의 복잡성, 플랫폼 및 서버의 다국적성, 수용자 책임성 등의 쟁점으로 말미암아 논의가 수월하게 진척되기 힘들어 보인다. 당연한 말이겠지만, 미디어 환경의 급격한 변화를 잘 반영한 규제틀을 마련하면서도, 산업의 혁신과 개인의 자유를 가로막지 않도록 주의를 기울일 필요가 있다. 개인 미디어 시대에 표현의 자유는 수용자 개개인의 정동의 자유를 보장하는 일이기 때문이다. 드라마 〈파친코〉와 다큐멘터리 〈나는 신이다〉, 〈악인취재기〉 등은 구독자라는 개인-수용자에게 커뮤니케이션의 책임이 넘어간 이 시대의 미디어가 무엇을 말하고 어떻게 표현할 것인지에 대한 방향과 숙제를 동시에 남기고 있다.

3부

〈파친코〉와
OTT 정치경제

7장

<파친코>와 '친절한' 일본순사 :
OTT와 수용자 자원

임종수(세종대학교 미디어커뮤니케이션학과 교수)

<파친코>는 일제 강점기 피식민자들의 피할 길 없는 민족 분산과 그 후손들이 겪는 혼정 정체성에 관한 서사로, "진보적이고 글로벌하며 미래지향적인 비전을 제시"했다고 평가받았다. 이는 일제 강점기를 다뤄 온 기존 TV 드라마의 서사 방향과 비교된다. 악독하고 폭력적이며 비열하기까지 했던 이전의 일본순사의 이미지와 달리, <파친코>의 일본순사는 피식민자 통치에 가차 없을지언정 비열하게 그려지지는 않는다. 심지어 <파친코>의 일본순사는 피식민자를 계몽하고 호의를 베풀며 그들의 문화에 호기심을 보이기도 한다. 우리에게 낯설고 한편으로 불편하기까지 한 이같은 재현은 어떻게 해서 가능한가? 이 장은 글로벌 OTT 드라마의 리얼리티와 그것을 뒷받침하는 물적 조건의 관계로부터, 기존의 수용자 상품론audience commodity과 구별되는, 수용자 자원론audience resource이라는 새로운 이론적 가설을 제시한다. 이를 통해 OTT가 재현하는 리얼리티와 그 문화적 지형이 전래의 공통문화가 아닌 글로컬 보편문화 쪽으로 이동해 가고 있음을 설명한다.

1. 서론 : OTT 드라마와 (비)물적 조건

OTT 드라마 〈파친코〉,
"진보적이고 글로벌하며 미래지향적인"

2019년 11월 출범한 애플TV+는 출범 3년째 되던 해 드라마 〈파친코〉2022로 전세계적인 반향을 일으켰다. 〈파친코〉는 대중 서사물 평가 사이트인 로튼토마토 100%, IMDb 8.4점을 받았다. 또한 평론가들로부터 높은 호평을 이끌어 내며 방송계의 퓰리처상이라 불리는 피버디상Peabody Awards 엔터테인먼트 부문을 포함해 많은 상을 수상했다. "진보적인 비전을 제시"했다는 것이 수상의 이유였다김성현, 2023. 원작을 각본하고 제작을 책임진 한국계 미국인 쇼러너 수 휴Soo Hugh는 "국경을 초월하는 현대 TV의 글로벌하고 미래지향적인 비전을 제시한 작품"이라고 수상 이유를 설명했다. 그녀는 올해 8월 23일 출시된 시즌2도 주도했다.

〈파친코〉의 무엇이 '진보적'이고 '글로벌'하며 '미래지향적'일까? 글로벌 미디어가 우리의 역사를 콘텐츠화해서일까? 그럴지도 모른다. 실제로 〈파친코〉는 우리의 이야기지만 '우리 것'이라 단언할 것이 거의 없다. 그나마 OTT 서비스 초기 콘텐츠의 제작사나 감독, 배우, 스탭 등은 한국 콘텐츠 산업의 것이었지만, 〈파친코〉의 제작과 감독은 한국계 미국인이고, 한국인 배우와 스탭은 그들에게 '고용'되었을 뿐이다. 제작사는 할리우드의 미디어레즈스튜디오Media Res Studio 이다. 한국의 역사가 글로벌 OTT의 서사로 차용되었다고 보는게 맞을 것이다. 지금까지의 역사 서사물 창작이 역사적 사건의 당사자와 그 후손인 국민국가 또는 민족국가nation-state 내 사람들의 일이었던 점을 고려할 때 〈파친코〉는 극히 드문 사례이다. 어쨌든 역사물이든 당대 드라마든 대중서사의 리얼리티가 글로벌 플랫폼에 의해 다시 쓰이고 있다.

문화비평에서 리얼리즘은 19세기 낭만주의 또는 신고전주의에 대한 반기로서 현실모사가 예술의 중요한 역할임을 자처하는 예술 사조이다. 당시 리얼리즘은 예술이 현실을 어떻게 그려낼 것인지에 관한 논쟁을 치르고 있었다Lukács, 1938/1985. 현실의 이데올로기나 관계를 객관적으로 묘사하여 재현된 현실을 자연스러운 현실인 것처럼 만들 수도 있고, 이상적인 세계와 그에 적합한 인물상, 그런 인물들 간의 관계를 지향하는 이념에 따라 총체적으로 그려낼 수도 있다. 그것과 반대로 현실과 극의 세계를 오가며 말을 걸거나 특별한 부분을 강조하여 수용자가 현실을 지각하도록 촉구할 수도 있다. 〈파친코〉는 이같은 예술사조를 부분적으로 반영한다. 그러면서도 〈파친코〉는 진보적이고 글로벌하며 미래지향적인 미학적 경향, 구체적으로는 일제 강점기를 다룬 그간의 대한민국 TV 드라마나 영화에서는 보기 힘든 새로운 차원의 현실모사가 있다.

무엇보다 산업화된 대중문화에서 리얼리티는 그것을 가능케 하는 '물적 조건'과 불가분의 관계에 있다는 것이 먼저 고려되어야 한다. 그 중에서 가장 우선적으로 살펴야 하는 것은 물적 조건의 '성격'이 무엇인가이다. 제2차 세계대전의 전범戰犯 나치 독일의 악행을 그린 숱한 할리우드 영화는 수많은 유대자본과 불가분의 관계가 있다. 실제로 할리우드 7대 영화사 중 파라마운트, 20세기폭스, MGM/워너브라더스, 콜롬비아, 유니버셜 등 주요 영화사는 유대계 J.P. 모건과 록펠러, 듀퐁 등이 개입되어 있거나 대주주들이다. 할리우드 영화에서 승전국 미국 이미지에 유대 자본이 작용했다는 점은 최근까지도 널리 회자되는 사실이다Greenblatt & Kramer, 2022. 하켄크로이츠 문양이 전범의 상징으로 터부시된 데에는 '가해자' 나치에게 박해받는 '희생자' 유대인, 그들을 해방시키는 '구원자' 미국이라는 기호투쟁도 한 몫 했으리라.

그렇게 보면, 〈파친코〉의 새로운 리얼리티는 그것을 만든 플랫폼 자본 '애플'의 성격과 결코 무관하지 않다. 주지하듯이, 전통적인 TV 방송사의 콘텐츠 재원은 광고였던 데 반해, 넷플릭스, 디즈니+, 애플TV+ 등 대표적인 OTT는 전세계 구독자들의 월 구독료에 기반하고 있다. 따라서 OTT는 콘텐츠를 제작함에 있어 그것이 만들어지는 국가의 수용자도 고려하지만, 글로벌 수용자를 더 크게 염두에 두지 않을 수 없다. 전세계 글로벌 신규 구독자 유치와 멤버십 유지가 OTT의 일차적인 목적인 것이다. 이 과정에서 플랫폼의 국적인 미국의 시각과 문화는 기본값일 수밖에 없다. 그래서인지 〈파친코〉에서는 지금까지 일제강점기를 다룬 한국 드라마나 영화에서 볼 수 없었던 '친절한 일본 순사'의 모습이 보인다. 소재로서 디아스포라민족 분산, diaspora 와 주제로서 혼종 정체성 hybridity 의 감정구조도 눈에 띈다. 자칫 간과해 버릴 수 있는 이같은 현실모사는 미디어 변화를 알아채기 좋은 기회를 제공한다.

이에 OTT 리얼리티와 플랫폼의 재원구조, 그리고 수용자의 시청활동 데이터 간의 함수관계에 눈길이 가지 않을 수 없다. 2023년 말 기준으로 넷플릭스는 총 매출액 487.3억 달러, 26.2%의 영업이익률을 거두었다. 구독자수는 스트리밍을 시작하던 2008년 867만여 명에서 2024년 1/4분기 현재 2억 6,960만 명으로 성장했다. 넷플릭스 구독료는 2008년 월 $8.99standard plan 에서 2023년 $15.49로 지난 15년 사이에 두 배로 인상되었다. 구독료 성장 외에 최근 광고와 게임에서도 괄목할 만한 성장을 거두어 사업구조가 점점 더 견조해지고 있다. 더불어 넷플릭스를 포함해 주요 글로벌 OTT는 일찍부터 자신들의 구독자가 무엇을 원하는지, 콘텐츠의 어떤 요소가 시청자에게 어필하는지에 관한 데이터 과학을 추구해 왔다.

역사적으로 구독자 재원의 수익구조는 1970~80년대 별도의 가입비를 내고 서비스받는 프리미엄 케이블 채널에서 시작되었다. 지금의 OTT는 그같은 프리미엄 채널에서 성장한 1990년대 '양질의 TV'quality TV[1] 관습에 기반해 있다Ferchaud, 2020; Klarer, 2014; Newman & Levine, 2012; Rogers, Epstein & Reeves, 2002; Shimpach, 2010. 그러면서도 OTT의 VOD 서비스는 시청 시간에 대한 통제를 구독자인 시청자에게 위임하고 대신 그들의 시청 데이터를 취했다Tryon, 2015. 그리고 이른바 서사적 복잡성 narrative complexity[2]의 지평으로 서사형식을 재설정하고, 콘텐츠를 소비하는 시간성도 몰아보기 방식으로 급진적으로 재배치했다Booth, 2010. 마침내 양방향 VOD 서비스는 OTT의 미디어 형식을, 기존의 흐름flow의 미디어와 비교되는, 인터페이스 미디어interface media로 탈바꿈시켰다.

OTT의 리얼리티, 미디어 정치경제학의 새로운 도전

OTT 서사물의 새로운 리얼리티, 그것을 실어 나르는 미디어 형식과 수용 환경의 변화, 그런 미디어 운영의 비즈니스 모델은 기존의 'TV-광고주' 모델과 본질적으로 다르다. 전통적으로 TV는 광고주 재원으로 프로그램을 제작해 왔다. 이를 위해 방송사는 텔레비전 특유의 계획된 흐름planned flow 안에서 다양한 형식과 장르의 프로그램에 맞춰 광고를 전략적으로 배치하는, 그럼으로써 시청자의 심리적 저항을 최소화하고 최대의 광고량을 수급하는, 수퍼텍스트super-text 의 정치경제적 효과를 추구해 왔다Browne, 1984.[3] 그에 반해, OTT는 수용자가 직접 제공하는 '재원'과 '데이터', OTT의 효율성을 제고하는 '추천 알고리즘'이라는 비물적 조건에 기반해 있다. 개개인의 미학적 취향을 추적하는 OTT 기술혁신은 '이용자 최적의 수퍼텍스트' 인터페이스를 구성한다.

21세기 초 정보통신 경제학 분야는 이같은 융합 미디어가 정통 경제학에 비추어 어떤 생산양식인지에 대해 해명하고자 했다강남훈, 2002; 류동민; 2000; 이경천, 2004; 조원희·조복현, 2002; 채만수, 2004 . 핵심 논의는 구글, 페이스북, 네이버 같이 디지털 네트워크에 기반한 이른바 빅테크 기업의 어마어마한 수익 창출의 성격을 규명하는 것이었다. 논의는 전통적인 노동가치론과 부딪히는 정보가치론, 즉 플랫폼의 차별성을 독점이윤으로 볼 것인지, 기존의 지대rent 개념을 적용할 것이지 등으로 압축된다. 하지만 이들 논의들은 나름의 성과에도 불구하고 맑스주의 경제학의 해석 또는 적용에 치중한 나머지 빅테크 기업의 미디어적 특성을 간과했다. 특히 광고와 광고주의 문제를 제대로 검토하지 못했다. 뿐만 아니라 콘텐츠의 가치 산정을 넘어, 그같은 콘텐츠의 경제적 가치가 서사적 리얼리티와 어떻게 연결되는지에 대한 해명은 시도조차 없었다.

그렇다고 미디어 연구 분야가 이를 창의적으로 설명한 것도 아니다. 융합 미디어에 대한 정치경제학political economy적 논의도 전래의 수용자 상품론audience commodity, 그러니까 수용자가 광고주에게 전가되는 하나의 상품이라는 이론틀에 머물러 있다Smythe, 1977. 수용자 상품론은 대중매체 정치경제학에 있어 정전正傳 같은 이론이고 융합 미디어에서도 여전히 그 힘을 발휘하지만 때때로 곤혹스러운 상황에 맞닥뜨린다. 수용자 상품론은 넷플릭스 같은 OTT가 광고나 협찬이 아닌 수용자의 구독료로 콘텐츠를 생산하고, 그렇게 만들어진 콘텐츠로 개별 이용자와 전체 OTT 이용량을 관리해 가는 것을 설명하지 못한다. 그것은 차라리 수용자가 광고주에게 넘겨지는 상품이 아니라 콘텐츠가 생산되고 배치되는데 기여하는 '자원'으로 보는게 더 타당하다. 그렇기 때문에 우리는 수용자 자원론audience resources이라는 새로운 이론적 가설 또는 용어법을 제안할 수 있을 것으로 본다. OTT 구독료, 시청행동 데이터, 추천 알고리즘 등은 어떤 경제적 요소인가? 이같은 요소들은 OTT 드라마의 리얼리티와 어떤 관계인가?

이 장은 정보통신 경제학의 논의를 참조하면서 OTT의 이들 요소들을 클라우드라는 '땅'을 비옥하게 하는 일종의 지대rent로 설명한다. 드라마를 포함해 다큐멘터리, 스포츠 등 OTT 콘텐츠의 재현은 개별 구독자의 미학적 취향에 대응하는 최적화 구독 서비스로 최대의 지대적 이윤을 추구한 결과물이라는 것이다. 그렇기 때문에 OTT는 매스미디어 재현의 경제적 논리로 삼아왔던, 익명적 대중을 시청률이라는 지표로 묶어 광고주에게 전가하는, 수용자 상품론을 재고할 것을 요청한다. 실제로 '정보재'information goods 미디어 산업에 대한 새로운 패러다임의 미디어 정치경제학적 탐구가 필요하다는 지적도 있다임영호, 2022. 전체 자본주의 산업의 생산과 소비를 촉진하는, 그래서 산업 자본광고주의 마케팅 상품으로 기능하는 TV 시청자는 OTT 생태계에 이르러 어떤 위치에 있는가?

OTT 드라마 〈파친코〉는 'OTT 콘텐츠의 리얼리티'를 이해하고, 그런 리얼리티의 발생 조건으로서 'OTT 정치경제학'을 정초하는데 유용한 사례이다. 방송은 역사적 사실을 작가적 상상력으로 다양하게 서술하는 가운데 미디어 산업과 시청자 모두가 동의하는 역사 드라마 장르를 구축해 왔다 주창윤, 2019a. 〈파친코〉는 그런 TV 미디어가 재현해 온 역사 드라마 장르 공식에 새로운 도전을 던진다. 이 장은 1) 역사적 사실에 입각한 OTT 서사물이 TV 드라마와 어떻게 다른지 분석하고, 2) 레거시 미디어와 OTT의 창작 자본 간의 차이를 고찰한 후, 3) 기존의 수용자 상품론을 비판적으로 재해석한다. 이를 통해 4) OTT의 재현이 궁극적으로 수용자 재원과 데이터를 자원으로 삼아 이루어지는, 이른바 수용자 자원론이라는 가설적 개념의 고안이 필요하다는 것을 제안한다.

2. OTT 서사극 〈파친코〉 보기와 읽기

이주의 생존법,
혼종 정체성의 감정구조와 혐오의 푼크툼

　20세기 할리우드 영화는 유럽, 중국, 일본, 인도, 심지어 아프리카에서도 이야기 소재를 가져오지만 대부분 할리우드 방식으로, 즉 미국식 캐릭터와 미국식 서사구조로 이야기를 풀어갔다. 가령, '20세기 스튜디오'에서 제작한 1956년작 영화 〈왕과 나〉Walter Lang Director 는 아시아 군주의 야만성이 서구 문명인을 만나 개화하고 국가의 근대화에 기틀을 마련한다는 계몽주의적 서사이다; 시암태국의 왕율 브린너분 의 초청을 받아 영국에서 방콕에 도착한 젊은 미망인 안나데보라커분 는 거칠고 문명화되지 못한 왕에게 실망해 돌아가려 한다. 하지만 곧 이어 그 왕이 야만인이 아니고 오히려 근대화를 위해 노력하는 것을 알고 그를 돕는다. 이후 어떤 오해로 둘 사이는 다시 파국을 맞고, 왕을 만나주지 않는 안나로 인해 왕은 서재에 틀어박혀 책만 읽다가 병을 얻는다. 왕의 진심을 알게 된 안나는 다시 왕과 화해하고 시암의 근대화를 위해 헌신할 것을 약속하지만 왕은 끝내 사망하고 그의 아들이 근대화의 위업을 이어간다. 영화 〈왕과 나〉는 감독과 배우는 물론 서사의 주제와 서술 방향이 모두 서구적 미국 가치에 입각해 있다. 이같은 경향은 어린이를 대상으로 하는 애니메이션 장르에서 특히 강한데, 〈라이언킹〉, 〈뮬란〉, 〈포카혼타스〉, 〈정글북〉, 〈미녀와야수〉, 〈겨울왕국〉 등 전세계 곳곳에서 가져온 서사는 하나같이 '할리우드적'이다.

그에 반해, OTT는 매월 현금을 지불하는 구독자의 기대에 '좀 더 밀착한' 국가 단위의 현지화localization 를 실행한다Ildir & Rappas, 2022; Wayne & Castro, 2021 . OTT는 일방적으로 할리우드 식으로 변경하거나 거꾸로 현지에 동화되지 않고, 로컬의 문화적 맥락과 콘텐츠 전통의 기반 위에 글로벌미국 의 시각과 장르관습을 적절히 섞는다Lobato, 2019; Aslan, 2021; McKay, 2021 . 현지의 역사 및 사회문화적 맥락을 고려하면서 글로벌 수용자가 함께 즐길 수 있도록 콘텐츠를 창작하는 이같은 전략을 현지분리창작local opt-out creation 이라 할 수 있다임종수, 2022; 임종수·이서라, 2024 . 이는 지리언어적 기준에 따라 국가별로 콘텐츠 유통을 차별적으로 가져가는, 그럼으로써 구독자의 콘텐츠 소비를 구획짓는 현지분리정책local opt-out 의 일환이다Cornelio-Marí, 2017/2019 . 현지분리창작은, 가령 남미의 마약 범죄물, 유럽의 역사물, 북미의 SF, 일본의 애니메이션 등 지역별로 차별적인 장르나 정서의 콘텐츠를 생산하되 전세계 그같은 취향을 가진 수용자들이 함께 즐길 수 있는 서사로 창작하는 것을 말한다넷플릭스는 거기에 몰아보기 좋은 방식으로 재현한다 . 현지분리창작은 전세계 구독자를 가진 OTT가 글로컬 프로그래밍을 고려한 선택한 전략적 선택이다.

〈파친코〉는 대한민국이라는 로컬의 고유한 역사에 글로벌 감성을 더한 현지분리창작의 전형적인 사례 중 하나이다. 〈파친코〉는 그간 한국 TV 드라마가 재현해 온 식민지 조선인들의 고난에 찬 삶이나 결연한 저항이 아닌 디아스포라 가족 연대기를 그린다. 〈파친코〉에서 일제 강점기가 로컬 코드라면, 글로벌 코드는 디아스포라이다. 디아스포라는 글로벌 시민이 살아가는 삶의 한 측면이다. 이는 평균적이지는 않지만 전세계적으로 보편적인 삶의 한 형태이다. 납치에 강제 이주되어 살아가는 아프리카계 흑인, 1930~40년대 나치 체제 하에서의 유대인, 백인과 현지인의 혼종이 종족은 물론 정치 경제 문화의 정체성이 된 중남미인들, 내전으로 유럽으로 이주해 간 시리아 난민, 그리고 최근 경제성장와 한류 바람을 타고 유학, 일자리, 결혼 등으로 유입되는 대한민국 내 외국인[4] 등 글로벌 차원에서 디아스포라는 그 자체로서 역사이자 삶의 방식, 혼종 정체성의 출발점이다. 하지만 그간 대한민국 TV 드라마에서 일제 강점기 디아스포라는 대체로 일제나 지주의 핍박을 피하기 위해 또는 독립투쟁을 위해 만주로 '이동'하는 것이었다. 거기에서 디아스포라는 서사의 한 과정일 뿐 그 자체가 목적이거나 이주민의 삶으로 그려진 경우는 거의 없었다.

그에 반해, 〈파친코〉는 제국주의에서 포스트식민 자본주의에 이르기까지 디아스포라된 피식민자들과 그 후예들의 혼종 정체성, 인간존엄의 삶의 문제에 대해 말하는 영상인류학visual anthropology적 콘텐츠이다. 또한 〈파친코〉는 글로벌 자본주의 시대 피할 길 없는 이민자들의 현실을 보여주는 내셔널 알레고리national allegories[5]적 콘텐츠이다. 자본주의 리얼리즘capitalist realism의 전형이다. 〈파친코〉에서 자이니치들은 크게 두 세대로 구분된다. 민족을 내면화하고 있는 주인공 선자 같은 1세대 자이니치가 한 쪽이고, 민족이 고려되지만 태생적으로 타자화된 채 일본, 미국 등 다국적 정체성을 내면화한 아들 모자수나 손자 솔로몬 같은 2, 3세대 자이니치가 다른 한 쪽이다. 선자는 절름발이에 언청이지만 조건 없는 사랑을 베풀어준 아버지와 "아들 서이를 낳았지만 돌도 되기 전에 죽어버려" 그저 "대를 잇게" 할 목적으로 선자를 낳았던 엄마와 함께 강점기 이전 가난하지만 평화로웠던 삶을 뒤로 하고 식민자의 땅 일본에 이주하여 치열하게 살아간다. 선자의 아들 모지수와 손자 솔로몬은 그런 선자로부터 사랑을 받고 한민족 문화를 교육받지만 대한민국과의 사회적 접촉점은 거의 없다. 오히려 가장 발전된 자본주의 국가 일본과 미국에서 자신의 뜻을 펼치려는 글로벌 시민성을 드러낸다. 하지만 '선자 가족'선자와 그녀의 아들 노아와 모자수, 손자 솔로몬 등 은 일본과 미국 모두에서 때로는 노골적으로 때로는 교묘하게 차별받는다.[6] 그렇다고 그들이 악으로 그려지지는 않는다. 서양과 동양, 일본과 조선, 미국과 일본으로 분리된 삶의 조건에서 일관되게 후자에 속하는 선자 가족은 인종과 민족, 자본주의가 버무려진 차가운 차별을 감내하며 살아가는 제3세계 민중의 굴곡 많은 삶의 불가피성inevitability을 체현한다.[7]

결국, 〈파친코〉는 절름발이로 상징되는 피식민자 네 세대의 가족 연대기를 통해 인간존엄의 삶이란 무엇인가에 대해 '질문'하는 서사극epic[8]이다Benjamin, 1931/2020; Brecht, 1967/1989 참조. 그것은 특정 국가의 지배적인 감정구조structure of feeling[9]나 기존의 도덕과 지배 이데올로기를 '확인'하는 TV 드라마와 사뭇 다르다. 〈파친코〉는 동일한 정체성에 입각하여 인물이나 서사적 세계에 감정이입하기보다 전세계 혼종 정체성의 감정구조를 내면화한 사람들에게 어필하는 서사이다. 역사와 인종이 대한민국의 것이지만 다른 어떤 나라의 서사여도 상관없다. 이들 가족이 조선에 뿌리를 두고 있음에도 일본으로 미국으로 흩어져 살아가면서 이제는 조선이 낯선 것이 되어 버렸다는 탄식에서 디아스포라 가족의 정체성을 보게 된다. 선자에게서 시작해 그녀의 아들 모자수, 손자 솔로몬으로 갈수록 조선 사람보다, 확실한 곁을 내주지 않지만 사적 공적으로 만난 일본인 또는 미국인과 더 깊이 교류한다. 선자 또한 조선으로 돌아와 옛사람을 찾는 기회를 맞지만 자신과의 인연은 흐릿한 기억 뿐이다.

〈파친코〉 가족이 구한말 조선에서 식민지 조선, 그리고 현재의 대한민국과 연결되는 지점은 쌀밥, 김치, 젓갈 같은 음식 냄새이다. 〈파친코〉에서 이런 냄새는 자이니치 고유의 정체성 중 하나지만 굴종의 상흔도 동시에 내포하는, 그래서 양가적 삶을 강렬하게 드러내는 푼크툼punctum 이다. 푼크툼은 영상 텍스트에서 스투디움studium 이라 불리는 관습적이고 일반적인 이미지와 달리 수용자에게 어떤 강렬한 느낌을 활성화하는 이미지 또는 그런 이미지에 대한 감정을 뜻한다. 이 용어를 조어한 바르트 Barthes, 1980/1998, p. 35 는 "그것 스스로가 마치 화살처럼 그 장면을 떠나, 나를 꿰뚫기 위해서 오는" 것이라고 말한다. 대중 서사물에서 푼크툼은 인물의 대사, 제스처, 눈빛 등 이야기를 구성하는 연속적인 시퀀스sequence, 개별 장면scene, 특정 숏shot 등에서 수용자로 하여금 격동, 전율, 충격 등의 의식과 감각을 불러일으키는 것을 일컫는다. 〈파친코〉는 조선음식 특유의 냄새를 1920~34년 '산미증식계획'이 몰고 온 식민지 조선인들의 굶주림과 인간다움의 푼크툼으로, 이후 일본으로 건너간 자이니치들에게는 정체성이자 혐오의 푼크툼으로 그려낸다.

냄새와 함께 〈파친코〉는 일본순사 앞에서 몸을 조아리는 식민

〈그림 7–1〉 일제 강점기 순사에 몸을 조아리는 피식민자 조선인들(드라마 〈파친코〉의 한 장면)

지 조선인들의 굴종의 푼크툼을 재현한다그림 7-1참조. 피식민자
들은 특별한 행사가 있어서가 아니라 일본순사라는 이유로 그
들이 지나가면 하던 생업을 멈추고 고개를 숙인 채 부동자세를
취한다. 불경한 말을 했다는 이유로 포승줄에 묶여 잡혀가는 건
장한 신체의 선자네 집 하숙인과 그를 잡아가는 왜소한 체격의
일본순사는 기괴할 정도로 대비되어 보인다. 앞의 음식 냄새와
함께, 이런 장면은 일제 강점기 피식민자들의 자존감이 얼마나
무너져 내렸는지 단번에 보여준다. 내 땅에서 나지만 구하기 힘
든 쌀을 찾아 헤매는 선자 엄마 양진이나 일본순사에 몸을 조아
리는 식민지 조선인의 모습은 인간존엄의 생존법과 극적으로
배치背馳 되어 〈파친코〉가 무엇을 말하려 하는지 잘 보여준다.

낯선 이미지 – '친절한' 일본순사

〈파친코〉에서 보이는 이같은 일본순사 이미지는 역사적 사
실을 반영한다. 일제강점이 시작되던 1910년대 무단통치기에
는 '헌병경찰'이, 이후 1920년대 이른바 문화통치기에는 '보통
경찰'이 치안을 담당했다. 군인이 경찰 업무를 수행하는 헌병경
찰은 군복과 칼, 총을 패용하면서 합법적 태형으로 조선인을 단
속했다. 실제로 1912년 일제는 '조선태형령'을 만들어 치안유지
를 이유로 조선인에 한해 태형이라는 즉결처분을 가했다. 이후
1920년대 일반 경찰복을 입은 보통경찰이 다소 완화된 치안행

정을 보였지만, 보통경찰 역시 여전히 칼을 차고 있었고 조선인들은 그런 일본순사에 고개를 숙여야 했다.

〈파친코〉의 일본순사도 그런 역사적 사실에 부합하는 인물로 그려진다. 하지만 〈파친코〉에서는 전래의 TV 드라마나 영화에서 자주 목격되는 '비열한 일본순사'의 모습이 없다. 포승줄에 묶어 범인(?)을 끌고가는 가차없음을 보여줄지언정 기존 TV 드라마에서 자주 보여준 비열한 웃음을 흘리는 인물로는 그려지지 않는다. 그들은 식민 지배자의 위엄을 나타내는 깔끔한 제복, 단단한 걸음걸이, 피식민자로부터의 경배, 피식민자에 대한 계몽 등을 체현한다. 대다수 조선인들과 달리 위생적이고 말쑥한 옷맵시를 가진 그들은 식민 국가의 국민들이 궁극적으로 닮아야 할 근대적 인간형처럼 보인다.

〈파친코〉 1화를 보자. 극 중 선자네는 시장 장돌뱅이를 대상으로 하숙을 치는데, 하숙집에서는 가끔씩 술판이 벌어진다. 그런 중에 하숙인 '아재'는 식민지 조선과 자신의 처지에 대해 한탄과 푸념을 늘어놓는다. 식민자를 비난하는 것은 당시 일제가 엄격히 금지하는 것이었다. 어느날 일본순사는 불령선인不逞鮮人이라는 이유로 하숙인 아재를 잡아들이며 선자 아버지를 취조한다. 언청이인 선자 아버지는 일본순사에 주눅 든 채 하숙객의 그 어떤 불평불만도 계획도 알지 못했다고 다급히 말한다. 이에 일본순사는 "어디서 감히 말을 끊어!"라고 다그치지만, 곧 이어 "너무 밟으면 꿈틀거린다"라고 자기들끼리 말한 후 "이번만 봐 주는 줄 알아"라고 호의를 베푼다. 그리고 식민지 신민으로서 불평불만자는 당연히 신고해야 한다고 계몽한다. 그리고 집을 나서며 선자 엄마에게 "아줌마가 음식을 잘 한다며?"라고 호기심 어린 대화를 건넨다그림2참조.[10] 인간적인 미소도 짓는다. 그러고는 "소문이 과장된 것인지 먹으러 와야겠군"이라고 말하고 곧바로 떠난다.

아줌마가 음식을 잘한다며?

〈그림 7-2〉 〈파친코〉의 일본순사는 냄새나는 조선의 음식에 호기심을 보인다(OTT 드라마 〈파친코〉의 한 장면)

극히 짧은 순간이지만 '친절한' 일본순사는 지금까지 한국 TV 드라마나 영화에서 일찍이 없던 이미지이다. 특히 조선 음식 특유의 냄새를 조롱거리로 삼고 독립군은 물론 피식민자를 핍박하던 기존 식민자의 모습과 정면으로 비교된다그림 7-3~7-5 참조. 이는 오랜세월 할리우드 영화가 그려왔던 '비열한 독일군' 모습과 그 괘를 달리 한다. 할리우드의 독일군 이미지는 그간 대한민국 영화와 TV 드라마가 그려왔던 악랄하고 냉혈하며 비열한 일본순사 이미지와 유사하다. 피식민자의 음식에 호기심을 보이는 일본순사 이미지는 19세기 후반 태형제도를 없앴던 일본과 강점기 당시까지 유지했던 조선의 대비만큼이나, 위생과 매너, 태도 등에서 식민지 조선의 문화를 근대화된 일본의 그것과 비교해 열등한 것으로 보아왔던 기존 TV 드라마 이미지와 직접적으로 배치된다.

〈그림 7-3〉 악랄한 일본순사 미와 (TV 드라마 〈야인시대〉의 한 장면)

〈그림 7-4〉 냉혈한 일본순사 기무라슌지 (TV 드라마 〈각시탈〉의 한 장면)

〈그림 7-5〉 악랄한 일본순사 미와 (TV 드라마 〈야인시대〉의 한 장면)

디아스포라 서사, 냄새와 굴종의 푼크툼, 그에 반하는 친절한 일본순사의 이미지는 그간 한국의 미디어 콘텐츠에서 보지 못하던 재현이다. 특히 친절한 일본순사 이미지는 오랜 세월 축적해 온 캐릭터 재현 관습에서 보면 당혹스러운 인물형이다. 그것은 그간 한국 미디어 서사물이 일제 강점기를 그려왔던 피해자 또는 선각자적 시각, 그러니까 억압과 외면, 자각과 저항의 서사에서는 없던 모습이다. 그것이 그 시대를 상징하는 대한민국의 대표 감정이었다. 가령, 1980년대 후반 방송된 TV 드라마 〈토지〉1987에서 피식민자들의 디아스포라적 삶을 볼 수 있지만, 어디까지나 그것은 일시적 과정이고 삶에 대한 그들의 관심은 떠나온 조국 **평사리**을 떠나지 못했다. 거기에서 일본순사는 갖은 음모와 술수로 피식민자들의 삶을 무너뜨리는 통치 기술자들이었다. 그 외에 〈여명의 눈동자〉1991, 〈아인시대〉2002, 〈영웅시대〉2004, 〈각시탈〉2012, 〈미스터 선샤인〉2018 등에서 다뤄진 디아스포라나 일본순사 이미지는 〈파친코〉의 그것과 분명 다르다. 애플TV+는 왜 이런 차이를 만들어 냈을까?

3. 미디어 자본과 리얼리티 : 국민국가 자본 vs 플랫폼 자본

가장 먼저 콘텐츠 창작 자본의 성격을 살펴볼 필요가 있다. 경제적 층위는 다른 어떤 층위보다 우선하기 때문이다. 아래 〈표 7-1〉은 애플TV+의 〈파친코〉2022를 JTBC 드라마 〈미스터선샤인〉2018과 할리우드 영화 〈쉰들러리스트〉1993와 비교한다. 영화와 드라마라는 미디어 및 서사 형식의 차이, 제작연도의 간극, 대한민국과 미국이라는 국적의 차이가 있기는 하지만, 물리적 억압 상황에서 생명과 자존감을 지키려는 휴먼 서사가 미디어 형식과 재원의 성격에 따라 어떻게 다르게 재현되는지를 비교하기에 적절하다. 특히 세 작품은 제작국 시장을 타깃으로 하는 기존의 TV 드라마, 미국 국적의 자본이 그들에게 우호적인 역사를 다루는 영화, 드라마 형식이면서도 영화처럼 글로벌 시장을 겨냥하는 OTT 드라마 등 일부 중첩되면서도 제각각 차별적인 시장환경이 서사적 재현과 어떻게 결부되는지 비교하기에 적절하다.

〈표 7-1〉 미디어 형식과 자본의 형태별 서사의 차이 : TV-OTT-영화

	〈미스터 션샤인〉(2018)	〈파친코〉(2022)	〈쉰들러 리스트〉(1993)
미디어 형식	TV	OTT	영화
자본의 형태	국민국가 자본(광고주)	플랫폼(수용자) 자본	국민국가/글로벌 자본(투자자)
목표 시장	로컬 시장	로컬/글로벌 시장	로컬/글로벌 시장
서사 배경	식민지 조선	식민지 조선	2차 세계대전
쓰기 주체	피해자/구원자	제3자	피해자/구원자
서사 구조	이항대립(선악 구도)	생존투쟁(선악의 모호함)	이항대립(선악 구도)
소구 감정	공통 감정	보편 감정	공통 감정
서사 목표	감정이입	감정이입/자기 인식	감정이입/자기 인식
장르	드라마	서사극	서사극
극의 기능	교훈주의 (기존 이데올로기의 확인)	자기반영성 (기존 이데올로기에 대한 질문)	교훈주의 (기존 이데올로기의 확인)

세 작품은 유사한 주제의식에도 불구하고, 목표 시장, 쓰기 주
체, 서사 구조, 소구 감정, 서사 목표, 장르, 극의 기능, 그리고 자
본의 형태 등 모든 면에서 서로가 서로에게 유사하거나 대조적
이다. 〈미스터 션샤인〉은 특정 국가의 광고주 넷플릭스에서 상당부문
투자를 받았지만 양질의 콘텐츠에 투자하는 식이었기 때문에 한국 미디어 시장을 지배
했다고 보기 힘들다, 〈쉰들러 리스트〉는 특정 국가 또는 느슨한 형태
의 글로벌 투자자본에 뿌리를 두고 있다. 전자가 국민국가 내 자
본이라면, 후자는 기본적으로 국민국가 자본이지만 글로벌 투
자 자본의 성격도 짙다.[11] 〈파친코〉는 앞의 두 사례와 달리 다국
적 플랫폼 자본에 뿌리를 두고 있다. 미국이라는 국민국가 자본
의 성격도 있지만 전 세계 구독자가 매달 내는 구독료에 기반하
기 때문에 보다 더 다국적이다. 따라서 〈미스터 션샤인〉이 그것
이 만들어진 로컬 국가의 시청자를 일차적인 목표 시장으로 삼
는다면, 〈쉰들러 리스트〉와 〈파친코〉는 로컬의 제작 국가 외에
글로벌 국가의 시장을 동시에 겨냥한다. TV와 영화, OTT의 매
체적 차이 때문이다. 그런 점에서, 시장의 관점에서 〈파친코〉는
영화와 비슷하다. 그러면서도 〈파친코〉는 타자의 역사를 제3자
가 쓴다는 점에서 피해자 또는 구원자의 시각에서 서술된 앞의
두 작품, 특히 〈미스터 션샤인〉과 차별적이다. 더 나아가 〈파친
코〉는 선악 구도가 명확한 이항대립의 TV 드라마나 영화와도
차별적이다.

〈파친코〉는 앞서 살펴보았으니 작품의 리얼리티는 두 작품만

간략히 보자. TV 드라마 〈미스터 션샤인〉은 식민지 조선에서 노비로 태어난 '유진'이 미국으로 건너가 미국인 '유진 초이'로 성장해 다시 식민지 조선으로 돌아와 조국의 현실을 마주하면서 벌어지는 이야기를 다룬다. 유진 초이는 미국의 입장에서 식민지 조선을 견제하고 관리해야 하는데, 대체로 그 일은 가혹하고 야비한 일제의 침략으로부터 식민지 조선을 보호하는 일이다. 국적과 직분상 '관리자' 또는 '방관자'지만 '보호자'로서 더 큰 의미를 부여받는 유진 초이의 행적은 피식민자 스스로 적군을 향해 총을 드는 '저항자' 의병 탄생의 모티브가 된다. 민족이 처한 현실을 각성하고 저항에 투신하는 기존 TV 드라마와 같은 결이다주창윤, 2019b. 이 작품에서 일제 식민자는 정갈하게 입은 옷과 걸음걸이에 총칼을 무기로 피식민자들을 압도한다. 그들은 피식민자의 땅에서 세운 자신들의 원칙을 집행하며 살인도 서슴지 않는다. 식민지 조선의 음식과 문화, 생활방식, 태도 등은 한없이 비하되고 저주받는다.

영화 〈쉰들러 리스트〉는 기본적으로 〈미스터 션샤인〉과 같은 구도의 서사이다. 〈쉰들러 리스트〉는 잔혹한 가해자로부터 유대인을 구해내는 '구원자' 오스카 쉰들러의 위대한 휴머니즘을 조명한다. 앞서 언급한 것처럼, 원래 제2차 세계대전을 배경으로 하는 전통적인 헐리우드 영화는 미국을 '가해자' 나치에게 박해받는 '희생자' 유대인을 해방시키는 '구원자'로 그려 왔다. 〈쉰들러 리스트〉는 그 구원자 자리에 쉰들러를 넣은 것이다. 주인공은 비록 독일인이지만 유대민족을 구하는 '선한 사람'이다〈파친 코〉의 일본순사는 친절하지만 선하지는 않다. 실제로 쉰들러는 성경의 '선한 사마리아인'으로 곧잘 비유되고 훗날 예수살렘에 묻힌 유일한 나치 당원이 되었다. 관객은 마지막 한 명까지 살리고자 하는 주인공의 헌신을 보면서 그의 선한 행동에 감정이입하게 된다. 그렇기 때문에 〈쉰들러 리스트〉는 선과 악이 부딪히는 운명에서 어떤 일을 행하는 것이 옳은지를 명확하게 알려주는 교훈주의 드라마라 할 수 있다. 이같은 재현 방식은 제국주의 피해자 대한민국이 생산해 온 그간의 일제 강점기 TV 드라마나 영화의 재현방식과 동일하다. 시청자는 악인과 구분되는 주인공의 위대한 선택과 행적에 감정이입하여 국민국가의 이데올로기를 재확인한다.

〈파친코〉는 앞서 두 작품과 달리 국적성이나 진영성이 상대적으로 옅은 대신 인간의 보편정신에 대해 말한다. 〈미스터 션샤인〉이 이중 정체성에도 불구하고 강대국 미국의 힘을 업고 식민자와 대립하는 저항의 서사라면, 〈쉰들러 리스트〉는 삶과 죽음의 경계에서 생명을 구하는 위대한 행적의 서사, 〈파친코〉는 식민과 디아스포라의 고난 속에서도 스스로의 존엄을 지키는 디아스포라 삶의 서사이다. 셋 다 휴머니즘을 말하지만, 〈미스터 션샤인〉와 〈쉰들러 리스트〉는 분명한 이항대립의 구도 속에서 침략자와 맞서는 정의로움을 호소한다. '공통적인 감정'에 대한 호소라고 할 수 있다. 생명과 삶을 대하는 상식적 수준의 정서를 말한다. 그에 반해, 〈파친코〉는 인간이 살아가는 여러 방법 중 하나, 특별히 그같은 서사를 좋아하는 사람들에게 강렬하게 호소하는 텍스트이다. 강렬한 이항대립은 찾아보기 힘든 대신 불가피한 삶의 선택에 대한 감정이입이 있다.[12] '보편적인 감정'에 대한 호소라고 할 수 있다. 널리 알려진 정서이지만 계발되고 계몽된 정서를 말한다.

〈미스터 션샤인〉과 〈쉰들러 리스트〉의 공통감정에는 미세한 간극이 존재한다. 〈미스터 션샤인〉이 식민지를 경험한 국민들의 본능적인 저항의 감정을 불러일으킨다면, 〈쉰들러 리스트〉는 같은 핍박받은 유대민족 고유의 감정이면서도 그것을 시청하는 다른 민족의 사람들에게도 인류애라는 보편적인 감정을 호소한다. 전자는 국지적인 공통 감정인데 반해, 후자는 공통적이면서도 글로벌 보편의 감정도 내포하고 있다. 우리는 숱한 할리우드 영화에 노출되면서 그들의 삶의 방식이나 태도, 감정을 학습함은 물론 그 중 일부는 공통 감정의 수준으로 끌어올린다. 그에 반해, 〈파친코〉는 〈미스터 션샤인〉과 같이 대한민국의 역사에 기대있음에도 이항대립적이지도, 그간 일제 강점기를 표상하는 저항이라는 익숙한 공통의 감정에도 호소하지 않는다. 〈파친코〉 디아스포라 가족의 고군분투는 그런 상황을 이해하는 사람들에게 호소되는 보편적인 감정의 자극체이다. 이는 평균적이기보다 계몽된 감정, 그러니까 어떤 식으로든 그런 삶의 지향성을 내면화한 사람들에게 강렬하게 호소되는 보편 감정이다. 적어도 대한민국에서는 그렇다. 서사의 국적성과 시대적 배경, 배우, 제작 조건이 거의 똑같은 〈파친코〉와 〈미스터 션샤인〉 간의 거리가 〈파친코〉와 〈쉰들러 리스트〉와의 거리보다 더 떨어져 보인다.

4. 미디어 제1의 생산물, 수용자 상품론의 재방문

우리는 이같은 관찰로부터 OTT 서사극의 리얼리티가 '새로운 종류'의 미디어 정치경제학political economy 적 자장 속에 있음을 강하게 지각하게 된다. 오랜 세월 미디어 정치경제학은 사회적 커뮤니케이션이 경제적 과정과 밀접하게 결부되어 있음을 관찰해 왔다Mosco, 2009 . 텔레비전 재현은 시청자 시장과 광고 시장이라는 물적 토대에 상응하여 작성된다는 것이다. 수용자 상품론audience commodity 은 미디어의 재현이 자본주의 질서 하에서 광고주의 소비재와 서비스 판매를 위해 시청자의 힘을 사용하는 방편임을 통찰한다Smythe, 1977, 1981 . 수용자 상품론은 수용자 권력, 수용자 측정, 무상콘텐츠이른바 무료점심 a free lunch , 노동력 소멸 등 미디어 수용자 의 지위를 해명하려는 다양한 시도에서 중심적인 역할을 해 왔다Caraway, 2011 . 국내에서는 대체로 규범적 비판의 근거로 활용되어 왔다임영호, 2022 . 그럼에도 질문은 여전하다. 수용자가 상품이라는 정확한 의미는 무엇인가? 매스미디어 환경에서 태동한 수용자 상품론이 플랫폼-미디어 생태계에도 여전히 적용 가능한가?

달라스 스마이드D. Smythe 는 "미디어 제1의 생산물은 무엇인가?"라는 질문을 던지면서, 우리가 가장 먼저 떠올리는 메시지, 정보, 의미 등은 효과effect 로 치환해 인식하는 주관적이고 이상적인 개념일 뿐이라고 말한다. 스마이드에 의하면, 그것은 실제 삶의 과정과 유리된 피상적인 겉모습에 지나지 않는다. 보다 중요한 것은 삶을 구성하는 물적 토대로서 생산물이 무엇인가이다. 미디어 콘텐츠가 어떤 물적 토대와 연결되지 않다면, 미디어가 노출시키는 상품은 경제활동과 무관할 것이기 때문이다. 그런 조건에서 미디어 효과라는 말은 공허할 뿐이다. 인간의 삶에는 음식이나 옷, 자동차, 아파트 등과 같이 실제 삶을 구성하는 물적 요소가 있고, 미디어는 상품화된 그런 물적 요소를 판매하기 위한 방법으로서 적어도 그런 물적 요소가 제공하는 자본에 의해 콘텐츠를 생산하기 때문에, 미디어 수용자에게는 그런 콘텐츠를 시청하는 것 외에 콘텐츠 제작에 뛰어든 광고주들의 상품을 구매하는 보다 중요한 일이 있다는 것이다. 그런 점에서 미디어 제1의 생산물은 현실의 삶을 영위해 가는 잠재적 소비자, 구체적으로 그것은 TV 시청활동을 통해 광고주에게 판매되는 계량화된 수용자의 양이다.

이를 경제적 용어로 치환해보면, 수용자의 미디어 시청은 노동·labor 이면서 동시에 지대 rent 이다 김동원, 2015; Ariaga, 1984; Jhally & Livant, 1986. 자본이자, 노동임금, 토지지대 라는 자본주의 생산요소의 시각에서 볼 때, TV 수용자의 시청활동은 방송사가 광고주와의 거래로 수익을 추구할 수 있게 하는 노동이다. 이는 마치 일반 기업이 노동자를 고용하여 생산물을 만드는 것과 같다. 하지만 TV 시청활동은 일반 기업의 노동과 다른 비생산 노동 nonproductive labor 이다. 시청자는 콘텐츠를 직접 만들지도 임금을 받지도 않는 노동을 수행한다. 그들의 시청 노동이 생산하는 것은 시청활동에서 보상받는 즐거움 pleasure 의 결과로서 시청률이다. 즐거움을 추구하는 수용자의 시청활동은 시청률 지표로 환산되는데, 그것은 한편으로는 TV 콘텐츠의 상품성을 제고하고, 다른 한편으로는 광고주가 해당 콘텐츠를 구매하게 되는 근거가 된다. 그렇기 때문에 방송사가 궁극적으로 실행하는 것은 시청자에게 즐거움을 제공하는 가운데 생성된 시청률을 매개로 시청자를 광고주에게 잠재적 소비자로 '판매'하는 일이다.

그렇기 때문에 방송사는 시청자의 TV 시청활동을 노동의 관점에서 면밀하게 연구하여 양적으로나 질적으로 차별적인 지대를 추구한다. 광고는 방송 산업에서 비생산 노동이 만들어 내는 대표적인 지대 중 하나이다 Ariaga, 1984. 지대란 토지처럼 양과 질 모두에서 공급이 제한적인 생산요소로부터 나오는 대가를 말한다. 아파트 전세금이나 상가 월세금 등은 공급되는 물량과 그것이 위치하는 장소에 따라 그 가치가 달라지는 대표적 지대이다. 방송사는 시청률과 함께 특정 시간대와 프로그램 장르가 함의하는 차별적인 시청자 집단을 지대 삼아 – 얼마나 광고주 상품에 소비 욕망과 소비력을 가지는지와 같은 – 광고주에게 특별한 거래를 제안할 수 있다. 즉, 방송사는 시청자의 특성을 잘 반영한 제작과 편성으로 초과 이익을 얻는 '지대추구행위'를 할 수 있다. 지대추구행위는 토지의 비옥도[13]처럼, 공급이나 경쟁을 제한함으로서 이익을 극대화하는 행위를 말한다. 시청활동을 하는 시청자 집단의 비옥도시청자의 SES를 포함해 그들의 구매력, 사회적 평판 등로부터 추가적인 지대가 발생한다는 것이다. 그렇기 때문에 수용자 지대는 특정 콘텐츠로 시청자들을 모으고 즐거움을 제공하는 방송사의 경영 능력에 달려 있다.

요컨대, 수용자 상품론은 광고주에게 팔리는 수용자 크기와 특성에 상응하여 미디어 콘텐츠가 생산, 소비된다는 점을 지시한다. 겉으로 보면 방송사가 수용자에게 콘텐츠를 판매하는 것처럼 보이지만, 사회 전체 삶의 과정에서 보면 방송사가 콘텐츠 제작에 비용을 들인 광고주에게 수용자를 판매하는 것이다. 이런 조건에서 미디어 콘텐츠는 수용자를 광고주에게 전가하는 매개물이다. 이같은 원리는 기존의 TV 콘텐츠가 국민국가의 규범에 충실할 수밖에 없게 만든다. 방송사나 광고주는 모두 해당 사회의 제도화된 집단이기 때문이다. 그런 연유로 기성 TV 드라마와 여타 TV 콘텐츠는 기본적으로 동일한 역사와 생활세계를 공유하는 국민국가 구성원들이 '평균적으로' 받아들일 수 있는 서사일 수밖에 없다. 새로운 시도를 하더라도 사회적으로 용인된 틀 안에서일 뿐이었다.[14] 전통적인 TV 드라마는 지배 이데올로기를 확인하거나, 경합하는 이데올로기 지형을 조심스럽게 탐색할 뿐이다.

수용자 상품론은 최근까지도 디지털 미디어 환경에 잘 적중하는 것으로 설명되어 왔다김영욱, 2018; Manzerolle, 2010. 수용자 상품론은 웹2.0과 SNS, 디지털 전환, 다시 말해 웹 활동이 경제적, 사회적 생활과 밀접하게 결부되는 정보 자본주의informational capitalism에서도 개념적 기초를 제공했다Fuchs, 2010. 푹스Fuchs, 2009는 무료로 플랫폼을 이용하는 대신 플랫폼의 상업적 가치를 높여주는 이용자 활동을 일컬어 인터넷 프로슈머 상품internet prosumer commodity이라 명명했다. SNS에서 부상하는 인터넷 무상 상품 경제를 일컫는 말이다. 여기에서 프로슈머의 활동은 수동적인 TV 시청에서 한 걸음 더 나아가 금전적 대가 없이 콘텐츠를 올리고 연결하는 적극적인 노동 행위이다. 플랫폼은 그런 콘텐츠를 소비하는 이용자를 적극적으로 프로파일링하여 지대를 추구한다. 이 경우에도 플랫폼이 이용자를 광고주의 상품으로 전가시키기는 마찬가지이다.

5. OTT 정치경제학, 수용자 상품에서 수용자 자원으로

그렇다면 OTT는 어떠한가? 넷플릭스와 디즈니+, 애플TV 등에는 TV나 SNS와 달리 광고주의 개입이 없다.[15] 주지하듯이, OTT는 자체적으로 콘텐츠를 생산하거나 구매하여 구독 또는 개별 거래 방식으로 수용자에게 제공한다. 그리고 그런 판매활동에서 벌어들인 수익으로 콘텐츠 수급에 재투여하는 가운데 영업이익 이자 을 추구한다. 이 과정에서 OTT 또한 미디어로서 콘텐츠 소비라는 노동적 요소와 함께 지대적 요소가 작용한다강 남훈, 2005 참조 . 다만 OTT는 대체로 VOD 형식으로 콘텐츠를 제공하기 때문에 OTT 시청 노동은 시청률이 아닌 시청량으로 측정된다. 일국의 시청자가 아닌 전 세계 시청자들의 선택과 시청량이 OTT 콘텐츠의 상품성을 제고시킨다. 제고된 상품성은 신규 구독자 유치와 기존 구독자 유지로 이어져 매출과 영업이익으로 환원된다.

OTT는 구독자마다 미학적 취향이 다르기 때문에 최적화 서비스를 제공함으로써 상품성을 극대화한다Lim, 2017 . 특정한 OTT 콘텐츠가 많이 시청되었다면, 그것은 각기 다른 수용자의 미학적 취향 활동 속에서 대중성이 창발되었기 때문이다. 그 창발에 OTT의 의도가 없지는 않지만, 기본적으로 OTT는 클라우드라는 '땅'에 모이는 수많은 시청활동 데이터를 지대로 활용하여 개별 시청자의 취향과 대중적 취향 모두를 추적하는 플랫폼-미디어다. 그렇기 때문에 우리는 기존의 지대 개념을 확장하여 '데이터-지대', '알고리즘-지대'를 개념화할 수 있다. OTT 시청자들은 특정 콘텐츠를 얼마나 많이 봤는지, 어떤 장르 또는 스타일의 콘텐츠를 선택했는지, 언제 시청하고 얼마나 집중적으로 시청했는지, 어떤 디바이스로 시청했는지 등과 같은 데이터를 클라우드에 제공한다. OTT 시청자들이 쏟아내는 충분한 정도의 데이터는 클라우드 안에서 사전에 계획된 연산 알고리즘으로 콘텐츠 순위를 매기고 페이지를 형성하는, 일종의 복잡계 네트워크Network Complexity 효과를 발현시킨다임종수, 2023a. 그럼으로써 OTT는 수용자 저마다의 미학적 취향의 속성quality 을 찾아내어 콘텐츠를 제작하거나, 플랫폼 초기화면에 각기 다른 인터페이스를 구성한다. 인터페이스 미디어의 우발성[16]과 패턴은 장기적으로 이용자 경험을 축적, 개선한다. 수용자 데이터와 알고리즘이 자원으로 활용된 결과이다.

보다 직접적으로 주목되는 것은 OTT에 제공하는 수용자의 직접 지불이다. 간략하게 구독료로 한정해보면, OTT 사업자에게 구독료는 수용자가 클라우드라는 플랫폼 땅을 이용한 대가이다. 이는 콘텐츠 수급과 플랫폼 운영에 쓰이는 재원이다. 레거시 TV와 SNS의 재원이 수용자를 매개로 한 간접적인 광고비였던데 반해, 전형적인 OTT에서는 수용자의 직접 지불이 가장 중요한 재원이다. 이 모델은 월 구독료로 제공했던 케이블 TV의 기본서비스basic service 가 아닌, 특정 채널에 별도의 비용을 지불하고 이용했던 프리미엄 서비스premium service 와 그 궤를 같이 한다. 케이블 TV의 프리미엄 서비스는 수많은 채널이 공개적으로 흐르는 기본 서비스와 달리, 수용자와의 개별 거래로 제공되기 때문에 콘텐츠 표현 면에서 자유롭다. 무엇보다 프리미엄 채널은 광고가 없기 때문에 서사물의 길이는 물론 서사 전개 형식에도 제한이 없을뿐더러, 유무형의 광고주 압박으로부터도 자유롭다. 더욱이 프리미엄 서비스는 규제당국으로부터도 훨씬 자유롭다.

앞서 언급한 것처럼, 1990년대 중반 HBO에서 시작해 지금의 OTT에 이르는 양질의 TV는 케이블 프리미엄 서비스를 모델로 한다. 양질의 TV는 1970-80년대 진지한 드라마serious drama 와 사회성 짙은 주제의 드라마 전통을 잇는 것으로, 1990년대 다채널 경쟁체제와 고사양의 TV 수신 단말기, 컬트적 방송소비, 영화적 문법, 서사적 복잡성 등을 특징으로 하는 영화적 TV cinematic TV 경향을 일컫는다Caughie, 2000; Feuer, 2007; Mittell, 2006; Rogers et al., 2002 . 1990년대 2차 텔레비전 황금기는 전 세계수 억명의 구독자를 대상으로 하는 양질의 TV 황금시대 미국 현지에서 peak TV, prestige TV라 불리고 특별히 코로나19 상황에서 streaming wars라 불리는로 이어진다. 여기에서 OTT 시청자는 광고주의 상품 판매에 동원되는 시청자 상품이 아니다. 그들은 직접적인 OTT 시청자임과 동시에 자원이라는 완전히 다른 지위를 점한다. OTT는 광고주는 물론 특정 국가의 관습과 도덕, 규제당국, 네트워크 등 그간 방송 산업의 핵심 요소로부터 상대적 자율성을 확보한 구독자 중심의 비즈니스를 운용한다.

그렇게 보면, OTT 월 구독료 또한 데이터처럼 OTT 수용자가 차별적인 서비스를 제공받기 위해 스스로 비용을 지불하는 지대의 한 형태라 할 수 있다. OTT는 보다 높은 수준의 추천 알고리즘, 인터페이스 혁신, 로컬과 글로벌을 넘나드는 서사물 개발, 일괄출시와 그 밖의 출시 전략, 프로필 활용도 제고 등 기술 및 콘텐츠 혁신과 함께, 전략적인 월 구독료 증액, 저가형 광고 멤버십 basic with Ads 출시, 통신사나 제작사와의 제휴, 가구 단위 과금제 같은 요금 또는 경쟁 체계 개선으로 초과이익을 얻고자 노력한다. OTT는 광고주로 한정된 기존 TV보다 더 적극적이고 다양하게 지대추구행위를 할 수 있다. 자율성의 정도가 훨씬 크다는 것이다. OTT는 초과수익을 얻기 위해 경쟁의 기초가 되는 콘텐츠 혁신 외에 기술과 과금체계, 경쟁체계 혁신을 동시에 추구한다.

우리는 이같은 논의로부터 수용자 자원론 audience resources 이라는 새로운 이론적 가설을 제안할 수 있다. 여기에서 말하는 자원은 월 구독료의 현금 흐름과 함께 시청활동과 콘텐츠에서 파생되는 데이터를 포함한다. 전자가 OTT의 경제적 자립을 가능케 하는 자원이라면, 후자는 OTT가 데이터에 기반하여 콘텐츠를 창작하고 인터페이스 미디어 형식이 되도록 하는 자원이다. 전자가 다양한 취향의 콘텐츠 수급에 기여한다면, 후자는 OTT 의 기술적 운영에 기여한다. 그 두 요소는 매우 밀접하게 서로를 지지한다. 구독료 재원으로 수급하는 콘텐츠는 이용자 데이터 가 의미하는 이용자 취향의 향방을 고려한다. 개별 OTT 수용자 의 만족은 다시금 구독을 유지하고 신규 가입을 촉진한다. 이 과 정은 궁극적으로 OTT가 이용자의 미학적 취향 – 결론에서 정 동affect 의 관점에서 설명되는 – 경험을 제고시키면서 계속해서 미디어로 성장, 유지, 발전시켜 나갈 수 있게 한다.

OTT가 콘텐츠와 수용자 노동과 지대 를 결합시키는 이같은 구 조로부터, 우리는 인간의 지식과 정서, 감정을 생산하고 소비케 하는 인지 자본주의cognitive capitalism 과정을 이해할 수 있다조정 환, 2011 . 인지 자본주의 체제에서 OTT 수용자들은 데이터 노동 을 제공하지만, 콘텐츠로부터 얻는 즐거움의 보상에만 만족해 야 한다Terranova, 2000 . 클라우드 상의 노동과 데이터 지대에 따 른 별도의 보상은 없다. 인간의 사회적 상호작용이 자본주의 체 제가 만들어 낸 거대한 '사회적 공장'에서의 일work 이 되어 버 린 상황에서, OTT 수용자의 미학적 추구는 플랫폼이 살아 움직 이게 하는 구독과 인터페이스 시스템을 위한 정동 자원affective resources 이 되어 버렸다. 디지털 전환 이후 정신과 감정은 그것 을 연산하는 OTT나 SNS 같은 자동화된 기술 안으로 포섭되고 있다.

이에 우리는 〈파친코〉가 국민국가 서사가 아닌 트랜스 내셔널 '제국'empire 의 서사라는 점을 이해하게 된다Hardt & Negri, 2000/2001 참조. 제국의 이미지는 앞서 보편감정 논의에서 언급한 바이다. OTT는 국민국가 단위에서 수행해 오던 텔레비전 방송이 탈영토화하여 전지구적 지배를 구조화하는 21세기 제국의 한 사례이다. 넷플릭스 같은 OTT는 19세기에서 20세기 초반까지 번성했던 경직된 제국주의와 달리, 유연하고 합리적인 21세기 제국, 국민이나 시민이 아닌 다중 취향 공동체가 참여하는 '플랫폼-제국'이다. 여기에서는 누구라도 특별한 미학적 취향의 어떤 계열로서 연산된다. 그렇기 때문에 OTT 서사물, 특별히 역사적 사실을 바탕으로 한 서사물은 국민국가의 역사적 기억과 무관하게, 국적과 인종, 그리고 역사적 맥락에 따라 제작된 기존 TV 드라마와 달리, 전 세계 구독자들에게 제국의 보편적인 관심과 정동을 제공하도록 제작된다. 다시 말하거니와 그것은 미국적이거나 서구적이다.

6. 결론 : OTT는 친절한 일본순사가 '왜' 가능한가?

OTT 정치경제학의 리얼리티

이 장에서는 애플TV+ 오리지널 서사극 〈파친코〉의 디아스포라와 혼종 정체성, 차별과 멸시 그 속에서의 긍정과 존엄의 인생사, 일본순사 이미지 등 미세하지만 문화적 함의가 가득 찬 리얼리티와 그런 콘텐츠 생산에 작용하는 생산요소를 연결하여 OTT 정치경제학적 설명을 시도했다. 여기에서 우리는 수용자가 광고주에게 전가되는 상품이라는 전래의 수용자 상품론을 비판적으로 재검토하고, OTT에 있어 수용자는 재원과 데이터가 지대 형태로 제공되는 자원이라는 이론적 가설을 제시했다. 수용자 자원론의 정치경제학은 OTT 수용자가 향유하는 콘텐츠의 물적 토대는 물론 창작의 방법론, 그리고 그 결과물의 상태를 정합적으로 설명한다. 우리는 어쩌면 웹2.0과 시맨틱웹, OTT와 유튜브, 심지어 최근의 생성 AI를 관통하는 수용자 참여 문화를 별 고민없이 수용자 상품론이라는 익숙한 이론적 프레임으로 사고해 왔는지도 모른다.

지난 2021년 3월 SBS에서 방송된 〈조선구마사〉는 역사왜곡 논란에 따른 광고주와 지자체의 압력으로 방송 2회만에 폐지되었다. 김치와 한복에 대한 중국의 '문화공정'文化工程 와중에 중국풍으로 그려진 조선시대가 시청자에게 수용되지 못했고, 결국 광고와 지자체 촬영 지원 중지라는 결과로 이어졌다. 주창윤 2021 은 제작진이 역사드라마를 대중교양, 민족 정체성, 문화적 동질감으로 이해하는 대중의 수용 감수성을 이해하지 못했다고 지적한다. 비슷한 시기에 방송된 JTBC의 〈설강화〉는 민주화 운동을 왜곡했다는 비난이 이는가 하면, 남파간첩과 안기부를 미화했다는 논란도 불거졌다. 논란을 불식시키기 위해 3일 간 연속편성했지만, 한 번 외면된 드라마는 종영 때까지 시청률을 회복하지 못했다. 광고주와의 마찰과 협찬 취소도 잇달았다. 사전제작에 투여된 비용의 문제도 불방결정에 고려되겠지만, 두 드라마 모두 지배적 감정구조와의 마찰이 관찰된다.

이 두 TV 드라마 사례는 국가성과 민족성, 그것을 내면화하고 있는 감정구조와 충돌하는 TV 드라마가 어떻게 받아들여지는지 확인할 수 있는 좋은 사례이다. 텔레비전 연구자 존 피스크 Fiske, 1987 에 따르면, TV 드라마는 지배적 감정구조에서 배태된 '현실에 대한 지배적 감각' dominant sense of reality 을 생산한다. 사회구성원들은 그같은 감각으로부터 어떤 정서적 경험의 현실을 지각한다. 이때 말하는 지배적 감각은 단순히 의복이나 음식, 말투의 문제가 아니다. 그것은 자연과 문화, 인간과 삶, 역사에 대한 드라마적 재현이 국민국가의 평균정서 또는 공통가치와 연결된 지배적 감정구조에 부합하는가의 문제이다. 〈조선구마사〉가 단순히 의복과 음식의 문제처럼 보임에도 도중하차하고, 〈설강화〉 또한 별다른 힘을 쓰지 못했던 것은 이들 콘텐츠가 이 시대 국민들의 지배적 감정구조를 해쳤기 때문이다. 특히 전자는 국민국가 안에서 그런 시청자들을 소비자로 보는 광고주에게 용인될 수 없었기 때문이다. TV 콘텐츠는 당대 미디어와 광고주가 지배적 감각에 예민한 수용자를 거래하는 관행에서 빚어진 서사라는 점을 재확인 할 수 있다.

그렇기 때문에 전래의 TV 드라마는 광고주가 담지하는 도덕경제moral economy 가 작동하는 영역이다. TV 드라마 또한 저널리즘처럼 시장논리와 공동체 규범이 동시에 작동한다. 광고주는 TV 드라마의 커뮤니케이션을 생산함과 동시에 그같은 커뮤니케이션을 이용해 수익을 도모한다. 이때 TV 드라마의 커뮤니케이션은 그 사회의 지배적인 감정구조로 소통가능하고 용인가능한 것이다. 광고주에게 수용자는 궁극적으로는 소비자이지만, 그러기 위해서는 자신이 후원한 재화가 사회 내에서 정상적이고 안전하게 유통된다는 점을 보증받아야 한다. TV 드라마의 수용상태대표적으로 시청률과 공중담론 이 바로 그 점을 수행한다.

그에 반해, OTT 드라마는 존 피스크의 논의틀을 빌려 말하면 '현실에 대한 지배적인 미학'dominant aesthetic of reality 을 생산한다임종수, 2023b . 지배적인 미학이란 텔레비전의 지배적 감각이 초래하는 그 사회의 대표적이고 평균적인 문화가 아닌, 각기 다른 수용자가 각기 다르게 콘텐츠를 소비하는 가운데 어떤 특정한 콘텐츠가 개연성 있고 아름답다고 여기는 OTT 수용자 저마다의 정동적 경험을 말한다. 정동은 모든 개체 저마다 무엇인가 판단내리고 행동하게 하는 잠재적인 존재역량이다Masumi, 2015. 정동은 명사로서 어떤 상태를 의미하면서도 동사로서 영향을 주거나 받으면서 존재의 양태를 바꿔가게 하는 힘이다. 인간은 어떤 정동을 지니면서 서로 영향을 주고받는 가운데 어느한 상태에서 다른 상태로 지속적으로 전이해가는 과정 상에 존재한다. 그렇게 보면, OTT 수용자는 자신에게 미학적 통찰을 주는 OTT 콘텐츠를 소비하고 그것이 다시 OTT에 투사된다. OTT 수용자는 OTT로부터 정동되고 다시 OTT에 정동한다.

그렇게 보면, OTT는 인간의 삶을 이해하는 데 있어 개인마다 다르게 소구되는 보다 재미있으면서, 보다 설득력 있고, 보다 완성도 높은 장르, 스타일, 양식 등으로 배치되는 인터페이스 미디어이다. 그렇기 때문에 OTT 드라마는 누군가에게는 더 없이 즐겁고 아름다운 데 반해, 누군가에게는 지루하거나 어설프기 그지 없을 수도 있다. 〈오징어게임〉이나 〈파친코〉가 전세계적으로 어필한 것은 그같은 류의 OTT 드라마가 전세계 시청자들의 보편적 정동에 어필했다는 말이다. 다시 말해, 〈오징어게임〉의 기훈이 같은 신용불량자나 〈파친코〉의 선자, 모자수, 솔로몬 같은 식민 후손에 대한 서사는 그런 인물을 재현하는 대한민국에서만 즐길 수 있는 것이 아니다. 그같은 서사적 미학에는 전세계 누구에게도 가닿는 보편적 정동의 마법이 있다. 이는 전래의 국민국가 내 TV 드라마와 다르다.

공통문화에서 보편문화로

이에 우리는 〈파친코〉가 〈미스터 션샤인〉처럼 로컬의 문화원형과 TV 드라마 문법을 견지하면서도 〈쉰들러 리스트〉처럼 영화의 글로벌 보편문화의 성격을 실현하는 서사극이라 말 할 수 있다. 다만 〈쉰들러 리스트〉와 다르게 〈파친코〉는 전형적인 미국 중심의 가치와 문법에서 상대적으로 이탈한 감이 있다. 그렇다고 미국적 가치를 결코 배척하지 않는다. 오히려 그 반대로 미학적 지평을 확장하고 있다고 말하는게 더 정확할 것이다.[17] 결국, OTT는 TV 드라마와 영화가 끌고 왔던 각기 다른 의미의 20세기 공통문화common culture 와 비견되는 글로컬 보편문화 universal culture 의 미디어라 할 수 있다. TV 드라마처럼 국경 안에 머물지 않고, 그렇다고 기존의 영화처럼 글로벌 가치에 매몰되지도 않은 로컬과 글로벌이 좀 더 밀착한 보편문화라 할 수 있다.

보편문화는 보편적 타당성 universal validity 에 입각한 문화를 말한다Sommier, 2014 . 20세기 후반 동서 냉전이 끝난 후 도래한 글로벌화는 경제적 교류를 넘어 미디어를 통한 문화적 상호작용으로 인류의 삶의 방식을 보편적 대중문화로 다시 쓰고 있다Appadurai, 1996; Featherstone, 1996 . 각기 다른 문화 속에서 공통적으로 발견되는 문화적 요소나 패턴, 특징을 일컬어 문화보편 cultural universal 이라 할 때Brown, 1991 , 보편문화는 다양하게 나타날 수 있는 삶의 패턴 중 인종, 국가, 지역 등을 넘어 인간문화에서 보편적으로 나타나는 문화를 의미한다. 할리우드 영화나 세계적인 스포츠 이벤트, 인기 팝 공연 등은 전세계 다국적 시장에서 통하는 대표적인 보편문화이다. 이는 지난 100년 동안 국적성을 띤 텔레비전 공통문화와 다르다. 할리우드 영화는 그것을 만들어낸 미국의 공통문화지만 잦은 해외 수출로 다양한 국가에서도 수용가능한 보편문화였다. 그렇기 때문에 대부분의 국가는 자국의 공통문화와 다국적 기업의 보편문화를 양 축으로 하는 대중문화 지형을 유지해 왔다. OTT는 이같은 문화적 지형 위에 수용자 개인의 정동적 미학에 따라 소비하거나 소비하지 않는 보편문화를 창출한다. 〈파친코〉는 각 가정과 개인에게 서비스하는 텔레비전 커뮤니케이션 형식이지만 보편적인 정동을 적극 반영한다.

얼핏 보면, 공통문화나 보편문화 간에 차이가 없는 듯 보이지만, 역사적으로 보편문화는 유럽 계몽주의 시기의 유산으로서 지역과 문화, 인종과 무관하게 서구적 사고와 행동, 복습, 역사성을 갖출 것을 요구하는 문명론적 사고이다. 유럽식 그리고 미국식 휴머니즘, 매너, 위생 등을 문화의 표준으로 삼는 것을 말한다. 1990년대 WTO 체제는 이를 전지구적으로 제도화해 오늘에 이르고 있다. 그런 보편문화는 외면상 공정하고 합리적인 문화적 상태를 지시하는 것처럼 보이지만, 자칫 누군가에게는 일방적인 강압 또는 폭력일 수도 있다. 국경을 무시하고 곧바로 개인에게 서비스하는 OTT 보편문화가 기존 TV가 축적해 온 국민국가의 지배적 감각에 특정 주제나 상징, 기호 등을 일방적으로 침투시킬 수 있기 때문이다. 그렇기 때문에 보편문화는 타자의 문화를 고려하는 듯 보이지만, 구조적으로 그런 보편을 정의하는 글로벌 기준점을 벗어나지 못한다.

〈파친코〉의 원작자 이민진이 2022년 하버드대학교 강연장에서 "우리가 역사를 있는 그대로 인정한다면, 그때부터 한국과 일본이 화해를 고려해볼 수 있는 시기일 겁니다"라고 말했다. 그러면서 작가는 〈파친코〉를 통해 말하고 싶은 것은 단순히 '일본이 나쁘다'는 민족주의적 발언이 아니라 '잘못된 역사를 잘못됐다 말하지 못하는 것이야말로 진정 악이다'라는 것임을 분명히 했다. 작가의 말은 분명 인류보편의 목소리이다. 그것은 특별한 역사적 경험이 없는 전세계 시청자 누구에게도 어필할 수 있는 가치이다. 하지만 유감스럽게도 그같은 보편성은 아시아와 남미에 수많은 생채기를 낸 영국, 프랑스, 스페인 제국주의의 반성 또는 인정, 또는 아메리카 원주민을 말살한 미국의 반성 또는 인정을 촉구하지는 않는다.

결국 〈파친코〉는 배우, 이야기, 로케이션, 연출가 등에서 현지를 강조함에도 플랫폼 자본의 종주국인 미국 주요 서구 국가이 타자를 바라보는 특별한 보편정서의 드라마라 할 수 있다. 그것은 일제 강점기를 표현해 왔던 대한민국의 지배적인 정서, 그러니까 핍박과 악랄, 저항의 정동으로 버무려진 공통문화와 다르다. 일본 역시 마찬가지이다. 일본에서 〈파친코〉에 침묵하거나 심지어 적대적이기까지 하다McCurry, 2022 . 식민의 생채기가 대를 잇는 가운데 속 시원한 사과 한 번 받아보지 못한 대한민국 국민에게 〈파친코〉의 서사와 작가 이민진의 메시지는 무척 공감 가지만, 일제강점을 저항과 희생, 잔혹과 비열의 정서로 그려왔던 한국 미디어의 중심 서사와는 분명 거리가 있다. 나치 전체주의와 홀로코스트를 상징하는 하켄크로이츠는 주요국의 대중문화에서 제도적으로 배척되지만, 넷플릭스 시리즈 〈Umbrella Academy〉에서는 욱일기가 가학의 상징이 아닌 다양한 문화적 기호로 사용된다. 그 외에도 수많은 사례가 있다김형주, 2024 . 올해 공개된 드라마 〈더 에이트 쇼〉2024 의 스페인어 자막에서는 애국가의 동해를 일본해로, 예능 프로그램 〈슈퍼리치 이방인〉2024 의 중국어 자막에서 김치를 라바이차이 중국식 매운 채소 절임 로 표기했다. 넷플릭스 영화 〈사냥의 시간〉2020 , 〈하백의 신부〉2017 에서도 일부 언어 자막에서 동해를 일본해로, 2023년 애플TV+ 드라마 〈모나크〉 또한 동해를 일본해로 표기했다. 넷플릭스 대만이 2019년 드라마 〈킹덤〉의 제목을 '이씨조선'에 좀비를 뜻하는 '주검 시'자를 넣은 '이시조선' 李屍朝鮮 으로 표기한 것은 유명한 사실이다. 대한민국 수용자가 경험해온 공통문화에서는 전에 없던 일이다.

OTT의 보편문화와 글로컬 정동의 부상은 기회면서 도전이다. 3년 전 넷플릭스Myers, 2021 는 USC 아넨버그 포용정책

연구팀과 함께 포용성과 다양성 리포트《Inclusion & Diversity Report》를 발간했다. 리포트는 젠더, 인종, 민족성, 성소수자, 장애 등 22개 항목의 다양성 지표를 활용하여 넷플릭스의 콘텐츠의 제작자와 출연진이 얼마나 다양성에 신경을 쓰고 있는지를 보여준다. 대표적으로 유색인종의 여성감독이나 여성 주인공, 여성 작가, 주연에서의 양성 평등, 주요 출연진의 흑인 비율 등을 근거로 든다. 그러면서 스스로 성 소수자나 장애인에 대한 배려가 필요하다고 진단한다. 확실히 넷플릭스는 드러난 출연진으로 보면 다양성을 실현하는 것처럼 보인다. 하지만 욱일기의 사용에서 보듯, OTT 플랫폼이 말하는 다양성은 주류 보편문화의 시각에서 본 다양성이다. 복잡한 타자의 역사가 서술 주체인 글로벌 미디어의 상식과 기준에 의해 일방적으로 기술될 뿐이다. 결국 OTT 서사물은 미국적 가치와 문화를 상수로, 현지의 서사적 자원을 변수로 활용하는 공식이 만들어지는 것처럼 보인다.

그럼에도, OTT 드라마 〈파친코〉는 평가받아 마땅하다. 무엇보다 〈파친코〉는 대한민국 시청자는 물론 미디어 연구자를 보다 넓은 바깥 세계로 안내한다는 점에서 그 미학적·기능적 성과를 결코 가볍게 볼 수 없다. 이제 남은 것은 지배적인 감정구조가 배태하는 기존의 공통문화와 진보적이고 글로벌하며 미래지향적인 보편문화의 충돌을 대하는 우리의 전략이다. 가성비 넘치는 OTT 콘텐츠를 많이 제작하는 대한민국으로서는 특히 그렇다. 초국적 OTT가 타자들의 역사 한가운데에 새로운 재현을 들이밀 수 있는 것은 그들이 글로벌 수용자로부터 엄청난 재원과 데이터를 취하기 때문이다. 이제 미디어의 재현, 그런 재현이 생산되는 구조와 체제, 그것이 궁극적으로 기능하는 리얼리티와 이데올로기 작용의 문제는 정통 미디어 정치경제학이나 문화연구의 주제를 넘어서야 할 듯 보인다김승수, 1985 참고. 전 세계 수용자들의 정동적 에너지를 비즈니스 밑천으로 삼는 21세기 미디어에 맞는 새로운 이론적 지평이 요구된다.

8장

<파친코>의 양질의 서사와 프리미엄 OTT 전략

송요셉(한국콘텐츠진흥원 책임연구원)

넷플릭스의 오리지널 콘텐츠 전략이 성공한 이후 많은 OTT 사업자들이 그 뒤를 따르고 있다. 하지만 화제성과 실질적인 성과를 내는 콘텐츠는 많지 않다. 도대체 무엇이 장안의 화제를 이끌고 성과를 낳는가? 이에 대한 답은 어떤 콘텐츠를 어떻게 제공하는가에 달려 있을 것이다. 이에 유력한 IP 발굴과 전략적 활용이 매우 중요해지고 있다. 애플TV+ 또한 경쟁 우위를 점하기 위해, 그리고 이용자들에게 가치있는 서비스로 자리매김하기 위해 여러 가지를 시도하고 있다. 애플TV+는 그 방법으로 기존의 애플 생태계와 연동하는 '프리미엄 전략'을 지향하는 듯 보인다. 프리미엄 전략은 이용자들에게 높은 품질의 콘텐츠를 제공하여 애플 생태계 안에 거주하는 것이 차별적 만족을 얻는 좋은 방법임을 인식시키는 것을 말한다. 2022년 공개된 〈파친코〉는 애플TV+의 프리미엄 전략이 현실화된 대표적인 사례이다. 사실 애플TV+가 〈파친코〉로부터 프리미엄 콘텐츠의 전형성을 찾았다 해도 과언이 아니다. 이 장은 애플TV+ 드라마 〈파친코〉로부터 콘텐츠 IP 활용의 논리와 프리미엄 콘텐츠의 포지셔닝 방식을 파헤친다.

1. 서론 : OTT 서비스에서 콘텐츠의 가치

OTT 서비스의 경쟁력을 유지하는 기제는 콘텐츠이다. 넷플릭스가 온라인 동영상 서비스로서 입지를 공고히 한데는 〈하우스 오브 카드〉2013 나 〈기묘한 이야기〉2016 , 〈오징어게임〉2021 등 화제를 모은 콘텐츠의 연이은 성공이 영향을 미쳤다. 2023년 늦여름에 드라마 〈무빙〉2023 이 공개되면서 한국에서 디즈니+의 가입자가 급증했다. 월간 활성 이용자 수 400만 명, 일일 앱 이용자 수는 100만 명을 넘어서기도 했다. 하지만 이후 공개한 주요 콘텐츠들의 성과가 기대에 미치지 못하자 이용자들은 이탈했다. 2024년 4~6월 기준 일일 앱 이용자 수는 20~30만 명 수준으로 감소세가 뚜렷하다.

애플TV+는 2019년 11월 서비스를 시작했지만 콘텐츠 면에서 별다른 성과를 내지 못했다. 지금과 같은 존재감을 가지게 된 것은 2022년 공개된 드라마 〈파친코〉 덕분이다. 그해 3월 공개 이후 2년이 훨씬 지난 2024년 6월에도 〈파친코〉는 IMDb 평점 8.3점, 로튼토마토 신선도 97%, 메타크리틱 메타스코어 87점 등을 기록하고 있다. 《포브스Forbes》에서 〈파친코〉를 2022년 한국 드라마 베스트 20 중 하나로 선정하기도 했다MacDonald, 2022 . 콘텐츠별로 구체적인 시청 시간이나 시청량을 제시하지 않아 수치로서 근거를 제시하기는 어렵지만, 〈파친코〉가 애플TV+라는

OTT 서비스를 부상시키는 데 중요한 역할을 했음을 부인할 사람은 없을 것이다.

이용자들은 유명하거나 볼 만한 콘텐츠가 제공되는 OTT 서비스를 찾아 가입한다Westcott et al., 2021 . 그런데 제공되는 콘텐츠 목록에 어느 정도 익숙해지면 이제 이용자들은 볼 만한 콘텐츠가 부족하다고 느낀다. 그리고 콘텐츠 부족을 이유로 가입했던 OTT 서비스를 해지한다Limelight, 2020 . 따라서 OTT 서비스가 이용자를 붙잡아 두기 위해서는 콘텐츠를 지속적으로 공급해야 한다. 더 나아가 어떻게든 화제가 되는 콘텐츠로 사람들의 주목을 끌어야 한다. 그래서 그 콘텐츠를 기억하는 사람들이 다른 사람들에게 그것을 어디에서 볼 수 있는지를 전파해 줄 수 있어야 한다.

코로나19 팬데믹과 엔데믹을 거치면서 OTT 사업자들의 사업 여건은 크게 변화했다. 이에 대응하기 위해 광고요금제 도입이나 번들링 등과 같은 전략들이 시도되고 있다. 그럼에도 불구하고, 결국 콘텐츠가 없다면 그 모든 전략들은 효과를 발휘할 수 없다. OTT 서비스의 선도자라 할 수 있는 넷플릭스도 코로나19 엔데믹 이후의 사업 환경 변화에 대응하기 위해 다양한 전략을 펼치고 있지만, 지금과 같은 주도권을 갖는 데 기여한 오리지널 콘텐츠 전략은 여전히 지속하고 있다.

이 장은 애플의 프리미엄 스마트 미디어 서비스의 연장선 상에서 애플TV+ 드라마 〈파친코〉를 조망한다. 애플의 프리미엄 이미지와 어울리는 이른바 프리미엄 콘텐츠 공학engineering, 쉽게 말해 프리미엄 콘텐츠가 되기 위한 요소가 무엇인지 고찰한다. 이 글에서 콘텐츠 공학은 부분적인 요소와 요소의 결합으로 전체 콘텐츠의 만듦새가 어떠한지 해명하는 것을 말한다. 이미 레드오션이 되어버린 OTT 시장에서 후발주자로 출발한 애플TV+가 적자에도 불구하고 프리미엄 OTT로서 포지셔닝하는 지점이 무엇인지 살펴보는 것이 이 글의 목적이다.

2. 애플 생태계의 기반과 위협, 그리고 애플TV+

애플의 생태계: 수익모델의 기반

애플TV+의 전략과 운영 방향성은 모기업 애플이 정립하는 전체 사업 부문과의 연계 속에서 파악되어야 한다. 주지하듯, 애플이 가진 가장 큰 강점은 하드웨어이다. 특히 애플은 고품질의 프리미엄 하드웨어 부문에서 높은 경쟁력을 보유하고 있다. 애플TV+ 또한 그같은 생태계 하에서 사업의 방향성과 수익 창출을 고민하면서 시작했을 것이다.

애플의 하드웨어는 그것을 효과적으로 다루기 위해 고안된,

새롭고 직관적인 인터페이스와 연계되었을 때 특히 큰 성과를 거두었다. 스티브 잡스S. Jobs는 2007년 1월 9일 최초로 아이폰을 공개할 때 1984년의 매킨토시와 마우스, 2001년의 아이팟과 클릭 휠을 이제 막 세상에 내놓는 아이폰과 멀티 터치로 연결하면서 소개했다. 모두 하드웨어와 인터페이스의 조합이다. 각각의 인터페이스는 해당 하드웨어에 대한 진입 장벽을 낮추었다. 오히려 하드웨어 자체는 물론이고 애플이라는 브랜드 자체에 대한 팬덤을 형성하는 원동력으로까지 작용했다.

고가의 프리미엄급 하드웨어 부문에서 애플은 경쟁자들이 달성하기 어려운 영향과 점유율을 확보했다. 애플의 전체 매출에서 하드웨어 부문의 비중은 압도적으로 높다. 2024년 1분기 실적에서 아이폰 매출로 발생한 수익이 약 460억 달러를 기록했는데, 이는 서비스 부문 전체 매출의 2배에 가깝다. 더구나 이 460억 달러도 전년의 분기별 평균 매출 대비 10.5% 정도 감소한 수치이다. 따라서 애플의 서비스 부문은 아직 전체 사업에서 핵심적인 분야가 아니다. 2023년 4분기 실적 발표에서 애플의 CFO 루카 마에스트리L. Maestri는 전 세계에 애플 디바이스가 22억 대 보급되어 있다고 밝히며 이것이 향후에 이루어질 서비스 부문 사업 확장의 기반이라고 언급한 바 있다. 이를 통해 애플이 하드웨어 부문과 서비스 부문 간 관계를 어떻게 설정하고 있는지를 알 수 있다. 애플이 구현하고자 하는 선순환 구조는 하드웨어 부문 성과 증대 → 서비스 부문 성과 증대 → 하드웨어 부문 성과 증대의 흐름을 이어가는 것이다.

애플의 서비스 부문에는 애플 앱스토어, 애플 뮤직, 애플 아이클라우드, 애플 페이 등이 포함되어 있으며, 애플TV+도 그 중 하나이다. 하드웨어에 비해 낮기는 하지만 애플의 전체 매출에서 서비스 부문이 차지하는 비중은 점점 높아지고 있다. 2024년 1분기 실적을 보면 전체 매출은 약 908억 달러를 기록했는데 이 중 서비스 부문의 매출은 약 238억 달러로 26% 정도의 비중을 차지했다. 증권가에서는 애플의 서비스 부문이 2024년 2분기에도 높은 성장률을 달성할 것으로 예상한다.

애플 서비스 부문은 주로 하드웨어 구동과 관련되거나 이용자가 다양한 하드웨어들을 접하는 상황에서 동일한 경험을 할 수 있도록 보조하는 성격이 강하다. 그런데 이는 외부에서 보면 폐쇄적인 생태계일 수 있다. 하드웨어의 구동을 위해 정해진 소프트웨어만을 이용해야 한다는 것, 이용자가 그것을 선택할 수 없다는 것 등에 불만을 표시하는 사람들이 많다. 이에 지난 2024년 3월 EU에서는 디지털시장법 DMA, Digital Markets Act 을 발효했는데, 이 법으로 인해 애플과 구글은 모두 타사의 앱스토어를 설치할 수 있도록 허용해야 하며, 이용자에게 타사의 웹브라우저를 이용할 수 있다는 사실을 공지해야 한다.

그럼에도 불구하고, 여전히 애플의 기본적인 전략은 하드웨어 보급을 확장하고 하드웨어를 통해 경험할 수 있는 서비스의 개발과 고도화를 지속하는 것이다. 나아가 잘 융합된 하드웨어와 서비스로 총체적 이용자 만족을 제공하는 완결된 생태계를 구성하는 것, 그리고 이용자들이 그 생태계로 진입하고 안에 머무르도록 유도하는 것이다. 이용하기 전에는 폐쇄적이라고 비판할 수 있지만, 이용한 이후부터는 그 생태계 내에서의 경험이 가장 적절하고 편리한 것이라 생각하게 하는 것이 애플의 기본 전략이자 자신감이다.

스마트 미디어 시장 포화와 애플의 대응 방향

그런 애플에게도 최근 한 가지 부정적인 기류가 감지되고 있다. 그것은 향후 하드웨어 부문의 성장세가 둔화될 것이라는 예측이 점점 힘을 얻고 있다는 것이다. 넷플릭스의 가입자 규모가 포화상태에 가깝다고 보는 것처럼, 시장은 애플의 하드웨어 보급 역시 더 이상 높아지기 어려운 수준에 도달했다고 판단하는 것 같다. 이런 변화에 애플이 대응할 수 있는 방법은 결국 두 가지이다.

첫째는 어떻게든 하드웨어 부문의 매출을 증대시키는 것이다. 하드웨어 부문은 기존에 성공적으로 개척해둔 거대한 시장이다. 이 시장에 들어와 있는 사람들은 아마도 불편함이나 어려움 없이 만족스럽게 애플 장비를 이용하고 있을 것이다. 하지만 오히려 그렇기 때문에 하드웨어 부문을 추가로 확장하는 것은 생각보다 쉽지 않은 과제이다. 일단 애플 장비에 대한 품질이나 경험을 평가하는 이용자들의 눈은 이미 높아져 있다. 이런 조건에서 생산성을 제고하고 즐거움을 제공하는 새로운 하드웨어가 무엇일지에 대해 아직 불확실한 부분이 너무 많다. 2024년 2월 2일 출시한 비전 프로Vision Pro 가 하드웨어 부문에서 애플의 새로운 수익원이 될 수 있을지 기대를 모았는데, 비싼 비용과 기기의 무게로 인해 보급에 어려움을 겪고 있다.

둘째는 서비스 부문에서 새로운 수익처를 창출하는 것이다. 앞서 언급한 것처럼 애플 서비스 부문의 기본적인 목표는 하드웨어와 유기적으로 연결하는 것, 그리고 그로 인한 하드웨어 이용 경험 전반의 질적 수준을 제고하는 것이다. 그런데 새로운 수익처를 창출하기 위해서는 이용 경험 이외의 부문에서도 사람들의 지갑을 열어야 한다. 많은 사람들은 콘텐츠가 그것을 할 수 있다고 생각한다. 하지만 콘텐츠 부문에도 의외로 어려운 지점들이 있다. 일단 시간의 총량이 정해져 있어 확장성이 그리 크지 않다. 가령, 개인들은 아마 적당히 선호하는 음악을 적당한 시간을 들여 들을 것이다. 스포티파이가 애플 뮤직보다 더 넓고 깊은 다양성을 제공할 수도 있고 그것이 스포티파이 서비스의 강점이 될 수도 있다. 하지만 제한된 전체 시간 중 적당한 시간을 애플 뮤직에 투입하면서 그 서비스에 만족한다면 굳이 스포티파이를 이용하지 않을 것이다.

인간의 콘텐츠 이용이 일정 부분 패턴화되어 있다는 점도 고려되어야 한다. 일례로 애플TV+에서 제공하는 영상 콘텐츠

는 최고 수준의 화질과 음질을 갖추고 재생되는 것으로 알려져
있다. 애플TV+의 영상과 소리의 평균 비트레이트bitrate가 넷
플릭스, 디즈니+, 아마존프라임비디오 등과 비교해 더 높은 것
으로 알려져 있다.[1] 하지만 화질과 음질은 애플TV+ 4K 등 애플
의 하드웨어 제품군을 통해서만 온전히 경험할 수 있다. 주지하
듯이, OTT 서비스에서 제공되는 동영상들은 스마트폰이나 태
블릿을 통해서 많이 이용된다. 이들 장비는 이동 편의성은 높은
대신 화면이 작고 음질 수준을 높이는 데는 한계가 있다. 따라
서 애플TV+가 제공하는 화질과 음질의 강점을 부각시키기 어
렵다. 무엇보다 영상 콘텐츠의 경험에서 화질과 음질 수준은 생
각보다 우선순위가 높지 않다. 사람들은 그것보다 어떤 이야기
가 어떻게 표현되는지를 더 중요하게 고려한다. 이런 상황에서
애플TV+ 콘텐츠와 플랫폼이 어떤 전략을 전개하고 있는지를
먼저 알아볼 필요가 있다.

3. 애플TV+의 기본 전략 : 콘텐츠와 플랫폼

콘텐츠 전략

프리미엄 콘텐츠

콘텐츠 측면에서 애플TV+는 물량보다 품질을 우선하는 프리미엄 전략에 집중한다. 다른 OTT 사업자들에 비해 콘텐츠가 많지 않고 콘텐츠 확대에도 적극적이지 않은 대신, 소수라 하더라도 양질의 콘텐츠들을 제공하겠다는 목표를 세우고 있다. 영화제에서 우수한 평가를 받은 작품의 배급권 구매에 적극적이고 차별적인 오리지널 콘텐츠 제작도 꾸준히 시도한다. 이에 따라 해당 작품 및 콘텐츠가 각종 시상식에서 수상 후보로 지명되고 또 수상에 성공하면서 고품질 콘텐츠를 제공한다는 인식을 강화하고 있다.

사실 이같은 전략은 넷플릭스가 오리지널 콘텐츠를 개발할 때도 적용하던 것이었다. 양질의 TV quality TV 는 OTT가 공통적으로 지향하는 바이다임종수, 2023. 문제는 '어떤 종류'의 양질인가일 것이다. 일단 애플TV+의 양질은 평단에서 호의적인 평가를 얻는 듯 보인다. 애플TV+의 콘텐츠들은 피바디 Peabody 상이나 에미 Emmy 상 등에서 다수 수상했는데, 특히 2022년에 공개한 CODA 2021 는 제94회 아카데미 시상식을 통해 OTT 서비스가 공개한 영화 중 최초로 아카데미 작품상을 수상했다. 애플TV+ 제공 콘텐츠 중 에미상 후보에 오른 작품은 2019년 18편에서 2023년 54편으로 증가한 반면, 넷플릭스 제공 콘텐츠 중 에미상 후보작 수는 2019년 160편에서 2023년 103편으로 감소했다스트라베이스, 2023. 7. 28 . 애플TV+의 제작비 규모가 넷플릭스나 아마존프라임비디오에 비할 수 없음을 감안할 때, 이러한 성과는 주목할 만한 지표라 할 수 있을 것이다.

〈파친코〉 또한 수준 높은 작품으로 인정받았다. 드라마의 공개 이전부터 호평이 이어졌는데, '타의 추종을 불허한다는surpassed ' 평가James, 2022 , '갈 수 없던 곳으로 우리를 데려가는 선물같은 이야기'라는 평가Phipps, 2022 등으로 작품에 대한 기대가 높아졌다. 공개 이후에는 다양한 수상을 통해 작품성을 증명했다. 2022년 11월 28일 제32회 고담Gotham 어워즈 TV 부문의 최우수 장편 시리즈 상을 시작으로, 2023년 1월 15일 제28회 크리틱스 초이스Critics Choice 시상식 TV 부문 최우수 외국어 시리즈 상, 그리고 2023년 5월 10일 제83회 피바디 상의 엔터테인먼트 부문을 각각 수상했다. 피바디 측에서는 〈파친코〉를 "문화적으로 특정한 이야기를 들려주며 국경을 초월하는 현대 TV의 글로벌하고 미래 지향적인 비전을 제시한 작품"김성현, 2023 이라고 평가했다.

하지만 프리미엄 전략은 대중성 확보에 장애물이 될 수도 있다. 대중성은 시장 확대 가능성과 직접적으로 연결되는 요소이다.

때문에 프리미엄 콘텐츠와 대중성 확보를 적절히 연계할 수 있는 묘수를 찾아 전반적인 수익성을 제고하려는 노력이 필요하다. 더구나 콘텐츠 라이브러리의 규모가 다른 OTT 서비스 대비 가장 작다는 것은 애플TV+의 약점으로 작용할 수 있다. 물론 다소 예외적이기는 하나 2023년 할리우드 작가 노조와 배우 노조가 한꺼번에 파업을 진행하면서 이러한 취약점이 부각되기도 했다 스트라베이스, 2023. 7. 26.

파업이 지속되는 동안 다른 OTT 서비스들은 제작 비용을 투입하지 않으면서도 구독자들을 붙잡을 수 있는 오래된 인기 드라마나 상대적으로 제작비가 적게 드는 예능과 다큐멘터리 콘텐츠를 수급할 수 있었다. 그에 반해, 소수의 고품질 콘텐츠를 추구하는 애플TV+에게는 충격을 완화할 장치가 거의 없었다. 때문에 시장은 애플TV+가 작가 파업과 배우 파업의 영향을 가장 크게 받았을 것으로 추정한다.

라이브 콘텐츠 수급 : 스포츠

스포츠는 애플TV+가 지속적으로 관심을 두는 영역이다. 애플TV+는 미국프로야구MLB 와의 계약을 통해 2022년부터 7년 동안 매주 금요일마다 2개의 경기를 생중계하기로 했다. 연간 계약 규모는 8,500만 달러 수준으로 알려졌는데, 연도별 계약액 규모가 동일하다면 7년 간의 총 금액은 약 6억 달러이다. 2022년에는 이에 더해 미국프로축구MLS 와 10년 간 25억 달러 규모의 중계권 계약도 맺었다. 이 중계를 시청할 수 있는 시즌 패스 요금은 월 14.99달러, 전체 시즌 99달러이다. 2023년 7월 축구스타 리오넬 메시 Lionel Messi 가 미국프로축구 소속 구단인 인터 마이애미와 3년 계약에 서명하면서, 애플TV+는 시즌 패스의 판매가 급증하는 호재를 맞기도 했다.

2024년 6월에는 애플TV+가 2025년에 개최되는 'FIFA 클럽 월드컵'의 독점 중계권을 확보할 것으로 예측하는 언론보도가 나오면서, 화제성 있는 스포츠 이벤트에 대한 애플TV+의 관심이 다시 주목받았다. 'FIFA 클럽 월드컵'의 중계권 계약 규모는 10억 달러 수준으로 추정된다.

기본적으로 콘텐츠 흥행은 그 예측이 어렵고 10개의 프로젝트 중 1~2개만 성공하여 집중적인 수익을 거두는, 승자독식의 경향이 강하다. 이는 콘텐츠 산업에서 안정적인 성과를 내는 것이 얼마나 어려운지를 보여준다. 과거에 성공 경험이 많은 인력들이 참여하고 기획이나 제작의 모든 과정에서 최대의 노력을 기울인다고 하더라도 이러한 불안정성은 해소되지 않는다. 때문에 가성비 혹은 안정성이 보장되는 콘텐츠라면 모든 사업자가 환영할 수밖에 없다. 최근 OTT 서비스에서는 스포츠가 바로 그런 역할을 하는 콘텐츠로 주목받고 있다.

서비스/플랫폼 전략

요금제와 광고

서비스를 시작하던 2019년 월 4.99달러이던 애플TV+의 구독료는 2024년 6월 기준 9.99달러까지 상승했다. 그럼에도 이 구독료는 아직 다른 OTT 서비스에 비해 저렴한 편이다. 낮은 비용으로 양질의 콘텐츠를 이용할 수 있다는 것은 서비스 자체의 강점이 될 수 있다. 아직은 대다수 이용자들이 여러 개의 OTT를 구독하고 있으나 OTT 서비스의 구독료가 계속 상승하게 되면 이용자들의 옥석 가리기가 시작될 것이다. 이때 높지 않은 구독료에 양질의 콘텐츠는 구독 유지에 긍정적일 수 있다. 다만 앞서 말한 것처럼 대중적으로 다양한 메뉴가 없는 것은 불안 요인이 될 것이다.

애플TV+는 2024년 6월 현재까지 광고 요금제를 도입하지 않았다. 하지만 언론에서는 광고 요금제 도입이 점차 가시화될 것으로 보고 있다. 애플의 서비스 부문 중 앱스토어 등에서는 이미 광고를 수익원으로 활용하고 있기 때문이다. 애플은 콘텐츠와 마찬가지로 광고 역시 애플 서비스 부문의 성과를 제고할 수 있는 유력한 수단으로 보는 듯 하다.

묶음 구독 bundling

애플TV+는 묶음 구독 전략을 상황에 맞게 운용하고 있다. 애플TV+는 애플의 다른 서비스들과 연계되어 있는데, 애플원 Apple one 이 대표적이다. 애플원은 다수의 서비스를 함께 이용할 수 있도록 해 주는 요금제이다. 개인은 애플 뮤직, 애플TV+, 애플 아케이드, 애플 아이클라우드 50GB를 월별 19.95달러에 함께 이용할 수 있다. 5인까지 공유가 가능한 가족 요금제는 매월 25.95달러를 지불하고 애플 뮤직, 애플TV+, 애플 아케이드, 애플 아이클라우드 200GB를 이용할 수 있다. 일반적으로 복수의 서비스를 함께 묶어 구독하는 사람들은 하나의 서비스를 이용하는 사람보다 구독 해지율이 더 낮다. 애플원의 구독 해지율 또한 애플TV+의 구독 해지율보다 더 낮은 것으로 알려져 있다스트라베이스 2023.12.18 .

애플 상품군 외의 서비스와 묶음 구독을 시도하는 경우도 있다. 2023년 12월에는 애플TV+가 다른 OTT 서비스인 파라마운트+와 결합상품 구성을 논의한다는 것이 언론을 통해 공개되었다. 보도 당시는 논의의 초기 단계였던 것으로 보인다. 2024년 6월 기준, 더 구체화된 논의가 진행 중인지는 확인되지 않는다. 하지만 이미 버라이즌은 넷플릭스와 HBO 맥스를 번들로 제공하기 시작했다. OTT 서비스가 경쟁이 심화되고 수익성이 악화되는 것을 감안할 때 유사한 묶음 상품들이 더 많이 제공될 가능성은 상당해보인다.

영화관 활용

2023년 말부터 2024년 초에 걸쳐 애플TV+ 오리지널로 제작한 영화 3편이 영화관에서 개봉했다. Killers of Flower Moon 2023 , Napoleon 2023 , Argylle 2024 이 그것이다. 이는 수익성 제고와 효율적인 마케팅을 위한 수단으로서 영화관을 활용한 사례라 할 수 있다스트라베이스, 2023. 4. 3 . 넷플릭스 정도의 파급력과 이용자 접점을 확보하지 못한 상황에서 성과를 더 높이고자 하는 계산이 들어 있는 것으로 보인다.

애플TV+의 구독자 규모는 명확하지 않으며 시장조사 기관들의 리포트들에서도 다소 편차가 있다.《포춘Fortune》은 2023년 12월 3일 기사에서 조사기관 Antenna가 2023년 5월 기준 애플TV+ 구독자 수를 2,000만 명 정도로 추산했다고 인용한 바 있다Confino, 2023 . 이 정도 규모라면 스트리밍만으로는 수익성을 제고하기 어렵다. 예를 들어 Argylle은 제작비 약 2억 달러, 마케팅비 약 8,000만 달러를 들였으며 손익분기점은 대략 5억 달러로 추정한다. 2024년 6월 말 환율은 1달러 당 약 1,385원이다. 한국의 영화관 입장권 가격 15,000원을 달러로 환산하면 약 11달러인데, 이를 기준으로 손익분기점을 넘기기 위해서는 4,566만 명 이상의 관람객이 입장해야 한다. 관람객수를 재생수와 동일시하고 애플TV+의 구독자수를 2,000만 명이라고 가정한다면, 원화 기준으로 전체 구독자 모두가 2회 이상 영화를 재생해야 하는 셈이다. 사실상 불가능한 목표라고 할 수 있다.

결국, 애플TV+ 입장에서는 어떻게 해서든 더 많은 사람들이 영화를 볼 수 있는 또 다른 방법을 마련해야 한다. 영화인들 중에는 영화관에서 상영되어야 영화라는 생각을 가진 사람들이 아직 많기 때문에 영화관 개봉이라는 전략이 OTT 사업자와 영화 제작자 간의 협업을 촉진했을 수도 있다. 또 1차 시장이 되는 영화관에서 일정 수 이상의 집객에 성공한다면, 후속시장인 스트리밍 서비스에서도 화제를 모으며 추가 수익을 극대화할 가능성이 커질 수 있다.

문제는 3편의 영화가 모두 영화관에서 만족할 만한 성과를 내지 못했다는 것이다. Killers of Flower Moon의 제작비는 약 2억 달러였으나 월드 박스오피스는 약 1억 5,700만 달러, Argylle의 제작비는 약 2억 달러였으나 월드 박스오피스는 약 9,508만 달러에 그쳤다. 그나마 Napoleon이 약 1억 3,000만 달러의 제작비를 들여 월드 박스오피스에서 약 2억 1,939만 달러의 수익을 달성했다. 하지만 3편 모두 극장 개봉을 통해서는 손익분기점을 넘지 못했다. 이에 따라 영화관을 전략적으로 활용하려는 시도가 충분히 성공했다고 보기는 어려울 것 같다. 따라서 무엇이 문제였는지, 그것을 개선하기 위해서는 어떤 조치를 취해야 하는지에 대한 검토가 필요할 것이다.

4. 콘텐츠 산업에서 IP 활용 : 개념적 이해

유력한 IP의 효용

IP_{지적 재산권, intellectual property} 는 처음 창작된 콘텐츠가 다른 콘텐츠로 확장될 때 자주 언급된다. 어떤 콘텐츠가 '원작'을 활용해 제작되었을 때 이 원작을 IP로 인식하는 것이다. 예를 들어, 드라마 〈파친코〉의 원작은 소설이다. 이것을 가지고 애플TV+의 오리지널 콘텐츠인 드라마 〈파친코〉가 제작되었는데, 이 때 소설 〈파친코〉를 IP로 하여 드라마 〈파친코〉가 제작되었다고 표현할 수 있다. 정리하면, 어떤 콘텐츠 부문에서 '원작'A이 있고 다른 콘텐츠 부문에서 그것의 '활용작'B이 있다고 할 때 IP라는 표현이 성립하게 된다. 콘텐츠 산업이 IP에 집중하는 것은 수익성 제고, 성과 창출과 지속에 IP가 매우 중요하기 때문이다.

IP 활용이 성공적일 때 가장 흔히 관찰되는 현상은 B의 성공으로 A가 다시 부각되는 것이다. 〈마스크 걸〉2023 은 공개 이후 넷플릭스의 글로벌 Top10 중 비영어권 TV Show 부분에서 1위에 올랐다. 나무위키를 참고하면, 드라마 〈마스크 걸〉은 2023년 8월 15일부터 2023년 9월 10일까지 누적 시청 시간 1억 560만 시간, 누적 시청 수 1,540만 회를 기록했다. 이런 성과는 원작인 웹툰 〈마스크 걸〉로 다시 이어졌다. 언론은 드라마를 넷플릭스에 공개한 이후 원작이 거둔 성과를 넷플릭스 방영 직전 10일 동안의 성과와 비교해 보도했는데, 이 기간 동안 원작의 거래액이 166배, 조회수가 121배 폭증했다. 웹툰 〈마스크 걸〉 연재 작가들의 다른 작품인 〈위대한 방옥숙〉2019의 조회수 또한 드라마 〈마스크 걸〉 공개 직전 10일과 공개 이후 10일을 비교할 때 11배 증가했다. 원작인 웹툰 〈마스크 걸〉은 19세 이상 이용가 등급이고 그림이 단순하며 내용도 스릴러나 복수극 성격이 강해 보편적인 선호를 끌어내기에 한계가 있는 작품이었다. 그런데 드라마 〈마스크 걸〉이 호평을 받으면서 원작에 대한 관심이 다시 커진 것이다.

이것이 IP 활용이 적절히 이루어졌을 때 발생하는 효용이다. A와 B는 서로가 서로의 성과를 강화하는 윈-윈 효과를 얻는다. 이용자들은 A든 B든 혹은 둘 모두든, 자신에게 즐거움이나 생각할 내용을 던져주는 콘텐츠를 발견하는 경험을 하게 된다. 이러한 유형의 IP 활용은 일정 수 이상의 콘텐츠들을 보유한 국가들에서는 활발하게 시도되고 있다.

OTT에서 IP 확장의 논리

IP 확장의 주요 흐름과 방향

앞서 언급한 것처럼, 콘텐츠가 IP로 묶이기 위해서는 원작A과 활용작B이 있어야 한다. 대체로 A는 제작비가 낮고 창작 단위가 크지 않은 부문이고, B는 제작비가 높고 창작 단위가 큰 부문이다. 제작단가가 낮은 콘텐츠는 만화/웹툰, 소설/웹소설 등이다. 제작단가가 높으면서 창작 단위가 크고 복잡한 콘텐츠로는 영화, 방송/OTT, 게임 등이 있다. 전자와 비교해 후자는 고비용이지만 빠르게 인지도를 확보할 수 있는 장점이 있다.

만화/웹툰, 소설/웹소설이 지닌 장점은 다른 콘텐츠 부문으로 확장했을 때 성공 가능성을 평가해볼 수 있는 척도가 있다는 것이다. 또한 그 척도들이 고도화되어 있고, 이전과 비교해 보다 과학적으로 분석할 수 있는 기반이 다져져 있다는 것이다. 웹툰과 웹소설이 등장하기 이전에는 인쇄만화의 발행부수나 소설의 판매량 등이 주요 지표였다. 인쇄만화가 주력이던 시절의 일본과 한국에서는 만화 매거진에서 독자 투표 같은 것을 통해 어떤 작품이 가장 인기가 있는지, 어떤 장면을 독자들이 좋아하는지 등과 같은 정보를 얻어 이후 창작에 활용했다. 소설의 경우에는 서점을 통해 알 수 있는 베스트셀러 정보, 권위 있는 문학상 수상 등이 지표였다. 디지털 환경에서 유통되는 웹툰이나 웹소설은 이용자들의 반응을 더 적극적으로 활용한다. 각 회차 연재분에 달리는 댓글의 수와 내용, 평점 등 활용할 지표 또한 다양하고 풍부하다. 작품별 관심 구독자수 혹은 유료 이용자수와 무료 이용자수의 비율 등도 참고할 수 있다.

원작 소설 《파친코》의 대중적 인지도는 그렇게 높지 않았을 수 있다. 하지만 긍정적인 지표들이 있었다. 2017년 출간 이후

《뉴욕타임스》, USA투데이, BBC, 아마존 등 75개가 넘는 매체에서 '올해의 책'으로 선정됐고, 2017년 '전미 도서상' 픽션 부문에서 최종 후보작에 올랐다. 전 미국 대통령 오바마가 소설을 추천하기도 했다. 소설《파친코》가 미국에서 주목받고 사람들의 관심에 오르내리게 된 이유가 있을 것이다. 그리고 어디에선가 성공 가능성이 확실하다거나 혹은 분명한 측면을 보았기 때문에 드라마 제작을 시도할 수 있었을 것이다.

드라마 〈파친코〉의 제작비 규모가 밝혀졌을 때 많은 사람들이 놀랐다. 계약 상대의 인지도 혹은 내부적 요인 등에 따라 편차가 있을 수 있음을 감안하더라도, 예상 가능한 수준을 훨씬 뛰어넘었기 때문이다. 〈오징어게임〉 시즌1의 제작비가 약 250억 원이었고 〈오징어게임〉 시즌2의 제작비가 약 1,000억 원으로 추정되는데, 애플TV+는 〈파친코〉 시즌1의 제작비에 이미 약 1,000억 원을 투입한 것으로 알려졌다. 〈파친코〉 시즌2의 제작에는 더 많은 비용을 들일 것으로 추정된다. 원작 소설에서 성공에 관한 어떤 근거를 발견하지 못했다면 이런 수준의 제작비 사용을 결정하는 것은 결코 쉽지 않았을 것이다.

따라서 애플TV+ 또는 제작사인 미디어레스스튜디오Media Res studio가 어떤 가능성을 보고 이런 결정을 할 수 있었는지 그 이유를 파악하는 작업이 필요하다. 콘텐츠의 성패는 그 누구도 예측하기 어렵다. 그렇기 때문에 이 작업이 표면만을 훑는 데 그칠 공산이 크지만, 그럼에도 불구하고 시도해볼 가치는 충분하다.

소설《파친코》는 전세계 대중문화를 이끌어가는 미국에서 기본적인 성과와 지표를 쌓아 올렸고, 플랫폼과 제작사 모두 미국 기업이므로, 가장 먼저 필요한 것은 소설《파친코》가 어떤 부분에서 미국 내 이용자들의 기호와 선호에 부합했는지를 찾아보는 것이다. 그리고 글로벌 차원의 수요까지 끌어올릴 수 있는 요소가 〈파친코〉의 어디에 어떻게 존재하고 있었는지를 찾아봐야 한다.

문학의 영상화 방법론

문학의 IP를 활용해 영화나 드라마를 만드는 것, 전통적인 표현으로 문학을 각색해 영화로 제작하는 것은 이미 오래된 관행이다. 우선 문학과 영화는 모두 이야기를 제시하는 방법론이다. 문학에서 먼저 마련해둔 이야기들을 자신의 문법을 활용해 제작하는 것은 후발 주자인 영화가 처음 등장할 때부터 예견된 일이었는지 모른다. 영화가 문학의 각색을 활발하게 시도하면서 그 자체의 사회적 지위를 높였다는 해석도 있다이형식·장연재·김명희, 2004. 문학을 각색하기 전에 영화는 노동자가 향유하는 흥미로운 오락거리에 불과했지만, 문학을 각색하면서 예술 혹은 작품이라는 인식을 얻기 시작했다는 것이다.

문학의 대표격인 소설은 개인이 향유하고 스토리텔링도 개인성에 집중되나, 그런 소설을 각색한 영화는 대중매체의 지위를 가짐으로서 집단성, 사회성, 동시성이 강조된 스토리텔링이

된다. 즉 개인에 국한될 가능성이 많은 소설은 영화로 각색됨에 따라 사회성을 얻는 것이다고현철, 2006. 이것은 곧 문학을 각색한 영화 제작이 기본적으로 상업적 성과를 창출하는 데 일차적인 목적이 있음을 의미한다. 이 목적 실현을 위해 영화가 문학의 명성이나 성과를 활용하는 측면도 있다. 영화나 다른 영상 콘텐츠의 제작자의 입장에서 보면, 이미 대중적 선호가 검증된 문학을 각색하는 것은 창의성 발휘에 있어 심리적 안정감을 줄 수 있다.

문학은 아직 영상으로 구현되지 않은 서사이다. 영상을 구현함에 있어서는 문학 창작과는 또 다른 경험과 전문성이 필요하다. 관련하여 영화에서는 1950년대부터 이른바 '작가주의' 논의가 이어져 왔다. 영화에서의 작가주의는 영화 창작자, 대체로 영화감독이 영화를 통해 자신만의 스타일과 비전을 담을 수 있고, 또 담아야 한다는 입장이다. 그레엄 터너 G. Turner에 의하면, 가장 상업적이라 할 수 있는 할리우드 영화라 하더라도 그 안에 영화감독이 예술가 혹은 창작자로서의 개성을 드러낸다임재철 외, 1994. 결국 작가주의 논의는 영화를 포함한 영상 콘텐츠 제작에서 창작 주체가 어떤 역할과 재량을 분명히 가지고 있음을 전제하고 있다. 이는 원작이 있는 작품을 활용해 영상 콘텐츠를 제작하는 상황에도 동일하게 적용된다.

문학의 IP를 활용해 영상 콘텐츠를 만든다고 할 때, 후자에서 가능한 작업은 몇 가지가 있다. 우선 이야기 부문에 개입하는 것이다. 원작에서 제시한 이야기를 거의 동일하게 재현할 수도 있고 전혀 다른 이야기로 창조할 수도 있다. 혹은 이 재현과 창조를 양 극단으로 두고 그 사이에서 원작에 적절한 변화를 가할 수도 있을 것이다. 후자에서 가능한 또 다른 작업은 문자를 영상으로 구현하는 것이다. 주지하듯이, 문학의 이야기는 활자로 되어 있고 독자는 그것을 머리 속으로 상상한다. 영화 혹은 영상 콘텐츠는 그 상상을 대신해 준다. 원작을 경험한 사람들의 머리 속에 상상보다 구체적인, 그러면서도 공통적인 인상을 심는 것이다. 우리가 흔히 경험하는 영상 콘텐츠는 시각과 청각을 포괄하며, 따라서 이 두 부문에서 영상 콘텐츠만의 기획과 창의성을 개입시킬 수 있다.

다음 절에서는 이런 기준들을 가지고 원작 소설 《파친코》와 드라마 〈파친코〉의 사례를 분석해보고자 한다. 먼저 원작 소설 《파친코》가 가지고 있는 특징 혹은 강점이 무엇인지 찾아볼 것이다. 그리고 소설이 드라마로 재가공될 때 어떤 작업들이 이루어졌는지, 이런 작업과정에서 드라마 〈파친코〉에 어떤 특징들이 구체화되었는지 살펴볼 것이다. 상세한 내용은 후술하겠지만, 드라마 〈파친코〉는 원작의 분위기를 유지하며 그 기조 속에서 영상 콘텐츠만의 개성을 확보한다. 그리고 시청자들에게 다양한 화제와 해석의 여지들을 제공하여 전반적으로 좋은 평가를 얻는 데 성공한다.

5. 〈파친코〉의 IP 활용 : 익숙한 것과 생소한 것의 조화

원작소설《파친코》의 경쟁력과 가능성

전형성과 변형성 : '선자'의 이민자 서사

어떤 콘텐츠가 성공하는가 실패하는가, 혹은 많은 사람들에게 소비되는가 그렇지 못하는가를 결정하는 것은 익숙한 것과 새로운 것의 조합이다주창윤, 2004. 영화학에서 장르를 논의할 때 자주 사용하는 관습convention 과 새로움/창의성 invention 이라는 표현은 그 관계를 함축한다. 사람들은 너무 상식적이거나 진부하다고 느껴지는 것에 관심을 두지 않는다. 마찬가지로 이해나 인식의 범위를 너무 크게 혹은 급진적으로 벗어나는 것에도 관심을 두지 않는다. 즉 안정성과 변동성을 적절히 융합하는 서사 전략이 대중에게 유효하다유진희, 2010. 전형성과 변형성은 문화 콘텐츠가 지녀야 할 기본 덕목이고, 모든 콘텐츠가 OTT로 수렴되는 이 시대는 영화와 드라마 모두에서 유념해야 할 부분이다.

드라마 〈파친코〉의 제작진 또한 이와 유사한 관점을 가지고 있었던 것으로 보인다. 총괄 프로듀서인 마이클 엘렌버그M. Ellenberg 는 어느 인터뷰에서 "어떤 한 지역에 관한 사건을 다루기는 하지만 이 작품이 담고 있는 정서는 근본적으로 보편적이라고 생각한다"는 견해를 밝혔다윤효정, 2022. 이 언급에서 '지역에 관한 사건'이 새로움/창의성 invention 이라면, '작품이 담고 있는 정서'는 관습 convention 에 해당한다고 볼 수 있겠다.

소설 《파친코》는 이같은 요소를 적절하게 사용한다. 미국 자체가 이민자들이 설립한 국가로서 먼저 도착한 이민자와 나중에 도착한 이민자 간 차별로 분열과 혼란을 경험한 국가라는 점에서 이민자 서사가 선호된다. 경계에 놓여 있는 주체가 경험하는 다양한 정서는 각 구성원들이 의식하든 의식하지 못하든 미국에서 많은 관심을 얻는다는 것이다. 한국에서 경연, 오디션, 서바이벌 관련 콘텐츠가 유별나게 인기 있는 것은 그런 포맷이 한국인의 기저에 흐르는 어떤 정서와 연결되기 때문이라는 류의 해석과도 일맥상통한다.

이민자는 불안하다. 자의적 혹은 타의적 선택의 결과로 놓이게 된 상황이 익숙하지 않기 때문이다. 이민자이 접하는 새로운 것들은 대체로 충격적일 확률이 높다. 단순하게는 그저 낯설거나 생소하다는 느낌 정도일 수 있지만, 사실 그것은 그 주체에 대한 집단적이고 조직적인 차별이나 박해일 수도 있다. 이로 인해 이민자의 감정은 복잡하고 독특해진다. 이민자는 떠나온 곳과 도달한 곳 모두의 문화와 생활 방식을 내면화하기도 하지만, 또 많은 경우에는 그 어디에도 속하지 못하는 외부자의 정체성을 정립하기도 한다.

많은 이민자 서사에서 이야기 진행의 동력이 되는 것은 이민자가 주류 사회에 적응 혹은 편입하는 과정이다. 과정은 복잡하

〈그림 8-1〉 소설 《파친코》 애장판 표지, 드라마 〈파친코〉 포스터

고 입체적일 수 있다. 그 과정의 이야기는 범위와 깊이를 다지고 다양한 에피소드들과 캐릭터들로 구체화될 수 있다. 이야기의 궁극적인 결과는 성공 혹은 실패이다. 아마도 과거의 전형적인 극작법을 기준으로, 이민자가 장벽을 돌파하거나 차별을 극복하고 주류 사회 내에 정착한다면 해피엔딩일 것이다. 반대로 이민자가 좌절하고 주류 사회에 편입되지 못한다면 이야기는 비극으로 마무리될 것이다. 후자의 경우는, 길가메시 서사시 이후 많은 이야기들이 활용하고 있는 불가피성의 서사 혹은 수용의 서사와 연결될 수도 있다. 〈파친코〉를 예로 든다면, 선자의 인생은 고통으로 가득하고 그것을 바꾸거나 피할 수 없다. 그 험난한 인생을 선자는 억척스럽게 살아낸다. 그래서 선자의 여정과 분투들이 바로 가장 의미 있고 소중한 것이다.

이런 논의들을 참고한다면, 소설《파친코》는 미국에서 기본적으로 익숙한 이야기이면서 일정 수준의 고정적인 수요도 존재하는 이야기일 수 있다. 다만 그 시공간적 배경은 상대적으로 더 생소하고 호기심을 불러 일으킬만한 것일 필요가 있다. 소설은 한국과 일본, 미국을 넘나들지만, 많은 비중을 점하는 장소는 과거의 한국과 일본이다. 이러한 배경 전반이 생소함을 제공할 수도 있다. 한국에서 밥을 짓는 아궁이나 영도의 풍경, 오사카에 있는 요셉의 집이나 교회에 대한 묘사 등도 그런 소재가 될 수 있다.

또 소설에는 한국어와 일본어 단어 혹은 표현을 그대로 영어식 발음으로 기재하는 경우가 많다. suffer에 해당하는 한국어 '고생'을 영어 발음대로 적은 Go-saeng이나, 고향Gohyang, Abuji아버지, Omoni어머니, Oppa오빠, Yobo여보, Yangban양반, Chima치마 등을 찾아볼 수 있다. 명사뿐 아니라 Aigoo아이구 처럼 감탄사에서도 마찬가지이다. 영어에서 생소한 표현인 맞선의 일본어 お見合い를 발음대로 표기한 omiai, 현미차 혹은 현미녹차의 일본어 玄米茶를 발음대로 표기한 genmaicha, 맛있다는 의미의 형용사 美味しい를 읽은 oishi 등도 발견할 수 있다. 영어권 독자에게는 어렵게 느껴질 수 있는 단어나 문장도 사용되었다. 경품景品의 일본어 발음인 keihin, 일본 고유의 전통 신앙인 神道를 읽은 shinto, 일본에서 인감이나 도장 등의 의미로 사용되는 版行의 영어 발음인 hanko 등이 그런 사례들이다. 이들은 소설《파친코》가

가진 새로운 개성으로 읽힐 수 있을 것이다. 어쩌면 이들은 한국 혹은 일본에 호기심이나 관심을 가진 사람들의 학구열을 이끌어 내는 장치였을지도 모른다.

문화적 배경으로서 성경: 보편성과 개성의 변증법

한국과 일본을 배경으로 이야기를 진행하는 소설 《파친코》가 주요 등장인물들의 이름을 성경에서 인용한 것도 미국 이용자들의 접근성을 높이는 이유 중 하나로 거론될 수 있다. 선자와 결혼한 백이삭Isaac 은 3형제의 막내이다. 형제 중 첫째는 백사무엘Samuel , 둘째는 백요셉 Joseph 이다. 선자가 한수와의 사이에서 낳은 아들은 백노아Noah , 선자가 이삭과의 사이에서 얻은 모자수라 불리는 아이는 모세 Moses 이다. 그리고 모세의 아들 이름은 솔로몬Solomon 이다.[2] 이들은 각각 성경 내 인물들에서 이름을 따왔지만 성경의 인물들과는 거리가 있으면서 나름의 개성을 갖춘 캐릭터를 구축한다. 같은 이름을 가진 성경과 소설의 캐릭터들을 비교하는 것이 독자들에게 또 다른 즐거움이 될 수 있다. 즉 익숙함과 새로움을 동시에 제공하는 역할을 할 수 있다.

예를 들어, 성경 속의 요셉은 가뭄으로 먹을 것을 얻기 어려워진 부모와 형제들을 이집트로 인도한다. 〈파친코〉의 요셉 역시 동생인 이삭과 선자를 오사카로 데려와 같은 집에 살게 한다. 성경에서는 요셉의 가정 생활에 대한 기록이 거의 없는데, 〈파친코〉에서는 가정에서의 요셉을 상당히 가부장적이고 고집스러운 캐릭터로 구체화하여 성경과는 다소 상이한 개성을 부여하고 있다. 또 〈파친코〉의 요셉은 가난을 벗어나고 싶어도 벌이가 충분하지 않았고, 병에 걸린 이후부터는 자신의 생각이나 의지가 외적인 요인으로 인해 짓눌리는 경험을 많이 하게 된다. 자기 능력으로 바꿀 수 있는 것이 별로 없었던 것이다. 그런데 성경 속의 요셉은 이집트의 국무총리였기 때문에 권력을 가지고 있었고 못할 일이 거의 없었다.

성경 속의 이삭은 아버지가 정해 준 여자와 결혼했다. 그런데 소설의 이삭은 선자를 아내로 맞이하겠다고 먼저 선언하며 주위의 걱정을 뒤로 하고 결혼을 감행한다. 성경 속의 노아는 당대에 의인이었다고 기록되어 있다. 소설의 노아도 바르게 성장하고 주변의 기대에 부응하기 위해 노력한다는 측면에서 의인에 가까웠다. 하지만 성경 속의 노아는 모든 인류가 홍수 심판으로 죽을 때 살아남은 반면, 〈파친코〉 속의 노아는 가족들 대부분이 살아 있을 때 혼자 자살로 생을 마감한다. 성경 속의 모세는 신분이나 처지에 변화가 많다. 이스라엘 사람이었지만 이집트의 왕궁에서 자랐고, 왕족으로 성장하다가 의도치 않은 살인 후 도망간다. 양을 치던 모세는 이스라엘 백성을 가나안으로 인도하라는 명령을 받고 광야를 가로지르는 여행길을 걷게 된다. 그런데 〈파친코〉 속 모자수의 인생은 비교적 단조롭다. 고등학교 시절까지는 반항적이고 문제 많은 학생이었지만, 고등학교 중퇴 후에는 파친코 일을 배운다. 이후 그의 인생은 아들인 솔로몬이 사회에 진출하여 시련을 겪는 시점, 나아가 소설이 마무리되는 시점까지 파친코 사업에서 벗어나지 않는다.

드라마 〈파친코〉의 기획1: 이야기의 차원

에피소드와 캐릭터의 변주

문학의 IP를 드라마로 확장할 때, 혹은 소설을 드라마로 각색할 때 후자가 개성을 확보하기 위해 시도할 수 있는 작업 중 하나는 등장인물과 이야기의 흐름에 변주를 주는 것이다. 소설에 없었던 인물을 추가할 수도 있고, 소설 속 캐릭터에 다른 개성을 부여하거나 소설에서 다소 불명확했던 개성을 두드러지게 강조할 수도 있다. 이 작업을 통해 소설에는 없었던 새로운 가치를 부여하기도 한다.

드라마 〈파친코〉에서도 이런 작업들이 이루어졌다. 드라마 〈파친코〉에서 구체화된, 소설과 다르거나 소설에 없었던 요소들은 모두 시청자들에게 새로운 의미와 해석의 단초를 제공한다. 이 시청자들 각각이 해석한 바를 공유하거나 논쟁하면서 드라마의 시청은 사회성을 얻게 된다. 그리고 이런 현상 자체가 시청자들의 관심을 지속시키고 후속 시즌을 기대하게 하는 분위기를 만든다.

드라마에서는 한수가 양복점에서 아마도 일부러 이삭과 마주치는, 소설에는 없는 에피소드가 그려진다. 한수는 내려다보는 듯한 태도로 이삭에게 시비를 건다. 하지만 이삭은 조용하게, 여유로우면서도 단호하게 대처한다. 한수는 이삭과 헤어진 이후 선자를 따로 불러내 이삭을 험담하고 자기가 훨씬 나은 남자임을 어필하며 붙잡으려 한다. 하지만 이삭과 함께 오사카로 가겠다는 뜻을 굽히지 않는 선자에게 결국 짜증을 내고 만다.

이삭은 아무 것도 없지만 선자의 마음을 얻는다. 그런데 그것이 한수에게 열등감과 비슷한 어떤 것을 만든다. 한수는 가지고 있는 건강, 돈, 권력 등을 동원해보지만 그것을 해소하지 못한다. 이삭의 자존심을 긁으려 했지만 자기 자존심이 상하고, 곁에 두고 싶었던 선자는 혐오하는 눈빛을 남기고 자신에게서 냉정하게 돌아선다. 아마도 제작진은 드라마 속 한수를 소설 속 한수보다 더 젊고 그만큼 에너지와 매력이 풍부한 캐릭터로 구현하려 한 것 같다. 드라마 〈파친코〉는 이렇게 선자와 자기 핏줄에 대한 사랑과 집착, 서투른 실패를 함께 보여주면서 한수에게 입체감과 깊이를 더했다. 그리고 이를 통해 드라마 속의 한수는 더 많은 시청자들의 관심을 얻었을 것이다.

시공간의 재구성

소설 속 사건을 드라마가 다른 방식으로 전개하기도 한다. 소설에서 발생한 사건과 그 결과를 기준으로, 사건의 과정은 같지만 결과를 다르게 하거나 사건의 과정은 다르지만 결과를 같게 하는 등의 새로운 흐름을 만드는 것이다. 예를 들어 소설과 드라마 모두에서 솔로몬은 주인이 팔지 않으려 하는 땅을 매매하는 과업에 투입되고, 일련의 사건으로 회사에서 해고된다. 소설에서는 주변의 도움을 받은 솔로몬이 땅을 매매하는 데 성공하지만, 계약 직후 소유주인 할머니가 죽음을 맞게 된다. 솔로몬은 그 죽음과 관련이 있다는 누명을 쓰고 해고된다. 드라마에서는 계약을 성공시키기 직전까지 갔지만 솔로몬이 소유주인 한금자 할머니의 마음을 이해하면서 결국에는 계약이 성사되지 않는다. 그리고 계약 실패의 결과로 해고를 당한다.

원작의 시간 흐름을 분해하여 재조립 혹은 재연결하는 것도 드라마가 독자적으로 할 수 있는 작업이다. 소설 《파친코》는 어린 선자가 노년이 될 때까지 시간의 흐름에 따라 구성되어 있다. 반면 드라마 〈파친코〉는 상이한 시간대, 즉 과거와 현재를 넘나들며 연결하는 방식으로 구성되어 있다. 여기에는 여러 목적과 의도가 있을 수 있다. 드라마 〈파친코〉의 제작진은 〈파친코〉를 최소 4개의 시즌으로 제작하기를 희망한다고 밝힌 바 있고, 편집을 통해 시간 순서를 재배치한 근본적인 이유나 목적은 전체 시즌에 걸치는 이야기의 흐름 속에서 파악해야 하는 요소일 수도 있다. 일단 현재 공개되어 있는 드라마 〈파친코〉, 즉 시즌1만을 기준으로 할 때, 이런 편집의 목적 중 하나는 주류 사회가 이주민에게 행사하는 차별 혹은 배척이 변하지 않는다는 것, 최소한 아주 오래도록 이어진다는 것을 보여주려는 것이 아닐까 싶다.

어린 선자, 노아와 모자수를 막 출산한 젊은 선자는 일본 식
민지 시대를 살았다. 오사카에 온 선자는 이카이노라는 한인촌
에서 생활을 시작하는데, 그곳은 빈민가였고 일본의 식민지였
던 조선의 사람들이 모여 살던 곳이었다. 그곳에선 신분 혹은 계
급, 그리고 생활 영역 자체가 구별되어 있다. 권력과 위계질서도
강하게 작용한다. 소설에서는 신사참배 문제로, 드라마에서는
사회주의 운동 문제로 이삭은 신분을 구속당한다. 이 시기의 선
자는 애초부터 일본이라는 사회에 섞여 들어갈 수 없다. 솔로몬
이 사회생활을 하고 있는 시점은 현재와 비교적 가까운 1989년
이다. 한국은 더 이상 일본의 식민지가 아니고, 계급이나 권력은
선자나 이삭에게 작용하던 것만큼 강하고 뚜렷하게 솔로몬을
속박하지는 않는 것 같다. 하지만 차별과 배제의 역학은 여전히
숨어서 작동하고 있다. 주로 솔로몬의 부동산 거래 상황에서, 관
련 사업자인 아베가 보여주는 시선이나 행동들이 그것을 암시
한다.

새로운 이야기의 추가

원작 소설과 드라마의 관계에서, 후자는 새로운 이야기를 추
가하기도 한다. 이런 방식의 이야기 확장은 자연스러운 시도
이다. 또 원작의 인기와 인지도를 유지하면서 IP의 범위를 확장
하는 효과적인 방법이 될 수도 있다. 특히 완성되어 있는 원작에

외전外傳, 혹은 전사前史, prequel 나 후사後史, sequel 를 덧붙이면서 해당하는 세계관 전반을 확장해 나가는 방식은 지속적으로 주목을 받고 있다.

특정 대상이나 콘텐츠에 대해 형성된 팬덤에서는 이런 식의 이야기 확장이 이미 관행이었고, 그 자체가 팬 활동 중 하나로 자리하고 있다. 팬덤에 의한 2차 창작을 일컫는 가장 흔한 말은 팬픽이다. 팬fan 들이 창작한 허구fiction, 즉 팬 픽션의 줄임말이다. SS라는 표현도 꽤 흔한데 Side Story, 혹은 Supplementary Story의 약자일 것으로 추정된다.

팬픽은 대체로 원작 안의 규칙이나 설정을 어기지 않는 선에서 새롭게 창작된다. 이는 팬이 원작에 존경이나 존중을 표하는 방법일 수 있다. 동시에 창작에 있어 효율성을 제고하는 방법이기도 하다. 원작의 배경을 가져오는 것으로 세계관 전체에 대한 기획, 즉 창작의 기반을 만드는 작업 혹은 창작 작업의 일부를 생략할 수 있기 때문이다. 따라서 팬들에게 원작을 크게 어긋나지 않아야 한다는 조건은 창작의 걸림돌이 아니다. 오히려 원작에 기반한 창의성과 다양성을 더하고, 심지어 그 작업을 빠르게 진척시키는 강점으로 작용한다.

드라마 〈파친코〉의 7번째 에피소드는 한수의 전사이며, 팬픽의 생산 방식도 일부분 적용되어 있는 새로운 이야기이다. 7번째 에피소드를 통해 소설 《파친코》에는 없었지만 드라마 〈파친코〉에 추가된 내용은 관동대지진, 그리고 그 혼란의 와중에 발생한 재일 조선인 학살 사건이다. 드라마 내적으로 이 에피소드는 다른 에피소드들에서 드러난 한수의 개성과 태도가 무엇에 뿌리를 두고 있는지를 밝힌다.

그리고 드라마 외적으로는 상당한 정치성을 직접적으로 부여하고 있다. 드라마는 관동대지진 상황에서 한국인들이 일본 자경단에게 무고하게 희생되었음을 밝힌다. 한국인들이 우물에 독을 풀고 약탈을 일삼는다는 유언비어가 일본인들 사이에서 퍼지는 장면, 한국인들이 일본 자경단에 의해 불에 타 죽는 장면이 제시된다. 에피소드가 끝난 후에는 자막으로 무고한 한국인들이 희생되었음을 다시 한 번 알린다.

드라마 <파친코>의 기획2: 영상문법의 차원

철저한 고증과 리얼리즘의 추구

영화의 발명 이후 영상을 구현하는 방법론이 발견되고 정립되어 왔다. 이런 방법론을 따라 소설을 영상으로 옮긴다는 관점에서 보면, 활자로 되어 있는 소설의 이야기 뿐 아니라 오프닝, 엔딩, 심지어 크레딧 등까지도 새롭게 구현할 수 있는 요소라 할 수 있다.

드라마 <파친코>는 창작이지만 실제 역사에 기반한다는 점에서 사실성 reality 을 적극적으로 고려했다. 그리고 그것을 위한 고증을 면밀하게 진행한 것으로 널리 알려져 있다. 어디에서 본 적이 있는 혹은 과거에 실재했었던 내용들을 영상과 소리로 구현한 것이다.

예를 들어 어린 선자가 물질을 배우는 장면은 부산과 제주도에서 촬영했는데, 실제 해녀들과 함께 촬영한 것으로 알려졌다. 관련하여 또 하나 화제가 된 것은 한국어, 영어, 일본어 각각에 대한 세심한 표현이다. 특히 극 중 한국어와 일본어의 경우는 사투리나 지역 방언 등에 대해서도 철저한 고증을 거친 것으로 알려져 있다. 한국어의 부산과 제주도 방언, 일본어의 도쿄와 오사카 방언 등을 각 등장인물들의 대사를 통해 재현한 것이다.

선자가 물질을 배우는 모습은 분량이 길지 않다. 반드시 실제 해녀들과 함께 촬영을 진행하지 않아도 무방한 부분이었을 것이다. 한국어와 일본어가 모국어가 아닌 사람은 자막으로 이야기를 이해할 가능성이 크다. 이런 사람들에게 한국과 일본의 지역 방언을 세세하게 구현하는 것은 별반 의미가 없는 작업일 수도 있다. 한국 혹은 일본의 실제 지역 같은 느낌이나 대사의 맥락과 뉘앙스와 같은 것들은, 영어나 다른 외국어로 번역하는 과정에서 아마도 상당 부분 잘려 나갔을 것이다. 그럼에도 불구하고, 드라마 제작진은 그 요소들을 살리기 위해 상당한 노력을 기울였다.

표현 형식의 활용

〈파친코〉는 드라마의 구성 장치 중 하나인 자막을 독특하게 활용했다. 〈파친코〉에는 앞서 언급한 것처럼 한국어, 영어, 일본어가 사용되었는데, 자막에 언어별로 각각 다른 색을 입혔다. 한국어는 노란색, 일본어는 파란색, 영어는 흰색을 적용해 제시했다. 이를 통해 한국어와 일본어를 모르는 사람은 자막이 노란색일 때는 등장인물이 한국어를 하고 있고, 자막이 파란색일 때는 등장인물이 일본어를 하고 있다는 것을 직관적으로 구별할 수 있다. 솔로몬은 드라마에서 한국어, 영어, 일본어를 모두 구사한다. 선자와 대화할 때 한국어와 일본어 표현이 섞이기도 했는데, 이 때 한국어는 노랑, 일본어는 파랑으로 처리하여 1~2줄 분량의 자막이 단어나 어절을 기준으로 두 가지 색으로 표시되었다.

7번째 에피소드는 원작에 없는 이야기라는 점에서 차별적이지만, 드라마를 구성하는 형식 차원에서도 차별적이다.[3] 우선 다른 에피소드들은 모두 가로세로 비율이 2.2:1이다. 이에 비해 7번째 에피소드의 가로세로 비율은 1.66:1이다. 시선의 좌우 분산보다는 가운데로의 집중을 유도하는 화면 비율이고, 필연적으로 7번째 에피소드의 주인공인 한수가 어떤 사건을 겪는지를 가까이에서 비춘다.

둘째로, 다른 에피소드들은 파친코를 배경으로 등장인물들이 춤을 추는 오프닝으로 시작하지만 7번째 에피소드에서는 오프닝이 없다. 7번째 에피소드의 화면비에 맞춘 오프닝이 없었을 수도 있고, 상실과 고통과 슬픔을 담은 이야기에 흥겹게 춤추는 오프닝이 어울리지 않는다는 판단에서 삭제했을 수도 있다.

셋째로, 다른 에피소드들에서는 연도와 도시를 제시하는 자막이 모두 흰색임에 비해 7번째 에피소드에서는 검은색 자막을 사용했다. 이는 관동대지진 상황에서 무고하게 사망한 한국인들을 추모하면서 그 슬픔을 표현하는 방식일 수 있다.

넷째로, 7번째 에피소드에서 시간은 과거에서 현재까지 일방향으로 흐른다. 앞서 언급한 것처럼, 다른 에피소드들은 과거와 현재를 넘나들면서 이들의 연결성, 예를 들어 시간이 흘러도 변하지 않는 환경 등을 암시적으로 보여주는 반면, 이 7번째 에피소드는 사건 당시 한수와 한국인의 경험을 비유 없이 시간의 흐름에 따라 제시한다. 의미를 숨기거나 새로운 해석의 여지를 두면서 시청자들의 인지적 활동을 자극하는 형식이 아니라, 해석이 필요없는 명확한 메시지를 시청자에게 직접적으로 던지는 형식이라 할 수 있다.

단서의 제공과 해석적 다원성

영화와 드라마 제작진은 화면 혹은 대사 속에 해석의 여지가 있는 단서들을 남긴다. 시청자들은 그런 단서를 발견하면서 즐거움을 느낀다. 해석은 상당 부분 자의적일 수 있다. 그럼에도 불구하고, 이런 해석과 의견들은 곧 시청자들이 그 콘텐츠를 다면적으로 또 심도있게 경험하고 있음을 보여주는 증거라 할수 있다. 시청자가 제작진의 의도를 정확하게 파악하기도 할 것이다. 예를 들면, 부동산 계약을 스스로 망친 솔로몬이 계단을 뛰어 내려가는 장면을 많은 사람들이 실패와 추락의 메타포로 읽었는데, 아마도 이 해석에는 이견이 거의 없을 것이다.

이러한 의견들 중에는 흥미로운 것들도 많다. 솔로몬이 추진하던 부동산 매매 계약에서 매매 대금은 10억 엔이다. 그런데 이 10억 엔을 2015년 12월에 이루어진 한일 위안부 합의의 보상금으로 바라보는 해석이 있다. 주지하듯, 당시 이 10억 엔은 배상금이 아닌 보상금으로 규정되었기 때문에 위안부 할머니들과 관련 시민단체가 크게 반발한 바 있었다. 드라마 〈파친코〉에서 어떻게든 매매 계약을 체결하려는 시플리 은행과 땅을 팔지 않으려 하는 한금자 할머니의 모습은, 보상금과 함께 위안부 합의를 마무리하려는 일본과 그것을 받아들일 수 없는 위안부 할머니들 간 관계를 비유적으로 보여준다는 것이다.[4]

〈파친코〉 4번째 에피소드에서 선자와 이삭은 오사카로 가는 배를 탄다. 선자는 유명한 가수라는 조선인 여자가 떨어뜨린 스카프를 주워주는데, 거기에는 무궁화가 그려져 있었다. 배 안 연회장에서 그 스카프를 들고 공연하던 가수는 〈울게 하소서〉를 부르다 말고 판소리 춘향가의 〈갈까부다〉를 부른다. 그리고 경비들에게 끌려 나가기 직전 자살한다. 가수가 들고 있던 스카프의 무궁화를 근거로, 이 장면은 일본의 식민지 한국이 당시 경험하던 고난과 수탈을 비유한 것이라는 의견이 있다.

마찬가지로 〈파친코〉 4번째 에피소드에는 선자와 양진, 그리고 이삭이 목사를 찾아가고 이삭과 선자가 결혼식을 올리는 장면이 나온다. 이 장면에서 선자가 입은 흰 한복 치마에는 때가 묻어 있고, 그것은 결혼하지 않고 임신한 선자를 정죄하는 주홍글씨처럼 보인다. 그리고 목사의 기도가 끝나자 모녀를 비추는 밝은 빛은 그들에게 찾아오는 새로운 세계 혹은 구원과 축복처럼 보인다.

6. 결론 : 〈파친코〉와 애플TV+의 프리미엄 포지셔닝

프리미엄 콘텐츠로서 〈파친코〉

드라마 〈파친코〉는 잘 기획되었고 또 많은 공을 들여 완성된 작품이다. 실제 역사의 한 국면을 짚는 동시에, 가상이지만 현실적이기도 한 이야기를 풀어간다는 측면에서 고증에 상당한 노력을 기울인 것으로 보인다. 〈파친코〉의 각본과 제작을 담당한 수 휴Soo Hugh는 2022년 3월 18일 있었던 온라인 제작 발표회를 통해, 당시의 상황을 드라마 내에 정확히 반영하기 위해 40명에

달하는 역사학자, 그 외에도 음식 연구가, 관동대지진 전문가, 1980년대 부동산법 전문 변호사 등의 도움을 받았다고 언급한 바 있다오승훈, 2022.

드라마 〈파친코〉는 약 1,000억 원의 제작비를 쏟아부은 작품인데, 그 비용은 강하게 시선을 잡아끄는 스펙터클의 구현을 위해 투입되지 않았다. 대신 고증에 철저한 시대와 공간의 재현, 그 안에서 한두 마디의 대사를 던지는 한 등장인물에 대해서도 가장 적절한 배우를 찾고 그 장면을 인상적으로 담아내는 정성에 비용을 들였다. 다시 말해 온전히 완성도를 높이기 위해 비용을 사용했다정덕현, 2022. 그러다 보니 드라마 〈파친코〉는 대규모의 제작비를 투입했음에도 일반적으로 사람들이 기대하는 화려한 효과나 CG 등이 별로 없다. 드라마를 본 사람들은 대부분 배우의 연기, 이야기의 진행과 그 안에서 읽을 수 있는 의미들, 화면의 구성이나 소품의 활용 등과 같은 매우 세부적인 부분들을 화제로 삼는다.

드라마 〈파친코〉는 영상 문법을 최대한 활용하면서 원작 소설과는 다른 개성을 확보했다. 또 원작에는 없는 별도의 이야기를 추가하면서 세계관과 서사의 폭을 넓혔으며, 그 결과가 원작이 가지고 있던 분위기를 해치거나 넘어서지 않아 이질적이지 않은 느낌으로 잘 융화되었다. 동시에 원작에서는 두드러지지 않았던 정치성을 일부 가미하기도 했다. 제작진이 의도한 4번째 시즌까지 제작된다면 아마도 원작 못지않은 의미를 가진 작품이 될 수 있을 것으로 보인다.

　이같은 〈파친코〉의 완성도로부터 애플TV+의 프리미엄 전략이 어디를 향해 있는지 짐작할 수 있다. 그것은 단순히 다른 OTT 서비스 대비 영상과 음질의 수준을 높이는 하이엔드high-end가 아니다. 일정 정도 이상의 스펙을 갖추는 것도 중요하지만, 그보다 더 중요한 것은 서사의 개연성과 인물의 전형성, 전 세계인들이 함께 즐길 수 있는 문화적 보편성의 수준이다. 좀 더 나아간다면 현대 서사극 이론에서 말하는 자기 반영성self-reflexivity의 극대화이다. 그것은 단순한 재미 이상의 의미를 담고 있는 소재, 즉 유력한 IP를 '선택'하는 것에서 시작한다. 다음은 선택한 소재에 대한 면밀한 분석과 새로운 이야기 및 주제 의식의 추가, 즉 IP를 '활용'하는 것이다. 그리고 그렇게 준비된 재료들을 세련되고 감각적이면서 전체적인 흐름에서 여운과 감동을 주는 영상으로 구현하는 것, 즉 IP를 '가공'하는 것이다. 마지막으로 이렇게 완성된 드라마 〈파친코〉를 통해 관련된 문화적 인식과 지평을 '확장'하는 것이다.

　류현정 2023은 한국의 스토리 제작을 웹툰·웹소설 원작① → 드라마 제작사의 판권 매입② → 스트리밍 서비스에 드라마 공급③ → 지식재산권 매출 다각화④의 순환구조를 형성하는 '모델'로 설명했다. 이 글에서 드라마 〈파친코〉를 통해 살펴본 IP의 선택, 활용, 가공 과정은 류현정의 모델에서 제시하는 ①~③을 다른 차원에서 세분화한 것이다. 이 과정은 그 자체로는 단순하고 또 순서도 명확한 공식처럼 보인다. 다만 그 세부적인 과정들은 각 프로젝트마다 다를 것이다. 드라마 〈파친코〉처럼 적극적으로 새로운 가치와 개성을 부여할 수도 있을 것이고, 이야기를 거의 똑같이 따라가는 대신 볼거리를 최대한 화려하게 구현하면서 차별화를 꾀할 수도 있을 것이며, 제목은 같지만 이야기 자체를 전혀 다르게 바꾸는 경우도 있을 것이다. 그럼에도 프리미엄의 만듦새는 비슷하게 따라갈 것이다. 〈텔레비전론〉의 저자 레이몬드 윌리암스Williams, 1974 가 채널간 편성의 차이를 설명할 때 사용한 문화적 집합성cultural set 이 OTT에도 적용되는 것이 확인되는 대목이다.

OTT 레드 오션에서 애플TV+의 포지셔닝

OTT 서비스들 간 경쟁은 점점 더 치열해지고 있다. 그 안에서 살아남기 위해서는 각자가 자신만의 전략을 활용해 경쟁에서 우위를 점해야 한다. 넷플릭스의 경우 이미 막대한 콘텐츠 라이브러리를 확보했고, 글로벌 권역별로 이용자를 확보하는 등 다변화를 달성했으며, 콘텐츠의 수급도 각 권역별 생산기지를 통해 진행하고 있다. 다만 그 영향 때문인지 콘텐츠 차원에서 브랜드 이미지가 뚜렷하지는 않은 것 같다. 막대한 이용자와 다종의 콘텐츠가 모두 모여있는 상태이기 때문에 이를 간결하게 정리하기는 어려울 것이다. 결국 '다양하다'는 그 표현이 곧 넷플릭스의 특징이며 강점일 수 있다. 넷플릭스에서는 재미와 감동을 주는 콘텐츠 뿐 아니라, 재기발랄한 느낌의 콘텐츠, B급 정서가 넘치는 콘텐츠, 제작자의 자의식이 가득 담긴 듯한 콘텐츠 등을 모두 찾아볼 수 있을 것이다. 따라서 넷플릭스는 콘텐츠의 다양성과 함께 맞춤형 서비스의 제공을 강조한다. 이용자 정보의 분석에 기반해 도출하는 이용자별 선호와 수요, 그리고 거기에 부합하는 콘텐츠들의 추천, 이것이 넷플릭스가 가지는 강점이다.

디즈니+는 아직 뚜렷한 브랜드 이미지를 정립하지 못한 것처럼 보인다. 디즈니 자체가 막대한 콘텐츠로 쌓아 올린 IP 강자이기는 하지만, 특히 한국에서는 그 인지도나 영향력이 다소 낮은 것 같다. 디즈니+는 기존에 성공을 거두었던 콘텐츠들에 초점을 맞추고 그에 기반한 후속작 혹은 파생작을 제작한다. Star Wars 1977~2019 시리즈에 기반한 Mandalorian 2019~ 이나 The Acolyte 2024 가 그런 사례이다. 또 별도로 오리지널 콘텐츠를 제작기도 한다. 한국에서는 〈카지노〉 2022 나 〈무빙〉 등이 제작되었다. 하지만 해외 오리지널 콘텐츠 투자에 대한 디즈니+의 성과는 아직 미흡하다. 스페이스 오페라의 교범과도 같은 Star Wars 시리즈에 대한 팬층, 혹은 슈퍼히어로 서사들을 잘 누적하고 연결하는 마블시네마틱유니버스 MCU 에 대한 팬층에 대한 충성도가 더 커 보인다. 하지만 이들 이상의 이용자가 확보되어야 글로벌 OTT 사업자로서 경쟁력을 갖출 것이다.

애플TV+는 콘텐츠 부문의 프리미엄 전략을 통해 자신만의 브랜드 이미지를 구축하려 하고 있다. 프리미엄 전략을 통해 추구하는 목표는 문화적 보편성과 함께 고급, 품위, 교양 같은 느낌을 서비스 이용자에게 부여하는 것인 듯 하다. 예를 들면, 애플TV+의 이용자들은 〈파친코〉를 통해 역사 속의 고난을 견뎌내는 사람의 이야기를 경험하고, 〈Ted Lasso〉2023 를 통해 현대 사회를 사는 개인들의 마음 속 병리들을 웃음과 함께 털어낸다. 그리고 이런 콘텐츠들을 통해 이용자들이 애플TV+라는 서비스를 지속적으로 이용하게 한다. 사람들은 단순히 재미나 시간 보내기를 위해 콘텐츠를 이용하기도 하지만, 새로운 깨달음이나 교양을 위해 콘텐츠를 이용하기도 하기 때문이다.

현재 상황에서 애플TV+가 형성하고 확장하려 하는 브랜드 이미지는 콘텐츠 라이브러리가 크지는 않지만 프리미엄의 가치가 높다는 인식이다. 즉, 애플TV+의 오리지널 콘텐츠가 프리미엄인 이유는 그것들 각각이 '소수정예', 혹은 'OTT계 아이폰'과 같은 것들로 인식되기 때문이다. 전략적 지향이 그러하다면 사실 콘텐츠 라이브러리가 작은 것이 큰 문제가 되지 않을지도 모른다. 오히려 콘텐츠 라이브러리가 크지 않기 때문에 프리미엄의 이미지를 확보하거나 유지하는 것은 더 쉬워질 수 있다. OTT 서비스의 가장 큰 경쟁력은 콘텐츠에서 나오는데, 애플TV+의 경우는 그 콘텐츠를 더 엄밀하고 체계적으로 관리할 기준을 정립해 두었다고 말할 수 있을지도 모른다. 그리고 이는 다른 OTT

사업자들에게는 없거나 부족한 경쟁력일 수 있다. 전략적 지향이 변하지 않는다면 향후에도 애플TV+는 애플TV+라는 브랜드이미지에 부합하는 오리지널 콘텐츠들을 지속적으로 제공하려할 것이다. 그런 관점에서 드라마 〈파친코〉의 2번째 시즌이 어떤 화제를 모으고 성과를 거둘지 자못 기대된다.

9장

<파친코>와 OTT 콘텐츠
권리의 경제

윤기웅(네바다주립대학교 Reynolds School of Journalism 교수)

OTT 오리지널 콘텐츠가 대중적으로 성공하면서 콘텐츠 유통과 관련한 지적 재산권(IP) 문제가 OTT 경제의 중요한 화두로 떠올랐다. 기존 미디어 생태계가 지상파, 케이블TV, 영화에서 재방송, 비디오, DVD로 선형적으로 출시되었던데 반해, OTT 등장 이후에는 이 모든 것을 생략하고 OTT 플랫폼으로 직행하는 관행이 일반화되고 있다. 콘텐츠 수급을 위한 수직적 통합도 거의 완성 단계이다. 이를 통해 OTT 기업들은 자신들이 제작하는 콘텐츠의 모든 지적 재산권을 독점화하려는 경향을 보인다. 이런 현상은 전세계적인 반향을 일으켰던 애플TV+ 드라마 <파친코>에서 정점을 보였다. <파친코>는 미국 국적의 제작사가 대한민국 배우와 일부 스태프, 로케이션을 '구매'하고 한민족의 역사를 '차용'하여 제작했다. 거의 모든 제작 자원을 애플TV+와 미국 소재 제작사가 주도하여 이야기의 원천만 한국적일 뿐 모든 콘텐츠 자산이 글로벌 미디어 기업의 것으로 귀속되었다. 이 장에서는 OTT를 둘러싼 투자자와 제작자 간의 저작권 모델을 검토한다. 이를 통해 한국 제작자들에게 적용되고 있는 OEM 방식이 경제적으로나 문화적으로 어떤 결과를 초래하는지, 그에 따라 투자자와 제작자 간 상생의 방법이 무엇인지 고찰한다. 더불어 최근 떠오른 인공지능과 관련된 저작권 문제가 어떻게 OTT와 제작사의 관계에 영향을 미칠지도 함께 살펴본다.

1. 서론 : 미디어 산업과 지적 재산권 이슈

　도널드 트럼프가 대통령이 되는 과정에 많은 영향을 미친 브레이트바트breitbart.com 의 공동 창업자인 스티브 배넌Steve Bannon 은 다양한 사업 수단이 있는 것으로 알려져 있다. 그 중에 1980~90년대 히트한 시트콤 〈Seinfeld〉1989 의 저작권 일부를 보유하고 있다는 것이 알려지면서 콘텐츠의 지적 재산권IP 이 얼마나 중요한지에 대해 재조명 되기도 했다. 배넌은 〈Seinfeld〉가 신디케이션되면 매우 많은 이익을 창출 할 것으로 예견했고, 실제로 그가 〈Seinfeld〉로 얻는 수익이 적어도 연간 300만 달러가 넘는 것으로 알려져 있다Otterson, 2016 .

　이처럼 잘 된 프로그램의 저작권을 가진다는 것은 여러가지 수익 창출의 가능성을 열어두는 것이다. 긴 역사를 가진 할리우드는 지상파와 케이블TV에 파는 영화의 방영권이 발전하면서 많은 수익을 창출하고 있다. 우선 쇼가 성공하면 출연자 및 작가들은 많은 수익을 얻는다. 예를 들어 〈Seinfeld〉의 경우, 제리 사인펠드J. Seinfeld 는 회당 100만 달러를 벌어들였는데, 이는 이후 NBC 시트콤 〈Friends〉1994 의 출연진들이 회당 100만 달러를 벌어들이는데 선구적인 역할을 하였다. 또한 워너브라더스엔터테인먼트에 따르면, 방송이 끝난 후에도 사인펠드는2010년 27억 달러를 벌었다. 그 중 3억 8000만 달러는 케이블TV 재방송에서 발생했고, 23억 달러는 일반 재방송에서 발생했다. 게다가 해당 쇼는 OTT 플랫폼 훌루Hulu 와의 계약으로도 수익을 올렸다Loomes, 2023 .

이처럼 영화 콘텐츠 시장에는 저작권을 활용하여 수익을 창출해 낼 수 있는 다양한 모델이 있다. 기존의 수익 모델은 국내외 극장 개봉으로 박스오피스 수입을 만들어 내는 것이 우선이었고, 2~3달 후 DVD와 디지털 대여를 허용하는 것이었다. 두 가지 순서가 끝나면 프리미엄 VOD나 일반 VOD 로 넘어갔고, 스트리밍이 가능해진 2000년대 이후에는 스트리밍 회사와의 계약으로 추가적인 수익을 창출했다. 또한 TV시청자가 관심있을 만한 영화들은 유료 TV나 네트워크 TV에 방송되기도 한다. 이러한 수익 창출 이외에도 극장 개봉 후 영화를 라이선스하여 항공사 기내 영화 계약을 맺기도 하고, 지적재산 파생권Derivative right 으로 캐릭터 라이선스를 통해 장난감, 비디오 게임, 테마 파크, 티셔츠 등으로 수익을 창출하기도 한다.

예들 들면, 조지 루카스G. Lucas 감독은 첫번째 〈스타워즈〉1977 제작 당시 거의 모든 스튜디오가 젊은 감독의 파격적인 공상과학 이야기에 투자를 꺼려 제작비를 구하는 데 어려움이 많았다. 마지막으로 설득하고 협상에 성공한 회사는 20세기폭스사였는데, 선견지명이 있던 루카스는 협상 과정에서 지적 재산권을 20세기폭스사에 일임하는 대신 자신은 파생권을 가지는 것으로 계약을 맺었다. 당시까지만 해도 액션 피규어나 패스트 푸드 장난감 같은 파생상품은 생소하기 이를 데 없었다. 결과적으로 루카스는 영화의 성공 외에 파생상품 판매로 상상을 초월하는 수익을 거둬들였다. 그 수익은 두번째 스타워즈 영화를 제작할 수 있는 규모였다. 루카스의 사례는 파생권의 중요성을 말할 때 자주 언급되고 있다Block, 2012. 또한 화제가 된 영화나 여전히 관심을 끄는 영화는 시간이 지남에 따라 재방송된다. 다양한 플랫폼과 네트워크와의 추가 라이선스 계약을 통해 계속 수익을 창출할 수 있다.

애플TV+ 드라마 〈파친코〉2022는 이 시대의 글로벌 미디어 산업이 주도하는 지적 재산권에서 창작자에게 가장 불리한 사례의 전형으로 보인다. 드라마 〈파친코〉는 한국의 제작사나 제작 자원이 아니라 미국 국적의 제작사와 제작 자원이 주도하였다. 제작사는 일제강점기와 자이니치라는 한민족의 역사적 사실을 대한민국 배우와 일부 스탭, 로케이션을 '구매'하여 제작했다. 거의 모든 제작 자원을 글로벌 플랫폼 기업 애플TV+가 주도함으로써 이야기의 원천만 한국적일 뿐 모든 것이 글로벌 미디어 기업의 것으로 귀속되었다. 이 장은 OTT를 둘러싼 투자자와 제작자 간의 저작권 모델을 검토한다. 이를 통해 한국 제작자들에게 적용되고 있는OEM 방식이 경제적으로나 문화적으로 어떤 결과를 초래하는지, 그에 따라 투자자와 제작자 간 상생의 방법이 무엇인지 고찰한다.

2. OTT 글로벌 콘텐츠 수급체계의 중요성

2021년 방대한 우주 서사를 보여주는 〈Dune〉2021의 제작 발표는 기존의 소설과 영화 팬들을 설레게 했다. 3년 후 올해 상반기 〈Dune 2〉2024가 영화관 개봉과 동시에 HBO맥스 스트리밍 서비스를 개시한 것 또한 큰 반향을 불러왔다Mercuri, 2024. 이는 〈Dune 1〉이 개봉 당시 코로나19로 인한 사회적 거리두기 때문에 주목받지 못한 이유도 있지만, 영화 미학의 시네마토그래피가 중요한 장편영화 〈Dune〉을 작은 스크린에서 시청하는 스트리밍 서비스에 동시 개봉한다는 것 자체가 미디어 업계로서는 충격이었다.

물론 〈Dune 2〉만 동시 개봉한 영화는 아니었다. 코로나19 시기 특별히 영화관과 OTT 동시 개봉이 봇물을 이루었다. 2021년의 〈The Matrix Resurrections〉역시 〈Dune 2〉처럼 HBO맥스 스트리밍 서비스와 영화관에 동시 개봉하였고, 〈Black Widow〉2021는 디즈니+ 프리미어 액세스를 통해 영화관과 동시 개봉되었다. 그 외에도 애플TV+의 〈Foundation〉2021, 파라마운트+의 〈Paranormal Activity: Next of Kin〉2021, 디즈니+의 〈Jungle Cruise〉2021 등 많은 영화들이 스트리밍 서비스와 영화관에서 동시 개봉했다. 심지어 동시 개봉이 아닌 스트리밍에서만 개봉하는 경우도 많아지고 있다. 〈Red Notice〉2021는 넷플릭스에 직접 공개되었고, 픽사는 〈Soul〉2020 을 디즈니+에 독점 공개하였다Moreau, 2023 .

극장 개봉을 목표로 제작하는 영화는 특별하게 보이지만, 시리즈로 제작하는 드라마는 스트리밍 회사에서 방영하는 것이 당연하게 생각되고 있다. 초기 넷플릭스는 〈Friends〉나 〈Grey's Anatomy〉2005 같은 TV 드라마를 라이센싱하여 방영하면서 구독자를 확보하였다. 이후 드라마 제작자들은 스트리밍 서비스들과의 협상 및 비용문제, 저작권 등의 문제가 생길 것을 예상했고, 넷플릭스 같은 스트리밍 서비스들도 드라마나 영화 제작에 본격적으로 진출했다Sweney, 2022 . 이러한 움직임은 OTT 성장과 맞물리면서 OTT가 콘텐츠 제작에 큰 사업자로 자리잡는 데 중요한 역할을 하였다. 물론, 제작자들은 극장과 스트리밍을 동시에 개봉하기로 결정한 스튜디오에 불만이 많았다. 예를 들면, 빌리지로드쇼엔터테인먼트그룹Village Roadshow Entertainment Group 은 에이티엔티워너브러더스AT&T's Warner Bros 가 The Matrix Resurrections을 HBO맥스에 바로 공개해서 자사 그룹의 극장 수입을 침해했다고 주장했다Frankel, 2022 .

맥스 같은 스트리밍 서비스의 주요 수익은 월 또는 연간 구독료이다. 기본 콘텐츠를 이용하기 위해 지불하는 구독료와 프리미엄 콘텐츠 구매 또는 대여비가 주 수익원이다. 일부 홀루나 파라마운트+ 같은 서비스들은 중간광고로 수익을 올리기도 한다Welch, 2023 . 거꾸로 유튜브 같은 동영상 서비스의 주 수입원은 광고이고 프리미엄 콘텐츠나 거래형 주문형 비디오TVOD 로 수입을 올리기도 한다. 그들은 구독자들의 시청 패턴 데이터로 최적의 추천을 제공하여 수익화를 극대화하기도 하고, 부가 서비스 및 콘텐츠 지적재산 파생권으로 추가적인 수익을 창출하기도 한다.

넷플릭스를 필두로 한 OTT 서비스는 글로벌 협력 체계를 통해 지역 제작사와 콘텐츠를 공동 개발하여 비용절감과 지역 구독자 확보라는 두 마리의 토끼를 동시에 좇는다. 글로벌 협력은 할리우드에 비해 제작비용이 비교적 저렴할 뿐 아니라, 미국 영화배우 길드, 즉 미국 텔레비전 및 라디오 예술가 연맹Screen Actors Guild-American Federation of Television and Radio Artists, SAG-AFTRA, 이하 배우 연맹 의 파업 같은 문제에 직면할 경우에도Rich, 2023 , 콘텐츠 수급을 유지할 수 있어 OTT 회사들의 성장 전략에 매우 긴요하다. 〈파친코〉나 〈오징어게임〉2021 같이 세계적으로 성공한 애플TV+나 넷플릭스는 구독자 유치를 위해 오리지널 콘텐츠 제작에 많은 투자를 하는데, 그 일환으로 대한민국에서의 콘텐츠 개발도 포함되어있다. 대한민국은 이미 콘텐츠 개발 인프라를 갖추고 있고 구독자의 수 또한 적지 않으며 한류를 기반으로 하는 팬덤도 형성되어 있기 때문에 좋은 파트너 조건을 많이 가지고 있다. 물론, 이러한 예는 영어권인 북미와 영국 및 아일랜드를 제외하고 한국, 스페인, 프랑스, 콜롬비아, 멕시코, 일본, 인도, 독일, 이탈리아 등 몇몇 국가로 제한되어 있는 것도 사실이다Cordero, 2021; Moore, 2023. 그럼에도 이러한 국가들의 콘텐츠가 인구수나 언어가 주는 친근감을 기반으로 구독자들을 장기적으로 유지할 수 있게 해주기 때문에 중요한 콘텐츠 개발 전략이다. 무엇보다도 지속적인 투자로 방대한 OTT 카탈로그를 유지하는 것은 해당 OTT가 보다 유리한 위치를 차지하는 데 중요한 역할을 한다.

3. OTT 콘텐츠 권리의 문제

〈오징어게임〉이 성공하면서 한국 문화에 대한 자긍심이 한국 국민들 사이에 커졌지만, 성공 수익에 대해 많은 논란이 있었다. 한국의 콘텐츠 산업이 글로벌 OTT 회사의 콘텐츠 하청업체로 전락하는 게 아닌가에 대한 우려가 핵심이었다한애란, 2023. 물론 한국의 제작자가 콘텐츠의 지적 재산권을 공동 소유한다면 이상적일 것이다. 하지만 글로벌 사업을 진행하는 OTT 회사가 지역 프로듀서들과 협업해서 만들어낸 콘텐츠들을 공동 소유하는 일은 매우 복잡한 문제를 발생시킨다. 오리지널 콘텐츠의 소유권 문제는 이외의 많은 부분에서 세부적인 협상 및 관리가 필요하다. 예를 들면, 지역에서 분배권Distribution을 가진다는 것은 지역 내에서 불법 복제나 분배같은 권리 침해에 대해 지적 재산권을 보호하는 권리를 행사한다는 것을 의미한다. 동시에 그런 권리의 행사는 자연스럽게 그에 따른 비용의 발생에 대해서도 책임져야 함을 의미한다.

그럼에도 불구하고, 지적 재산권을 소유한다는 것은 수입으로 연결되기 때문에, 제작의 전 과정에서 분배권과 여타 지적 재산 권리에 대한 끊임없는 법적 또는 상업적인 협상이 이루어지고 있다. 특히 국제적인 협업은 더욱 복잡한데, 이는 각 나라마다 다른 통화 단위, 시시각각 변화하는 비즈니스 관행과 법적 시스템 등이 제작에 영향을 미칠 수 있기 때문이다. 예를 들면 일본의 팬 소설 Fan fiction 에 비교적 관대한 도진시 Doujinshi, 同人誌 관행은, 팬들이 만들어낸 소설이나 만화에 지적 재산권을 엄격히 적용하지는 않지만, 미국과 거의 모든 서방 문화권에서는 오리지널 창작물의 인물이나 디자인을 도용하여 팬들이 제작한 콘텐츠에 엄격한 지적 재산권을 적용해 일본 같은 관행이 존재하기 어렵다Lessig, 2004. 이처럼 많은 나라에서의 OTT 지적 재산권은 제작과 분배와 맞물려 실제 산업 전반에 매우 복잡한 문제를 함유하고 있다.

창작자에 대한 적절한 보상

앞에서 이야기한 〈파친코〉나 〈오징어게임〉에 대한 적절한 보상이 무엇인지에 대해서는 풀어야 할 숙제가 많다. 대표적인 사례로 한국 스튜디오드래곤의 〈사랑의 불시착〉2019 저작권이 넷플릭스에 있었던 관계로, 거의 모든 성공에 대한 수혜가 넷플릭스에 가버렸다는 것이다이미영, 2021 . 이러한 문제는 콘텐츠를 기획한 스튜디오가 성공에 대한 보상을 받지 못하는 결과를 빚어내고 있다. 대중적으로 매우 성공한 콘텐츠도 원작자가 지적 재산권에 대한 수익을 전혀 가져오지 못하는 경우도 있다. 한국의 현행법에 따르면 "영화 제작에 협력한 모든 사람의 저작재산권은 제작자에게 양도한 것으로 추정한다"라는 규정 저작권법 제100조 1항 때문에, 아카데미 상을 수상한 영화감독 봉준호도 한국에서는 저작권료를 받지 못하고 있다. 하지만 봉준호는 넷플릭스에서 제작한 〈옥자〉2017 에 대한 저작권료를 넷플릭스로부터 받고 있다. 비슷한 예로 박찬욱 감독이 영화 〈친절한 금자씨〉2005 와 〈아가씨〉2016 의 프랑스 방영에 대해 프랑스 저작권집중관리단체 SDAC, Society of Dramatic Authors and Composers 로부터 저작권료를 받았다오승훈, 2022 .

이러한 문제에 대한 진단과 해결점을 찾기 위해서는 우선 창작자가 누구인가를 중심에 두고 살펴보고 정의하는 것이 매우 유용할 것이다. 일단 드라마를 중심으로 봤을때, 창작자는 오리지널 지적 재산권 소유주, 제작사, 스튜디오, OTT 등으로 분류해 볼 수 있다.

창작자는 각 나라의 지적 재산권에 대한 보호 규정에 따라 지적 재산권의 모든 부분에 대한 권리를 가지고 행사할 수 있다. 이 장에서 핵심적으로 설명하는 영상물의 지적 재산권 보호 규정은 한국의 경우 공표 후 70년으로 정해져 있다. 미국 또한 창작자 사후 70년 동안 지적 재산권이 보호되나, 회사나 다른 사람들에게 고용되어 저작되었을 경우고용 저작물, work made for hired 출판일로부터 95년이다. 이러한 차이점이 향후 OTT 저작권에도 영향을 미칠 것으로 예상된다. 이와 관련 있는 예는 넷플릭스의 Enola Holmes 2020 시리즈가 있다. 이 시리즈는 낸시 스프링거 N. Springer 의 소설 시리즈를 원작으로 하며, 스프링거가 창조한 캐릭터인 셜록 홈즈 Sherlock Holmes 탐정의 여동생이 주인공으로 등장한다. 이에 셜록 홈즈의 저자인 아서 코난 도일 A. Conan Doyle 의 사후 유산 estate 관리인은 넷플릭스를 상대로 소송을 제기했다. 넷플릭스 Enola Holmes 시리즈에서 셜록 홈즈를 친절하고 배려 깊으며 여성을 존중하는 모습으로 묘사한 것이 작가의 저작권 침해라는 취지이다. 도일의 저작은 매우 오래되었고 저작권이 소멸돼 공공 도메인 public domain 에 나와 있는 작품들이 많지만, 도일의 유족 측은 시리즈에서 셜록 홈즈의 친절한 성격이 아직 저작권 기한이 남아 있는 이야기에서 비롯되었다고 주장했다 Picheta, 2020 .

　넷플릭스를 고소한 또다른 예가 있다. 코미디언이자 배우인 안젤라 모니크 A. Mo'Nique 는 넷플릭스를 인종 및 성차별로 고소했다. 그녀는 넷플릭스가 다른 공연자들보다 자신에게 훨씬 적은 금액을 제안했다고 주장했다. 이 사건은 지적 재산권과 더불어 인종 및 성차별을 소송의 주요 요소로 보고 공정한 보상과 대우를 요구했다는 점에서 주목된다Cho, 2022 . 하지만 여러 가지 지적 재산권 분쟁이 있음에도, 대부분 비밀 유지의 이유로 비공개 협상으로 결정되는 경우가 많다. 또한 분쟁에 대한 내용이 뉴스화 되지 않는 경우도 많기 때문에 소송이 어떻게 결론났는지 알 수 없다. 지적 재산권과 관련해 오리지널 창작자들에게 적절한 보상을 하는 것이 얼마나 어려운 것인지를 여러 소송 사례가 보여주고 있다.

OTT나 스튜디오가 아닌 제작자가 콘텐츠의 저작권을 보유할 수 있는 경우가 종종 있다. 예를 들면 독립 영화 제작자가 OTT 플랫폼을 통해 영화를 배포할 때, 콘텐츠 제작자는 자체 자금을 조달하거나 투자자로부터 자금을 확보하여 저작권을 완전히 소유할 수 있다. 하지만 독립 영화 제작의 자금 조달이 쉽지 않기 때문에 독립 영화 콘텐츠로 성공하기란 여간 어려운 게 아니다.

또다른 제작자 모델은 기존 방송사들이 자체 채널의 콘텐츠를 제작하고 저작권을 보유하는 것이다. 앞에서 이야기한 NBC가 제작한 Seinfeld나 Friends 같은 콘텐츠나 HBO맥스가 제작한 Game of Throne 2011 같은 시리즈는 제작자가 저작권을 보유하는 동시에 캡티브 OTT 플랫폼에서 스트리밍한다. 물론 이러한 콘텐츠는 본래 방송되었던 스트리밍 서비스 이외에 여러 OTT와 계약하여 보다 많은 라이선스 수익을 창출하기도 한다. 이와 같이 라이선스로 수익을 창출하는 경우, 오리지널 제작에 참여한 제작자, 작가, 배우 및 기타 스태프 등에게 공정한 보상을 제공하는 일은 결코 단순하지 않다. 그렇기 때문에 전 세계적으로 콘텐츠가 배포되면서 잔류금콘텐츠 성과에 따른 지속적인 지급 과 로열티에 대한 분쟁이 많이 발생하고 있다.

최근에 새롭게 나타난 모델은 유튜브를 통한 개별 콘텐츠 제작자들이다. 이들은 거의 독립영화 제작자 같은 형태를 띠는데, 이들은 유튜브 채널을 통해 광고, 제작비 모금, 기부YouTube Giving 등의 수익 모델을 가지고 있다. 이 모델에서 창작자들은 지적 재산에 대한 거의 모든 통제권을 유지한다. 이는 유튜브 콘텐츠 수준에 시청자들이 비교적 관대하고 콘텐츠를 만드는 데 예산이 비교적 많이 들지 않기 때문에 가능한 것으로 보인다.

글로벌 OTT, 글로벌 스튜디오 주도의 수익모델: 매절계약의 덫

긴 역사를 자랑하는 전통적인 할리우드의 스튜디오 시스템은 많은 부분에서 제작 시스템을 지배하고 있다. 가장 많은 수를 차지하는 것은 메이저 영화 스튜디오들이다. 워너브라더스 Warner Brothers, 유니버설픽처스Universal Pictures, 파라마운트픽처스Paramount Picture 및 소니픽처스엔터테인먼트Sony Pictures & Entertainment 와 같은 회사들은 다양한 영화를 제작하며 일반적으로 자체 제작물에 대한 저작권을 유지한다. 이들은 극장에서 개봉되는 대작 영화뿐만 아니라 스트리밍 플랫폼에서 유통되는 작품들을 제작 공급하고 있다. 이는 이들이 가지고 있는 콘텐츠 제작능력이 분배 시스템이 변한다고 해서 바뀌지 않는다는 것을 의미한다.

　이러한 전통 스튜디오는 할리우드에 국한되지 않는다. 미국 외에도 주요 영화 제작 산업이 활발한 곳들이 많다. 예를 들면 인도의 발리우드Bollywood 스튜디오들도 기존의 시스템을 이용하여 넷플릭스, 아마존프라임비디오, 디즈니+ 같은 디지털 스트리밍 서비스들을 위한 콘텐츠를 제작한다. 야시라지필름즈Yash Raj Films, YRF 같은 회사를 보면, Putham Pudhu Kaalai 2022 를 야시라지필름즈 자회사인 와이낫스튜디오Y Not Studios 에서 제작해 아마존프라임비디오에서 공개했다. 또한 인도의 릴라이언스엔터테인먼트Reliance Entertainment 와 팬텀필름즈Phantom Films 가 공동 제작한 범죄 스릴러 웹 시리즈인 Sacred Games 2018 은 넷플릭스에서 큰 성공을 거두었다.

　한국의 경우, 스튜디오 작품들이 OTT 와의 협업 또는 하청작업으로 연계되어 있다. 가장 유명한 예로는 조선시대를 배경으로 한 좀비 스릴러 드라마 〈킹덤〉 2019 이 있다. 〈킹덤〉은 한국의 스튜디오인 AStory가 넷플릭스의 투자를 받아 넷플릭스에서 매우 성공적으로 배포되었다. 넷플릭스의 직접 투자는 아니지만 스튜디오드래곤이 제작한 〈사랑의 불시착〉, JTBC스튜디오의

〈이태원 클라쓰〉2020, 〈스카이 캐슬〉2018도 전통적인 스튜디오에서 제작된 작품이 넷플릭스를 통해 성공적으로 배포된 경우이다. 최근 스튜디오드래곤은 디즈니+와도 협력하여 SF 스릴러드라마인 〈그리드〉2022와 범죄 드라마 〈카지노〉2022를 디즈니+ 오리지널 시리즈로 공개했다. 이러한 협력은 한국 스튜디오들이 넷플릭스와의 과도한 의존 시스템을 떠나 다양한 OTT와 협력하는 신호탄이 되었다. 이외에도 디즈니+는 JTBC스튜디오나 Astory 같은 국내 회사와도 오리지널 시리즈를 만들고 있다. 문제는 최근 진행된 이러한 한국의 스튜디오와 OTT간의 계약들이 대체로 매절계약buyout이기 때문에 콘텐츠가 성공했다 하더라도 한국 스튜디오의 추가 이익이 가능하지 않다는 것이다.

놀랍게도 이 책이 다루고 있는 애플TV+의 〈파친코〉는 매절계약이 최대치로 집행된 사례이다. 〈파친코〉는 순수한 미국 자본의 할리우드 제작자인 미디어레즈스튜디오Media Res Studio에서 제작했다. 엔딩 크레딧을 살펴보면, 할리우드의 블루마블픽쳐즈Blue Marble Pictures도 프로덕션에 한몫한 것을 볼 수 있다. 거기에 뉴욕 주New York State of Opportunity: Governor's office of Motion Picture & Television Development, 캐나다의 브리티시 콜럼비아 Creative BC: British Columbia, 캐나다의 온타리오Ontario Creative, 캐나다의 퀘벡주Quebec production services Tax Credits, 그리고 심지어는 한국의 영화진흥위원회의 지역 지원을 받았음을 알 수 있다. 또한 SAG*AFTRA, UBCP/ACTRA, ICG 669, Director's Guild of Canada, International Alliance of Theatrical Stage Employees, Teamsters Local Union No. 155, Canadian Media Producers Association 등 기존의 미국과 캐나다 배우 조합과 연맹들의 협력도 받은 것으로 나타나고 있다. 물론 미디어레즈스튜디오와 블루마블픽쳐즈가 한국의 스튜디오와 일정부분 협력을 했을 것으로 사료되지만, 기본적으로 이 같은 계약 조건에서는 제3국의 창작 자산이 단순히 고용되거나 구매될 뿐, 해당 국가로의 지적 재산권리가 할당되는 통로는 매우 제한적이다. 엔딩크레딧에서 보이는 유일한 한국 프로덕션 회사는 한복 의상과 관련된 일을 했던 것으로 짐작이 가는 에이한복드림프로덕션A Han.Bok Dream Production 뿐이다. 한국에서 프로덕션에 참여했던 회사들은 엔딩크레딧에도 나오지 못하는 경우가 많기 때문에, 〈파친코〉 사례는 앞서 언급한 현지 제작 구조보다 저작권 면에서 훨씬 더 종속적이었을 것으로 보인다.

스튜디오가 보유한 지적 재산권 때문에 OTT의 콘텐츠 투자에는 명암이 교차한다. 아마존프라임 같이 제작 투자는 비교적 작지만 전세계적으로 배급을 해주는 OTT의 경우, 콘텐츠가 성공했을 때 제작사는 지적 재산권을 이용해 많은 대가를 받을 수 있다. 하지만 아마존프라임 같은 OTT만 있다면 제작투자가 없어 좋은 아이디어나 좋은 대본들이 있더라도 제작할 수 없다는 한계가 있다.

이 외의 특정한 장르의 프로그램은 제작사와 스튜디오가 결합된 형태를 가지는 경우도 있다. 예를 들면, 픽사애니메이션스튜디오, 드림웍스애니메이션 및 스튜디오, 지브리와 같은 애니메이션 스튜디오들은 영화관과 스트리밍 플랫폼을 위해 애니메이션 영화와 시리즈를 제작하고 자체 제작물에 대한 저작권을 유지한다. 이러한 회사들은 자신들이 창작한 콘텐츠의 권리를 보유하고 극장 개봉 및 OTT 서비스들을 포함한 다양한 플랫폼을 통해 이익을 창출해낸다.

여기에서 점검해 봐야 할 중요한 부분이 있다. OTT의 독점적 오리지널 콘텐츠 투자가 매우 많아 보이고, 그만큼 독점 콘텐츠들이 OTT에 많아 보이지만, 실제로 OTT에는 비독점 콘텐츠가 더 많다는 것이다Sweney, 2022. 널리 알려진 비독점 콘텐츠로 〈인셉션〉2010, 〈매트릭스〉1999, 〈쥬라기공원〉1993 같은 영화, 〈Friends〉, 〈Office〉2005, 〈Grey's Anatomy〉, 〈Parks and Recreation〉2009 같은 TV 쇼 등은 여러 OTT 플랫폼에서 시청 가능하다. 특히 아마존프라임은 많은 콘텐츠를 PPV 형태로 배급한다. 프로그램 시청 건당 수수료를 받는 방식이기 때문에 제작사, 스튜디오, 심지어 다른 OTT도 아마존프라임에 자신들의 오리지널 프로그램을 제공하는 경우가 있다. 예를 들어 디즈니+의 오리지널 콘텐츠인 〈스타워즈〉가 아마존프라임에도 제공된다. 물론 이러한 예는 점점 보기 힘들어지지만, 아직도 여러 OTT에서 라이선스를 제공하는 콘텐츠가 많이 존재한다는 것은 간과하지 말아야 한다.

OTT 콘텐츠 협상력의 쟁점들

독점 콘텐츠와 라이선스 콘텐츠가 OTT에 공존하면서 업체 간 OTT 구독자수를 늘리려는 무한경쟁이 진행된다면, 독점 콘텐츠에 투자를 늘리고 제작 시스템을 통해 더 재미있는 콘텐츠를 제작해내는 스트리밍 서비스가 살아남을 것이 자명하다. 그러나 대부분의 콘텐츠 권리가 협상을 통해 이루어 지기 때문에 그 과정은 매우 복잡하게 전개될 수 밖에 없다. 한 예로 미국에서는 ⟨Star Trek: Discovery⟩ 2017 시리즈가 CBS의 자회사인 파라마운트+에서 제공되지만, 국제적으로는 넷플릭스에서 오리지널 콘텐츠로 제공되었다 Rowan & Pearce, 2023 . 넷플릭스는 이러한 경우가 많은데, 미국에서는 ⟨Riverdale⟩ 2017 라는 콘텐츠가 CW에서 ⟨Better Call Saul⟩ 2015 은 AMC에서 방영되었지만, 국제적으로는 넷플릭스에서 오리지널 콘텐츠로 제공되었다 Small, 2024 . 이러한 경우는 디즈니+ 에서도 마찬가지이다. ⟨The Mandalorian⟩ 2019 은 디즈니+ 에서 독점적으로 제공되었지만, 독일에서는 스카이도이칠란드 Sky Deutschland 에서 방영되는 등 몇몇 나라에서 디즈니+ 가 서비스되기 전에 현지 방송사와 계약하여 방송된 경우가 있다 Business Insider, 2020 . 물론 이러한 사례가 매우 많지는 않다. 하지만 이러한 예들은 OTT의 콘텐츠 권리와 관련하여 협상의 유동성이 얼마나 중요한지를 보여준다.

이러한 콘텐츠 권리에 대한 협상에는 여러가지 잠재적 쟁점들이 있다. 이 중 매우 중요한 부분은 OTT가 다른 제작사와 협력하여 제작한 콘텐츠의 경우이다. OTT와 제작사와의 계약 조건에 따라 다른 플랫폼에서도 제공될 수는 있다. 공동 제작사나 배급사가 해당 콘텐츠를 다른 플랫폼에 제공하는 경우이다. 물론 이런 경우도 흔하지는 않지만 가능한 방법이기는 하다.

또다른 협상점은 라이선스 계약 만료 후 '재배포'에 대한 권한이다. OTT와 같이 제작한 오리지널 콘텐츠는 초기 계약 기간이 만료된 후 다른 플랫폼에서 재배포될 수 있는데, 이 경우 라이선스 계약에 따라 다른 OTT 플랫폼으로 옮겨가 수익을 창출할 수 있다. 물론 이러한 경우도 제작사가 자본력이 강력한 OTT 플랫폼과 협상을 하여야 하는 부분이기 때문에 현실적으로 많은 경우 OTT가 모든 권한을 가지는 쪽으로 계약이 이루어지고 있다. 대형 글로벌 OTT와의 협상에서 한국이나 여타 제작 회사의 협상력이 떨어지는 것은 어쩔 수 없는 사실이고, 이는 불리한 조건의 계약이 맺어질 수 밖에 없는 상황을 만들고 있다.

이러한 상황의 가장 큰 문제점은 제작자들이 콘텐츠에 대한 지적 재산권을 제한적으로 소유하게 되면서 제작자들의 고품질 콘텐츠 제작 의지가 낮아질 수 있다는 것이다. 제작 회사가 OTT 콘텐츠 제작으로 투자 수익을 얻지 못한다면 향후 수익에 대한 기대가 낮아질 것이고, 그에 따른 제작 의지도 낮아질 수 있다. 이러한 폐단에 대해 학자들은 OTT와 제작 회사가 콘텐츠의 소유권과 수익을 공유하는 공동 제작 계약을 제안하기도 했다Nikoltchev, 2018. 그렇게 된다면 보다 공정한 성공 수당을 제작자나 회사가 가져가게 되므로, 제작자들이 보다 적극적으로 콘텐츠 개발에 임할 것이라는 주장이다.

물론 투자자들의 입김이 강력하게 작용하는 구조상 공공 소유가 힘들다면, 최소한 보다 공정한 라이선스 계약이 차선책일 것이다. 공정한 라이선스란 OTT 플랫폼에서 콘텐츠로 얻어진 수익의 일부를 제작 회사에 제공하는 방식을 말한다. 이는 지금까지 글로벌 OTT가 주도해 온 매절계약의 덫을 완전히 끊지는 못하더라도 어느정도 완화할 수 있는 방안이다. 이는 특히 한국, 인도, 일본 등에서 필요해보인다. 일반적으로 알려진 바와 같이 글로벌 OTT는 이들 국가에서 낮은 비용으로 막대한 배타적 이익을 추구하고 있기 때문이다.

강력한 자본력과 배급 능력을 가진 OTT와의 협상에 유리한 구조를 만들어 내기는 쉽지 않다. 하지만 최근 몇가지 예를 보면 아주 불가능한 것만은 아니다. 우선 미국작가조합WGA 이나 배우 연맹는 일찍부터 대형 스튜디오와 재상영 분배금 협상을 통해 창작자의 권리를 보호하는 방안을 마련해 놓고 있었다. 이들은 매번 조합의 강력한 무기인 파업을 협상 테이블에 올려놓고 스튜디오들과 거래를 한다. 파업을 두려워하지 않는다.

2023년의 예를 보면 배우연맹은 할리우드 스튜디오와 OTT 서비스의 인공지능AI 사용에 맞서 그들의 회원 권리와 생계를 보호하기 위해 파업을 포함한 적극적인 투쟁으로 몇 가지 부분에서 협상에 성공했다. 배우연맹은 OTT에 콘텐츠를 공급하는 스튜디오들이 허가나 보상 없이 인공지능을 활용해 자신들의 디지털 복제본을 만들 것이라는 점을 우려하고 있다. 배우연맹은 이런 기술발전으로 인해 스턴트 배우를 포함한 모든 배우들의 취업 기회가 줄어드는 것을 용납 할 수 없었던 것으로 보인다. 배우연맹은 배우의 이미지, 목소리 및 공연에 대한 권리가 보호된다면, 인공지능으로 인한 일자리 감소에 대항할 수 있을 것이라 생각했다. 배우연맹의 성과는 큰 스튜디오나 글로벌 OTT를 상대로 콘텐츠 권리 협상이 가능할 수 있음을 암시한다.

실제로 OTT와의 협상에서 비교적 성공을 얻어내고 대중적으로도 인기가 있었던 사례들이 있다. 넷플릭스의 오리지널 시리즈로 유명한 〈기묘한 이야기〉의 창작자 더퍼 형제The Duffer Brothers가 넷플릭스와의 협상에 합의한 것으로 볼 때 상당한 창작 통제권과 일부 지적 재산권을 보유하고 있는 것으로 보인다Brittain, 2023. 이러한 경우 넷플릭스와 창작자들은 시리즈의 개발, 제작, 상품화에 협력하지만, 이 시리즈의 성공으로 인한 다양한 스핀오프, 상품, 심지어 테마파크의 수익은 창작자와 공유하는 것으로 협상을 타결했을 가능성이 많다. 비슷한 예는 또 있다. OTT 중의 하나인 홀루의 〈The Handmaid's Tale〉2017은 MGM텔레비전이 이 시리즈에 대한 상당한 권리를 보유하고 있다Cain, 2018. 홀루는 스트리밍 권리를 가지고 있지만, MGM

은 국제 배급, 홈 엔터테인먼트 및 잠재적 스핀오프와 같은 지적 재산권의 소유권을 유지한다.

  이러한 사례는 모두 미국 안에서의 일이기 때문에 미국의 창작자나 스튜디오들만 미국 국적의 글로벌 OTT와의 협상에서 성공한 듯 보일 수 있다. 하지만 미국 이외의 창작자들도 어느 정도의 지적 재산권을 소유한 다른 사례가 있다. 스페인의 미니 시리즈인 〈종이의 집〉2017은 처음 스페인의 안테나3 Antena 3에서 방영되었고 이후 넷플릭스에 인수되었다. 창작자 알렉스 피나 Álex Pina와 그의 제작사 밴쿠버미디어 Vancouver Media는 시리즈에 대한 상당한 창작 통제권과 권리를 유지할 수 있었다 Elzaburu, 2020. 이후 많은 나라에서 각색되어 시리즈가 만들어져, 창작자들이 많은 수익을 올린 것으로 판단된다. 독일의 제작자들인 바란 보 오다르와 얀테 프리제 Baran bo Odar and Jantje Friese가 비데만&베르크 텔레비전 Wiedemann & Berg Television과 만든 SF 스릴러 시리즈인 Dark 2017가 그 경우이다. 창작자인 바란 보 오다르와 얀테 프리제는 창작 저작권의 통제를 유지하며 개발 및 제작 과정에 깊이 관여했다 Day, 2022. 이 시리즈의 성공으로 넷플릭스는 창작자들과 통합적인 계약을 체결하였다. 스페인과 독일 이외에 비유럽권의 나라도 협상을 비교적 잘한 예가 있다. 비크람 찬드라 Vikram Chandra의 소설을 바탕으로 한 인도의 Sacred Games는 팬텀필름스 Phantom Films와 넷플릭스의 협력으로 개발되었는데, 비크람 찬드라와 팬텀필름스는 시리즈에 대한 상당한 저작권을 유지했다Choudhary, 2018 .

하지만 이러한 예들은 비교적 오래된 사례들이다. 〈기묘한 이야기〉는 2016년, 〈The Handmaid's Tale〉, 〈Dark〉, 〈종이의집〉은 2017년, 〈Sacred Games〉는 2018년으로 OTT 기업이 오리지널 콘텐츠 제작구조를 만들던 시기에 있었던 예들이다. 최근에는 이러한 사례들을 찾아보기 어렵다. 그 이유로 두가지를 생각해 볼 수 있다. 첫째, 실제 여러 사례들이 있지만 지적 재산권의 비밀 계약 관행 때문에 계약 내용이 회사 외부로 공개되지 않아 모르고 있을 수 있다. 둘째, 실제로 OTT가 투자를 빌미로 제작자들에게 지적 재산권을 많이 주지 않기에 지적 재산권을 공동 소유한 경우가 없을 수도 있다.

이처럼 지적 재산권을 공유하지 않고 할리우드 이외의 지역에서 OEM Original Equipment Manufacturer 모델 하청 구조로 콘텐츠를 공급할 경우 많은 부작용이 있을 수 있다. 가장 큰 문제는 외국 투자 의존의 문제이다. 제작을 위한 국내 투자 구조가 없는 상태에서 배급을 위해 국제 OTT 플랫폼에 과도하게 의존하는 경우, 현지 콘텐츠 산업의 종속적 관계에 의존하면서 창작 산업의 경제적 상태가 취약해질 수 있다. 예상할 수 없는 국내 또는 국제적 관계로 인해 외국 기업의 현지 철수 같은 최악의 상황이 벌어질 수도 있다. 그렇게 된다면 현지 제작구조는 붕괴할 것이다. 또한 현지 제작자들은 국제 OTT 플랫폼의 요구와 기대에 부응해야 하는 압박을 받을 수 있으며, 이는 창작의 자율성 상실로 이어질 수 있다. 이러한 문제는 콘텐츠 내용의 왜곡 또는 변형을 가져올 수 있는데, 콘텐츠가 국제 플랫폼에서 받아들여지기 위해 현지 제작자들이 민감한 주제를 피하거나 자기 검열을 할 수 있다. OTT 콘텐츠 수급의 산업적 관행이 OTT 콘텐츠의 리얼리티에 영향을 미칠 수 있다는 것이다.

무엇보다도 일자리에 대한 고용 불안을 겪을 수 있고 장기 투자가 부족할 수 있다. 국제 OTT 제작의 특성상 프로젝트 기반이고 일시적일 수 있기 때문이다. 할리우드의 도움으로 나이지리아의 놀리우드Nollywood 나 남아프리카의 솔리우드Sollywood 의 성장은 의미가 있었다. 하지만 소규모 제작자는 경쟁 압박과 국제 관객의 취향에 부응해야 하는 필요성으로 어려움을 겪고 있다. 한 예로, 〈Queen Sono〉2020 는 넷플릭스의 첫 아프리카 오리지널 시리즈로 큰 주목을 받았지만, 아프리카 현지의 현실을 얼마나 정확하고 진정성 있게 묘사하는지에 대한 논쟁이 계속되고 있다Haynes, 2020 .

글로벌 OTT 투자의 긍정적 영향

지금까지 OTT 콘텐츠의 하청 구조 모델이 미국 이외 국가의 콘텐츠 산업에 미친 부정적인 영향을 중심으로 살펴보았다. 하지만 긍정적 영향이 있는 것도 사실이다. 물론 이 또한 바라보는 관점에 따라 긍정성의 정도나 방향도 달라지겠지만 말이다. 우

선, OTT 플랫폼이 현지 제작사와 인재를 참여시킴으로써 현지 경제를 활성화시키는 경우가 있다. 연기, 감독, 제작, 세트 디자인, 후반 제작 등 다양한 분야에서 일자리를 창출했다는 것이다. 아마존프라임비디오가 〈Kabaneri of the Iron Fortress〉2016 나 〈どろろ도로로〉2019 와 같은 작품을 지원하며 애니메이션 제작에 진출하면서 각본 작성, 애니메이션, 성우, 후반 제작 분야에서 많은 일자리를 창출한 예를 들 수 있다. 실제로 글로벌 OTT 플랫폼은 현지 제작에 상당한 자금을 투자하며, 이는 현지 엔터테인먼트 산업에 필요한 자본으로 기능한다Milligan, 2016 .

무엇보다 중요한 것은 문화적 표현 및 교류이다. 앞서 본 〈파친코〉의 경우처럼, 이야기의 다양성은 각 국가들에 대한 고정관념을 깨고 더 세밀한 관점을 제공하기도 한다. 특히 현지에서 제작된 다양한 콘텐츠가 OTT 플랫폼을 통해 전 세계로 배급됨으로써 현지의 이야기, 문화, 전통이 전 세계 관객에게 알려지게 되어 문화 간 이해를 촉진 할 수가 있다. 이처럼 배급의 범위가 국제적으로 늘어나면서 현지 콘텐츠가 현지 방송의 한계를 넘어 더 넓은 관객층에 도달할 수 있다. 예를 들면 비교적 국제적으로 알려지지 않은 나라의 콘텐츠가 널리 알려지게 되는 결과를 낳기도 한다. 만약 OTT가 콘텐츠 성공에 대한 보상 구조를 가지고 있다면, 이익이 현지 콘텐츠 제작 산업에 도움이 될 수도 있다. 넷플릭스의 나이지리아 콘텐츠인 〈Lionheart〉2018 는 나이지리아 문화를 전 세계에 소개하는 데 일조했다Robinson, 2019 .

어떤 경우에는 해당 지역에 OTT가 서비스되지 않지만, 불법적인 복제 방법을 통해 시청되기도 한다. 한국의 〈이상한 변호사 우영우〉2022 나 〈우리들의 블루스〉2022 와 넷플릭스의 〈The Three Body Problem〉2024 이 중국에서 유행하고 대중의 관심을 받았던 것이 이러한 경우이다김성현, 2024. 콘텐츠에 대한 규제와 검열이 만연하는 사회에 불법 복제를 통한 시청은 창작자가 지적 재산권의 수익을 거둘 수는 없게 한다. 하지만 외부 사회에 대한 정보를 만족시켜 장기적인 사회 변화에 영향을 미칠 수 있다.

물론 이러한 긍정적인 효과가 지속되려면, 콘텐츠들이 장기적으로 라이선스되어 시청자들에게 잘 전달되어야 한다. 더불어 제작자들에게 적절한 보상이 돌아가 콘텐츠 제작구조와 투자구조가 선순환 단계로 접어들어야 한다. 그렇게 되면 보다 나은 문화와 지역적 감수성이 더해진 프로그램들이 전 세계 시청자들에게 전달될 수 있을 것이다. 또한 문화적 뉘앙스와 맥락을 고려한 프로그램들이 대상 관객과 공감대를 형성하면서 제작자들이 가지고 있는 문화적 감수성을 존중할 수 있게 되어 세계적 문화 교류에 공헌할 수도 있을 것이다.

여기에 스트리밍 서비스의 장점인 쌍방향 커뮤니케이션의 시청 구조를 이용하면 전 세계의 다양한 관객으로부터 피드백을 적극적으로 수렴할 수 있다. 그들의 문화적 취향과 감수성을 이해하고 제작에 참고할 수 있을 것이다. 이러한 데이터는 지역적 협력만을 장려한 콘텐츠가 지역적이면서도 전 세계적으로 보편적인 콘텐츠를 제작할 수 있도록 영향을 미칠 수 있다. 또한 이러한 쌍방향 커뮤니케이션의 장점들은 캐스팅 결정에서 다양성과 포용성을 촉진한다. 자사의 콘텐츠에서 다양한 문화, 인종 및 배경을 대표 할 수도 있고, 다양한 문화적 경험과 시각을 정확하게 반영하는 이야기를 찾아 소수 집단이나 소외된 커뮤니티의 이야기를 강조할 수도 있다.

4. 미국 외 OTT의 콘텐츠 권리 전략

영국의 브릿박스 Britbox 와 프랑스의 살토 Salto

미국발 글로벌 OTT를 따라 전통적 영화 및 문화 강국들도 자신들의 OTT를 구축하기 위해 노력하고 있다. 대표적으로 영국은 BBC를 앞세워 자신들의 콘텐츠를 전세계에 스트리밍하고 있다. BBC는 〈Doctor Who〉2024 와 〈Sherlock〉2010 같은 인기 시리즈를 보유하고 있고, 이러한 BBC와 협력한 ITV 또한 〈Downton Abbey〉2010 와 〈Broadchurch〉2013 같은 인기 드라마를 가지고 있다. 그리고 〈The IT Crowd〉2006 와 〈Peep Show〉2003 같은 코미디 시리즈를 가진 Channel4와 〈Agatha and the Midnight Murders〉2020 와 〈The Drowning〉2021 같은 범죄 드라마를 가진 Channel5가 영국 TV 콘텐츠에 특화된 구독형 스트리밍 서비스인 브릿박스Britbox 와 힘을 합치면서, 브릿박스는 최신 시리즈와 독점 콘텐츠를 포함한 다양한 프로그램을 전세계로 제공한다.

브릿박스는 다른 OTT에 비해 비교적 늦은 2017년에 출시되었다. 브릿박스는 방대한 영국 TV 콘텐츠 라이브러리를 활용하고 스트리밍 서비스의 성장 추세를 기회 삼아 여러 스튜디오들이 힘을 합쳐 영국내 팬들과 해외 영국 텔레비전 팬들에게 서비스하는 OTT 플랫폼이다. 한 달 가격이 미화 10달러 남짓하는 이 서비스는 초기엔 영국에서만 제공되었다. 이후 다양한 콘텐츠와 이용 가능 지역을 확대하여 영국 외에 미국, 캐나다, 호주, 남아프리카 등 여러 나라에서 출시하였다. 브릿박스는 클래식 시리즈, 현대 드라마, 코미디, 다큐멘터리 등을 포함한 새로운 콘텐츠를 정기적으로 추가하여 전 세계의 영국 텔레비전 팬들에게 서비스를 하고 있다. 물론, 브릿박스에 있는 콘텐츠들은 주로 해당 콘텐츠를 제작하거나 라이선스를 부여한 제작사와 방송국이 소유하고 있다. 일반적으로 브릿박스 자체가 콘텐츠를 완전히 소유하지는 않지만, 다양한 콘텐츠 소유자와의 협약을 통해 해당 콘텐츠를 스트리밍하기 위한 권리를 확보하고 있다Britbox, 2020 .

브릿박스의 성공과 비교할 만한 사례로 프랑스의 살토Salto

가 있다. 살토는 TF1, 프랑스텔레비전France Télévisions 및 M6의 인기 드라마, 코미디, 리얼리티 쇼와 같이 폭넓은 프랑스 TV 콘텐츠를 보유하고 있었다. 더불어 구독자는 최신 및 클래식 프랑스 TV 시리즈뿐만 아니라 살토의 오리지널도 스트리밍을 시청할 수 있었다. 하지만 살토는 한 달 구독료가 7유로 남짓했음에도 구독자를 모으는 데 실패하여 결국 2023년 서비스를 중단하였다. 브릿박스와 비슷한 모델로 시작한 살토의 예는 스트리밍의 구독 모델 서비스가 얼마나 성공하기 힘든지를 보여주었다. 살토의 실패 원인으로는 살토에서 스트리밍 된 독점 콘텐츠의 대부분이 프랑스 공중파 채널과 다시보기 서비스에서도 이후 방영되었기 때문이다. 또한 살토의 예산은 자금이 풍부한 국제 경쟁사들과 경쟁하기에 너무 적었다는 것으로 분석된다. 더불어 정부의 규제 조건들이 많았는데, 예를 들면 주주사들이 살토에 판매할 수 있는 독점 프로그램 수를 제한했으며, 기존 채널에서 살토 서비스를 홍보하는 것을 금지했다Thompson, 2023.

이스라엘의 차이플릭스 ChaiFlicks

차이플릭스는 유대어로 생life 을 의미하는 차이chai 라는 단어와 영화를 의미하는 플릭flick 을 합쳐 만든 신조어이다. 이름에서 눈치 챌 수 있듯이 차이플릭스는 유대인 테마의 스트리밍 플랫폼이다. 일종의 유대인 넷플릭스라고 할 수 있는 이 서비스는

1998년에 설립된 유대인 및 이스라엘 관련 영화만 다루어온 메네샤필름Menemsha Films의 닐 프리드먼Neil Friedman이 공동 창업한 미국 기반 스트리밍 서비스이다Cobb, 2023.

차이플릭스는 다른 스트리밍 서비스와 다르게 유대문화 보전 및 교육이라는 목표를 가지고 있으며, 전 세계 유대인 공동체와 연결하고 유대인과 이스라엘 문화에 대한 이해와 인식을 증진시키고자 하는 차별성이 있다Berman, 2023. 비슷한 목적을 가지고 시작한 살토는 실패했지만, 차이플릭스는 여전히 서비스를 제공하고 있다.

차이플릭스는 문화적으로 스트리밍 서비스로 정의되지만 미국 자본이 바탕이 되어 설립되었다는 특이점이 있다. 한 달 구독료가 미화 6달러 정도 하는데, 이러한 특화된 스트리밍 서비스가 성공적으로 운영되고 있는 것은 시사하는 바가 크다. 지금과 같이 한류를 통해 많은 프로그램들이 할리우드의 자본으로 배급되는 것은 매우 효과적인데 장기적으로 차이플릭스 같은 OTT를 상상해볼 수 있다. 유대문화를 잘 반영하는 차이플릭스처럼, 한국문화에 특화된 서비스를 통해 콘텐츠를 배급하는 것은 한류에 관심 있는 시청자들의 욕구를 만족시켜주면서 한국의 제작자들에게 적절한 수익을 올릴 수 있는 기회를 줄 수 있기 때문에 보다 주의 깊게 살펴볼 필요가 있다. 현재 한국 이외의 국가에서는 코코와KOCOWA 서비스가 차이플릭스처럼 한국 콘텐츠의 지적 재산권을 적법하게 보호하면서 스트리밍 구독 모델을 가지고 운영하는 거의 유일한 서비스이다.

5. 요동치는 OTT 콘텐츠 저작권 : 현재적 쟁점

앞서 살펴본 콘텐츠 저작권 분배의 문제는 미국의 OTT 간의 경쟁과 창작자와 스튜디오, 그리고 스트리밍 서비스 회사 간의 알력이 매우 복잡한 관계로 얽혀 있음을 보여준다. 또한 자신의 문화 콘텐츠에 대한 헤게모니를 잃지 않으려 애쓰는 몇몇 제작사들이 할리우드 거대 자본과 합종연횡하며 성공과 실패의 전례를 만들어가고 있다. 그 와중에 OTT를 둘러싼 저작권 문제는 하루하루 급변하고 있다. 이 절에서는 요동치는 OTT 저작권의 현재적 쟁점에 대해 살펴본다.

지적 재산권과 무역 장벽

몇 가지 사례에서 본 것처럼, 몇몇 나라에서는 스트리밍 서비스가 제공되지 않는다. 예를 들면 넷플릭스는 중국, 크림반도, 북한, 러시아, 시리아에서는 이용할 수 없다. 이러한 현상은 각 나라의 자국 문화 보호 및 무역 장벽 등 자국의 이익을 보호하려는 주요한 목적과 함께 다른 동기가 더해진 결과이다.

첫째로, 최근 중국 틱톡의 미국 자회사 소유권을 미국 의회와 정부에서 규제하려는 움직임과 일본의 라인 소유권이 한국에 있는 점에 대한 일본의 문제 제기는 OTT에도 이미 나타나는 문제이다. OTT에 이용자로 등록하면, 이름, 이메일 주소, 결제 정보, 시청 기록 등 상당한 양의 이용자 데이터가 OTT로 수집된다. 이 데이터는 사이버 범죄자들에게는 개인정보 도용, 금융 사기 또는 타깃 광고 등에 악용될 수 있지만, 각 국가의 이용자들에게 최적의 서비스를 제공하는 데 기여하는 유용한 정보이기도 하다. 무차별적인 정보의 저장Universal Data Collection이 전 세계 사이버 전쟁의 중요한 무기가 되고 있는 현 국제적 상황 때문에 OTT 서비스의 장벽이 높아지는 면도 있다.

OTT는 불법 복제가 심한 몇몇 나라에 진출하는 것에 대해 부정적이다. 앞에서 이야기한 넷플릭스의 경우, 중국에서 정식으로 서비스를 하지 않음에도 불구하고 중국 네티즌은 저작권이 있는 콘텐츠를 불법 시청하고 코멘트 하는 등의 문제를 가지고 있다김성현, 2024. 이러한 현상은 OTT로 하여금 국제적 배급과 지적 재산권 보호 문제로 일부 나라에서의 서비스 제공에 대한 부정적 영향을 미칠 수 있다.

중국은 인터넷 만리장성 Great Firewall of Internet을 쌓아, 자국 내 국민들이 외부의 정보 접근을 통제하고 인터넷 검열을 강화했다. 인터넷 만리장성 모델은 중국과 비슷하게 정보 통제를 원하는 국가들에게 시스템 모델을 제시한다Griffiths, 2018. 미국의

OTT들은 중국처럼 인터넷 검열이 심한 나라에 진출하는 것에 신중을 기한다. 그들이 원하는 콘텐츠의 검열과 수정이 제작사들의 불만으로 이어질 수 있기 때문이다.

인공지능과 OTT

최근《뉴욕타임스》는 ChatGPT에 소송을 제기했다. ChatGPT의 인공지능이 공정한 이용 Fair Use 의 범위를 넘어 무단으로《뉴욕타임스》의 콘텐츠를 이용하여 인공지능을 훈련시켰다는 이유에서이다. 이처럼 콘텐츠 창작자가 인공지능을 이용하는 사례들이 계속 늘어나면, 인공지능과 OTT가 만나는 지점에서 저작권 관련 문제가 많이 발생할 수 있다. 인공지능 기술은 OTT가 콘텐츠를 제작할 때나 시청자들에게 콘텐츠 선택을 위한 추천을 해 주는 데 중요한 역할을 한다. 인공지능 알고리즘은 이용자 선호도 및 시청 습관을 분석하여 개인 맞춤 콘텐츠를 추천하는데, 이는 콘텐츠 제작 및 배포 시 어떠한 콘텐츠를 만들고 어떻게 배급해야 하는지에 영향을 미친다. OTT의 방대한 데이터를 기반으로 한 인공지능 알고리즘 자체가 지식 재산권이 될 수 있다.

한 예로 미국 의회와 행정부의 압력에 틱톡은 당사를 미국에 파는 것이 자신들의 알고리즘을 미국에 넘겨야 하는 것이기 때문에 불가능하다고 주장했다 McCabe, 2024 . 인공지능 회사들이 알고리즘 학습을 위해 제약 없이 콘텐츠를 사용했음에도 해당 콘텐츠 제작자들에게 적절한 보상이 돌아가지 않고 인공지능 회사들만 수익을 올리고 있다. 이러한 현상으로 인공지능 회사와 《뉴욕타임스》같은 콘텐츠 회사 간의 지적 재산권에 대한 소송 사례는 제작자의 지적 재산권 권리 주장과 관련해 전략적 시사점을 줄 수 있다. 참고로 보자면, 일반적인 지적 재산권 소송처럼 《뉴욕타임스》와 ChatGPT 소송의 결과는 정확히 알려지고 있지는 않지만, 미루어 보건데 ChatGPT가 《뉴욕타임스》에 일정 수수료를 지불하는 형식으로 일단락된 것으로 사료된다.

OTT 측에서 보면 인공지능은 매우 유용한 도구이다. 앞에서 잠깐 이야기한 바와 같이, 저작권의 보호에 적극적으로 나서지 않는다면 저작권을 가지는 것이 별 의미가 없을 수 있다. 그런 의미에서 인공지능은 도구로서 저작권의 감시 및 보호에 매우 유용할 수 있다. 인공지능의 콘텐츠 인식 알고리즘은 저작권 침해, 불법 복제 및 무단 사용을 감지하여 권리 보유자가 콘텐츠를 보호할 수 있도록 지원 할 수 있다. 이러한 인공지능 도구가 잘 활용 된다면, 저작권 및 라이선싱 계약과 같은 지식 재산권은 플랫폼이 콘텐츠 배포, 수익화 및 보호를 결정하고 모니터링 하는 데 중요한 역할을 할 수 있다. 예를 들면, 한류 콘텐츠가 어디에서 불법적으로 유통되고 있는지 모니터링하고 감시하는 데 매우 유용한 도구가 될 수 있을 것이다.

유튜브와 크리에이티브 경제

  유튜브는 동영상 및 음악 저작권 보호에 관해 많은 기술과 인공지능 알고리즘을 보유하고 있는 대표적인 회사이다. 전 세계 크리에이터들이 올리는 많은 불법 콘텐츠들을 효과적으로 차단하고, 자신들의 사업 모델을 최대한 보호하면서 크리에이터들에게 광고, 구독, 기부로 보상을 해 주는 시스템을 이용해 새로운 온라인 컨텐츠의 사업 모델을 만들어냈다. 하지만 한국에서 유튜브의 성공은 이전 구글 서비스들과 비교해보면 다소 이례적이다. 한국은 전 세계 서방 국가 중 구글 검색과 구글 지도가 일상적으로 사용되지 않는 몇 안 되는 나라 중 하나이다. 네이버와 카카오 지도, 그리고 네이버 검색이 한국이 구글에 종속되는 것을 막는 일종의 무역 장벽으로 작용한다. 하지만 유튜브의 경우는 그와 상반된 현상을 보이고 있다. 한국의 유튜브 사용은 최근 많은 성장을 하여 한국 콘텐츠 시장을 장악하고 있다. 숫자로 보면, 한국 스마트폰 사용자들이 매달 40시간을 유튜브 시청에 쓰고 있는데, 이것은 5년 만에 두 배 가까이로 늘어난 수치이다 박지민, 2024 .

  이러한 시장의 성장은 많은 유튜버들에게 수익을 가져다 주었지만, 지적 재산권이 늘어남에 따라 여러 문제를 일으키기도 한다. 그동안 알려지지 않았던 유튜버의 수익 모델이 소송으로 인해 수면으로 나온 사례가 있다. 구독자 2억 8,100만 명을 보유한 글로벌 1위 유튜버인 미스터 비스트의 소송 건이다. 비스트 측이 법원에 제출한 문서에는 자신들의 지적 재산권을 이용한 콘텐츠, 부동산, 커머스 등 다양한 매출원에 대한 계획이 담겨 있다. 콘텐츠 매출원 계획으로 유튜브 채널, 후원, 라이선스, 콘텐츠 신디케이션, 지적 재산 파생권 등이 있었다. 초콜릿, 스낵 브랜드, 자선 단체인 비스트필란트로피Beast Philanthropy, 리얼리티 TV시리즈인 〈Beast Games〉 제작을 위해 아마존프라임과 파트너십 맺는 등의 내용이 대표적이다.

이처럼 유튜브는 크리에이터의 성장과 함께, 다른 OTT의 성장 모델과 비슷한 행보를 보여주고 있다. 초기에 OTT는 라이선스 콘텐츠의 배급자 역할에 충실한 모습을 보였다. 그러나 최근 많은 독자적인 콘텐츠를 확보하면서 자신들만의 콘텐츠 영역을 구축하고 배급자로서의 주도적 결정권을 행사하며 지적 재산권에 대한 많은 수익을 창출해내고 있다. 대부분 콘텐츠가 만들어 내는 광고 수입 및 기부 수입의 30%에서 50%까지를 유튜브가 가져가고 있다Kosmala, 2024. 하지만 유튜브는 개인이나 소규모 크리에이터가 50%에서 70%의 콘텐츠 광고 및 기부 수익을 가져가는 장점이 있다. 또한 크리에이터들이 지적 재산권을 소유한다는 것은 다른 OTT모델에 비해 비교적 제작자 혹은 콘텐츠 크리에이터에게 지속적인 수입원을 제공한다는 면에서 큰 차별점이 있다고 볼 수 있다.

6. 결론 : 글로벌 콘텐츠 공장의 IP 협상력

이 장은 전례없는 성공과 매절계약으로 특징되는 애플TV+ 드라마 〈파친코〉를 계기로 OTT 산업에서 지적 재산권 문제를 검토했다. OTT 정치경제학에서 산업적 권리 관계와 그 관행은 문화산업의 국제적 협업이 일상화된 이 시대에 중요한 현실의 문제이다. 다른 어떤 국가보다 글로벌 서사산업에서 중요한 콘텐츠를 생산하는 대한민국에 있어서 OTT 지적 재산권 이슈는 반드시 풀어야 할 국가적 과제이다. 그럼에도 대한민국에 유리하지는 않을지라도 불리하다고만 할 수 없는 협상 테이블에서 풀어갈 전략이 부재한 것이 안타까울 따름이다.

지금까지 정리한 OTT와 지적 재산권에 대한 문제와 관련해 앞으로의 정책 방향을 생각해보면, 가장 먼저 떠오르는 것은 국가적 소프트 무역 장벽을 이용한 자국 산업의 보호이다. 한국의 콘텐츠 산업이 지금과 같이 성장한 배경에는 스크린 쿼터제 같은 과도기적인 국가 정책이 한몫했다김수현, 2004. 네이버나 카카오의 성장도 비슷한 측면에서 볼 수 있을 것이다. 거대한 OTT와 협상을 하고 투자를 받는 방향에서 한국의 제작자들이 가지고 있는 장점을 최대한 부각시키며 타협점을 찾아내는 것이 중요할 것이다. 이미 많은 한국의 제작자들이 콘텐츠 제작 당근 정책의 일환으로 일정부분 정부의 지원을 받고 있다. 엔딩 크레딧에서 보여주는 것과 같이 〈파친코〉도 미국의 뉴욕 주와 캐나다의 여러 주 들과 함께, 한국의 영화진흥위원회의 지역 지원을 받았다. 이것을 감안한다면, 이러한 정책이 제작사에 대한 투자와 지적 재산권 유지에 유리한 조건을 만드는 데 도움이 될 수 있을 것이다. 할리우드의 제작을 이끌어온 미국 조지아 주에서 제작사 세금 감면을 조건으로 조지아 주 내에서 영화를 제작해야 한다는 계약이 성공한 사례처럼, 외국 OTT의 투자에 성공한 제작자들이 지적 재산권 협상에 쓸 수 있는 조항을 개발하는 것도 하나의 방법일 수 있다. 예를 들면 〈파친코〉가 영화진흥위원회의 지역 지원을 받은 것처럼, 국가의 지원 및 세금 감면을 받는 조건으로 제작사가 OTT와의 협상 시 지적 재산권을 어느정도 유지해야 하는 조항을 넣는 것이 하나의 방법일 수도 있을 것이다.

브릿박스처럼 문화적인 동질성을 가지고 사업 구조를 만드는 것도 하나의 방법이다. 물론, 프랑스의 살토 실패 사례에서 본 것처럼 사업 구조를 만들어 내는 것은 쉽지 않다. 하지만 적절한 지적 재산권 보상 시스템을 사업 구조에 반영하는 OTT 사업자가 탄생한다면 국가적으로 지원을 아끼지 않아도 될 것이다. 차이플릭스의 사례처럼, 콘텐츠와 기술적 측면, 할리우드의 자본이 어느정도 협력해서 배급 사업을 만들어내는 것도 고려해볼 수 있다.

마지막으로, 급변하는 저작권 관련 소송 결과들과 OTT시장의 무한 경쟁 결과들을 잘 들여다 보고 앞으로의 전략을 세우는 것이 중요하다. 미국의 거대한 OTT들도 쌓이는 적자로 인해 인수 합병을 앞두고 있다Stewart & Mullin, 2024. 그들이라고 마냥 유리한 입장만은 아니라는 것이다. 앞에서 이야기한 인공지능과 관련된 두 가지 소송인 미국 배우연맹과 스튜디오, 《뉴욕타임스》와 ChatGPT의 소송 전개를 눈여겨 보고, 이에 따른 사업전략 및 콘텐츠 전략을 유동적으로 적용하는 것이 앞으로 저작권과 관련한 협상능력을 키우는 데 매우 중요한 요소가 될 것이다.

〈파친코〉,
OTT와 정동의 미디어

임종수 (세종대학교 미디어커뮤니케이션학과 교수)

OTT, 현대사회와 '정동의 미디어'

정동이라는 문제틀: 나를 격동시키는..

우리는 본문에서 아홉 가지의 주제로 OTT 드라마 〈파친코〉를 살펴봤다. 각 장은 〈파친코〉와 OTT를 들여다 보는 문제적 영역을 설정하고 최적의 답을 찾고자 노력했다. 답을 찾기 위한 방법은 서문에서도 말한 것처럼, 〈파친코〉로 들어가서 OTT로 나오는 것이었다. 이때 양쪽 모두를 만족시키고 서로 연결하는 것으로 발견한 것이 바로 정동affect 이다. 〈파친코〉를 중심 사례로 고찰했지만, 정동은 OTT 미디어-콘텐츠-수용(자)를 관통하는 '코드'이자 '원재료'이며 '현실감각'이다. 정동은 익명적 대중매체와 달리 이 시대의 플랫폼-미디어가 식별된 수용자를 찾아가는, 거꾸로 말하면 유동하는 수용자가 자신에게 맞는 콘텐츠를 찾아가는, 그래서 전략적으로 콘텐츠와 미디어 생태계를 만드는 21세기 미디어의 핵심 요소이다. 이 시대의 빅테크 플랫폼은 모두 인간의 정동을 데이터화하고 콘텐츠화하는 '정동의 미디어'이다.

각 장의 내용을 다시 요약하는 것은 책의 미덕이 아닌 듯 하다. 이미 서문에서 각 장을 안내했거니와 '정동의 미디어'라는 문제의식을 이론적으로 성찰하는 과정에서 개별 장의 의미가 자연스럽게 확정될 일이다.

그렇다면 정동이란 구체적으로 무엇인가? 정동은 지난 10여 년 동안 인문학과 사회과학 분야에서 가장 난해하게 또는 오용되어 온 개념이다. 이 책 또한 그런 오류의 대열에 합류하는 게 아닌가라는 염려가 없지 않다. 그럼에도 불구하고, 용기를 낸 것은 인류문명의 방향을 바꿔놓고 있는 AI가 미디어 양식의 문화기술이 되고, 이에 대한 이론적 길라잡이로서 복잡계 네트워크 Network Complexity 가 설득력을 얻고 있는 이 시대의 기술과 문화를 이해하는데 결코 정동을 빼놓을 수 없다는 생각 때문이다. 미디어의 본질적 속성이 리얼리티 현실적으로 그럴 듯 함 의 표상이라 할 때, 정동은 OTT 콘텐츠가 구현하는 리얼리티와 이를 둘러싸고 있는 수용문화, 콘텐츠 공학, 정치경제의 실마리를 풀 수 있는 핵심 열쇠이다.

탈현대 사회의 정치를 정동이론으로 통찰하는 브라이언 마수미 B, Masumi 는 그의 책《정동정치》의 한국어판 서문에서 정동을 '존재역량'이라 정의한다 Masumi, 2015/2018, 6쪽. 존재역량은 무엇을 하거나 또는 하지 못하는 것을 규율하는, 현대정치에서 정동이 작동하는 매커니즘을 설명하는 개념이다. 존재가 할 수 있거나 할 수 없는 능력치, 존재역량은 달리 말하면 동적인 창조의 힘으로 정의되는 잠재태 potential 의 다른 이름이다. 모든 생명체의 몸과 마음 속에 있는 가상적인 virtual 정동은 언제든 어떤 표현이나 행동의 실제 사건이 될 수 있도록 준비상태에 있다. 하지만 정치는 그것이 현실화될 수 있는 사건화를 통제함으로써, 하고자 하는 욕망을 끊어내는가 하면 그런 욕망 자체를 인지하지 못하게 하는 식으로, 권력을 작동시킨다. 따라서 정동은 아직 현실화되지 않은 가능성의 상태, 어떤 감정이나 정서, 행동으로 구체화되기 이전의 전의식적 강렬도 pre-conscious intensity 이다. 이는 개체의 느낌이나 욕망을 집단에 투사하는 정서 또는 감정, emotion 와 구분된다. 뒤에서 살펴보겠지만 emotion 는 정동이 작용하여 표출된 감정을 뜻한다. 그것은 정동이 작동하여 얻어진 결과물이다.

정동이 문제적 용어가 된 것은 17세기 과학혁명 시대에 활동했던 베네딕투스 데 스피노자 Benedictus de Spinoza, 1632~1677 라는 철학자로 거슬러 올라간다. 스피노자는 정동을 "신체 활동력을 증대, 감소, 촉진, 억제하는 신체의 변화상태임과 동시에 그런 변화상태의 관념"이라 말했다Spinoza, 1677/2008, 114쪽. 그는 정동이 어떤 변화상태를 지칭하는 명사이자 변화상태를/가 유도하/되는, 즉 "정동하고affecting 정동되는being affected 힘"으로서 동사라는 점을 강조한다.[1] 이 표현은 〈에티카〉에서 몸과 마음, 감정 등이 작용되는 방식을 설명하는 대표적인 문구이다. 이 작용은 인간은 물론 모든 자연물이 끊임없는 전이과정 상에 있다는 것, 따라서 특정 시점에는 특정한 양태mode 로서 그 본질적 존재가 발현된다는 점을 말한다. 마수미Masumi, 2015/2018, 25쪽 는 어느 대담에서 "내가 무엇인가에 영향을 주게 되면, 동시에 나는 그것으로부터 영향을 받을 수 있도록 나 자신을 여는 것입니다. 그럴 경우 나는 아무리 미세하더라도 변화전이 를 겪게 됩니다. 문턱을 넘는 것이죠. 능력의 변화라는 관점에서 보면, 정동은 바로 그러한 문턱의 전이라 할 수 있습니다"라고 말한다. 그렇게 보면 정동은 신체에서 발원하는 행하게 하거나 행해지는 역량이다. 이어서 마수미는 정동에 대해 다음과 같이 말한다; "정동이란 몸의 운동을 그 잠재태 – 존재하거나, 더 정확히는 행하게 되는 역량 – 의 관점에서 바라본 것일 뿐입니다. 그것은 활동양태를, 그리고 그들이 어떤 방식의 역량들을 추진하는가와 관련이 있습니다. … 육체는 정동으로부터 선택합니다. 동시에 거기서 특정한 가능성들을 추출하고 현실화합니다. 정동을 더 넓은 의미로 생각해 본다면, 육체가 시간 속에서 말하거나 행하는 모든 것이 가능태로 쌓여 있는 것 – 끊임없이 지속하는 몸의 찌꺼기 –

결어 **419**

이라고 말할 수 있습니다."

언어유희처럼 보이는 이 말은 스피노자가 정동의 문제를 처음 제기한 《에티카》의 첫 글귀인 '자기원인'self-cause 의 논리적 귀결이다. 스피노자가 말하는 자기원인은 어떤 관념이나 생각이 되는 '본질'이 그것의 물질 또는 행위자가 되는 '존재'를 포함하는 것을 말한다. 그러니까 자기원인은 세계를 정신과 물질, 이성과 감성, 인간과 자연으로 분리시켜 파악코자 했던 이원론과 달리, 자연 속 모든 개체존재가 스스로의 원인본질 을 가지고 다른 개체와 상호작용한다는 일원론적 사고이다. 그런데 인간이 이해하기로 자기원인으로 존재와 본질이 동시에 작동하는 것은 신 또는 자연밖에 없다. 스피노자의 철학이 '범신론'으로 분류되는 이유이다.

그런 관점에서 보면, 신은 개체와 법칙을 초월한 전지전능한 존재가 아니라 자연 그 자체이다. 스피노자에게 있어 '신이 곧 자연'이라는 말은 자연을 자연되게 하는 법칙이 곧 신이기 때문이다. 데카르트로부터 시작하는 지배적인 인식론이 정신과 물질을 나누어 전자가 후자의 우위에 있다고 인식했던데 반해, 스피노자는 몸과 밀접하게 결부되어 있는 정동이 정신과 판단에 어떻게 영향을 미치는지에 주목했다. 몸은 인식의 대상물이 아니라 그 자체로서 본질적이고 존재론적인 실체인데, 그 실체를 실체답게 하는 것이 정동이라는 것이다. 쉽게 말해, 인간을 포함한 모든 자연물은 '몸이 먼저' 반응하고, 그런 반응을 통제하는 것이 정동인 것이다. 그렇기 때문에 모든 자연물은 자연이 의도하는 바를 따를 때 자유로워진다. 인간 또한 자연물의 하나이기 때문에 자신에게 탑재된 자기원인을 잘 파악하여 행동하게 되면 자유로워진다.

좀 어렵게 돌아왔지만, 정동의 논리적 산식算式은 분명해보인다. 정동은 개체의 개별적 느낌이나 욕망인 감정과 구분되는 모든 존재의 내적 역량이다. 개체가 발산하는 자기원인이 존재의 본질로 작동하는, 달리 말해 본질을 내재한 존재가 '스스로 작동하는 어떤 힘'이다. 그런 힘이 존재와 그것의 본질을 만들고 그런 존재와 본질이 개체를 만든다. 그 힘의 주체를 인간으로 치환해보면, 정동은 인간이라는 신체존재와 본질정신 모두에서 자기원인의 원리로 작동하는 존재의 역량, 어떤 일을 수행하거나 수행하지 못하게 하는 힘, 어떤 상황에 대처하는 특별한 정서의 근거, 태생적일 수도 있고 사후에 축적한 삶의 태도일 수도 있는 동기 같은 것이다. 따라서 인간을 포함한 모든 개체는 정동의 작동으로 어느 한 상태에서 다른 상태로 옮겨가는 '전이 과정'문턱을 넘는 상에 존재한다. 그런 정동에 충실한 존재는 자유롭다.

하지만 앞서 정동정치에서 힌트를 보인 것처럼, 자연적 상태의 정동에 순응하는 사람은 거의 없다. 정동은 개체의 통제 하에 있지 않다. 자신의 정동을 대면하기 쉽지 않을 뿐 아니라 태어나는 순간부터 자연적 정동에 외부의 힘이 지속적으로 가해지기 때문이다. 인간의 정동이 제각각인 것은 타고난 인간본성의 차이도 있거니와 여러가지 사회적 힘부모의 양육, 태어난 국가와 지역, 정치제도, 경제체계, 문화적 관습 등 으로 인해 개체의 정동이 제어되기 때문이다. 그러므로 개체의 실제 정동은 그런 개체에게 부여된 본성에 사회적 힘이 더해진 결과이다. 바닷물에 반쯤 잠긴 세월호 선체 사진, 고가의 명품가방을 거리낌 없이 받는 권력자 가족의 영상은 본성과 무관하게 우리의 정동을 휘젓는다. 이에 인간은 개인적이고 사회적인 삶의 과정에서 기쁨이라는 감정을 통해 자신의 역량이 증가 또는 확장하는가 하면, 슬픔의 감정을 통해 역량이 약화되기도 한다. 정동은 느낌이나 감정이 야기하는 몸과 마음의 상태, 더 정확히는 감정의 작용으로 확장 또는 축소되는 몸과 마음의 상태를 말한다.

우리는 정동을 정서 감정으로 칭해지기도 하는, emotion 나 느낌이 또한 감정으로 번역되기도 하는, feel 과 구분할 필요가 있다. 인지과학 분야는 상당부문 겹쳐져 있는 정동, 감정, 정서, 느낌 등을 구분하고자 노력해 왔다 최현석, 2011. 느낌이 인지되거나 지각된 감정을 뜻한다면, 정서 또는 감정은 표출되는 감정 그 자체를, 정동은 '신체적으로 각인된 마음상태'를 뜻한다. "너 느꼈어?" Did you feel it? 라는 말에서 알 수 있듯이, 느낌은 이해함, 알아차림, 지각함을 뜻한다. 따라서 대중문화 이론가인 레이몬드 윌리암스 Williams, 1975 의 감정구조 structure of feeling 는 동시대인들이 그 사회를 이해하고 지각한 구조화된 감정 상태를 말한다. 감정구조는 당대의 미디어 콘텐츠 수용에 매우 중요한 역할을 한다. 정서 또는 감정은 그러한 감정구조로 인해 표출된 분노나 슬픔, 기쁨과 같이 감정을 말한다. 문화 간 연구에서 폴 에크만Ekman, 1992은 인간종이라면 누구나 얼굴로 표출되는 6개의 기본감정 basic emotion, 분노-anger, 혐오-disgust, 두려움-fear, 기쁨-enjoyment, 슬픔-sadness, 놀라움-surprise 을 가지고 있다고 말한다. 이는 현재 안면인식 AI 기술의 이론적 개념적 기초이다.

외양적으로 정동은 감정 또는 느낌이나 분위기로 나타난다. 하지만 거기에는 감정구조가 개입하는 인지적 판단을 포함한다. 마수미Masumi, 1995 가 정치, 경제, 사회, 문화 등 현대사회의 일상적 삶에서 경험하는 정동을 강렬도라 부른 이유이다. 강렬도는 어떤 대상물이나 사건, 느낌 등에 부여되는 어떤 강력한 감정 또는 느낌을 일컫는다. 만약 어떤 이미지가 있다면, 강렬도는 그 이미지에 포함된 문자 또는 구어로서 확정되는 의미적 요소가 아니라 이미지 자체의 강력함이나 지속성 같은 것이다. 그 강렬도는 다른 무엇보다 선행하며preempting 자동적이다. 그렇기 때문에 정동은 '나를 격동시킨다'. 일종의 발작버튼이다. 마수미가 정동을 강렬도라는 개념으로 강조하는 것은 현대사회에서 정동이 감정이나 정서, 느낌의 조정을 통해 우리의 존재 상태를 자극, 유지, 전환시키기 때문이다. 지난 7월 13일 미 대선 유세에서 벌어진 트럼프 피격 사건은 누가 왜 그랬는지보다 성조기 아래에서 경호원에 둘러싸인 트럼프가 피를 흘리며 fight!를 외치는 사진 한 장이 훨씬 더 강렬한 정동적 충격을 발산한다.

그렇게 보면 느낌과 정서는 각각 정동의 강렬도가 작동하는 데 기여하는 인지적·감각적 요소라 할 수 있다. 느낌이 정동이 작동하는 데 기여하는 이성적 인지체계라면, 정서는 감성적 인지체계이다. 느낌과 정서는 정동이라는 머리에 연결된 이성적·감각적 촉수 같은 것이다.

이같은 설명틀을 미디어에 적용해보면, 인간의 모든 삶의 영역이 미디어화mediatization된 현대사회에서 미디어 재현과 소비는 느낌과 정서를 수반하는 '정동의 일'a matter of affect이 되고 있다. 플랫폼과 콘텐츠와 수용자 모두가 '정동의 미디어'를 말한다. 사실 전통적인 TV 뉴스와 드라마, 다큐멘터리, 예능 같은 장르도 그랬지만 유튜브나 SNS, 심지어 댓글 등의 수많은 콘텐츠 역시 우리의 생각과 감정을 죽 끓듯 요동치게 하는 가운데 우리의 상태에 어떤 전이를 가져온다. 국가대표팀의 열정과 역투를 보여주는 스포츠 중계, 사회적 공분을 사는 권력자의 비리 관련 뉴스, 남녀 간의 밀당을 관찰하는 예능 등은 즉각적인 이성적 또는 감정적 반응과 함께 세상을 대하는 우리의 신체와 마음의 상태를 조율한다. 그 중에서 글로벌 OTT는 국경 안의 TV와 달리 특별히 전 세계 수용자 개개인의 정동에 호응한다. SNS를 포함하는 광의의 OTT는 여행, 낚시, 주식, 전원생활, 골프, 영화, 건강, 술, 트래킹 등 '나'를 격동시키는 셀 수 없을 정도로 많은 콘텐츠를 제공하고, 넷플릭스나 애플TV+ 같이 협의의 OTT는 세련되고 완성도 높은 콘텐츠로 우리의 몸과 마음을 격동시킨다. 둘 다 대중매체 시대의 방송 프로그램과 다른 차원의 콘텐츠로 수용자 저마다의 정동에 호응하는 가운데 보편문화를 생성한다.

정동기계로서 OTT: 정동으로의 전환

우리가 정동에 주목하는 것은 유튜브, SNS, 협의의 OTT 등 이 시대의 미디어는 스피노자식 자연으로 은유될 수 있는 거대한 정동기계affective machine, 엄밀히 말하면 정동컴퓨팅affective computing 이기 때문이다Picard, 1997. 정동컴퓨팅은 인간의 정동을 인식, 해석, 처리, 시뮬레이션하는 것을 탐구하는 컴퓨터과학 또는 인지과학 분야를 말한다. 정동기계 또는 정동컴퓨팅으로서 OTT는 수용자 정동의 정보수용자를 격동시키는 것를 탐지, 해석, 처리하여 최적의 콘텐츠를 제작 또는 추천하는 것을 주목적으로 한다Lim, 2017. 이 시대의 플랫폼-미디어는 일찍이 기계적 계산을 마음상태state of mind 로 정의한 앨런 튜링A. Turing 의 선구적 생각, 그와 병행한 커뮤니케이션의 수학적 모델, 사이버네틱스 등 20세기 초반 추상수학의 아이디어가 구체적으로 실현된 오토마타automata 이다임종수, 2018. 미디어를 기계의 계산가능성computability 이 실행하는 커뮤니케이션 체계로 보려는 시각이다Chesebro, 1993. 기존의 정동기계가 인간과 상호작용하는 인터페이스를 생성했다면임종수, 2022; 이재현, 2005, 2024년 현재 세상을 깜짝 놀라게 하는 정동기계로 챗GPT, Copilot, Gemini, 소라처럼 스스로 콘텐츠를 생성한다.

OTT의 존재방식은 방송사 PD가 프로그램을 편성하여 시청률을 추구했던 전래의 TV와 본질적으로 다르다. 방송사 PD는 해당 채널의 문화적 지향성과 대중 수용자의 욕망을 고려한 편성으로 대중에게 영향을 미치고자 한다. 대중으로부터 피드백이 있기는 하지만 다음번 편성 역시 그 같은 지평 위에서 PD들의 지적 작업에 기반해 진행된다. 그에 반해, OTT에서는 구독 네트워크에 참여하는 행위자들의 OTT 시청행동이 원인이 되어 최초의 원인은 좋아하는 콘텐츠 3개 콘텐츠 배치라는 결과를 낳는다. 이후 시청행동은 콘텐츠의 배치를 예민하게 바꿔놓는다. 그런 콘텐츠 배치는 구독 계정은 물론 프로필마다 다르다. 그리고 네트워크로 묶여 있어 다른 행위자의 시청행동과도 서로 영향을 주고 받는다. 콘텐츠 배치와 시청행동은 서로가 서로에게 원인이자 결과이다. 정동하고 정동되는 것이다. 그 결과 시청자 정동의 충족 스피노자의 언어로 말하면 '자기보존의 힘', conatus 이라는 OTT의 본질적 기능에 기여한다.

이를 복잡계 네트워크에서는 우발성 모델 contingency model 이라 한다 Buchanan, 2002/2014 참조 . 우발성은 계의 복잡한 상호작용으로 계에 참여한 행위자에게 최적의 솔루션을 제공한다는 복잡계 이론 중 하나이다. 이는 앞서 살펴본 것처럼, 방송사 PD가 수행해 온 우연성의 모델 haphazard model 과 비교된다 Grandinetti, 2017/2019, 64쪽 . 우발성의 모델은 수용자 개개인의 시청활동 데이터 분석을 통해 맞춤화된 콘텐츠 제작 및 제시 방식을 설명하는 개념이다. 널리 알려져 있듯이, 넷플릭스는 시청활동 데이터 분석을 통해 어떤 형식의 콘텐츠를 누가 주연으로 하면 좋을지를 파악하여 제작하고, 그렇게 만들어진 콘텐츠를 어떤 구독자가 원하는지 판단하여 차별적으로 추천하는 최적화를 지향한다. 물론 그렇다고 그 결과가 반드시 예측한 것과 일치할 것이라는 보장은 없다. 하지만 더 나은 모델이 등장하기까지 OTT의 우발성의 모델은 이 시대의 미디어 양식을 정의하는 핵심 개념이다.

OTT가 정동기계인 것은 다른 무엇보다 기존의 수동적인 대중문화와 달리 이 시대의 문화가 능동적인 참여문화를 특징으로 하기 때문이다. 참여문화는 미디어의 디지털화와 함께 촉발된 문화 생산과 소비의 융합을 말한다. 정확히 말하면, 콘텐츠의 자유로운 흐름, 미디어와 미디어 간의 협력, 자신이 원하는 콘텐츠를 기꺼이 찾아가는 수용자의 이주성 행동 등이 참여문화를 만들어 낸다Jenkins, 2006 . 이 시대의 미디어 수용자는 스스로 새로운 정보를 찾을 뿐 아니라 흩어져 있는 미디어 콘텐츠 간의 연결을 통해 자신에게 의미 있는 바를 스스로 구축한다. 플랫폼-미디어는 그런 미디어 활동이 어려운 일이 되지 않도록 적극적으로 매개한다. 이런 조건에서 미디어 수용자는 개인과 공동체, 국가, 심지어 전 세계의 의제, 유행, 관심 등을 조율해낸다.

요컨대, 우발성의 모델은 미디어 네트워크 참여자의 정동에서 발산되는 시청 욕구를 발견, 배치, 추천, 조율하는 자동화된 21

세기 미디어 존재양식을 설명한다. 이는 역사, 정치, 교육 등 사회 전 분야가 미디어와의 직간접적인 관련 속에서 '정동으로의 전환'affective turn 을 해 온 것과 그 결을 같이 한다Simental, 2014; Toit, 2014; Thompson & Hoggett, 2012; McCalman & Pickering, 2010; Thrift, 2008; Clough & Halley, 2007 . 그것은 또한 다른 한편으로 '복잡성으로의 전환'complexity turn 이기도 하다Urry, 2005 . 미디어에서 정동 또는 복잡성으로의 전환은 인공지능의 미디어 환경에서 미디어가 수용자의 주목을 최대로 끌기 위해 개발하는 주목의 기법technicity of attention , 더 나아가 주목경제attention economy 로 작동하는 것을 통찰한다Terranova, 2012; Bucher, 2012 . 이는 수많은 미디어와 콘텐츠가 일상적 삶 속에서 포착, 소비되는 과정, 그래서 미디어가 삶을 구축하고 변화시키는 과정임을 강조하는 비재현non-representation 또는 반포지셔닝anti-positioning 의 미디어 문화 연구 기획과 그 맥을 같이 한다채석진, 2018; 방희경·박혜영, 2018 참조 . 이 저술 역시 그런 문제의식을 공유한다. 넷플릭스와 유튜브 등의 OTT가 전통적인 채널-미디어와 다른 '정동으로 전환된' 플랫폼-미디어이자 AI-미디어, 글로벌-미디어라는 데는 의심의 여지가 없다.

2. OTT와 정동의 리얼리즘

OTT 드라마, 삶의 불가피성과 자기반영성의 예술

OTT 드라마 〈파친코〉, 더 나아가 OTT 콘텐츠는 이같은 시각에서 봐야 한다. 〈파친코〉는 시청자로 하여금 무엇을 격동시키는가? 그런 격동은 전래의 TV 드라마의 그것과 같은가 아니면 다른가? 일제 강점기와 그 이후를 서사적 배경으로 하는 기존의 TV 드라마나 영화와 달리, 〈파친코〉가 눈여겨 보기로 한 것, 달리 말해 시청자로 하여금 낯설게 보기를 원한 부문은 무엇인가? 그것은 우리에게 익숙한 억압받는 피식민자, 도덕적 우위, 민족 독립에 대한 자각, 조국에의 헌신 등이 아니다. 〈파친코〉가 낯설게 보여주고 싶었던 것은 디아스포라 가족의 삶의 행로, 구체적으로 말하면 뿌리 채 뽑혀 내팽개쳐진 족속들을 응시하는 차별과 멸시의 시선, 그럼에도 불구하고, 자존적 삶을 향한 회복 탄력성, 삶에의 의지, 피치 못할 운명 같은 것이다. 피할 수 없는 삶의 불가피성 inevitability 또는 불가항력이다.

불가피성은 언뜻 등장인물의 자각 또는 각성으로 읽히지만 거대담론으로의 동참을 뜻하는 기존의 자각이나 각성과 구분된다. 주지하듯이, 수많은 기존의 TV 드라마는 일제 강점기 하 민족의 현실, 더 나아가 독립에 대한 자각과 각성에 초점을 맞춰

왔다. 가령, 2018년 방송된 TV 드라마 〈미스터 션샤인〉은 자신을 버린 조국임에도 거대 권력인 미국을 등에 업은 주인공이 결국 조국 독립의 길에 밀알이 되어야 함을 자각한다. 그 외에도 〈야인시대〉2002, 〈영웅시대〉2004, 〈각시탈〉2012 등 많은 TV 드라마 시대극이 비슷한 양상을 보인다. 물론 그렇지 않은 경우도 있다. 1987년 작 〈토지〉나 1991년 〈여명의 눈동자〉 같은 작품은 일찍부터 삶의 불가피성을 잘 보여주었다. 하지만 이 경우에도 등장인물의 관심과 삶의 지향성은 여전히 국가 또는 민족의 범주를 넘어서지 않았다. 그에 반해, 〈파친코〉의 선자와 그의 아들 모자수, 또 그의 아들 솔로몬은 조국을 떠나 차별받는 이국에서 뒷골목 파친코 사업에 종사할 수밖에 없는 삶의 불가피성을 체현한다. 이런 종류의 자각이나 각성은 어떤 거대한 구조 또는 시대와 부딪쳐 몸부림치는 개인의 삶에 대한 자각이다. 그것은 특별한 역사적 경험이 없는 시청자도 즐길 수 있는 서사이다.

불가피성의 서사는 OTT 드라마가 자기반영성 self-reflexivity 의 예술의 한 지류임을 보여준다임종수, 2023 참조 . 예술 조류에서 자기반영성은 현실의 문제를 검토할 것을 요구하는 포스트 모더니즘적 경향이다Stam, 1992/1998 . 이는 현실을 있는 그대로 투영하고자 했던 자연주의를 넘어선 사실주의 극예술에릭 벤틀릭· 김진식, 2018 또는 예술의 정치적 모더니즘의 기획으로Rodowick, 1988/1999 분류된다. 자기반영성의 예술은 서사물이 눈물이나 회한, 분노 등 감정적 정화에 머물지 않고 세계를 인지하는 도구로 삼고자 하는 경향을 보인다. 어떤 구조 또는 '시대와의 불화'는 자기반영성 예술의 중심 기둥이다. 흔히 '정화'를 미덕으로 삼았던 아리스토텔레스적 극과 달리, 그 자리에 '인지'를 둔 셰익스피어적 극이다Kesting, 1969/1996. 이는 19세기 고전극과 상충하며 존재해 오던 것으로, 연극을 "의식을 깨어 있게 하는 바늘, 활동적인 의식의 장"으로 삼고자 했던 베르톨트 브레히트B. Brecht, 1989-1956의 서사극epic 실험과 이론에서 통합된다Gilman, 1972/1995, 247쪽. 브레히트Brecht, 1967/1989, 34쪽에 의하면, 서사극은 '관객이 소재와 사건을 생소한 것으로 느끼게' 하는 서사적 연극이다. 그것이 목표하는 바는 '상황을 이해'하는 것이다.[2]

현대 서사극 이론은 브레히트가 20세기 초 극장이 카타르시스 기법으로 소시민들에게 값싼 오락만을 제공하는 것을 비판하는 가운데 탄생했다. 그의 이론은 당시 과장된 수사법과 공허한 감정에 몰두하던 표현주의를 계기로 벌어진 게오르그 루카치와의 리얼리즘 논쟁을 통해 정교화되었다. 당대의 문제를 극안으로 적극적으로 끌어오기 위해 그가 선택한 것은 극 '흐름의 중단'이었다. 극의 중단, 관객카메라 응시, 관련 자료 제시 등 흐름을 중단시키는 생소화 기법이 그것이다. 그 목적은 관객이 정처없이 감정에 이끌리지 않고 능동적인 인식과 사유로 자신과 사회를 되돌아보게 하는 것이다. 교훈극은 대표적인 사례이다. 하지만 그의 의도가 관객에게 실제로 작동되었는지는 논쟁거리로 남아있다. 아도르노는 연극 외에 영화와 TV 드라마 등의 서사 작법으로 차용된 브레히트의 서사극 기법이 오히려 그가 비판하고자 했던 억압적 현실사회를 작동시키는 오락적 기제로 전락했다고 비판한다. 현대사회에서 서사극 형식은 현실 자각보다 작품성 제고에 더 크게 기여하는 게 아닌가하는 의심을 받고 있다.

OTT 드라마는 전세계 시청자를 대상으로 하는 서사극 형식을 취하는 경우가 많은데, 이는 OTT가 위치하는 미디어 포지션에서 우러나는 현실적이고 전략적인 선택이다. 자기반영의 서사극은 그것이 만들어진 국가의 수용자를 넘어 전 세계인들이 보편적으로 이해하고 느끼고 생각하도록 하기 때문이다. 이른바 문화적 할인 cultural discount 을 최소화할 수 있다. 물론 그 안에는 감정에 호소하는 드라마적 요소도 많이 포함한다. 하지만 그런 감정이입도 역사적·사회적 맥락 안에서 소비되는 평균적인 감정이 아니라 공감하는 서사적 줄기 안에서 인간이라면 누구나 받아들일 수 있는 보편적 감정이다. 등장인물의 현실에 공감하면서도 스스로 자신과 세계를 들여다 보게 하는 감정이다.

〈파친코〉는 일제강점기에서 시작해 이후 세대로 이어지는 이주민 가족들의 시대와의 불화를 디아스포라와 혼종 정체성, 여성, 세대를 잇는 가족, 소수자 등의 글로벌 보편감정에 잘 버무린 전형적인 OTT 서사극이다. 우리는 이 책 본문에서 〈파친코〉의 수용과 콘텐츠 공학, 정치경제적 전략 전술 면에서 글로벌 차원의 '보편적인 감정구조'와 자국사의 '지배적 감정구조'가 어떻게 처리하는지를 살펴보았다. 〈파친코〉는 〈오징어게임〉이나 〈기묘한 이야기〉2016 처럼 극단적 상황이나 깜짝 놀랄 장면을 활용하기보다 여성 중심의 디아스포라의 문제를 인물의 전형성, 삶의 운명과 전략적 태도 등 잔잔하면서도 섬세한 심리묘사로 풀어낸다. 흥미롭게도 어쩌면 당연하게도 〈파친코〉 서사의 직접적 당사자인 대한민국과 일본의 수용자들은 그런 보편적 서사를 수용하면서도 때때로 자국사에서 배태된 지배적 감정구조를 투영하기도 했다. 로컬의 이야기를 가지고 서사화한 글로벌 OTT 서사에서 글로벌의 정동이 시청자를 격동시키는 일차적인 감정 구조이지만 때때로 국민국가의 지배적 감정구조가 활성화되기도 했다. 글로벌이 서사의 선호된 의미 preferred meaning 를 결정짓는 상수라면, 로컬은 서사의 특별한 소재나 주제, 구조, 분위기, 뉘앙스 등에 복무하는 변수라 할 수 있다.

그렇기 때문에 그리고 특별히 대한민국의 역사를 배경으로 하는 〈파친코〉는 '내셔널 알레고리' national allegories 이자 '자본주의 리얼리즘' capitalist realism 의 서사이다. '내셔널 알레고리'란 국가가 처해 있는 상태를 평범한 사람들의 일상적인 투쟁으로 그려내는 제3세계 국가의 문학 또는 예술 작품의 경향을 일컫는 말이다. 프레데릭 제임슨Jameson, 1986 은 제1세계 제국주의 국가들이 주도해 온 근대화와 그런 자본주의 체제에서 겪는 제3세계 민중의 굴곡 많은 삶의 궤적이 그때는 물론 '지금 현재'의 서사에도 나타난다고 말한다. 즉\ 제3세계 서사는 그 국가 안에서 벌어지는 독자적인 일화처럼 보이지만, 대부분 '1세계 문화의 가치와 스테레오타입'을 내면화한 국민들이 '1세계 국가와의 생사를 건 투쟁 속에 갇혀' 있는 것으로 그려진다는 것이다p.68. 그리고 자본주의 리얼리즘은 우리가 당면한 문제는 자본주의적 해결책 자본주의를 유일한 현실로 믿는 믿음의 체계 외에 다른 어떤 대안도 없다는 식의 서사를 일컫는다Fisher, 2009. 이런 류의 서사물은 인간성이 파괴되고 가족의 위기가 일상화되며 불안정성이 영구화되는 것을 당연한 것으로 본다. 그러면서 그런 징후조차도 자본주의를 통해서만 치유가능한 것으로 그려낸다.

〈파친코〉는 잃어버린 조국에서 튕겨져 나온 이주민 가족이 자본주의적 현실에 부딪쳐 '살아내는' 삶을 그리고 있다. 그 외에 〈오징어게임〉, 〈지옥〉2021, 〈지금 우리 학교는〉2022, 〈더 글로리〉 2022, 〈카지노〉2022, 〈무빙〉2023 등도 비슷하게 내셔널 알레고리와 자본주의 리얼리즘에 걸쳐져 있다. 우리뿐만 아니라 남미, 아시아, 중동 등에서 생산되는 OTT 오리지널 드라마는 삶의 불가피성을 기본 골격으로 하면서 위의 둘 모두 또는 둘 중 하나를 채택한다. 세계의 정치경제문화 질서가 그러하고 제작자인 서구미국가 그렇게 보기 때문이다.

정서적 리얼리즘과 정동의 감정구조

이상의 논의에 근거해 우리는 OTT 드라마에는 기존의 TV

드라마와 다른 리얼리티와 감정선이 있을 것으로 상상해볼 수 있다. 주지하듯이, 그간 미디어 연구는 수용자가 TV 드라마에서 느끼는 리얼리티를 '정서적 리얼리즘'또는 감정적 리얼리즘, emotional realism 으로 설명해 왔다Ang, 1982 . 〈댈러스〉1978~1991 시청의 즐거움을 파헤친 이엔 앙I. Ang 은 수많은 시청자들이 〈댈러스〉를 현실적이라고 느끼는 이유가 무엇인지 자문하면서, 그에 대한 답으로 그 드라마가 내포적 차원에서 인간의 삶과 닮아 있기 때문이라고 말한다. 〈댈러스〉 팬들은 그 드라마가 익숙한 사물들, 익숙한 사람들, 익숙한 관계들을 보여주기에 현실적이었다는 것이다. 〈댈러스〉는 석유 재벌의 이야기인데 그렇다면 시청자들은 모두 재벌이었다는 말인가? 그렇지 않다. 여기에서 익숙함이란 부자든 빈자든, 남자든 여자든, 도시에 살든 농촌에 살든 상관없이 실제 삶 또한 드라마 속 사물, 사람, 관계와 '구조적으로 닮아있기' 때문이다. 현실에서 경험하는 구체적인 사물, 사람, 관계는 사람마다 제각각일지라도, 당대를 살아가는 누구라도 비슷한 사물 비슷한 유형의 사람, 비슷한 인간관계의 문제에 부딪치고 고민하고 헤쳐나가는 그런 익숙함 말이다.

영특하게도, 앙은 드라마와 현실의 구조적 닮음을 특정한 감정으로 연결하여 설명한다. 삶의 문제는 늘 사랑, 대립, 음모, 행복, 우정, 고통, 배신, 화해 등으로 가득 차 있고 〈댈러스〉는 그 시대를 살아가는 사람들이 공통적으로 느끼는 감정을 밀도 있는 비극적 감정구조tragic structure of feeling 의 이야기로 그려냈다는

것이다. 당대의 감정구조에서 배태된 삶의 감정이 드라마를 현
실적으로 받아들이게 하는 기제라는 것이다. TV 드라마는 시청
자가 살고 있는 현실의 사물, 사람, 관계에서 벌어지는 감정과
같은 느낌의 감정을 보여준다. 따라서 평범한 계급의 시청자들
이 석유 재벌 이야기인 〈댈러스〉를 시청하는 것은 계급과 무관
하게 당대의 삶의 희노애락에 감정이입하기 때문이다 대한민국의
수많은 시청자들은 준재벌에 가까운 본부장님의 러브스토리를 즐겨 시청한다. 정서적
리얼리즘은 TV 드라마가 바로 이같은 감정으로 현실을 지각하
게 하는 대중 예술임을 말한다.

　무엇보다 정서적 리얼리즘이 강조하는 것은 인지적 층위에 앞
서 감정적 층위가 '즐거움'을 발생시키는 일차적인 요인임을 지
시한다. 즉 TV 드라마는 어떤 서사로부터 느껴지는 익숙한 현
실의 문제에 대한 '감정적 경험'이 그럴듯함과 재미를 발생시
킨다는 것이다. 그렇기 때문에, 앞도 설명하듯이 TV 드라마 내
요동치는 감정의 기복이 세상을 이해하는 시청자의 간주관적
인 인식체계를 활성화시킨다. 사실 텔레비전은 국가 단위로 서
비스되기 때문에 해당 국가의 평균적이고 지배적인 감정구조에
예민할 수밖에 없다. 따라서 당대의 역사적 경험이 구조화하는
국민국가 내 지배적인 감정구조가 TV 드라마의 여러 정서와 상
호작용하면서 드라마 시청의 즐거움을 유발한다고 할 수 있다.
앞서 말한 익숙함과 한 계열인 당연함, 관습, 도덕의 확인, 승자
에 대한 보상 등이 TV 드라마의 즐거움을 보증한다.

그렇게 보면 앙의 정서적 리얼리즘 또한 정동과도 밀접하게 결부되어 있다. 앙이 말한, 현실과 TV 드라마가 연결되는 익숙함은 국경 안에서의 동일한 역사적 경험을 배경으로 하는 당대의 정동과 밀접하게 결부된 정서 또는 감정이기 때문이다. 우리는 앞서 인지적 느낌과 감정적 정서와 구분하여 정동을 '몸에 각인된 마음상태', '나를 격동시키는 것'으로 정의했다. 앙이 언급한 것들은 국민국가 내 당대의 삶에서 우러나는 전형적인 정동이다. 성장하고 발전하던 시대에 도드라졌던 출세와 허영의 정동은 사랑과 배신의 감정과 잘 어울린다. 숱한 불륜 드라마는 급격한 물질적 성취 이후 붕괴되는 가족윤리의 정동을 표현한다. 따라서 정서적 리얼리즘은 TV 드라마 서사의 정동적 강렬도가 뿜어내는 기쁨, 슬픔, 분노, 역겨움, 어이없음, 가여움 등의 감정에 주목한 용어법이라 할 수 있다. 익숙한 감정에서 파악되는 리얼리티이다.

  따라서 TV 드라마에서 정동이 아닌 정서가 부각되는 것은, OTT와 달리, TV 드라마가 특정 국가 안에서만 소비되는 국민국가의 콘텐츠이기 때문이다. 그런 조건에서는 시청자 저마다의 정동에 관심을 둘 필요가 없다. TV 드라마가 아무리 다의적이라 하더라도 특정 국가 안에서 작동하는 대중매체가 역사적 경험이나 사회문화적 맥락을 공유하는 시청자의 해석과 즐거움의 추구를 방해할 이유는 없다Condit, 1989 . 일제 강점기를 재현하는 TV 드라마가 사악한 식민자와 핍박받는 피식민자, 민족의 상태에 대한 각성과 독립투쟁으로의 헌신 등으로 거의 일원화된 것은 그에 대한 우리의 정동과 지배적인 감정구조가 일치하기 때문이다. 익숙하고 당연한 정동이다. 장담컨대, 어느 국가든지 그 나라의 TV 드라마는 마찬가지일 것이다. 결국, TV 드라마의 정서적 리얼리즘에는 일원화된 국민국가의 정동의 층위가 두껍게 덧씌워져 있다고 말할 수 있다. TV 드라마는 서사줄기에는 차이가 있지만 서사를 지배하는 정동은 반복된다.

정동의 리얼리즘: 로컬의 정서적 TV에서 글로컬 정동의 OTT로

OTT에서는 정동과 감정구조를 구분해야 한다. 앞서 살펴본 것처럼, 기본적으로 OTT는 개별 구독자를 격동시킬 목적으로 고안된 정동의 기계이다. 그렇기 때문에 OTT 드라마는 정동과 합일된 로컬의 정서가 아니라 글로벌 정동을 겨냥한 서사가 일반적이다. 엄밀히 말해 로컬에서 시작된 창작의 동인이 글로벌 보편성을 지향하는 '글로컬 정동'이다.[3] OTT에서 정동을 발생시키는 목록에는 '삶의 진실' 또는 '삶의 태도', '거친 자연과의 사투', '멸망 이후의 인류', '달달한 또는 츤데레 로맨스', '정의의 회복', '감시사회', '가족 대화합', '진리탐구의 열정', '역사적 교훈', '신자유주의 사회' 등이 있다. 이런 목록은 수용자 저마다의 삶에서 각기 다르게 몸과 마음으로 각인된 '주제'들이다. 더불어 특별한 '분위기'나 '세계관'도 수용자를 격동시키는 정동적 요소일 수 있다. 웨스턴물에 빠져 있는 누군가는 낡은 거리의 어느 시골마을에서 정의를 실현하는 영웅담에도 관심을 가질 것이다. 저 멀리 〈스타워즈〉에서 〈반지의 제왕〉, 〈왕좌의 게임〉 등이 보여주는 세계관은 파생 콘텐츠와 피규어에까지 관심을 넓히게 한다.

　OTT 시청자들은 자신을 격동시키는 정동의 콘텐츠를 제각각 시청했을 것이다. 어떤 이들에게는 삶의 진실이, 어떤 이들에게는 거친 자연과의 사투, 또 어떤 이들에게는 츤데레 로맨스가 자신의 상태를 변화시키는 단순한 재미든 의미있는 즐거움이든 정동의 재료일 것이다. 그런 것들은 시청자에게 말을 건넨다 지금 당신은 어떤 정동이 활성화되어 있는가? . 가령, 〈브레이킹 배드〉2008 는 친구의 배신으로 천재적 기질이 꺾인 후 살아가던 고등학교 화학 교사가 암 선고를 받은 후 고순도 마약을 제조하여 거액의 유산을 남기려는 과정에서 벌어지는 일을 통해 삶이란 무엇인가에 대해 말을 건네는 드라마이다. 〈파친코〉는 망해버린 조국을 떠나 식민자의 땅에서 고군분투하는 자이니치와 그 후예들이 자기존중의 삶에 대해 말을 건넨다. 마약을 만들지 않아도 이민자가 아니어도, 즉 익숙함이 없어도 이런 서사는 정동이 통한다면 그 어떤 국가의 수용자들도 즐길 수 있다. 미국인이나 한국인만이 아닌 그런 정동에 호응하는 전 세계 많은 사람들이 해당 콘텐츠를 시청할 수 있다.

TV 드라마 〈로스트〉2004 는 여러가지 정동의 목록이 거미줄처럼 얽혀 있는 OTT스러운 서사이다. 〈로스트〉에서는 정체불명의 섬에 추락한 비행기에서 살아남은 48명의 승객들에게 신비주의, 삶의 진실, 권력관계, 시간여행 등의 정동적 주제가 펼쳐진다. 시청자들은 개별 인물들이 그런 정동을 주제로 하여 서로 복잡하게 연결되어 있음을 발견하게 된다. 다양한 정동적 주제에서 파생되는 수많은 주변서사는 미스터리라는 중심서사를 지지한다. 시청자는 〈로스트〉가 보여주는 초현실과 과학, 운명, 상식과 비상식처럼, 인간의 실제 삶 역시 그럴 수 있다는 점을 문득 깨닫는다. 어떤 구조 또는 시대와의 불화의 한 단면이다. 그렇게 보면, 넷플릭스의 〈오징어게임〉은 무자비한 신자유주의에서 살아남기, 〈지옥〉은 감시사회에서의 투쟁, 〈킹덤〉은 부당한 권력과의 사투, 그리고 〈파친코〉는 차별과 멸시의 사회 속에서 자이니치 더 나아가 전세계 이주민과 그런 서사에 관심있는 시청자 코리안이 추구해 온 자기 존엄과 혼종적 정체성을 이야기하는 정동의 서사이다. 역시나 시대와 불화하고 질문하는 서사이다.

OTT의 이같은 리얼리티는 기존 TV 드라마가 기대고 있는 역사적이고 정치적이며 맥락적인 정동그래서 정동보다 감정 또는 정서가 더 도드라지는 과 구분되는 탈역사적이고 탈정치적이며 탈맥락적인 정동이다. OTT 드라마는 외양상 로컬이 중요한 듯 보이지만 사실 1세계 국가의 정동이 선제적으로 작용하는 서사이다.

우리는 이같은 OTT 리얼리티의 실현을 '정동의 리얼리즘'

affective realism 이라 부르고자 한다. 정동의 리얼리즘은 TV 드라마의 정서적 리얼리즘과 본질적으로 다르다. 정서적 리얼리즘이 역사적 맥락에서 형성된 '지배적 감정구조'에서 배태되는 리얼리티라면, 정동의 리얼리즘은 특정한 시공간 너머 어떤 '보편적 감정구조'에서 발현되는 리얼리티이다. 인종, 국가, 젠더, 빈부, 세대와 무관하게 자연과 인간을 이해하는, 하지만 저마다다른 강도의 정동을 불러일으키는 보편적 감정구조 말이다. OTT는 글로벌 수용자에게 보편적으로 어필할 수 있는 정동의 콘텐츠를 수급한다. 그런 OTT 콘텐츠는 어떤 누군가에게는 생명 에너지이자 활력이지만 다른 누군가에게는 주목받지 못할수 있다. 그래서인지 식민지 역사가 내면화된 대한민국 TV 드라마의 일본순사는 악랄하지만, 그렇지 않은 〈파친코〉에서는 친절하기까지 하다. OTT의 욱일기 사용법은 글로벌 보편이 로컬의 타자others 를 소비하는 시선이 OTT 콘텐츠에 일관되게 박혀 있음을 보여준다.

　따라서 TV 드라마와 그것의 정동의 관계가 상동相同, homology 적이라면, OTT 드라마와 그것의 정동은 상사相似, analogy 적이다. 자국의 역사 또는 일상적 삶을 그리는 TV 드라마와 영화는 서로 다른 듯 보이지만 모두 국민국가의 이념적 지평으로부터 태동한 지배적 감정구조의 서사이다. 2018년 히트한 드라마 〈미스터 션샤인〉은 식민자가해자 와 피식민자피해자 라는 이항대립, 거기에 국가-장소성, 국가-사건, 국가-문화 등 식민지 조선의 국가적 요소가 적극적으로 버무려진 역사 서술이다주창윤, 2019. 여기에서 일본 제국은 폭력적이다 못해 잔인하고 비열하다. 이는 그같은 역사적 경험을 했던 국민국가 구성원의 공통적이고 지배적인 감정을 반영한다. 국민국가의 역사적 시각에서 창작된 익숙한 재현이다.

그에 반해, OTT 드라마 〈파친코〉는 상사적이다. 겉으로는 레거시 TV 드라마와 비슷해보이지만, 특정 국가의 지배적 정동이 아닌 인류보편의 정동에 더 밀착해 있다. 〈파친코〉는 뚜렷한 선악구도로 이항대립을 시도하기보다 피식민자와 그 후세들이 처한 상황을 이해하고, 그들이 선택한 삶의 여정을 옹호하며, 그들의 삶을 성찰하도록 한다. 그것은 피해자가 아닌 관찰자의 시각이다. 거기에서 일본 제국은 가해자이기는 했어도 비열함의 이미지로 재현되지는 않는다. 넷플릭스 오리지널 〈엄브렐러 아카데미〉 시즌3 2022에 등장하는 욱일기는 일본 우익의 상징도 가학적인 제국주의의 기호도 아닌 2차 세계대전 '시대'를 상징하는 기호이다. 넷플릭스 오리지널 〈코브라 카이〉에서는 일본 무술의 상징으로 욱일기가 사용된다. 전범기 욱일기를 가학의 표상이 아닌 기능적 표상으로 삼는 이같은 서사는 식민의 피해자인 우리에게는 뼈아픈 일이지만 플랫폼 자본은 그것을 크게 개의치 않는 듯 보인다.

OTT가 정동의 리얼리즘을 추구하는 데는 현실적인 이유가 있다. OTT는 서비스되는 국가가 전세계에 걸쳐져 있고, 그들

국가의 가입자들로부터 제작비를 충당하기 때문이다. 정서적 리얼리즘이 국가 단위에서 통용되는 감정에서 비롯되는 리얼리티라면, 정동의 리얼리즘은 글로벌 차원에서 공유 가능한 감정의 리얼리티이다. 특정 국가의 맥락적 정서만을 강조한 드라마로는 전세계 시청자의 다양한 미학적 취향과 다양한 감정구조를 돌파할 수 없다. 따라서 OTT는 다양한 충위의 '정동의 미학'을 최대로 만족시킬 수 있는 전략적 선택이 빚어낸 보편문화이다. 이는 텔레비전이 구축해 온 공통문화common culture 로서 대중문화와 다르다. 보편문화universal culture 는 특정 국민국가에서 미처 발견하지 못한 새롭고 긍정적인 것일 수도 있지만, 때로는 그들 평균정서 바깥의 의아하거나 불편한 것일 수도 있다. 어쩔 수 없이 국적성을 따를 수밖에 없는 수용자의 감정구조 때문이다. 그러면서 보편문화는 점진적으로 공통문화화해 갈 것이다. 이 시대의 대중문화는 국경 안팎에서 보편문화의 투쟁을 벌이고 있다.

3. AI 미디어 시대, 미디어 정동 연구를 위하여

지난 100여 년 동안 미디어 연구는 대중매체의 영향력을 태도 변용이라는 효과effect 개념으로 설명해 왔다. 사회에는 어떤 주어진 문제나 이슈가 있고 미디어는 그런 것에 대한 사람들의 태도를 바꿔낸다는 것이다. 마치 세균에 감염된 사람이 항생제 처방으로 병이 낫는 것처럼, 미디어의 사용 또한 그렇다는 생각이다. 하지만 방송이 처음 등장할 때는 그랬을지 모르지만, 미디어 소비가 일상화되었을 뿐 아니라 세상사 대부분이 미디어화되고 있는 이 시대의 미디어는 그 자체로서 삶의 과정이다. 이 책 본문에서 잘 서술하듯이, OTT 드라마의 주제와 서사 방향, 등장인물, 바이럴, 장소, 만듦새, 심지어 IP가 수용자에게 발산하는 힘 또는 영향력은 효과이기에 앞서 정동이다. 우리는 미디어 곁에서 살지 않고 미디어와 '함께' 살아간다.

글로벌 미디어 시대 미디어 효과는 우리가 넘어야 할 '거대한 산'일지도 모른다. 욱일기가 용인 가능한 깃발이 되고, 동해가 일본해로, 김치가 라바이차이 또는 파오차이로, 민주화운동이 폭동이 되는 '글로벌 보편 기호 투쟁'의 시'대에 직면해 있다. 글로벌 OTT가 가져온 효과들이다. 물론 넷플릭스 드라마 〈수리남〉2022이나 그 외에 동남 아시아 국가에 대한 갖은 편견의 대사처럼 우리도 그런 기호 투쟁에서 가해자가 되기도 한다. 균형 있는 해결책을 찾기는 쉽지 않을 것이다. 확실한 것은 글로벌 OTT로 인한 보편기호 투쟁이 곧 정동의 투쟁이고, 그것은 이미 시작했다는 것이다.

그럼에도 여전히 정동은 어려운 용어이다. 무엇보다 일상적으로 사용하지 않기 때문일 것이다. 그렇다고 미디어 연구가 정동을 외면해서는 안 된다. 인공지능이 미디어의 존재조건이 되고 있는 이 시대에, 다시 한 번 강조하지만 정동은 미디어-콘텐츠-수용(자)을 연결하는 핵심 키워드이다. 이 책이 미디어 정동 연구에 조금이라도 기여하기를 기대한다.

집필자

(목차순)

이소현

상명대학교 계당교양교육원 초빙교수이다. 미디어 문화 연구와 페미니스트 이론의 토대에서 영상문화의 재현 및 실천 양상을 연구하고 있다. 주요 연구로 'TV홈쇼핑과 여성 노동', '아동학대의 재현과 모성 신화', '디지털 기술과 사회적 약자' 등의 논문과 《미디어 허스토리 3.0》공저, 《미디어 격차》공저, 《핵심 이슈로 보는 미디어와 젠더》공저 등의 저서가 있다.

유승현

한양대학교 언론정보대학원 겸임교수이다. 디지털 미디어 변동 및 데이터 분석방법론에 기반하여 미디어커뮤니케이션 현상을 연구하고 있다. 주요 연구로 '디지털 전환 시대의 데이터 정책과 이용자 권리 보호', '뉴스 유통의 변동과 지상파 뉴스 콘텐츠의 대응전략에 대한 탐색적 연구', '플랫폼 사업자의 데이터 집중과 액세스권 개념의 재정립' 등의 논문과 《미디어 빅데이터 분석》공저 등의 저서가 있다.

정순영

독일에 거주하고 있는 자유기고가이자 독립연구자이다. 이주민 여성, 민주주의 시민성, 탈식민 주제에 관심이 많다. 정치발전소 저널 〈P〉에 '독일연방선거 스케치', 민주인권기념관 홈페이지에 '브라질 아마존 원주민 사례로 본 '남미의 선택' – 자원, 인권, 환경의 문제' 등을 기고하고, 국회 미래연구원 〈누가 어떤 경로로 정치인이 되는가 – 독일 사례〉 조사 연구에 참여했다.

현무암

일본 홋카이도대학교 대학원 미디어 · 커뮤니케이션연구원 교수이다. 매스미디어나 역사감정에 좌우되지 않는 동아시아의 공론 형성에 대해 연구한다. 저서로 《노무현 시대와 디지털 민주주의》, 《'포스트제국'의 동아시아》, 《기시 노부스케와 박정희》공저, 《사할린 잔류자들》공저 등이 있다.

이형민

성신여자대학교 미디어커뮤니케이션학과 교수로 재직 중이다. 주요 연구 분야는 공공커뮤니케이션과 정책 PR이며, 최근에는 엔터테인먼트 콘텐츠의 행동심리학적 설득 효과에 관한 일련의 연구를 진행하고 있다. 한국광고학회, 한국PR학회, 한국방송학회, 한국광고홍보학회 등에서 총무이사를 역임하였으며, 여성가족부, 보건복지부, 국방부, 한미연합사령부, 서울시청 등에서 홍보 자문 및 평가위원으로 활동하고 있다.

최진호

경상국립대학교 미디어커뮤니케이션학과 교수이다. 디지털 환경에서의 뉴스 생산, 유통, 소비과정에 대해 연구하고 있다. 주요 연구로 'Motives for using news podcasts and political participation intention in South Korea', '소셜미디어와 뉴스 인식', '언론의 정파성과 권력 개입', '언론사의 숏폼 콘텐츠 전략 사례와 이용 연구' 등이 있다.

임종수

세종대학교 미디어커뮤니케이션학과 교수이자 글로벌미디어소프트웨어연계융합전공GMSW의 센터장이다. 미디어 역사문화 연구 프레임으로 OTT를 비롯한 디지털 미디어와 콘텐츠, 수용 양식을 연구하고 있다. 주요 연구로 '텔레비전 안방문화와 근대적 가정에서 생활하기', '일요일의 시보, 전국노래자랑 연구', '오토마타 미디어', '글로벌 OTT, 플랫폼 리얼리즘의 세계' 등의 논문과 《미디어와 일상》공역, 《저널리즘 모포시스》공저, 《넷플릭스의 시대》역 등의 저서가 있다.

송요셉

한국콘텐츠진흥원 콘텐츠산업정책연구센터 책임연구원이다. 게임, 만화/웹툰, 방송영상, 애니메이션, 음악 등 콘텐츠산업 주요 장르별 실태조사와 정책연구를 수행하고 있다.

윤기웅

미국 네바다주립대학교 레이놀즈 저널리즘 스쿨의 교수이자 학장이다. 학장으로서 북 네바다 공영라디오NPR 네트워크인 KUNR 라디오 방송국을 관장한다. 커뮤니케이션 이론, 인터넷 연구 방법론, 소셜미디어, 건강 커뮤니케이션, 의제 설정, 지역 신문, 소셜 네트워크 분석, 빅 데이터 분석 등 다양한 주제를 연구한다. 연구 프로젝트로 미국 국립과학재단NSF, 미국 농무부USDA, 구글, 온라인 뉴스 협회 등의 자금을 지원받고 있다.

서문

1   의미있는 TV 드라마 관련 저술을 일별하면 다음과 같다; 방송현장에서 오는 이론
적 통찰을 보여주는 <텔레비전 드라마 사회학>(오명환, 1994)과 <텔레비전 드라
마 예술론>(오명환, 1994), 한국 TV 드라마를 연대기적으로 정리한 <한국사회와 텔
레비전 드라마>(김승현·한진만, 2001), TV 드라마를 특정 시기의 감정구조로 해석
한 <한국 사회의 변화와 텔레비전 드라마>(정영희, 2005), TV 드라마의 장르적 미
학과 해독에 관한 <텔레비전 드라마: 장르, 미학, 해독>(주창윤, 2005), 드라마를 한
류와 결부시킨 <한류 드라마와 아시아 여성의 욕망>(이수연, 2008), 드라마 사회문
화사를 표방한 <드라마, 한국을 말하다>(김환표, 2012), 인문학 분야에서 TV 드라마
를 조명한 <한국 멜로드라마의 근대적 상상력>(윤석진, 2004), 특정 시기를 드라마
로 읽어내는 <한국인의 자화상 드라마>(이영미, 2008), 드라마 장르별 특성을 탐구
한 <대중서사장르의 모든 것>(대중서사장르연구회, 2007) 시리즈. 역사드라마 왜곡
문제를 사실과 상상의 프레임으로 풀어쓴 <역사드라마, 상상과 왜곡 사이>(주창윤,
2019), 화제의 TV 드라마를 주제별로 분류 비평한 <히트 드라마의 아포리즘>(오명
환, 2021).

1장

1   푸코(Foucault, 1977)는 생체 권력과 통치성에 대한 논의에서 디스포지티프 개념
을 제안했다. 그는 이 개념을 통해 담론, 제도, 건축 형태, 규제적 결정, 법률, 행정적
수단, 과학적 진술, 철학적·도덕적·인류애적 명제 등으로 이루어진 "확연히 이질적
인 집합"(a thoroughly heterogeneous ensemble)을 포착하고자 하였다. 푸코에
게 디스포지티프는 말해진 것뿐만 아니라 말해지지 않은 것까지 포괄하는 이질적인
네트워크를 의미하며, 권력관계와 그 효과를 내재하는 것이다. 아감벤(Agamben,
2010)은 푸코의 개념을 확대하여 "생명체들의 몸짓, 행동, 의견, 담론을 포획, 지도,
규정, 차단, 주조, 제어, 보장하는 능력을 지닌 모든 것"을 디스포지티프라고 보았는
데, 여기에는 인간을 은연중에 포획하는 문학, 담배, 컴퓨터, 휴대전화, 언어 등도 포
함된다. 근래 디스포지티프 개념은 영화와 미디어 연구에서 제도적·기술적 요소들의
특정한 배열과 그 효과, 특히 디지털 네트워크 시대 주체성의 구성과 권력 관계를 탐

색하는데 활용된다.

2장

1 인터넷 밈은 해석에 따라 다양하게 정의된다. 첫째는 온라인을 통해 영향력을 획득하는 문화의 한 조각, 둘째는 정치·문화적 정체성을 커뮤니케이션하는 여러 참여자의 창조적 표현, 셋째는 풍자, 패러디, 비평, 기타 담론 활동을 목적으로 참여적 디지털 문화의 구성원에 의해 빠르게 확산할 수 있는 혼합된 반복적 메시지, 넷째는 인터넷 문화 현상으로 변이와 복제로 늘어나는 맥락이 바탕된 바이럴 등이다.

2 채널들의 내향 연결선수 값은 어퍼컷Tube은 4,478, leeminho film은 3,205, 카랑Karang은 2,503, ぱく家(박가네)는 1,328, 극적인 1,263, 퍼플튜브는 1,066, MBCNEWS는 1,013, JTBC News는 857, 원더WONDER는 653 등이다. 채널들의 내향 연결선수 값이 높다는 것은 채널의 영상에 유튜브 이용자 반응(댓글)이 상대적으로 많이 달렸다는 의미이다.

3 <파친코> 네트워크의 중심성 분석 결과는 다음과 같다. '어퍼컷Tube' 채널의 매개 중심성 값은 0.323, 근접 중심성 값은 0.358, 위세 중심성 값은 0.618이었다. '카랑Karang' 채널의 매개 중심성 값은 0.180, 근접 중심성 값은 0.339, 위세 중심성 값은 0.107이다. '극적인' 채널의 매개 중심성 값은 0.071, 근접 중심성 값은 0.319, 위세 중심성 값은 0.0.034이다. 'MBCNEWS' 채널의 매개 중심성 값은 0.061, 근접 중심성 값은 0.310, 위세 중심성 값은 0.018이다. '씨야무비(Seeya Movie)' 채널의 매개 중심성 값은 0.026, 근접 중심성 값은 0.311, 위세 중심성 값은 0.020이다.

4장

1 ポール・ドゥ・ゲイ／ステュアート・ホール／ヒュー・マッケイ『実践カルチュラル・スタディーズ:ソニー・ウォークマンの戦略』暮沢剛巳訳, 大修館書店, 2020年, 8쪽

2 ミン・ジン・リー『パチンコ』下, 池田真紀子訳, 文藝春秋, 2020年, 349쪽

3 内田樹「内田樹が観た、ドラマ『Pachinko パチンコ』:日本を舞台にしながら、日本で黙殺される理由とは？」『GQ JAPAN』2022年7月1日 (https://www.gqjapan.jp/culture/article/20220701-pachinko-review)

4 テッサ・モーリス=スズキ「基調講演『パチンコ』と在日コリアンの「社会資本」:歴史とフィクションのはざま」玄武岩ほか編『グローバルな物語の時代と歴史表象:「PACHINKOパチンコ」が紡ぐ植民地主義の記憶』青

土社，2024年，35쪽

5　伊地知紀子「大阪と在日コリアン」川野英二編『阪神都市圏の研究』ナヤニシヤ出版， 2022年，61-65쪽

6　Ramseyer, J. Mark, "Social Capital and the Problem of Opportunistic Leadership: The Example of Koreans in Japan", European Journal of Law and Economics, 52(1), 2021

7　テッサ・モーリス－スズキ／鄭炳浩／姜信子／金敬黙「座談会 ドラマ『パチンコ』から考えるグローバル・メディア時代の記憶と忘却」前掲『グローバルな物語の時代と歴史表象』，49쪽

8　"'A difficult time': why popular TV series Pachinko was met with silence in Japan", The Guardian, 21 April 2022 (https://www.theguardian.com/world/2022/apr/21/pachinko-tv-series-korea-japan-min-jin-lee)

9　「在日コリアンの苦難を描く『パチンコ』を、「反日ドラマ」と切り捨てていいのか」『ニューズウィーク日本版』2022年5月19日　(https://www.newsweekjapan.jp/stories/culture/2022/05/3-323_4.php)

10　前掲「内田樹が観た、ドラマ『Pachinko パチンコ』」

11　浮葉正親「ミン・ジン・リー『パチンコ（上）・（下）』に見る「在日」の世界」『抗路』第8号，2021年，抗路社，36쪽

12　深沢潮「植民地時代を描くことの難しさ：創作者の立場から」前掲『グローバルな物語の時代と歴史表象』，96쪽

13　현무암<'포스트제국'의 동아시아: 담론・표상・기억>, 김경옥 외 번역, 소명출판, 2023년, 377-382쪽

14　Roh, David S., Minor Transpacific : Triangulating American, Japanese, and Korean Fictions, Stanford University Press, 2021, pp.125-130

15　伊地知紀子「複数の声が集まる現場から」前掲『グローバルな物語の時代と歴史表象』，72쪽

16　林浩治「パチンコという表象: アメリカでベストセラーになった、ドラマティックな在日朝鮮人三世代の物語」『図書新聞』第3470号，武久出版，2020年11月7日，6쪽

17　斎藤美奈子「世の中ラボ(128) 新世代の在日文学を読んでみた」『ちくま』2020年12月号，筑摩書房，19쪽

18　中村和恵「隣人とわたし:『パチンコ』とジュリー・オオツカ、移民たちの物語」『群像』2020年11月号，講談社，296쪽

19　レオ・チン『反日: 東アジアにおける感情の政治』倉橋耕平監訳、趙相宇／

　　永冨真梨／比護遥／輪島裕介訳、人文書院、2021年、237쪽

20　다큐멘터리 영화를 예로 들면, 자이니치 여성을 주인공으로 하는 작품으로서 2004년에 제작된 <해녀의 양씨>(감독:하라무라 마사키), <꽃할매>(감독:김성웅), <나의 어머니 하루코>(감독:노자와 카즈유키) 등을 들 수 있다. 이들 작품에서 주인공 여성은 자신의 서사가 부여되지 않은 전형적인 '어머니'로 그려진다. 한편, 양영희 감독의 <스프와 이데올로기>(2022)는 지금까지의 작품에서는 뒤로 밀려나 있던 어머니를 주인공으로 하여, 어머니와 딸이라는 여자끼리의 대화를 완성시킨 작품이다. 오사카에서 태어나 해방 직전에 대공습을 위해 제주도에 소개한 어머니 강정희가 제주 4·3사건에 휘말려 약혼자를 잃은 과거가 그려진다. 이는 '여자'로서의 첫사랑의 추억에 자리를 마련하는 것이며, <파친코>로 이어지는 여성의 이야기라 할 수 있다. <스프와 이데올로기>는 양감독 작품에서 <디어평양>(2005) 및 <소나, 또 하나의 나>(2009)와 더불어 자이니치 가족의 연대기를 구성한다고 볼 수 있다.

21　渡辺由佳里「解説」、前掲『パチンコ』下所収、361쪽

22　Roh, op.cit., p.134

23　前掲「座談会 ドラマ『パチンコ』から考えるグローバル・メディア時代の記憶と忘却」、63쪽

24　前掲「基調講演『パチンコ』と在日コリアンの「社会資本」」、38쪽

25　辻田真佐憲「歴史に「物語」はなぜ必要か: アカデミズムとジャーナリズムの協働を考える」前川一朗編著、倉橋耕平／呉座勇一／辻田真佐憲『教養としての歴史問題』所収、東洋経済新報社、2020年、195쪽

26　前掲『反日』、195쪽

27　スチュアート・ホール「誰がアイデンティティを必要とするのか？」スチュアート・ホール／ポール・ドゥ・ゲイ編『カルチュラル・アイデンティティの諸問題: 誰がアイデンティティを必要とするのか？』宇波彰監訳, 大村書店, 2021年, 15쪽

28　重田園江『隔たりと政治: 統治と連帯の思想』青土社, 2018年, 177-182쪽

29　前掲『反日』, 206쪽

30　「파친코' 제작진에 한국계 미국인 다수…"이주민 정체성 다뤘죠"」『연합뉴스』 2022년 3월18일 (https://www.yna.co.kr/view/AKR20220318102000005)

31　姜尚中『アジアを生きる』集英社新書, 2023年, 4-5쪽

6장

1　<나는 신이다>는 JMS(정명석) 3편, 오대양(박순자) 1편, 아가동산(김기순) 3편, 만민

중앙교회(이재록) 2편, 총 8편으로 구성되어 있다.

2 2023년 3월 3일부터 4월 14일까지 웨이브에서 방영된 후 7월 12일부터 8월 17일까지 SBS에서 방영됐다. 총 13편으로 구성돼 있다.

3 2023년 9월 29일부터 11월 3일까지 9부작으로 방영됐다.

4 대법원은 2024년 6월 13일 살인·사체유기 등 혐의로 기소된 정유정에게 무기징역을 선고하였다. 1~3심 모두 무기징역이 선고되었다(황윤기, 2024).

5 2022년 5월 22일 오전 5시 부산에서 한 30대 남성이 20대 여성의 뒷머리를 돌려차기로 가격하고 기절할 때까지 수차례 걷어찬 뒤 끌고 간 폭행 및 강간살인미수 사건이다.

6 2023년 12월 15일부터 2024년 1월 19일까지 총 6개 에피소드가 방영됐다.

7 전남 나주 초등생 성폭행 사건 이후 연이은 유사 사건을 다룬 언론 보도에 대해 선정적 보도, 피해자의 2차 피해 유발 보도, 사회적 공분과 강력한 처벌 여론에 편승하여 인권 관점을 간과한 보도, 과열 보도 등의 문제가 지적되어 한국기자협회와 국가인권위원회가 공동으로 이 권고 기준을 제정했다(국가인권위원회, 2012). 권고 기준의 자세한 사항은 한국기자협회 홈페이지(https://www.journalist.or.kr/news/section4.html?p_num=9)를 참고하면 된다.

8 공감기준 및 실천요강의 전문은 한국기자협회 홈페이지(https://www.journalist.or.kr/news/section4.html?p_num=11)를 참고하면 된다.

9 https://www.opennet.or.kr/16351

7장

1 양질의 TV 개념은 1990년대 치열한 채널 경쟁 환경에서 피어난 차별적이고 질 높은 드라마의 경향을 지칭하는 용어이다. X-File(1993, FOX), Sex and the City(1998, HBO), The Sopranos(1999, HBO), Lost(2004, ABC), Breaking Bad(2008, AMC), Game of Thrones(2011, HBO) 등은 케이블 TV가 이끌어 온 양질의 TV의 대표작들이다. 이들 서사는 외계인이나 주술적 세계, 자아 정체성으로서 성, 가족과 인생에 대한 직관적 태도 등의 주제로 열병에 가까운 환호를 이끌어 내었다. 지금의 OTT 드라마는 바로 그런 흐름 위에 있다.

2 서사적 복잡성(narrative complexity)의 드라마는 이야기 줄기가 쉽게 파악되는 기존의 TV 드라마와 달리 등장인물들의 개별적인 에피소드가(주변 서사) 전체적으로 중심적인 서사 줄기(중심 서사)를 직조해 내는 서사 형식을 말한다. 가령, 드라마 Lost(2004)는 남태평양 어느 섬에 불시착한 수많은 사람들의 개별적인 사연과 결부된 생존기의 드라마이다. 이같은 성격의 작품은 영화에서 봄직한 심리적 사실주의와

애매한 줄거리, 현재와 과거의 연결, 높은 완성도 등으로 양질의 TV 경향을 만들어 낸다. 따라서 서사적 복잡성의 드라마는 다층적 플롯 라인이 살아움직이고 이야기가 축적됨으로써 캐릭터화가 용이하고 세계관을 형성하여 서사를 지속적으로 끌고갈 수 있는 장점이 있다.

3   미디어 정치경제학은 신문의 독자 시장, 공영방송과 상업방송, 케이블 TV 전문채널 등의 광고 시장이 그들 미디어의 재현과 어떻게 결부되어 있는지를 설명해 왔다. 특별히 방송에서 그것은 특정 채널이 어떤 편성적 흐름(flow)을 구성하는지에 따라 결정된다(Williams, 1974). 텔레비전은 콘텐츠가 일방향으로 흐르는 채널의 문화기술에 기반해 있기 때문이다. 수퍼텍스트는 방송 채널 텍스트성의 흐름 양식, 다시 말해 "편성 스케줄에 따라 특정한 프로그램과 그 사이 적재적소에 방송사 공지, 광고, 시보 같은 일군의 틈새 콘텐츠를 구성"하는 것을 일컫는다(Browne, 1984, p. 176). 따라서 수퍼텍스트는 흐름의 미디어로서 텔레비전이 낳은 개별 프로그램의 재현, 광고 수익 극대화, 개별 콘텐츠들의 상호텍스트성 등 텔레비전의 문화적, 정치경제학적 속성을 설명하는 개념이다.

4   2023년 11월 8일 행정안전부는 국내 거주 외국인 주민을 226만명으로 추산하는 보도자료를 배포했다. 총인구 대비 4.4%로 역사적으로 최대 규모이다.

5   '내셔널 알레고리'란 국가의 상태를 평범한 사람들의 일상적인 투쟁으로 그려내는 제3세계 국가의 문학 또는 예술 작품의 경향을 일컫는 용어이다. 프레데릭 제임슨 (Jameson, 1986)은 제1세계 제국주의 국가들이 주도해 온 근대화와 그런 자본주의 체제에서 겪는 제3세계 민중의 굴곡 많은 삶의 궤적이 그때는 물론 '지금 현재'의 서사에도 나타난다고 말한다. 즉, 제3세계 서사는 그 국가 안에서 벌어지는 독자적인 일화처럼 보이지만, 대부분 "1세계 문화의 가치와 스테레오타입"을 내면화 국민들이 "1세계 국가와의 생사를 건 투쟁 속에 갇혀" 있는 것으로 그려진다는 것이다. <파친코>는 정확하게 그런 서사이다.

6   <파친코>는 디아스포라 선자 가족의 살아남기 서사이다. 선자는 이들 가족의 종족적, 정신적 대모(代母)로서 이 작품이 여성 서사의 한 결임을 증명한다. 선자의 아들 노아는 선자가 한 때 사랑했지만 떠나보낼 수밖에 없었던 바람둥이 재일 사업가 고한수의 사이에서 태어난 아들이고, 모자수는 그런 선자가 백이삭과 결혼하여 얻은 아들이다. 노아는 와세다 대학에 들어갈 정도로 수재지만 조선인이라는 한계를 극복하지 못하고 끝내 자살하고 만다. 모자수는 노아의 능력을 동경하지만, 자신은 나쁜 조선인으로 살아가기로 결심하고 고등학교 중퇴 후 파친코 사업에 뛰어든다. 파친코는 게으름, 뒷골목, 야쿠자 등을 떠올리게 되는 나쁜 비즈니스이다. 그의 아들이자 선자의 손자인 솔로몬은 미국 콜롬비아 대학을 나와 영국계 은행에 근무하지만 결국 인종차별을 피하지 못하고 끝내 아버지의 파친코 사업을 물려받는다. 그런 점에서

파친코는 정상적인 삶을 살려 하지만 떠나온 한국에서는 낯설기 짝이 없고, 일본과 미국에서는 정상적인 삶이 외면되는, 그

7 <파친코>에서는 인물의 대사, 태도, 심리 등에서 주제 의식을 잘 파악할 수 있다. 특히 시즌1 여섯 번째 에피소드에서는 극의 전체 주제를 관통하는 대사를 찾을 수 있다. "잘 사는 것보다 어떻게 잘 살게 됐는가 그기 더 중요한기라 … 내를 반으로 쪼개 갖고 살 수는 없다 아이가"(선자가 손자 솔로몬에게 하는 말, ep.6) "자기 몸의 윤곽을 똑바로 알고 당당하게 재량껏 살았으면 좋겠어"(선자 남편 이삭이 형에게 하는 말, ep.6).

8 서사극 장르는 고대 서사시와 연극을 결합한 극 형식으로 20세기 초 자기반영성의 문화 실험 속에서 극작가 베르톨트 브레히트(B. Brecht)의 생소화 전략을 통해 이론적으로 정립되었다. 문화비평가이자 이론가인 발트 벤야민(W. Benjamin)은 그런 브레히트의 작업에 관심을 기울이며 지지와 평론을 아끼지 않았다. 미디어 산업 발전에 따라 서사극 형식은 연극에서 영화로 많이 옮겨갔다. 그에 반해, TV는 그리스 비극이 추구하는 카타르시스 작법을 주로 따랐다. OTT 시리즈는 영화적 TV(cinematic TV)로서 서사극 형식을 많이 차용한다. 이는 고도의 채널경쟁에서 서사적 복잡성과 영화적 드라마를 추구했던 1990년대 양질의 TV(quality TV) 담론을 이어받은 것이다. 따라서 OTT 시리즈물은 그 연속성을 강조해 드라마로 통칭하지만, 엄밀하게 보면 서사극이라고 칭하는 것이 더 합당할 지도 모른다. 실제로 그랬을 때 각기 다른 사회문화적 맥락을 배경으로 하는 전세계 시청자에게 더 잘 수용될 수 있기 때문이다. 현실의 도덕률과 이념을 확인하는 드라마와 달리, 시대와 불화하는 서사극 주인공은 복잡한 역사적 맥락을 가로질러 전세계 시청자에게 직접적으로 어필한다.

9 감정구조는 영상 서사물의 문화적 경제적 특수성을 이해하는데 중요한 개념이다. 감정구조는 역사적으로 특정 시기에 등장하여 서로 경쟁하는 차별적인 "특별한 삶의 감각, 특수하고도 특징적인 색깔"이다(Williams, 1961, p. 64), 감정에 '구조'라는 용어를 붙인 것은 문화에 투영된 인간의 감정이 정치혁명이나 경제혁명과 달리 문화혁명을 지연시키는, 그러면서도 어느 시기에 이르러 봇물처럼 문화혁명을 이뤄내는 속성 때문이다. 그것은 사회적으로 구조화되어 있다. 훗날 토니 베넷(Bennet, 1981, p. 26)은 이를 정교하게 다듬어 특정 시기 계급이나 집단이 전체적인 삶을 통해 형성한 "정형화된 규칙성을 보이는 공유된 생각이나 감정의 집합"으로 정의한다. <파친코>에서는 선자로부터 이어가는 후속 세대의 삶의 태도로부터 세대간 감정구조의 차이를 읽을 수 있다.

10 이 글에서 말하는 '친절한' 일본순사의 대표적인 사례가 이 장면이다. 하지만 이에 대해서는 인종과 권력관계를 대입해 다른 해석도 있을 수 있다. 첫째, 두 명의 일본순

사 중 상대적으로 인간적인 인물이 조선인이어서 그렇다고 생각할 수 있다. 일제 강점기 '조선인 순사'가 있었던 것은 사실이다. 하지만 그간 TV 드라마나 영화에서 조선인 순사나 조선인 군인은 일본순사나 일본 군인보다 오히려 더 악질적으로 그려져 왔다. 순사 또는 군인으로서 철저한 업무수행이 피식민자 출신이 출세할 수 있는 거의 유일한 방법이었기 때문일 것이다. 둘째, 그같은 대화가 권력자인 식민자 남성 순사가 당시 가장 약자인 여성 피식민자에게 던지는 일종의 성추행으로 볼 여지도 있다. 하지만 실제 해당 장면의 일본순사의 표정이나 시선에서 그런 점을 찾을 수는 없다.

11 <쉰들러리스트>는 애초에 로만 폴란스키 감독에게 연출이 의뢰되었으나 자신이 홀로코스트 가족이어서 객관적 연출이 불가능하다고 고사하여 역시 유대계인 스티븐 스필버그가 연출한 작품이다. <파친코>는 한국계 미국인 작가의 소설을 역시 한국계 미국인의 총괄지휘 하에 한국계 미국인이 연출한 작품이다. 미디어 서사의 쓰기 주체를 전통적인 작가로 볼지, 기획자 또는 감독이나 PD로 볼지, 미디어 기업으로 볼지 모호한 경우가 많다. 그럼에도 대규모 자본이 투입되는 미디어 산업의 특성을 고려할 때 쓰기 주체를 미디어 기업으로 보는 것이 타당하지 않을까 생각한다. 특히 영화와 비교해 OTT는 구독 플랫폼을 전제로 하기 때문이다. 소설 <파친코>는 온전히 작가 이민진이 쓰기 주체지만, OTT 드라마 <파친코>에서는 그런 서사를 OTT 콘텐츠로 선택한 것, 그런 서사를 위해 예산을 들인 것, 애초의 영어 소설을 넘어 40여개가 넘는 언어로 세계 각지에 서비스되는 것 등이 모두 해당 매체의 영향 아래에서 이루어진 일이기 때문이다. "KBS는 왜 <오징어게임> 같은 것을 만들지 못하나?"라는 푸념에서 보듯이, OTT는 투여되는 창작 요소와 무관하게 제작을 결심하고 투자위험을 감수한 미디어 기업이 법적으로나 현실적으로 쓰기 주체라 할 수 있다. <파친코>가 낯선 이유는 쓰기 주체와 서사의 역사적 주체가 다르기 때문일 것이다.

12 기존의 TV 드라마나 영화와 달리 OTT 드라마는 전형적인 선악구도로부터 자유롭다는 점에 주목할 필요가 있다. 전래의 TV 드라마와 영화는 기존의 도덕관념, 이데올로기에서 선택된 선과 악의 이항대립이 기본 구도인데 반해, OTT 드라마는 사회 시스템과의 갈등, 가령 아포칼립스처럼 특별한 주제환경 안에서 펼쳐지는 삶의 방식을 더 많이 다룬다. 만약 ~한다면(what if~)은 OTT 드라마 서사구성의 기본 틀이다. <파친코>는 식민지 상황에서 상상할 수 있는 핍박과 저항의 이항대립 서사가 아닌, 제국주의와 식민지배라는 특수한 사회적 시스템의 조건이 삶에 미치는 영향에 관한 서사이다. 이에 대해서는 앞서 내셔널 알레고리로 설명한 바 있다. 그 안에도 이항대립이 있지만 기존의 이데올로기를 확인하기보다 의문을 제기하고 새로운 대안을 말하는데 더 관심을 기울인다.

13 토지의 지대는 비옥도에 따라 달라진다. 즉, 토지가 비옥할수록 더 많은 곡물을 생

산하기 때문에 비옥한 토지는 임대료가 더 높다. 경제학자 데이비드 라카르도(D. Ricardo)는 이를 '차액지대'(differential rent)라 일컬었다. 토양의 비옥도에 따라 열등지와 우등지 간의 초과이윤의 차이가 곧 차액지대이다. 그렇게 보면, 미디어 영역에서는 콘텐츠 생산과 편성으로 이익을 극대화하기 위해 수용자의 특성을 잘 파악하는 능력이 수용자 지대를 결정하는 주요 요인으로 설명할 수 있다. 마침 미디어 경제에 노동과 지대라는 것이 적용가능한지에 대한 논쟁이 있어 개념적 실체적 이해에 도움이 된다. 강남훈(2002)은 윈도우, 구글, 아마존, 네이버, 그리고 훗날 넷플릭스 등 소프트웨어 정보재 또한 지대를 적용할 수 있다고 주장하는데 반해, 채만수(2004)는 그런 정보재에는 가치는 물론 지대 개념도 없고 해당 정보재의 배타적 차별성에 따른 독점이윤으로 파악해야 한다고 주장한다.

14 1978년 드라마 <청춘의덫>과 1999년 <청춘의덫>에 대한 상반된 평가에서 그 사례를 살펴볼 수 있다. 1978년 <청춘의덫>은 출세와 물질만능의 가치관을 비판하는 멜로 드라마로 높은 시청률을 기록했지만, 당대의 도덕적 규범을 해쳤다는 이유로 조기 종영됐다. 미혼모가 아이를 낳았고 여성이 남성에게 보복을 하는 것이 용인되지 않았기 때문이다. 당시 언론윤리위원회는 "결혼식도 올리지 않은 채 동거, 5세 된 아이까지 두고 있는 등 무분별한 남녀관계를 다룸으로써 가정생활이나 혼인제도의 순결성을 해칠 우려가 많은 드라마"일 뿐 아니라 "남주인공이 가난하고 불쌍한 여주인공을 버리고 사장 딸에게 접근하는 등 배금사상을 자극하고 있다"며 대본 수정을 요구했다(박희석, 2007). 하지만 이 드라마는 1999년에 SBS에서 다시 방송되었는데, 이 때는 도덕적 가치관의 문제제기 없이 높은 시청률로 사랑받았다. 오히려 복수를 다짐하는 여 주인공의 "부숴버릴거야"라는 대사가 인구에 회자될 정도였다. 20년을 간극으로 한국 사회의 가족, 성, 사랑에 대한 지배적 도덕관이 달라졌기 때문으로 보인다.

15 2022년 10월 넷플릭스는 광고 요금제(Basic with Ads)를 출시했는데, 이는 OTT가 영업이익을 개선하기 위해 단행한 지대추구행위라 할 수 있다. 클라우드라는 '땅'에 진입하는 방식을 다변화함으로써 수입을 극대화하기 때문이다(실제 부동산으로서 땅을 예로 든다면 그 땅에 길이나 관개수로 같이 땅을 보다 가치있게 하는 기반시설이 만들어진 것과 같다). 넷플릭스는 시청자 단위로 광고비를 책정하는데, 알려진 바로는 시청자 1천명 당 39~45달러로 거래되는 것으로 보인다(Vranica, Toonkel & Haggin, 2023). 넷플릭스는 광고 요금제 도입 이후 주춤하던 가입자수는 물론 매출액과 영업이익 또한 크게 늘어난 것으로 보아 적어도 재정 측면에서 OTT 광고의 영향력을 말할 수 있을 듯 하다. 하지만 OTT에서 광고는 지역이나 국가, 이용자 특성에 따라 맞춤형으로 제공되기 때문에, 기존 TV의 광고주와 같은 정도의 정치문화적 영향력을 말하기는 쉽지 않을 것이다. 수용자 자원론과 별개로 OTT 광고의 영향력에

대한 탐구도 필요해 보인다.

16 복잡계 이론에서 우발성(contingency)은 행위자와 연결, 중심성, 속성, 패턴 등으로 표출되는 계의 복잡한 상호작용에서 참여 행위자에게 최적의 솔루션이 제공된다는 것을 일컫는다(Buchanan, 2002/2014). 널리 알려져 있듯이, 넷플릭스는 콘텐츠와 시청활동 데이터 분석을 통해 어떤 형식의 콘텐츠를 누가 주연으로 하면 좋을지 파악하여 제작하고, 그렇게 만들어진 콘텐츠를 어떤 구독자가 원하는지 판단하여 차별적으로 추천하는 최적화의 인터페이스를 지향한다. 융합 미디어 연구에서는 이를 '우발성의 모델'이라고 부른다(Grandinetti, 2017/2019, 64쪽). 그에 반해, 전통적으로 방송은 제작자의 과학적 분석과 통찰에 기반해 시청자가 좋아할 것이라고 여겨지는 콘텐츠를 제작하고, 그렇게 만든 콘텐츠가 널리 뿌려진 후 사후적으로 반응을 확인하는 '우연성(haphazard)의 모델'을 지향해 왔다.

17 <파친코>는 최근 미국 문화계가 주도하는 이민자 서사를 대표한다. 2020년 <미나리>에서 2022년 <파친코>, 2023년 <성난사람들>로 이어지는 이민자 서사는 미국의 각종 영화제에서 큰 성과를 냈다. 주류 미국문화가 한국인의 이민을 흥미롭게 포착하는 모양새이다. 흥미롭게도 이들 서사들은 모두 선악의 모호함을 일관되게 견지한다. 이는 <브레이킹배드>, <나르코스>의 주인공처럼 우리가 상식적으로 악인이라 생각했던 인물을 주인공으로 다루어 왔던 경향 선상에 있다. 최근에는 국내 레거시 채널에서도 악인에 대한 심리적 동조는 물론 전통적인 악인이 주인공으로 분하는 다크 히어로물이 등장하고 있다(윤복실, 2023). 이들 서사물은 모두 세계를 구하는 전형적인 영웅이 아닌 자본주의 리얼리즘을 온몸으로 겪는 소영웅의 여정, 그러니까 시대와 불화하는 보통사람들의 특별한 이야기에 주목한다. 확실히 선악의 모호함은 영화 이후(after film) 또는 TV 이후(after TV) 시대의 새로운 경향인 듯 보인다.

8장

1 각 사업자들의 공식적인 발표와는 별개로, 이용자가 OTT 서비스별 영상과 음질의 비트레이트 평균을 찾아 비교한 사례가 있다. 자세한 내용은 'https://blog.naver.com/techfy/223466336502'에서 확인할 수 있다.

2 소설에서는 영어 이름 중 일부를 한국어 발음 그대로 표기했다. 즉 Isaac은 Isak, Joseph은 Yoseb, Noah는 Noa로 표기했다. 한편 모세의 경우는 Moses를 일본어로 읽었을 때의 발음을 그대로 옮긴 Mozasu로 표기했다.

3 이하 가로세로 비율, 오프닝, 자막색 관련 내용은 'https://www.youtube.com/watch?v=KcrrOUyLm1s'에 업로드된 동영상의 3:32~5:25 부분을 참고했다.

4 'https://remarkble.tistory.com/365'나 'https://www.youtube.com/

watch?v=kILQmnA3tds' 등에서 이런 해석을 발견할 수 있다.

결어

1 이 표현은 <에티카>에서 몸과 마음, 감정 등이 작용되는 방식을 설명하는 대표적인 문구이다. 이 작용은 인간은 물론 모든 자연물이 끊임없는 전이과정 상에 있다는 것, 따라서 특정 시점에는 특정한 양태(mode)로서 그 본질적 존재가 발현된다는 점을 말한다. 마수미(Masumi, 2015/2018, 25쪽)는 어느 대담에서 "내가 무엇인가에 영향을 주게 되면, 동시에 나는 그것으로부터 영향을 받을 수 있도록 나 자신을 여는 것입니다. 그럴 경우 나는 아무리 미세하더라도 변화(전이)를 겪게 됩니다. 문턱을 넘는 것이죠. 능력의 변화라는 관점에서 보면, 정동은 바로 그러한 문턱의 전이라 할 수 있습니다"라고 말한다. 그렇기 때문에 정동은 신체에서 발원하는 행하게 하거나 행해지는 역량이다. 마수미는 정동에 대해 다음과 같이 말한다; "정동이란 몸의 운동을 그 잠재태 – 존재하거나, 더 정확히는 행하게 되는 역량 – 의 관점에서 바라본 것일 뿐입니다. 그것은 활동양태를, 그리고 그들이 어떤 방식의 역량들을 추진하는가와 관련이 있습니다. ... 육체는 정동으로부터 선택합니다. 동시에 거기서 특정한 가능성들을 추출하고 현실화합니다. 정동을 더 넓은 의미로 생각해 본다면, 육체가 시간 속에서 말하거나 행하는 모든 것이 가능태로 쌓여 있는 것 – 끊임없이 지속하는 몸의 찌꺼기 – 이라고 말 할 수 있습니다."

2 현대 서사극 이론은 브레히트가 20세기 초 극장이 카타르시스 기법으로 소시민들에게 값싼 오락만을 제공하는 것을 비판하는 가운데 탄생했다. 그의 이론은 당시 과장된 수사법과 공허한 감정에 몰두하던 표현주의를 계기로 벌어진 게오르그 루카치와의 리얼리즘 논쟁을 통해 정교화되었다. 당대의 문제를 극 안으로 적극적으로 끌어오기 위해 그가 선택한 것은 극 '흐름의 중단'이었다. 극의 중단, 관객(카메라) 응시, 관련 자료 제시 등 흐름을 중단시키는 생소화 기법이 그것이다. 그 목적은 관객이 정처없이 감정에 이끌리지 않고 능동적인 인식과 사유로 자신과 사회를 되돌아보게 하는 것이다. 교훈극은 대표적인 사례다. 하지만 그의 의도가 관객에게 실제로 작동되었는지는 논쟁거리로 남아있다. 아도르노는 연극 외에 영화와 TV 드라마 등의 서사 작법으로 차용된 브레히트의 서사극 기법이 오히려 그가 비판하고자 했던 억압적 현실사회를 작동시키는 오락적 기제로 전락했다고 비판한다. 현대사회에서 서사극 형식은 현실 자각보다 작품성 제고에 더 크게 기여하는게 아닌가라는 의심을 받고 있다.

3 현재로서는 넷플릭스만이 OTT의 글로벌 수용 양상을 구체적으로 보여준다. 넷플릭스는 전세계를 3~4개의 권역으로 나누어 콘텐츠를 생산, 유통시키는 현지분리정책

(local opt-out)을 적용하고 있고, 실제 분석에서도 그 정도의 지리언어적 구획화가 나타난다. 이는 OTT 보편문화라는 것이 하나의 보편으로 통일된 문화가 아니라, 역사적으로 누적되어 온 지리언어문화 중 지배적인 몇 개가 글로벌 보편을 구성하는 활성 인자임을 의미한다. 글로컬 정동은 OTT에서 실현되는 정동이 현지(local)의 국가 또는 지리언어적 지역(region)의 영향력이 가미된 보편성을 지시한다.

서문

강유진 (2023). '여인의 일생'과 가족사 소설의 현대적 변용: <파친코>, <알로하, 나의 엄마들>, <밝은밤>을 중심으로. <어문론집> 93권, 269-302.

권이상 (2021). <전원일기 이야기>. 지식과감성.

김광식 (2023). <파친코의 역사민속지: 드라마만으로는 알 수 없는 재일 한국인들의 이야기>. 민속원.

김영삼 (2023). 차별의 장소성과 환대의 불가능성, 편재하는 자이니치: 이민진의 <파친코>와 APPLE TV 드라마를 대상으로. <현대문학이론연구>, 92, 197-231.

박정이 (2024). 사실의 배제, 허구적 재현 - 이민진 <파친코>에 드러난 문제점을 중심으로 -. <일본문화연구>, 89권 221-239.

손영희 (2020). 디아스포라 문학의 경계넘기: 이민진의 <파친코>에 나타난 경계인의 실존양상. <영어영문학> 25권 3호, 65-86.

이영호 (2023). 확장되는 민족 역사와 코리안 디아스포라 문학:이민지의 <파친코>를 중심으로. <일본학보>, 136호, 173-196.

임종수 (2023). 글로벌 OTT, 플랫폼 리얼리즘의 세계: OTT 서사극과 호모 사케르의 분투. <커뮤니케이션이론>, 19권 1호, 5-83.

정길화·서정민·홍경수·임종수·이성민·김윤지·유건식 (2022). <오징어게임과 콘텐츠 혁명>. 인물과사상사.

황인성·원용진 (1997). <애인: TV 드라마, 문화 그리고 사회>. 한나래.

Caughie, J. (2000). *Television drama, Realism, melodrama and British culture*, Oxford: Oxford University Press.

Feuer, J. (1995). *Seeing through the eighties: Television and Reaganism*, Durham & London: Duke University Press.

Jenkins, H. (2006). *Convergence culture: Where old and new media collide,* New York: New York University Press.

Lavery, D. (2002), *This thing of ours: Investigating the Sopranos,* New York: Columbia University Press.

Leverette, M., Ott, B. L. & Buckley, C. L. (2008). *It's not TV: Watching HBO in the post-television*, New York and London: Routledge.

McCabe, J. & Akass, K. (2007). *Quality TV: Contemporary American television and beyond*, London: I. B. Tauris.

1장

강구열·정지혜 (2024. 7. 29). 국제사회 압력과 日보수여론 '눈치보기'... 어정쩡한 일본 정부[심층기획-日사도광산 유네스코 등재. <세계일보>. URL: https://n.news.naver.com/article/022/0003955029

강내리 (2022. 3. 18). '파친코' 제작진 "여성 서사 집중 NO, 세대·지역 뛰어넘는 이야기". <YTN>. URL: https://star.ytn.co.kr/_sn/0117_202203181418475106

강애란 (2022. 5. 1). '파친코'가 남긴 것…디아스포라 소재로 기억해야할 역사 담아내. <연합뉴스>. URL: https://www.yna.co.kr/view/AKR20220501000900005?input=1195m

김가영 (2022. 3. 30). 애플TV+ '파친코', 여성 서사+이주민…한국史 이상의 의미. <이데일리>. URL: https://www.edaily.co.kr/news/read?newsId=01092246632268568&mediaCodeNo=258

김강은 (2020). 고소설 문화콘텐츠를 통해 본 여성 서사의 새로운 가능성: 웹툰 <그녀의 심청>을 중심으로. <한국고전여성문학연구>, 41권, 177-205.

김남두 (2023). OTT 서비스·콘텐츠 이용행태 및 트렌드 분석. <KISDI Premium Report>, 4권 1호.

김두윤 (2024. 7. 29). "대체 어느 나라의 대통령이고 여당인가". <빅터뉴스>. URL: https://www.bigtanews.co.kr/article/view/big202407290011

김미경 (2022. 3. 31). '파친코' 통했다…원작소설도 판매량 15배 급증. <이데일리>. URL: https://www.edaily.co.kr/News/Read?newsId=02525606632268896&mediaCodeNo=257&OutLnkChk=Y

김미리 (2022. 7. 14). '망쳐놨지만'에서 '저버렸지만'으로… 파친코 새 번역, 첫 문장이 바뀌었다. <조선일보>. URL: https://www.chosun.com/culture-life/book/2022/07/14/GI4PZQ2KVRE2HM7E6WZZ5G7NS4/?utm_source=naver&utm_medium=referral&utm_campaign=naver-news

김청희·김남두 (2021). 성별/연령별 유튜브 및 넷플릭스 콘텐츠 이용행태 분석. <KISDI perspectives> 3권.

류지윤 (2022. 4. 4). 애플표 시대극 '파친코', 일본인들 역사 왜곡 주장 오히려 반갑다. <데일리안>. URL: https://www.dailian.co.kr/news/view/1099499/?sc=Naver

박미영 (2022). 넷플릭스 몰아보기(binge-watching)와 참여적 관객성. <아시아영화연구>, 15권 1호, 241-265.

박찬효 (2021). '몰아보기(binge viewing)'를 위한 OTT드라마의 스토리텔링 전략 연구: <킹덤>1,2를 중심으로. <인문콘텐츠>, 60호, 33-54.

손혜민 (2020). OTT 서비스와 '여성 취향'의 진화: 드라마 <킬링이브>를 중심으로. <여성문학연구>, 51권, 10-35.

이경재 (2021). 이민진의 「파친코」에 대한 젠더지리학적 고찰. <춘원연구학보>, 22호, 103-133.

이미림 (2023). 코리안 디아스포라 문학의 재현주체 양상. <픽션과 논픽션>, 5집, 27-50.

이유나 (2022. 3. 25). '파친코' 공개되자 일본인 SNS서 발끈 "허구 그 자체". <YTN>. URL: https://star.ytn.co.kr/_sn/0117_202203251611511254

이태훈 (2022. 9. 7). '용의 후예·엘프 여왕·쉬헐크'가 안방으로… 센 언니들의 전성시대. <조선일보>. URL: https://www.chosun.com/culture-life/culture_general/2022/09/07/5DEWNYORERC4XDKKHMKUIYY2HI/?utm_source=naver&utm_medium=referral&utm_campaign=naver-news

이혜린·조혜정 (2022). 스튜디오 지브리 애니메이션의 여성 서사 분석. <인문사회21>, 13권 2호, 1443-1456.

임종수 (2023). <왜 복잡계 네트워크인가?: OTT와 인터페이스 미디어>. 2023 한국언론학회 봄철 정기학술대회(다시, 언론의 자유와 책임 그리고 언론학).

임종수·최세경 (2016). 디지털TV에서의 수용경험과 순환에 관한 연구: 가족TV, 개인TV, 우리TV, 나의TV. <방송과커뮤니케이션>, 17권 4호, 5-52.

정영희·한희정 (2023). 텔레비전 드라마 속 여성주의 서사의 가능성과 한계: <마인>(tvN)과 <구경이>(JTBC)를 중심으로. <한국언론학보>, 67권 2호, 206-241.

정주원 (2023. 4. 21). 요즘 콘텐츠 흥행 코드는 '워맨스'. <매일경제>. URL: https://www.mk.co.kr/news/culture/10718651

조영달 (2024. 7. 30). 김동연 "대통령 '제2의 을사오적'으로 기록될 것". <동아일보>. URL: https://www.donga.com/news/Society/article/all/20240730/126206013/1

채경훈 (2024). 글로벌 OTT가 구축하는 디아스포라 서사 – 애플TV+의 <파친코>에 나타난 역사와 언어의 디아스포라적 재현 양상 연구. <영상문화콘텐츠>, 31집, 55-85.

채희상 (2022). 기억의 장소'로써 드라마 <파친코>에 관한 연구: '시간의 축'의 연결을 중심으로. <미디어융합연구>, 33집, 7-38.

황서연 (2022. 4. 13). '파친코' 신드롬, 소설 절판→역사 캠페인까지. <TV데일리>. URL: http://www.tvdaily.co.kr/read.php3?aid=16498247431632680002

황지예 (2023. 3. 11). OTT 작품 몰아보기 vs 나눠보기, 시청자 선택은? <AP신문>. URL:

http://www.apnews.kr/news/articleView.html?idxno=3000660

Agamben, G. (2007). *Qu'est-ce qu'un dispositif?*. 양창렬 (역). (2010). <장치란 무엇인가: 장치학을 위한 서론>. 난장.

Appel, M., & Richter, T. (2010). Transportation and need for affect in narrative persuasion: A mediated moderation model. *Media Psychology, 13*(2), 101-135.

Ferchaud, A. (2020). *Binge and bingeability: The antecedents and consequences of binge watching behavior*, Maryland: Lexington Books.

Foucault, M. (1977). The Confession of the Flesh" interview. In *Power/Knowledge: Selected Interviews and Other Writings, 1972-1977* (ed. Colin Gordon), 1980. pp. 194–228.

Gilroy, P. (1997). Diaspora and the Detours of Identity, In Kathryn Woodward (Ed) *Identity and Difference.* (pp. 299-346). London: Open University.

Gore, E. (2023, November 15). *The Psychology Of Binge-Watching And Its Implications For Adult Learning.* eLearning Industry. from https://elearningindustry.com/the-psychology-of-binge-watching-and-its-implications-for-adult-learning#:~:text=Dopamine%20And%20The%20Pleasure%20Response,making%20it%20hard%20to%20stop.

Hall, S. (1996). Race, Articulation, and Societies Structured in Dominance. In H. Baker, Jr. & M. Diawara & R. Linderborg. (Eds). *Black British Cultural Studies: A Reader.* (pp. 16-60) Chicago & London: The University of Chicago Press.

Hansen, M.B.N. (2015). *Feed-Forward: On the Future of Twenty-First-Century Media*, University of Chicago Press, 2015.

Jenner, M. (2016). Is this TVIV? On Netflix, TVIII and binge-watching. *New media & society*, 18(2), 257-273.

Jenner, M. (2017). "Binge-watching: Video-on-demand, quality TV and mainstreaming fandom". *International Journal of Cultural Studies, 20*(3). https://doi.org/10.1177/1367877915606485

Massey, D. (2014). *Space, place, and gender*, University of Minnesota Press. 정현주 (역). (2015). <공간, 장소, 젠더>. 서울대학교출판문화원.

Richter, F. (2022). TV consumption: Let them binge!. from https://www.statista.com/chart/11423/preferred-way-of-consuming-tv-shows/

Trouleau, W., Ashkan, A., Ding, W., & Eriksson, B. (2016). Just one more: Modeling binge watching behavior. In Proceedings of the 22nd ACM SIGKDD international conference on knowledge discovery and data mining (pp. 1215-1224).

2장

김현수 (2022. 3. 31). '파친코' 코고나다 감독/수 휴 쇼러너(각본 및 총괄 제작), 마이클 엘렌버그·테레사 강 로우 총괄 제작. <씨네21>. URL: http://www.cine21.com/news/view/?mag_id=99876

김현정 (2022). K-콘텐츠에 대한 분석: 거대 OTT 서비스 플랫폼의 킬러콘텐츠로서의 K-drama를 중심으로. <한국과세계>, 4권 4호, 215-236.

이재우 (2023). <복잡계 과학 이야기: 하나 더하기 하나가 둘이 아닌 것들에 대한 이야기>. 서울: 자유아카데미.

임종수 (2024). 친절한 일본순사는 가능한가?: OTT 드라마 리얼리티와 수용자 자원론에 관한 시론적 탐구. <한국언론학보>, 68권 1호, 5-37.

임종수 (2023). <왜 복잡계 네트워크인가?: OTT와 인터페이스 미디어>. 2023 한국언론학회 봄철 정기학술대회(다시, 언론의 자유와 책임 그리고 언론학).

채경훈 (2024). 글로벌 OTT가 구축하는 디아스포라 서사: 애플TV+의 <파친코>에 나타난 역사와 언어의 디아스포라적 재현 양상 연구. <영상문화콘텐츠연구>, 31집, 55-85.

Barabasi, A. L., & Albert, R. (2002). Linked: The new Science of network. 강병남·김기훈 (역)(2002). <링크: 21세기를 지배하는 네트워크의 과학>. 서울: 동아시아.

Barabasi, A. L., & Albert, R. (1999). Emergence of scaling in random networks. *Science,* 286(5439), 509-512.

Castells, M. (2009). *The network society*. 박행웅 (역). (2009). <네트워크 사회: 비교문화 관점>, 서울: 한울.

Jenkins, H. (2006). *Convergence culture: Where old and new media collide*, New York: New York University Press.

Johnson, P. (2016). Editors remarks: Saving radio-The cultural value of preserving sound. *Journal of Radio & Audio Media,* 23(2), 195-196.

Newman, M. E. (2000). Models of the small world. *Journal of Statistical Physics,* 101(3), 819-841.

Levy, P. (1994). *Pour une anthropologie de cyberspace.* 권수경 (역) (2000). <집단 지성: 사이버공간의 인류학을 위하여>. 서울: 문학과 지성사.

Obar, J. A., & Wildman, S. S. (2015). Social media definition and the governance challenge. *An introduction to the special issue.* 745-750.

Shifman, L. (2014). *Meme in digital culture,* Cambridge, MA: The MIT Press.

van Dijk (1991). *The network society.* 배현석 (역) (2002). <네트워크 사회>. 서울: 커뮤니케이션북스.

Watts, D. J., & Strogatz, S. H. (1998). Collective dynamics of'small-world' networks. *Nature,* 393(6684), 440-442.

5장

김민승·류웅재 (2022). 대중문화 콘텐츠가 재현하는 지역과 청년들: 드라마에 대한 텍스트 분석과 심층인터뷰를 중심으로. <언론과 사회>, 30권 3호, 42-92.

김병희·구승회 (2023). 사진 콘텐츠를 활용한 장소 마케팅의 사례 연구: 경북 포항시를 중심으로. <광고연구>, 138호, 107-136.

김소라·이병민 (2017). 여행 프로그램을 통해 본 장소 경험: <신서유기> 시리즈를 중심으로. <대한지리학회지>, 52권 3호, 341-355.

김윤지 (2022. 6. 15). [파친코 속 영도, 어디까지 가 봤니] 과거와 현재가 공존하는 영도. <NBN 미디어>. Retrieved from 6/23/24 URL: https://www.nbntv.kr/news/articleView.html?idxno=282230.

김준국·김도희 (2023). 코로나19 이후 K-영상콘텐츠 소비량의 변화가 영상콘텐츠에 대한 태도, 제품구매, 방한 및 추천 의도에 미치는 영향: 중국 및 일본 MZ세대를 중심으로. <대한경영학회지>, 36권 9호, 1435-1458.

노창현 (2019). 문화 기억을 활용한 문화콘텐츠의 장소성 분석과 방향성 고찰: 대중음악 가사 속 지명을 중심으로. <영상문화콘텐츠연구>, 18집, 115-138.

박노현 (2023). 극적 정동(Dramatic Affect)으로서의 시즌제 드라마: JTBC 미니시리즈 <모범형사2>를 중심으로. <한국학연구>, 68집, 431-459.

박미영 (2024). 웹툰과 OTT의 포스트시네마적 정동. <영화연구>, 99호, 173-195.

변찬복·박종호 (2016). 문학공간의 장소성 분석에 근거한 관광콘텐츠화 방안: <탁류>를 대상으로. <관광연구>, 31권 3호, 69-90.

손지현 (2023). 애플TV 플러스(Apple TV+) 오리지널 시리즈: <파친코>(2022)의 지정학적 탈중심화에 대한 고찰. <영상문화콘텐츠연구>, 29집, 5-28.

송영민·강준수 (2018). 남이섬에 대한 관광객들의 환상과 이미지 고찰: 남이섬 관광객의 인터뷰를 중심으로. <관광연구저널>, 32권 5호, 19-36.

신선경·박주연 (2020). 글로벌 OTT 서비스 넷플릭스(Netflix) 이용자의 만족과 불만족에 영향을 미치는 요인 연구. <사이버커뮤니케이션학보>, 37권 3호, 53-94.

신일기·손영곤 (2022). 한국형 타임스퀘어의 장소성 형성과 방문의도에 미치는 영향관

계 분석: 코엑스 옥외광고 자유표시구역의 장소성을 중심으로. <한국광고홍보학보>, 24권 4호, 45-80.

양영수·이재은 (2020). K콘텐츠에 대한 중국소비자들의 경험이 한국제품 구매의도에 미치는 영향. <통상정보연구>, 22권 4호, 333-351.

윤복실 (2023). 포스트 시대, 다크히어로 드라마 <빈센조> 고찰: 브라이언 마수미의 정동 이론을 중심으로. <인문콘텐츠>, 69호, 163-195.

이병민·이원호·김동윤 (2013). 창조적 장소브랜딩 전략을 위한 연구. <일본 오사카 사례를 중심으로>, 29호, 165-186.

이항우 (2019). 정동과 자본: 담론, 일반 지성 그리고 정동 자본주의. <경제와 사회>, 122호, 243-277.

이형민 (2022). 엔터테인먼트 콘텐츠와 소프트 파워. 이형민 (편). <엔터테인먼트 콘텐츠 기반 공공외교> (43-60쪽). 서울: 학지사.

임종수·이원 (2010). 드라마 테마파크, 문화콘텐츠와 지역의 만남: 프랑스 '퓌뒤푸' 사례를 중심으로. <방송문화연구>, 22권 1호, 147-172.

장노현 (2018). 지역정보 콘텐츠의 장소 정체성과 소설 속의 장소 상징들. <관광레저연구>, 30권 10호, 425-441.

장병희 (2022). 영상콘텐츠와 공공외교. 이형민 (편). <엔터테인먼트 콘텐츠 기반 공공외교> (155-191쪽). 서울: 학지사.

장정미·강준모 (2023). 베트남 소비자의 한류 콘텐츠 인식과 소비의 사회적 가치가 구매의도에 미치는 영향: 한국건강식품을 중심으로. <상품학연구>, 41권 2호, 99-109.

전명훈·고정민 (2022). 세월호 기억공간 건립 관련 탐색적 연구: 장소성 및 다크투어리즘 관점을 중심으로. <한국콘텐츠학회논문지>, 22권 8호, 126-139.

정수희·이병민 (2016). 지역의 문화자산으로서 문화콘텐츠와 문화콘텐츠관광 연구: 일본의 콘텐츠 투어리즘 사례를 중심으로. <관광연구논총>, 28권 4호, 55-80.

채경훈 (2024). 글로벌 OTT가 구축하는 디아스포라 서사: 애플TV+의 <파친코>에 나타난 역사와 언어의 디아스포라적 재현 양상 연구. <영상문화콘텐츠연구>, 31집, 55-85.

채석진 (2018). '잔혹한 희망': 디지털 페미니즘의 정동. <언론정보연구>, 55권 3호, 87-119.

최인호 (2008). 대중문화 콘텐츠를 활용한 관광지 스토리텔링. <한국콘텐츠학회논문지>, 8권 12호, 396-403.

최지선 (2023). 설득의 외교로서의 공공외교와 그 수사학적 전략: 2020-2021년 해외문화홍보원 코로나19 방역정책홍보 동영상 내 자막 분석. <한국방송학보>, 37권 6호, 275-310.

최진주 (2022. 5. 1). '파친코' 선자가 김치 팔던 쓰루하시에 일본인 몰려드는 이유. <한국

일보>. Retrieved URL: 6/23/24 from https://www.hankookilbo.com/News/Read/A2022050100270002842.

최현경·강진숙 (2022). 장애인 유튜브 크리에이터들의 영상 제작 활동과 정동 체험에 대한 사례연구: 들뢰즈와 과타리의 '정동'과 '양식-역설'의 사유를 중심으로. <한국언론학보>, 66권 1호, 43-89.

허만섭 (2023). 넷플릭스 킬러콘텐츠 <오징어 게임>의 해외 연구 동향: 체계적 문헌 고찰. <한국디지털콘텐츠학회논문지>, 24권 4호, 713-723.

Aguiar, L., & Waldfogel, J. (2017). Netflix: Global hegemon or facilitation of frictionless digital trade?. *Journal of Cultural Economics*, 42, 419-445.

Lobato, R. (2018). Rethinking international TV flows research in the age of Netflix. *Television and New Media*, 19(3), 241-256.

Nye, J. S. (2004). *Soft power: The means to success in world politics*, New York: Public Affairs.

Relph, E. (1976). *Place and placelessness*, London: Pion.

Tkalec, M., Zilic, I., & Recher, V. (2017). The effect of film industry on tourism: Game of Thrones and Dubrovnik. *International Journal of Tourism Research*, 19(6), 705-714.

Tuan, Y-.F. (1977). *Space and place: The perspective of experience*, Minneapolis: University of Minnesota Press.

6장

국가인권위원회 (2012. 12. 12). 인권위 - 기자협회 '성범죄 보도 권고 기준' 제정. 국가인권위원회 홈페이지. URL: https://www.humanrights.go.kr/site/program/board/basicboard/view?&boardtypeid=24&menuid=001004002001&boardid=606879

금준경 (2024. 6. 7). 언론 뒷광고는 합법? 22대 국회가 '제대로' 처리해야 할 미디어 과제. <미디어오늘>. URL: https://www.mediatoday.co.kr/news/rticleView.html?idxno=318511

금준경 (2014. 12. 25). 언론이 외면한 현실, 드라마에서 찾는 시대. <미디어오늘>. URL: https://www.mediatoday.co.kr/news/articleView.html?idxno=120873

김유림 (2023. 3. 22). "아가동산 돈줄인데"… 신나라레코드 손절 나선 가요계. <머니S>. URL: https://www.moneys.co.kr/article/2023032216192215730

김윤정 (2023. 3. 18). [문화는 나의 것] '나는 신이다'가 보여준 OTT 저널리즘의 가능성과 한계. <미디어 오늘>. URL: https://www.mediatoday.co.kr/news/

articleView.html?idxno=309016

김혜인 (2021. 12. 1). 박성제 MBC 사장 "MMS 활용해 광고 없는 MBC2". <미디어스>. URL: https://www.mediaus.co.kr/news/articleView.html?idxno=232142

남수현 (2023. 3. 23). 피 낭자한 수사 현장, 모자이크 안한 까닭…'그알' PD의 고민. <중앙일보>. URL: https://www.joongang.co.kr/article/25149503

박은영 (2022. 5. 9). [목요수다회] 보편적 소구력에 주인공 케미까지! 애플TV+ <파친코>. URL: https://www.movist.com/movist3d/view.asp?type=13&id=atc000000008050

박주영 (2023. 12. 24). 여신도들 성폭행·추행 혐의 JMS 정명석 '징역 23년'에 항소. <연합뉴스>. URL: https://www.yna.co.kr/view/AKR20231224017100063

류재민 (2024. 5. 28). JMS 정명석, 또 다른 성폭행·강요 혐의로 추가 기소. <서울신문>. URL: https://www.seoul.co.kr/news/society/law/2024/05/28/20240528500144?wlog_tag3=naver

신민정 (2023. 3. 6). 검찰총장 "JMS 정명석 엄정한 형벌 선고되게 최선 다하라". <한겨레>. URL: https://www.hani.co.kr/arti/society/society_general/1082293.html

심영섭 (2023). [OTT 저널리즘을 어떻게 대비할 것인가] 현재는 규제 밖의 영역 심의 방향과 형식 모색해야. <신문과 방송>, 통권 629호, 18-23.

이가영 (2023. 3. 22). '아가동산' 김기순이 회장… K팝 소속사, 신나라레코드 손절 나섰다. <조선일보>. URL: https://www.chosun.com/national/national_general/2023/03/22/IZDKIU3DLBAUBPRPAE4ZHIHGU4

이민지 (2022. 5. 3). '파친코' 관동대지진 조선인 학살을 친일파 서사로? 엇갈린 반응. <뉴스엔>. URL: https://www.newsen.com/news_view.php?uid=202205021459112410

이태준 (2024. 6. 14). '1심 징역 23년' JMS 정명석, 여신도 추행 혐의 추가송치. <데일리안>. URL: https://www.dailian.co.kr/news/view/1372096/?sc=Naver

임병선 (2023. 3. 7). '나는 신이다' 조성현 PD "선정적이라고? 실제의 10분의 1". <서울신문>. URL: https://www.seoul.co.kr/news/newsView.php?id=20230307500110&wlog_tag3=naver

장나래·이우연 (2023. 3. 19). 피의자 조사 영상 내보낸 '국가수사본부' OTT…경찰, 편집 요청. <한겨레>. URL: https://www.hani.co.kr/arti/society/society_general/1084169.html

정철운 (2023). 저널리즘 역할 확대되는 OTT 시사교양 PD들의 새로운 시도 OTT 저널리즘 시대 열리나. <신문과 방송>, 통권 629호, 8-11.

임종수 (2023). 국내외 OTT 다큐 저널리즘의 커뮤니케이션 관습과 법제. <언론중재>, 통권 167호, 22-37.

정호원 (2023. 6. 18). OTT 저널리즘, 미래인가 환상인가. <단비뉴스>. URL: https://www.danbinews.com/news/articleView.html?idxno=23727

최은희 (2024. 4. 13). JMS 성범죄 도운 '2인자' 정조은, 항소심도 징역 7년형. <쿠키뉴스>. URL: https://www.kukinews.com/newsView/kuk202404130015

황윤기 (2024. 6. 13). 과외앱으로 만난 또래여성 잔혹 살해한 정유정, 무기징역 확정(종합). <연합뉴스>. URL: https://www.yna.co.kr/view/AKR20240613065751004?input=1195m

Danielian, L. H., & Reese, S. D. (1989). A closer look at intermedia influences on agenda setting: The cocaine issue of 1986. In P. J. Shoemaker (Ed.), *Communication campaigns about drugs: Government, media, and the public* (pp. 47-66). Hillsdale, NJ: Lawrence Erlbaum Associates.

7장

강남훈 (2002). <정보혁명과 정치경제학>. 서울: 문화과학사.

강남훈 (2005). 정보혁명과 지대에 대한 소고. <마르크스주의연구>, 2권 1호, 212-227.

김동원 (2015). 이용자를 통한 미디어 자본의 가치 창출. <언론정보학보>, 통권 70호, 165-188.

김성현 (2023. 5. 11). '파친코', 방송계 퓰리처상 美 '피버디상' 수상… "진보적인 비전 제시". <YTN>.

김승수 (1985). '비판 커뮤니케이션'과 이데올로기 생산: 전개, 그리고 전망. <크로노스>, 16호, 59-71.

김영욱 (2018). 디지털 프로모션에서 생산소비자의 감시와 작동원리: 디지털 노동에 대한 감시사회의 착취 구도 해석. <커뮤니케이션이론>, 14권 4호, 5-57.

류동민 (2000). 디지털 네트워크의 정치경제학. 경상대학교 사회과학연구소 (편), <디지털혁명과 자본주의의 전망> (186-200쪽). 서울: 한울아카데미.

박희석 (2007. 6. 28). [다시보는 선데이서울] '70년대 멜로여왕' 이효춘. <서울신문>. URL: https://www.nownewsnet.com/news/newsView.php?id=20070628601001

윤복실 (2023). 포스트 시대, 다크히어로 드라마 <빈센조> 고찰: 브라이언 마수미의 정동 이론을 중심으로. <인문콘텐츠>, 69호, 163-195.

이경천 (2004). 정보재 단위의 알고리즘, 그 가치 및 가격의 문제. <진보평론>, 22권, 250-268.

임영호 (2022). <왜 다시 미디어 정치경제학인가>. 서울: 컬처룩.

임종수 (2023a). <왜 복잡계 네트워크인가?: OTT와 인터페이스 미디어>. 2023 한국언론

학회 봄철 정기학술대회(다시, 언론의 자유와 책임 그리고 언론학)

임종수 (2023b). 글로벌 OTT, 플랫폼 리얼리즘의 세계: OTT 서사극과 호모 사케르의 분투. <커뮤니케이션이론>, 19권 1호, 5-83.

임종수 (2022). 콘텐츠산업 빅뱅, OTT 한류를 위한 서사극과 콘텐츠 현지화 전략. <한류-테크놀로지-문화> (168-196쪽). 서울: 한국국제문화교류진흥원.

임종수·이서라 (2024). <글로벌 OTT의 콘텐츠 현지분리창작>. 2024 한국방송학회 봄철 정기학술대회(2024 미디어 오디세이: AI 시대의 사실과 혁신).

조원희·조복현 (2002). 디지털 네트워크 경제의 가격 형성과 축적 동학. <사회경제평론>, 18권, 131-168.

조정환 (2011). <인지자본주의>. 서울: 갈무리.

주창윤 (2021). <조선구마사> 역사 표현의 쟁점과 함의. <커뮤니케이션이론>, 17권 4호, 55-89.

주창윤 (2019a). <역사드라마, 상상과 왜곡 사이>. 역사비평사.

주창윤 (2019b). <미스터 션샤인>, 역사의 소환과 재현방식. <한국언론학보>, 63권 1호, 228-252.

채만수 (2004). 과학기술혁명과 상품의 가치·가격. <진보평론>, 20호, 221-259.

Alsan, M. (2021, July 7). *4 things to learn from Netflix's localization strategy.* Weglot. Retrieved 10/3/23 from https://blog.weglot.com/netflixs-localization-strategy/

Ang, I (1985). *Watching Dallas: Soap opera and melodramatic imagination*(English edition), London and New York: Routledge.

Appadurai, A. (1996). *Modernity at large: Cultural dimensions of globalization,* Minneapolis: University of Minnesota Press.

Ariaga, P. (1984). On advertising. A Marxist critique. *Media, Culture & Society, 6*(1), 53-64.

Barthes, R. (1980). *La chambre claire: Note sur la photographie.* 조광희·한정식 (역). (1998). <카메라 루시다: 사진에 관한 노트>. 서울: 역설당.

Benjamin, W. (1931). *Was ist das Epische Theater? Gesammelte Schriften Band II -2* (pp. 519-531), Frankfurt a.M.: Suhrkamp. 윤미애·최성만 (역). <브레히트와 유물론>(113-136쪽). 서울: 도서출판 길.

Bennett, T. (1981). *Popular culture: Themes and issues*, Milton Keynes, UK: Open University Press.

Booth, P. (2010). Memories, temporalities, fictions: Temporal displacement in contemporary television. *Television & New Media, 12*(4), 370-388.

Brecht, B. (1967). *Bertolt Brecht Gesammelte Werke*. Frankfurt a.M.: Suhrkamp. 김기선 (역). (1989). <서사극 이론>. 서울: 한마당.

Brown, D. E. (1991). *Human universals*, New York, NY: McGraw-Hill.

Browne, N. (1984). The political economy of the television (super) text. *Quarterly Review of Film Studies, 9*(3), 174-182.

Buchanan, M. (2002). *Ubiquity: Why catastrophes happen*. New York, NY: Three Rivers Press. 김희봉 (역). (2014). <우발과 패턴>. 서울: 시공사.

Caraway, B. (2011). Audience labor in the new media environment: A Marxian revisiting of the audience commodity. *Media, Culture & Society, 33*(5), 693-708.

Caughie, J. (2000). *Television drama: Realism, melodrama, and British culture*, Oxford: Oxford University Press.

Cornelio-Marí, E. M. (2017). Digital delivery in Mexico: A global newcomer stirs the local giants. In C. Barker & M. Wiatrowski (Eds.), *The age of Netflix* (pp. 201-229). Jefferson, NC: McFarland & Company. 임종수 (역). (2019), <넷플릭스의 시대> (376-423쪽). 부천: 팬덤북스.

Featherstone, M. (1996). *Undoing culture: Globalization, postmodernism and identity, L*ondon: Sage.

Ferchaud, A. (2020). *Binge and bingeability: The antecedents and consequences of binge watching behavior*, New York, NY: Lexington Books.

Feuer, J. (2007). HBO and the concept of quality TV. In J. McCabe & K. Akass (Eds.), *Quality TV: Contemporary American television and beyond (*pp. 145-157). London, UK: I. B. Tauris.

Fiske, J. (1987). *Television culture*, London: Routledge.

Fuchs, C. (2009). Information and communication technologies and society: A contribution to the critique of the political economy of the internet. *European Journal of Communication, 24*(69), 69-87.

Fuchs, C. (2010). Labor in informational capitalism and on the media. *The Information Society, 26, 1*79-196.

Grandinetti, J. (2017). From primetime to anytime. In C. Barker & M. Wiatrowski (Eds.)*, The age of Netflix (*pp.11-30). Jefferson, NC: McFarland & Company. 임종수 (역). (2019). <넷플릭스의 시대> (32-69쪽). 부천: 팬덤북스.

Greenblatt, J., & Kramer, B. (2022, March 21). *Guest column: The academy and ADL explain why museum needed to tell hollywood's Jewish origin story with upcoming exhibit.* The Hollywood Reporter. Retrieved 10/22/23 from https://www.hollywoodreporter.com/news/general-news/why-telling-hollywood-jewish-origin-story-important-1235115400/

Hall, S. (1997). *Representation: Cultural representations and signifying practice*, London, UK: Sage.

Hardt, M., & Negri, A. (2000). *Empire*. Cambridge, MA: Harvard University Press. 윤수종 (역). (2001). <제국>. 서울: 이학사.

Ildir, A., & Rappas, I. A. C. (2022). Netflix in Turkey: Localization and audience expectations from video on demand. Convergence: *The International Journal of Research into New media Technologies,* 28(1), 255-271.

Jameson, F. (1986). Third-world literature in the era of multinational capitalism. *Social Text,* 15, 65-88.

Jenkins, H. (2006). *Convergence culture: Where old and new media collide*, New York, NY: New York University Press.

Jenkins, H., Ford, S., & Green, J. (2013). *Spreadable media: Creating value and meaning in a networked culture*, New York, NY: New York University Press.

Jhally, S., & Livant, B. (1986). Watching as working: The valorization of audience consciousness. *Journal of Communication,* 36(3), 124-143.

Klarer, M. (2014). Putting television 'aside': Novel narration in House of Cards. *New Review of Film and Television Studies,* 12(2), 203-220.

Lim, J. (2017). The 4th Industrial Revolution and the emergence of algorithmic media: Changes in media form and cultural shock. *New Physics: Sae Mulli,* 67(5), 530-541.

Lobato, R. (2019). *Netflix nation(s): The geography of digital distribution*, New York: New York University Press.

Lukács, G. (1938). Es Geht um den Realismus. In B. Brecht, L. Feuchtwanger, & W. Bredel (Eds.), *Das Wort: Literarische Monatsschrift* (pp. 112-138). Moskow, Russia: Jourgaz-Verlag. 홍승용 (역). (1985). <문제는 리얼리즘이다>. 서울: 실천문학사.

Manzerolle, V. (2010). Mobilizing the audience commodity: Digital labour in a wireles world. *Ephemera: Theory & Politics in Organization*, 10(3/4), 455-469.

Masumi, B. (2015). *Politics of affect,* Cambridge: Polity.

McCurry, J. (2022, April 21). *'A difficult time': Why popular TV series Pachinko was met with silence in Japan.* The Guardian. Retrieved

9/12/23 from https://www.theguardian.com/world/2022/apr/21/pachi
nko-tv-series-korea-japan-min-jin-lee

McKay, K. (2021, November 10). *How Netflix produces local-to-global viral hits like Squid Game*. Papercup. Retrieved 10/3/23 from https://www.papercup.com/blog/netflix-localization-strategy

Mittell, J. (2006). Narrative complexity in contemporary American television. *The Velvet Light Trap*, 58(1), 29-40.

Mosco, V. (2009). *Political economy of communication* (2nd ed.), London, UK: Sage.

Myers, V. (2021, January 14). *Inclusion takes root at Netflix: Our first report*. Netflix. Retrieved 6/11/23 from https://about.netflix.com/en/news/netflix-inclusion-report-2021

Newman, M. Z., & Levine, E. (2012). *Legitimating television: Media convergence and cultural status*, New York, NY: Routledge.

Picard, R. (1997). *Affective computing,* Cambridge: The MIT Press.

Rogers, M. C., Epstein, M., & Reeves, J. L. (2002). The sopranos as HBO brand equity: The art of commerce in the age of digital reproduction. In D. Lavery (Ed.), *This thing of ours: Investigating the sopranos (*pp. 42-57). New York, NY: Columbia University Press.

Shimpach, S. (2010). *Television in transition*, Oxford, UK: Wiley-Blackwell.

Smythe, D. W. (1977). Communications: Blindspot of Western Marxism. *Canadian Journal of Political and Social Theory,* 1(3), 1-28.

Smythe, D. W. (1981). On the audience commodity and its work. In D. W. Smythe (Ed.), *Dependency road: Communications, capitalism, consciousness, and Canada* (pp. 22-51). Norwood, NJ: Ablex.

Sommier, M. (2014). The concept of culture in media studies: A critical review of academic literature. *InMedia*, 5(5). doi:10.4000/inmedia.768

Spinoza, B. (1677). *Ethica,* 추영현 (역). (2008). <에티카/정치론>, 동서문화사.

Terranova, T. (2000). Free Labor: producing culture for the digital economy. *Social Text*, 18(2), 33-58.

Tryon, C. (2015). TV got better: Netflix's original programming strategies and binge viewing. *Media Industries Journal,* 2(2), 104-116. doi:10.3998/mij.15031809.0002.206

Vranica, S., Toonkel, J. & Haggin, P. (2023, July 27). *Netflix reworks Microsoft pact, lowers ad prices in bid for growth*, The Wall Street Journal. Retrieved 6/7/24 from https://www.wsj.com/articles/netflix-reworks-microsoft-pact-lowers-ad-prices-in-bid-for-growth-159b359a?reflink=desktopwebshare_permalink

Wayne, M. L., & Castro, D. (2021). SVOD global expansion in cross-national comparative perspective: Netflix in Israel and Spain. *Television and New Media,* 22(8), 896-913. doi:10.1177/1527476420926496

Williams, R. (1961). *The long revolution*, London, UK: Chatto & Windus.

Williams, R. (1974). *Television: Technology and cultural form,* New York, NY: Schocken Books.

김형주 (2024. 07. 05). 동해를 일본해로 … 반복되는 OTT 오역 '짜증', <매일경제>. https://m.entertain.naver.com/article/009/0005330258

이 챕터는 2024년 봄에 출간한 '친절한' 일본순사는 재현 가능한가?: OTT 드라마 리얼리티와 수용자 자원론에 관한 시론적 연구. <한국언론학보>, 68권 1호, 5-46의 내용을 대폭 수정해 다시 작성한 것임을 밝힙니다.

8장

고현철 (2006). <문학과 영상예술>. 삼영사.

김성현 (2023. 5. 11.) '파친코', 방송계 퓰리처상 美 '피버디상' 수상… "진보적인 비전 제시". <YTN>. URL: https://www.ytn.co.kr/_ln/0106_202305111051305108

류현정 (2023). <스토리테크 전쟁>. 웅진씽크빅.

스트라베이스 (2023. 12. 18). 번들링, 스트리밍 고객 이탈 방지 전략으로 각광…비용절감 효과는 미지수, <DataPrism: News Brief>

스트라베이스 (2023. 7. 28). Apple TV+의 스트리밍 서비스 차별점 두드러져…지속 가능성에는 의문 제기, <DataPrism: News Brief>

스트라베이스 (2023. 7. 26). Apple TV+의 스트리밍 서비스 성공 전략과 위험 요인, <DataPrism: Snap Shot>

스트라베이스 (2023. 4. 3). Apple과 Amazon의 극장 개봉용 영화 투자 계획 배경과 스트리밍 사업에 미치는 영향력 진단, <DataPrism: Trend Watch>

오승훈 (2022. 4. 26). '코리안 디아스포라' 울림…'파친코' 세계인들 주목 끌어내다. <한겨레>. URL: https://www.hani.co.kr/arti/culture/culture_general/1040378.html

유진희 (2010). 김수현 홈드라마의 장르문법과 젠더 이데올로기 <엄마가 뿔났다>를 중심으로. <한국콘텐츠학회논문지>, 10(11), 102-112.

윤효정 (2022. 4. 1). "우린 한국계 미국인⋯나와 가족의 이야기" '파친코'를 만든 사람들 [N터뷰]. <뉴스1>. URL: https://www.news1.kr/entertain/interview/4634278

이형식·장연재·김명희 (2004). <문학텍스트에서 영화텍스트로>. 동인

임종수 (2023). 글로벌 OTT, 플랫폼 리얼리즘의 세계: OTT 서사극과 호모 사케르의 분투, <커뮤니케이션이론>, 19권 1호, 5-83.

정덕현 (2022. 4. 23). 스펙터클이 아니라 완성도에 투자한 《파친코》. <시사저널>. URL: https://www.sisajournal.com/news/articleView.html?idxno=237050

주창윤 (2004). 텔레비전 프로그램의 장르 분류기준에 관한 연구. <방송연구> 2004년 겨울호, 105~136.

Confino, P. (2023, Dec 2). *Apple TV+ and Paramount+ are considering bundling their streaming services as media companies seek answers to streaming profitability.* Fortune. from finance.yahoo.com/news/apple-tv-paramount-considering-bundling-221414879.html

Graeme, T. (1993). *Film as Social Practice,* Routledge. 임재철 외 (역). (1994). <대중영화의 이해>. 한나래.

James, C. (2022, March 24). *Pachinko Review: A 'dazzling, heartfelt Korean epic'.* BBC. from https://www.bbc.com/culture/article/20220323-pachinko-review-a-dazzling-heartfelt-korean-epic

Limelight (2020). The state of online video 2020. from screenforce.at/media/file/100101_2020_www_limelight_ state_of_online_video_vod_ott_en.pdf

MacDonald, J. (2022, Dec 15). *The 20 Best Korean Dramas Of 2022.* Forbes. from https://www.forbes.com/sites/joanmacdonald/2022/12/11/the-20-best-korean-dramas-of-2022/?utm_campaign=forbes&utm_source=twitter&utm_medium=social&utm_term=Valerie&sh=4e9ead13ea3f

Phipps, K. (2022, March 18). *Pachinko Series Review: Tender, Sublime Korean Immigrant Epic Is One of 2022's Best.* TVGuide. from https://www.tvguide.com/news/pachinko-series-review-apple-tv-korean-immigrant-epic/

Westcott, K., Arbanas, J., Downs, K., Arkenberg, C., & Jarvis, D. (2021). *Digital media trends (15th edition).* Deloitte. from www2.deloitte.com/us/en/insights/industry/technology/digital-media-trends-consumption-habits-survey/summary-2021

Williams, R. (1974). *Television: Technology and cultural form*, New York:

Schocken Books.

https://blog.naver.com/techfy/223466336502

https://remarkble.tistory.com/365

https://www.youtube.com/watch?v=KcrrOUyLm1s

https://www.youtube.com/watch?v=kILQmnA3tds

9장

김성현 (2024. 3. 26). "중국 나쁘게 묘사"…中 네티즌, 불법 시청한 넷플릭스 '삼체'에 혹평 세례. <YTN>. URL: https://www.ytn.co.kr/_ln/0104_202403261100039576

김수현 (2004. 6. 3). 스크린 쿼터제, "문화정책의 성공사례". <SBS NEWS>. URL: https://news.sbs.co.kr/news/endPage.do?news_id=N0311614085

박지민 (2024. 3. 4). 유튜브에 빠진 한국… 1인당 매달 40시간씩 봐. <조선일보>. URL: https://www.chosun.com/economy/tech_it/2024/03/05/WSC7JI7AIVFLFO57IV5C3FQ3AI/

오승훈 (2022. 3. 17). 봉준호·박찬욱도 국내선 저작권료 한푼도 못 받는다니…. 봉준호·박찬욱도 국내선 저작권료 한푼도 못 받는다니…. <한겨레>. URL: https://www.hani.co.kr/arti/culture/culture_general/1035165.html

이미영 (2021. 6. 8). "'사랑의 불시착' 흥행, 넷플릭스가 가장 큰 수혜…IP 확보 고민해야". <네이트 연예>. URL: https://news.nate.com/view/20210608n24796

한애란 (2023. 6. 24). 넷플릭스 하청기지화? 우리가 선택하기에 달렸다[딥다이브]. <동아일보>. URL: https://www.donga.com/news/Economy/article/all/20230623/119907419/1

한정훈 (2024. 6. 15). 크리에이터 글로벌 1위의 경제적 가치는 1조 원?(The economic value of the #1 global creator is $700m). <Direct Media Lab>. URL: https://directmedialab.com/keurieiteo-geulrobeol-1wiyi-gyeongjejeog-gacineun-1jo-weon/

Berman, M. (2023, August 11). *ChaiFlicks, The Jewish-Themed Streaming Service, Announces New Programming.* Forbes. from https://www.forbes.com/sites/marcberman1/2023/08/11/chaiflicks-the-jewish-themed-streaming-service-announces-new-programming/

Block, A. B. (2012, February 9). *The Real Force Behind 'Star Wars': How George Lucas Built an Empire.* The Hollywood Reporter. from https://www.hollywoodreporter.com/news/general-news/george-lucas-starwars-288513/

Britbox. (2020, July 27). *BritBox announces global expansion plan.* Press Centre. from https://www.itv.com/presscentre/britbox/media-releases/britbox-announces-global-expansion-plan

Brittain, B. (2023, August 14). *Netflix agrees to end screenwriter's "Stranger Things" copyright lawsuit.* Reuters. from https://www.reuters.com/legal/litigation/netflix-stranger-things-makers-agree-end-screenwriters-copyright-lawsuit-2023-08-14/

Business Insider. (2020, January 28). *Kampf um Streaming-Vorherrschaft - Disney Plus schon bald bei Sky?* Business Insider. from https://www.businessinsider.de/tech/kampf-um-streaming-vorherrschaft-disney-plus-schon-bald-bei-sky/

Cain, S. (2018, February 1). *Margaret Atwood says Handmaid's Tale TV show profits went to MGM, not her.* The Guardian. from https://www.theguardian.com/books/2018/feb/01/margaret-atwood-mgm-the-handmaids-tale-tv

Cho, W. (2022, June 15). *Netflix Settles With Mo'Nique Over Discrimination, Retaliation Lawsuit.* The Hollywood Reporter. from https://www.hollywoodreporter.com/business/business-news/netflix-settles-with-monique-over-discrimination-retaliation-lawsuit-1235166070/

Choudhary, V. (2018, July 6). *Sacred Games: How India's first Netflix original came together.* Hindustan Times. from https://www.hindustantimes.com/tv/sacred-games-how-india-s-first-netflix-original-came-together/story-qDGceqq9SR4jStYluu1vhM.html

Cobb, K. (2023, October 6). Neil Friedman's ChaiFlicks Was About "Learning Something New". TheWrap. from https://www.thewrap.com/chaiflicks-founder-neil-friedman-office-with-a-view/

Cordero, R. (2021, October 24). *"Dr. Brain": Apple TV+'s Korean Thriller Gets Premiere Date & Trailer.* DEADLINE. from https://deadline.com/2021/10/dr-brain-korean-thriller-apple-tv-premiere-date-trailer-1234861579/

Day, D. (2022). *Dark Duo Jantje Friese and Baran bo Odar Add Volume to Their Process for 1899.* Rotten Tomatoes. from https://editorial.rottentomatoes.com/article/dark-duo-jantje-friese-and-baran-bo-odar-add-volume-to-their-process-for-1899/

Elzaburu. (2020, April 6). *Globomedia's lawsuit against Álex Pina, creator and screenwriter of La Casa de Papel, is dismissed.* Elzaburu. from https://elzaburu.com/en/Globomedia%27s-lawsuit-against-Alex-Pina%2C-creator-and-screenwriter-of-La-Casa-de-Papel%2C-is-dismissed/

Frankel, D. (2022, February 15). *WarnerMedia Responds Forcefully to "Duplicitous" Village Roadshow Following "Matrix" Streaming Suit.* NextTV. from https://www.nexttv.com/news/warnermedia-responds-er-forcefully-to-duplicitous-village-roadshow-following-matrix-streaming-suit

Griffiths, J. (2018, November 1). *China is exporting the Great Firewall as internet freedom declines around the world.* CNN. from https://www.cnn.com/2018/11/01/asia/internet-freedom-china-censorship-intl/index.html

Haynes, S. (2020, February 28). *Inside "Queen Sono," Netflix's First African Original Series.* TIME. from https://time.com/5792339/queen-sono-netflix-africa/

Kosmala, D. (2024, February 27). *YouTube Super Chat: Transform Your Earnings with Viewer Contributions.* Uscreen. from https://www.uscreen.tv/blog/youtube-super-chat/

Lessig, L. (2004). *Free Culture: How Big Media Uses Technology and the Law to Lock Down Culture and Control Creativity*, Penguin Press HC.

Loomes, R. (2023, September 1). *The Seinfeld Cast Negotiated $1 Million Per Episode, But They Missed Out On More.* The Things from https://www.thethings.com/do-all-actors-on-seinfeld-get-residuals/ .

McCabe, D. (2024, March 13). *Why a Sale of TikTok Would Not Be Easy.* The New York Times. from https://www.nytimes.com/2024/03/13/technology/tiktok-ban-sale-china.html

Mercuri, M. (2024, May 14). *Here's When 'Dune: Part Two' Will Finally Stream On Max.* Forbes. from https://www.forbes.com/sites/monicamercuri/2024/05/14/when-is-dune-part-two-coming-to-streaming-on-max/

Milligan, M. (2016, April 5). *Amazon Launches First Global Anime Acquisition.* ANIMATION MAGAZINE. from https://www.animationmagazine.net/2016/04/amazon-launches-first-global-anime-acquisition/

Moore, K. (2023, January 8). *What Countries Produce the Most Popular Content for Netflix?*. What's on Netflix. from https://www.whats-on-netflix.com/news/what-countries-produce-most-popular-content-for-netflix/

Moreau, J. (2023, December 5). *Pixar's 'Soul,' 'Turning Red' and 'Luca' Coming to Theaters After Disney+ Debuts During Pandemic.* Variety. from https://variety.com/2023/film/news/pixar-soul-turning-red-luca-theaters 1235822031/

Nikoltchev, S. (2018). *The legal framework for international co-productions* (ISSN 2079-1062), European Audiovisual Observatory.

Rich, K. (2023, November 7). *The AI Issue in the SAG-AFTRA Strike May Have Finally Been Resolved.* Vanity Fair. from https://www.vanityfair.com/hollywood/2023/11/sag-strike-ai-issue-resolved

Robinson, C. K. (2019, January 8). *Nigerian cinema breaks out to wide audience with Netflix's "Lionheart".* People's World. from https://www.peoplesworld.org/article/nigerian-cinema-breaks-out-to-wide-audience-with-netflixs-lionheart/

Rowan, I., & Pearce, T. (2023, March 29). *Star Trek: Discovery season 5 potential release date, cast, plot, and more.* Digital Spy. from https://www.digitalspy.com/tv/ustv/a39810749/star-trek-discovery-season-5-release-date/

Small, T. (2024, May 28). *Better Call Saul On Netflix Is The Most Effective Prequel Ever Made For One Reason.* GIANT FREAKIN ROBOT. from https://www.giantfreakinrobot.com/ent/better-call-saul-netflix-prequel.html

Sweney, M. (2022, May 2). *Netflix faces losing licensed hit shows to streaming rivals.* The Guardian. from https://www.theguardian.com/business/2022/may/02/netflix-faces-losing-licensed-hit-shows-to-streaming-rivals

Otterson, J. (2016, November 14). *How Steve Bannon Made a Fortune Off of "Seinfeld".* TheWrap. from https://www.thewrap.com/steve-bannon-seinfeld/

Picheta, R. (2020, June 26). *Sherlock Holmes is too nice in upcoming Netflix adaptation, lawsuit argues.* CNN. from https://www.cnn.com/2020/06/26/entertainment/netflix-enola-holmes-sherlock-lawsuit-scli-intl-gbr/index.html

Stewart, J. B., & Mullin, B. (2024, June 22). *The Future of Streaming (According to the Moguls Figuring It Out).* The New York Times. from https://

www.nytimes.com/2024/06/22/technology/netflix-amazon-disney-sony-streaming.html

Thomson, S. (2023, March 27). *France's Salto shuts down.* Digital TV Europe. from https://www.digitaltveurope.com/2023/03/27/frances-salto-shuts-down/

Welch, C. (2023, December 26). *Amazon Prime Video will start showing ads on January 29th.* The Verge. from https://www.theverge.com/2023/12/26/24015595/amazon-prime-video-ads-coming-january-29

결어

방희경·박혜영 (2018). 탈북민 프로그램과 '정동(affect)'의 정치: 미디어 문화연구 확장을 위한시론. <언론정보학보>, 통권87호, 135-171.

에릭 벤틀릭·김진식 (2018). 연극_에릭 벤틀리의 사색하는 극작가 읽기 7: 브레히트와 서사극의 출현. <공연과리뷰>, 24권 1호, 191-200.

이재현 (2005). DMB의 인터페이스, 시공간성, 그리고 모바일 상호작용. <방송문화연구>, 17-1호, 75-100.

임종수 (2023). 글로벌 OTT, 플랫폼 리얼리즘의 세계: OTT 서사극과 호모 사케르의 분투. <커뮤니케이션이론>, 19권 1호, 5-83.

임종수 (2022). 디지털 미디어 시론: 청각 미디어의 디지털화와 그 인터페이스. <방송문화연구>, 34권 2호, 47-80

임종수 (2018). 오토마타 미디어: AI미디어의 커뮤니케이션 양식을 위한 시론. <언론과사회>, 26권 4호, 33-84.

조형래 (2023). 포스트 시네마의 가상 극장과 비선형성의 서사: <킹덤>과 <파친코>를 통해서 본 K드라마의 시네마적 경험의 영향에 관한 연구. <한국문예창작>, 22권 1호, 209-236.

주창윤 (2019). <미스터 션샤인>, 역사의 소환과 재현방식, <한국언론학보>, 63권 1호, 228-252.

채석진 (2018). '잔혹한 희망': 디지털 페미니즘의 정동. <언론정보연구>, 55권 3호, 87-119.

Ang, I. (1982). *Watching Dallas: Soap opera and the melodramatic imagination,* London: Routledge.

Buchanan, M. (2002). *Ubiquity: Why catastrophes happen,* New York, NY: Three Rivers Press. 김희봉 (역). (2014). <우발과 패턴>. 서울: 시공사.

Bucher, T. (2012). A technicity of attention: How software "make sense", *Culture Machine*, 13, from https://culturemachine.net/wp-content/uploads/2019/01/470-993-1-PB.pdf

Chesebro, J. W. (1993). Communication and computability: The case of Alan Mathison Turing. *Communication Quarterly*, 41(1), 90-121.

Clough, P. T. & Halley, J. (2007). *The affective turn: Theorizing the social*, Durham and London: Duke University Press.

Condit, C. M. (1989). The rhetorical limits of polysemy. *Critical Studies in Mass Communication*, 6(2), 103-122.

Ekman, P. (1992). Facial expressions of emotion: new findings, new questions. *Psychological Science,* 3(1), 34-38.

Fisher, M. (2009). *Capitalist realism: Is there no alternative?,* Winchester: Zero Books.

Gilman, R. (1972). *The making of modern drama* (original edition). New York: Farrar, Straus, and Giroux. 김진식·박용목·이광용 (역). (1995). <현대드라마의 형성>. 서울: 현대미학사.

Grandinetti, J. (2017). From primetime to anytime. In C. Barker & M. Wiatrowski (Eds.), *The age of Netflix*(pp.11-30). Jefferson, NC: McFarland & Company. 임종수 (역). (2019). <넷플릭스의 시대> (32-69쪽). 부천: 팬덤북스.

Jameson, F. (1986). Third-world literature in the era of multinational capitalism. *Social Text,* 15, 65-88.

Jenkins, H., Ford, S. & Green, J. (2013). *Spreadable media: Creating value and meaning in a networked culture,* New York: New York University Press.

Jenkins, H. (2006). *Convergence culture: Where old and new media collide,* New York: New York University Press.

Kesting, M. (1969). *Das epische Theater: zur Struktur des modernen Dramas.* 차경아 (역). (1996). <서사극 이론: 현대 드라마의 구조>. 서울: 문예출판사.

Lim, J. (2017). The 4th Industrial Revolution and the emergence of algorithmic media: Changes in media form and cultural shock. *New Physics: Sae Mulli,* 67(5), 530-541.

Massumi, B. (1995). The autonomy of affect. *Cultural Critique,* 31, 83-109.

Masumi, B. (2015). *Politics of affect,* Cambridge: Polity. 조성훈 (역). (2018). <정동정치>. 갈무리.

McCalman, I. & Pickering, P. (2010). *Historical reenactment: From realism to the affective turn,* New York: Palgrave MacMillan.

Picard, R. (1997). *Affective computing,* Cambridge: The MIT Press.

Rodowick, D. N. (1988). *The crisis of political modernism: Criticism and ideology in contemporary film theory.* 김수진 (역). (1999). <현대 영화이론의 궤적>. 서울: 한나래.

Simental, E. I. (2014). The hyper-affective turn: Thinking the social in digital age, An Interview with Nestor García Canclini and Maritza Urteaga by Emilia Ismael Simental. *Culture Machine,* 15, from https://culturemachine.net/vol-15-viva-culture-machine/the-hyper-affective-turn/

Spinoza, B. (1677). *Ethica,* 추영현 (역). (2008). <에티카/정치론>. 동서문화사.

Stam, R. (1992). *Reflexivity in film and literature: From Don Quixote to Jean-Luc Godard,* New York: Columbia University Press. 오세필·구종상 (역). (1998). <자기반영의 영화와 문학: 돈키호테에서 고다르까지>. 서울: 한나래.

Terranova, T. (2012). Attention, economy and the brain. *Culture Machine,* 13, from https://culturemachine.net/wp-content/uploads/2019/01/465-973-1-PB.pdf

Thompson, S. & Hoggett, P. (2012). *Politics and the emotions: The affective turn in contemporary political studies,* New York: Bloomsbury.

Thrift, N. (2008). *Non-representation theory: Space, politics, affect,* London and New York: Routledge.

Toit, C. (2014). Emotional and the affective turn. Towards an integration of cognition and affect in real life experience, *HTS Teologiese Studies/ Theological Studies,* 70(1), 1-9. DOI: 10.4102/hts.v70i1.2692

Williams, R. (1975). *The long revolution,* London: Penguin.